田宁 吴月凌 郑旭萍 ◎著

与领导干部谈数字经济

DIGITAL ECONOMY

中共中央党校出版社

图书在版编目（CIP）数据

与领导干部谈数字经济/田宁，吴月凌，郑旭萍著
. --北京：中共中央党校出版社，2022.8
ISBN 978-7-5035-7279-1

Ⅰ.①与… Ⅱ.①田… ②吴… ③郑… Ⅲ.①信息经济-研究-中国 Ⅳ.①F492

中国版本图书馆 CIP 数据核字（2022）第 044603 号

与领导干部谈数字经济

策划统筹 任丽娜
责任编辑 桑月月 马琳婷 牛琴琴
责任印制 陈梦楠
责任校对 李素英
出版发行 中共中央党校出版社
地　　址 北京市海淀区长春桥路 6 号
电　　话 （010）68922815（总编室）　（010）68922233（发行部）
传　　真 （010）68922814
经　　销 全国新华书店
印　　刷 中煤（北京）印务有限公司
开　　本 710 毫米×1000 毫米　1/16
字　　数 333 千字
印　　张 27.25
版　　次 2022 年 8 月第 1 版　2022 年 8 月第 1 次印刷
定　　价 68.00 元

微 信 ID：中共中央党校出版社　**邮　箱**：zydxcbs2018@163.com

EDITORIAL BOARD

《与领导干部谈新科技》丛书编委会

本书编委会

联合主编

程惠芳　张雷宝　严毛新　唐要家

郑加成　曹　磊　卓勇良　胡胜蓉

委　员

孙金秀　洪　涛　钱　辉　叶延禹

张周平　郭朝晖　艾　煜　尹晓红

汪露娜　张　哲　李毓新　王俊錡

汤世易　俞　萍　王瀚正

序一

数字经济是继农业经济、工业经济之后的主要经济形态。从态势来看，数字经济发展速度之快、辐射范围之广、影响程度之深，正推动着世界各国生产方式、生活方式和治理方式的深刻变革，日益成为重组全球要素资源、重塑全球经济结构、改变全球竞争格局的关键力量。在此背景下，2021 年 10 月 18 日在十九届中央政治局第三十四次集体学习时，习近平总书记明确指出“要不断做强做优做大我国数字经济”。综合判断，中国乃至全球发展数字经济的意义重大，是把握新一轮科技革命和产业变革新机遇的重要战略选择。

作为一种国家战略，目前数字经济已经在我国初步形成纵横贯通、相互联动的战略体系，但如何高质量地推动我国数字经济发展依然是一个紧迫而重要的问题。虽然我国的数字经济发展具备较强的制度政策优势，在若干领域也有亮眼的成果。但必须看到，同世界上的数字经济大国或强国相比，我国的数字经济总体上依然存在大而不强、快而不优以及数字鸿沟较突出等短板问题。这些问题的解决，要靠政、产、学、研的合作，特别是中国的各级政府，同时肩负着改革开放和发展经济职能，如何进一步提升各级领导干部的数字经济素养和数字经济知识就显得尤其重要。

在全球数字经济面临管理新问题、发展新空间、技术新方向迭加出现的复杂背景下，本书以数字经济发展为主题，以数字经济相关理论和实践核心问题分析为主线，着力阐述了近年来国内外数字经济领域的诸多新政策、新观点、新问题以及新趋势，是推广和传播数字经济知识的创新性尝试。全书由数字经济国家战略概论、建设数字政府和数字社会、产业数字化、企业数字化转型、数字产业化、数字经济监管、数字贸易、数字经济发展展望八个相对独立而又统一的章节构成，层次分明，内容丰富，是各级领导干部以及广大读者了解数字经济发展的“窗口”。

数字经济是在世界从原来的“人—物”两元空间到“人—物—信息”三元空间的演变中发展成长的。同时成长的还有一批跨三元空间的新技术，如增强现实、工业互联网、数字孪生、元宇宙等；还有一批能洞察三元空间数据流的含义，并预测其变化的新技术，如大数据智能、跨媒体智能等 AI2.0 新技术；此外，还会成长一批适合三元空间的社会学科分支，如新的经济学和管理学分支等。这些科学技术的变化都将对数字经济的发展产生重大影响，值得我们密切关注，及时布局，从而持续把握好发展的新机遇和前进的新动能。

潘云鹤

中国工程院院士

序二

全球正加速进入科技革命跃迁、经济范式转换、生产要素重置、治理模式重塑的重要变革期，以大数据、人工智能、云原生、区块链、未来网络、量子计算、空天信息等为代表的新一代信息技术创新活跃，数字技术与生命科学、材料科学等自然科学领域的交叉融合创新加速突破，成为产业变革的先导；数据（数字化的知识和信息）成为最具时代特征的生产要素，其爆发式增长、海量式集聚蕴藏了巨大的价值。数字经济作为继农业经济、工业经济之后的主要经济形态，是世界范围内经济竞争、科技创新和制度变革的主战场。

随着新一代信息技术加快融入经济、社会和民生，反映现实世界并与现实世界共存的数字空间加速建构发展，融合人—机—物的混合智能空间已经到来，当今世界已经进入了前所未有的数字文明时代。数字空间不断作用、反馈、改造现实世界，推动人类突破发展瓶颈，实现生产力飞跃，社会向更安全、更高效、更健康、更绿色方向发展。这一过程又将不断催生数字化新技术、新业态、新模式、新产品、新产业，孕育出经济增长的新动力。

为助力各级领导干部提高数字经济思维能力和专业素质，增强发展数字经济本领，中共中央党校出版社策划出版了《与领导干部谈数字经济》一书，该书内容涵盖了数字化转型、数字政府建设、数字经济监管、数字贸易发展等，通俗易懂，内容广泛，是一本值得品读的数字经济普及读本。

陈纯

中国工程院院士、计算机应用专家

目 录
CONTENTS

第 一 章

数字经济
国家战略概论

数字经济（Digital Economy）通常亦称为互联网经济、新经济或网络经济，正以不可逆的强劲趋势对我们的生产生活产生长远而深刻的重要影响。在中国，2005年《国务院办公厅关于加快电子商务发展的若干意见》的发布，标志着以电子商务为代表的数字经济发展成为国家战略的重要组成部分。

2015年12月，习近平主席在第二届世界互联网大会上发表主旨演讲指出，中国将推进"数字中国"建设，发展分享经济，支持基于互联网的各类创新，通过发展跨境电子商务、建设信息经济示范区等，促进世界范围内投资和贸易发展，推动全球数字经济发展①。这是继我国提出"互联网＋"行动方案以来，习近平总书记首次在世界范围内，对数字经济发展发表重要论述。事实上，数字经济正在成为重组全球要素资源、重塑全球经济结构、改变全球竞争格局的关键力量，发展数字经济是把握新一轮科技革命和产业变革新机遇的战略选择。

2016年《中华人民共和国国民经济与社会发展第十三个五年规划纲要》将"拓展网络经济空间"作为单独篇章进行部署规划。

2017年12月，习近平总书记在中共中央政治局第二次集体学习时的讲话中明确指出："加快发展数字经济，推动实体经济和数字经济融合发展。"②

2022年1月16日，《求是》杂志发表习近平总书记重要文章《不断

---

① 参见《习近平出席第二届世界互联网大会开幕式并发表主旨演讲》，《人民日报》2015年12月17日。

② 习近平：《审时度势精心谋划超前布局力争主动实施国家大数据战略加快建设数字中国》，《人民日报》2017年12月10日。

做强做优做大我国数字经济》，指出“面向未来，我们要站在统筹中华民族伟大复兴战略全局和世界百年未有之大变局的高度，统筹国内国际两个大局、发展安全两件大事，充分发挥海量数据和丰富应用场景优势，促进数字技术和实体经济深度融合，赋能传统产业转型升级，催生新产业新业态新模式，不断做强做优做大我国数字经济”①。

由此可见，促进数字技术与实体经济深度融合，赋能传统产业转型升级，催生新产业新业态新模式，不断做强做优做大我国数字经济，将是全国各地经济工作的重要目标和努力方向。换而言之，作为国家战略的数字经济，将在相当长时期是中国甚至世界各国经济增长的重要抓手和关键引擎。

第一节　以数字经济为核心的数字文明

在当今世界，继农业文明、工业文明之后，数字文明已成为最活跃的文明形态。作为全新的人类文明新时代，数字文明不仅带来新技术、新观念、新商业模式，而且对社会生产、人们生活以及社会经济形态、国家治理等各方面产生了重要而深远的影响，并已全面融入经济、政治、文化、社会的全过程。可以说，数字文明是全球参与、全民共享、技术向善的总和，将形成人类新的生产方式和社会关系以及国际关系。

一、全球数字经济的加速发展开启了人类数字文明新时代

众所周知，当今世界正经历着百年未有之大变局，以信息技术和数据作为关键要素的数字经济已在事实上成为全球新一轮科技革命和产业变革的

① 《不断做强做优做大我国数字经济》，《求是》2022 年第 2 期。

重要引擎。全球数字经济加速发展，将由此开启人类数字文明新时代。

从全球范围来看，世界主要国家都将发展数字经济作为推动本国经济发展、重塑核心竞争力的重要战略举措。美国是最早推动信息化和数字化的国家之一，凭借持续领先的技术创新，不断巩固数字经济全球竞争力。欧盟围绕数字治理规则率先展开探索，打造统一的数字化生态。德国依托强大的制造优势，打造全球制造业数字化转型标杆。英国完善数字经济整体布局，以数字政府建设引领数字化发展。在我国，立足产业基础和市场活力强化创新，我国数字经济实现了跨越式发展，数字经济大国地位也正逐步稳固。在某种程度上，全球新冠肺炎疫情加速了全球数字化进程。例如，在全球性疫情风险的冲击下，世界主要国家加快政策调整，更加聚焦科技创新、数字基础设施建设、数字产业链重塑、中小企业数字化转型、数字化与绿色化协调发展等，全球数字经济正向数字产业化和产业数字化的方向加速前进。中国信息通信研究院 2021 全球数字经济大会上发布的《全球数字经济白皮书——疫情冲击下的复苏新曙光》显示，2020 年全球数字经济增加值规模达到 32.6 万亿美元，数字经济成为全球疫情后推动经济复苏的活力所在。其中，美国数字经济规模达 13.6 万亿美元，占全球比重的 41.7%，蝉联世界第一；中国数字经济规模为 5.4 万亿美元，位居第二；德国、日本、英国数字经济规模分别为 2.54 万亿、2.48 万亿、1.79 万亿美元，位居第三至第五位。德国、英国、美国等国的数字经济占 GDP 比重超过 60%，成为国民经济的支柱。未来，数字经济会随着技术的不断进步持续保持快速发展，预计到 2023 年，数字经济增加值将占全球 GDP 的 62%，世界将全面迈入全新的数字经济时代。

数字经济的蓬勃发展，加速数字技术以新理念、新业态、新模式全面融入人类经济、科技、政治、文化、社会、生态文明诸领域和全过程，它在提高生产力水平、极大丰富社会物质财富的同时，也推动人类文明迈向新的更高阶段——数字文明。数字文明是一种基于大数据、人工智能、云计算、物联网、区块链等新一代技术，以高科技为主要特征的文明形式，核心是网络化、信息化与智能化的深度融合。近几年，人类向数字文明的过渡大幅迈进，特别是远程医疗、在线教育、共享平台、协同办公、网络直播、以 NFT 为代表的数字资产等数字化新事物、新业态、新模式，一波又一波地冲击并推动着各个领域迈向数字文明时代。

二、数字文明新时代的三个维度分析

作为第三次人类文明新形态，数字文明新时代包括数字经济文明、数字社会文明和数字政治文明三大维度并发挥巨大渗透作用（如图 1—1 所示）[①]。

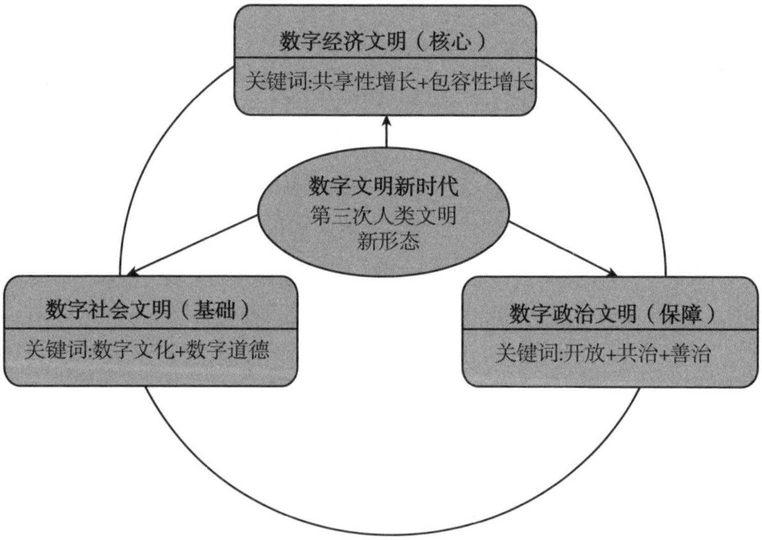

图 1—1　数字文明新时代的三维度简要分析

① 参见首席时政评论员：《迎接数字文明新时代》，《领导决策信息》2017 年第 12 期。

（一）数字经济文明：共享包容开辟新兴产业蓝海

当前，大数据、人工智能、云计算、物联网、区块链等新一代技术群落崛起，数字经济在全球风生水起。美国的工业互联网、德国的工业4.0、日本的新机器人战略、欧盟和英国的数字经济战略等使数字经济得到空前发展。目前，中国已成为全球数字经济的先驱者，我国数字经济正处于密集创新期和高速增长期，数据资源的爆发式、指数化增长及分析应用水平的持续提升，正成为推动经济实现快速增长、共享性增长和包容性增长的强大驱动力量。具体表现如下。

引领转型升级，重构产业布局。大数据已成为驱动经济增长的核心生产要素，是“未来的新石油”，是“陆权、海权、空权之外的另一种国家核心资产”，也是迄今为止唯一由人造的新资源。数字经济既是经济提质增效的新变量，也是经济转型增长的新蓝海，已成为带动新兴产业发展、传统产业转型，促进就业和经济增长的主导力量，也是研发投入最集中、创新最活跃、应用最广泛、辐射带动作用最大的新领域。有关研究表明，数字化对经济增长作用明显，且数字化密度越大的国家从数字化中获得的收益越大。数字化程度每提高10%，人均GDP增长0.5%～0.62%。尤其是在全球经济增长乏力的萧条背景下，数字经济更是被视为撬动经济的新杠杆。目前，中国数字经济正在引发新一轮产业变革，数字化、虚拟化、智能化技术将贯穿产品的全生命周期，柔性化、网络化、个性化生产将成为新趋势，全球化、服务化、平台化将成为产业组织的新方式。特别是“数字转型”正在掀起新的浪潮，很多地方将其作为战略转型的重点方向，以新产品、新产业、新业态为代表的数字经济供给体系加快形成。

促进共享，加快产业模式的革新。数字经济是一场数字技术推动的经济革命，背后凸显的是发展理念的创新，是技术的进步，也是思维方式、商业模式、消费模式的革新，众创、众包、众扶、众筹等共享经济模式引人注目，成为数字经济的最大亮点。据国家信息中心预测，未来五年共享经济年均增长速度将在40%左右。未来十年中国分享经济领域有望出现5至10家巨无霸平台型企业。未来，共享经济将呈现更广泛的共享，从无形产品到有形产品，从消费产品到生产要素，从个人资源到企业资源，物物皆可纳入共享经济的范畴。充分释放共享经济的红利，也需要着力解决新业态遭遇的“成长的烦恼”，鼓励个人闲置资源的有效利用，创新监管方式，完善信用体系，建立共享经济法治化运行机制。

增强包容，让人人都有出彩的机会。作为最能体现包容性发展特质的经济形态，数字经济发展将有利于不断满足广大人民群众对社会公平正义的新要求。世界经济论坛曾对34个经合组织成员方进行调查，结果显示，数字化程度每提高10个点，能够促使经合组织幸福指数上升约1.3个点。数字经济可以融入社会民生建设之中，不断推进医疗健康数字化应用，实现跨医院、跨层级的医疗、医药等数据共享；推进教育数字化应用，支持网络化教育、电子书包、网上教学等服务发展；推进社区服务数字化应用，整合共享社区管理与服务信息资源，实现社区基层的精准化管理；推进数字扶贫，推动精准扶贫对象识别数字化、精准扶贫项目管理数字化、精准扶贫创新服务数字化、精准扶贫资源配置数字化。

（二）数字社会文明：不断提高全民数字文明素养

从经济活动到个人生活方式，数字文明让整个社会爆发出前所未有的活力和能量。数字文明不仅是驱动经济发展的新动能，也深刻地改变着人们的生活方式和生产方式，形成新的社会形态，开启数字公民和数字社会的新时代。2021 年 2 月，微软创建“数字文明指数”，显示一个国家的整体网络文明情况，目的在于帮助人们在网络上更有礼貌，网络企业要建立良好的网络氛围，政府要加强法律规范和行为指导工作。

构建数字文明社会需要提高全民数字文明意识。基于数字技术的互联网催生了虚拟社区，形成了一个跨越国界、跨越文化、跨越种族的数字社会。而这种反映现实社会又超越现实社会的数字社会，将深刻影响社会的管理和变革。针对这种新态势，要培养有责任、有担当、有涵养的数字公民，积极培育数字文化、数字道德，使数字文明成为社会主流的价值观。基于此，有专家建议把数字文明教育作为素质教育的重要内容，纳入国民教育体系和干部教育培训体系。同时，建设数字社会安全保障体系，做好信息安全顶层设计，增强网络与信息安全保障能力。加强数字文明科普宣传，组织开展大规模数字文明知识科普宣传活动，多角度、多层次、多题材地集中开展有关数字文明知识的宣传培训活动。

在数字文明社会，建立数字社会保障体系十分重要。当然，建设一个高度简易、廉价、安全、美好的数字社会，仍有很长的路要走。数字社会建设还需要政府在消除数字鸿沟、行业监管、保护知识产权和网络信息安全等方面发挥关键作用。

（三）数字政治文明：开放共治推进执政方式转变

基于数字技术的互联网是人类认识世界、改造世界的一场新型革命，是“人类生活新空间”“国家发展新疆域”“国家治理新领域”，也是政治文明的前沿阵地。

在中国，中央政府十分重视基于数字技术的互联网发展，把互联网作为执政的“最大变量”，积极运用互联网促进党的执政理念、执政方式的转变、执政能力的提高。习近平总书记对此就曾提出“过不了互联网这一关，就过不了长期执政这一关”①。

数字政治文明需要打破封闭思维，树立开放融合的执政理念。从罗斯福首次使用收音机开展的“炉边谈话”，到肯尼迪竞选的首次电视辩论，到奥巴马的网络社交媒体竞选秀，再到特朗普使用推特平台与选民互动，互联网扮演了改变政治现实的重要角色，网络政治学、虚拟政治学、数字政治、代码政治等纷纷聚焦现代政治文明。在某种程度上，当今世界的数据开放和共享消除了政府和公众之间的信息差、文化差、知识差、能力差，驱动政府改变各部门各自为政、信息封锁、职能交叉重叠的传统状态，为数据治理铺平了道路。接下来，要进一步将现代网络信息技术导入党务政务工作，开展电子党务、电子政务，实现党务政务工作手段和方式的创新，加快推动政府数据共享，制订政府部门数据资源共享计划，开展政府数据资源梳理，编制政府数据资源目录体系，发布政府数据资源共享清单。同时，让“数字化”“信息化”“互联网+”等成为政府治理现代化的重点，着力打造“智慧政府”，搭建“云”到“端”的智能化平台。

在建设数字政治文明的新背景下，很有必要补足短板并掌握数字政治的主动权。网络政治是执政党在互联网时代面临的最大挑战，对党驾驭复杂局势的执政能力提出了新的考验。这不仅对党的意识形态提出挑战——党内出现了理想信念动摇、价值迷惘、道德失范、封建迷信乘虚而入等问题，而且对政府公信力提出挑战——个别领导干部在处理社会问题时表现出的迟钝、蛮横等会被无情渲染。为此，有必要针对政府主

① 《习近平谈治国理政》第3卷，外文出版社2020年版，第317页。

动运用网络执政的意识不强、运用网络资源的能力不足、主导网络舆论的能力不足、推动网络执政的安全保障不足等短板问题，研究把握信息网络时代政治工作的特点和规律，深化媒体融合占领网络意识形态阵地，推动政治工作传统优势与信息技术高度融合。总之，数字政治文明时代需要建立公开透明的网络民主监督机制，搭建公共监督平台，提升共治善治水平。

三、数字文明新时代背景下的中国担当与历史使命

在数字文明即将成为时代发展新脉络的当下，中国向世界贡献了迈向数字文明新时代的中国倡议、中国方案。习近平主席在 2021 年世界互联网大会乌镇峰会的贺信中提出："中国愿同世界各国一道，共同担起为人类谋进步的历史责任，激发数字经济活力，增强数字政府效能，优化数字社会环境，构建数字合作格局，筑牢数字安全屏障，让数字文明造福各国人民，推动构建人类命运共同体。"① 在"万物数字化""万物互联"正在加速到来的当前，如何让数字文明造福各国人民，共同担起为人类谋进步的历史责任，是摆在每一个国家面前的时代命题。

面对数字文明新时代，中国不断从跨界融合上推动战略升级，从经济布局上描绘新蓝图，全面开启数字经济发展的新周期。事实上，以大数据、人工智能、云计算、物联网、区块链等为代表的数字经济在中国正大放异彩，成为经济转型升级的重要驱动力和新一轮产业竞争的制高点。中国信息通信研究院发布的《中国互联网发展报告（2022）》显示，我国数字经济发展取得新突破，数字经济规模达到 45.5 万亿元，同比

---

① 《习近平向 2021 年世界互联网大会乌镇峰会致贺信》，《人民日报》2021 年 9 月 27 日。

增长 16.2%，高于同期 GDP 增速 3.4 个百分点，占 GDP 比重达到 39.8%，已成为疫情风险冲击之下稳定经济增长的关键动力。总之，数字经济是中国应对新冠肺炎疫情冲击、加快经济社会转型的战略选择，以 5G、人工智能、物联网、工业互联网等为代表的新型信息基础设施逐步成为中国经济高质量发展的新动能，最终将为全球数字文明新时代作出重要的中国贡献。2021 年 9 月 26 日，习近平主席在向 2021 年世界互联网大会乌镇峰会致贺信中指出："构建数字合作格局，筑牢数字安全屏障，让数字文明造福各国人民。"① 显然，这充分展现了数字文明新时代的"中国倡议""中国智慧"和"中国之治"。

专栏　以数字化改革为牵引　浙江率先迈向数字文明新时代

作为数字经济先发省份，浙江全面推进数字化改革的一系列创新举措，正为率先构建引领发展、面向未来、充分彰显中国特色社会主义制度优越性的数字文明，提供令人瞩目的浙江方案。

2021 年世界互联网大会乌镇峰会 9 月 26 日在浙江省乌镇开幕。开幕式上，浙江省委书记袁家军表示，浙江将坚持以数字化改革为牵引，高水平建设数字浙江，奋力打造数字中国示范区、全球数字变革高地，率先构建引领发展、面向未来、充分彰显中国特色社会主义制度优越性的数字文明，不断为高质量发展建设共同富裕示范区增添新动力。

本届世界互联网大会的主题为"迈向数字文明新时代——携手构建网络空间命运共同体"。"数字文明"是本届互联网大会的关键热词。大

① 《习近平向 2021 年世界互联网大会乌镇峰会致贺信》，《人民日报》2021 年 9 月 27 日。

会的举办地浙江，早就瞄准了“数字”领域。早在2003年，浙江就作出建设“数字浙江”的重要决策，同年7月，“数字浙江”建设上升为“八八战略”的重要内容。同年，《数字浙江建设规划纲要（2003—2007年）》出台，由此开启了数字浙江建设新征程。

近年来浙江深入贯彻落实建设“数字浙江”的重大决策部署，在推动“最多跑一次”改革、政府数字化转型的基础上，全面启动数字化改革，努力从整体上推动省域经济社会发展和治理能力的质量变革、效率变革、动力变革，走出一条数字文明建设的新路子。“一是用数字化改革驱动党政机关整体智治；二是用数字化改革驱动经济高质量发展；三是用数字化改革驱动高品质公共服务；四是用数字化改革驱动省域治理现代化。”袁家军在开幕式表示。

当前，浙江已被赋予高质量发展建设共同富裕示范区的职责和使命。袁家军表示，浙江将坚持以数字化改革为牵引，高水平建设数字浙江，奋力打造数字中国示范区、全球数字变革高地，率先构建引领发展、面向未来、充分彰显中国特色社会主义制度优越性的数字文明，不断为高质量发展建设共同富裕示范区增添新动力。

浙江以数字化改革为牵引，为高质量发展建设共同富裕示范区增添新动力的路径主要有三条。

首先是构建以数字经济为核心的现代化经济体系。经过多年的发展，数字经济已成为浙江高质量发展的“金名片”。数据显示，从2014年到2020年，浙江数字经济总量从10940亿元增长至30218亿元，年均增长18.5%，占GDP比重从27.25%提升至46.8%。以数字经济为核心的现代化经济体系如何打造，袁家军说，就是以产业大脑为支撑，以数据供应链为纽带，让数字空间成为重塑物理空间与社会空间的新载体，推动产业链、创新链、供应链深度融合，全面优化数字生产关系、激发未来社会生产发展活力，形成全要素、全产业链、全价值链贯通的数字经济运行系统。

其次是完善以数字赋能为支撑的共同富裕体制机制。数字化改革是浙江新发展阶段全面深化改革的总抓手，也是推动高质量发展建设共同富裕示范区的核心动力。通过科技创新、数字化与绿色低碳的融合聚变，浙江正推动以缩小区域、城乡、收入三大差距为标志的社会变革，以人的全面发展和社会的全面进步为核心，打造数字化场景下的社会保障高效协同机制，完善教育体育、卫生健康、社会保障等数字化公共服务体系，加快形成区域一体化新格局、城乡新格局和以中等收入群体为主体的橄榄型社会结构。

最后是形成以数字变革为引领的全省域整体智治、高效协同。目前，浙江正重塑政府、社会、企业和个人的关系，打造适应时代、引领时代的社会关系新规则新政策新机制，对传统理念、制度、体系和手段进行系统性重塑，深化“城市大脑＋未来社区＋未来乡村”建设，推进风险闭环管控大平安体系建设，不断提升省域治理体系和治理能力的现代化水平。

资料来源：《浙江：以数字化改革为牵引迈向数字文明新时代》，中国新闻网，http：//news. iqilu. com/china/gedi/2021/0927/4963316. shtml.

第二节　数字经济的概念界定、主要特征与复杂影响

一、数字经济的概念及其内涵

作为基于数字计算技术的各种经济形态的集合，数字经济最早出自

1998 年美国商务部报告《浮现中的数字经济》。作为经济学领域的重要新概念，数字经济是人类通过大数据（数字化的知识与信息）的识别—选择—过滤—存储—使用，引导、实现资源的快速优化配置与再生、实现经济高质量发展的经济形态[①]。理论上，作为一个内涵比较宽泛的经济学概念，凡是直接或间接利用数据来引导资源发挥作用，并推动生产力发展的经济形态都可以纳入数字经济的范畴。在技术层面，数字经济包括大数据、云计算、物联网、区块链、人工智能、5G 通信等新兴技术；在应用层面，“新零售”“新制造”等都是数字经济的典型代表[②]。主流观点认为数字经济是基于互联网的市场开展业务，因此，数字经济也称为互联网经济、新经济或网络经济。

应特别指出的是，2016 年 G20 杭州峰会发布的《二十国集团数字经济发展与合作倡议》指出，数字经济是指以使用数字化的知识和信息作为关键生产要素、以现代信息网络作为重要载体、以信息通信技术的有效使用作为效率提升和经济结构优化的重要推动力的一系列经济活动。数字经济是随着蓬勃发展、不断演进的数字技术而产生的一种经济形态。对这样一个发展中的概念，难以达成一致的认识。但相较而言，人们对《二十国集团数字经济发展与合作倡议》的定义接受程度较大。

理论上，“数字经济”中的“数字”根据数字化程度的不同，可以大致分为三个阶段：信息数字化（Information Digitization）、业务数字化（Business Digitization）、数字化转型（Digital Transformation）[③]。数字转型是目前数字化发展的新阶段，指数字化不仅能扩展新的经济发展

① 参见陈世清：《对称经济学术语表（一）》，人民经济网，http：//www. finance—people. com. cn/news/1584926227.

② 参见杜睿云、王宝义：《新零售：研究述评与展望》，《企业经济》2020 年第 8 期。

③ 参见向坤：《数字经济前景光明》，《光明日报》2019 年 7 月 5 日。

空间，促进经济可持续发展，而且能推动传统产业的转型升级，促进整个社会经济及其结构形态的转型发展。2018 年博鳌亚洲论坛上曾有专家把数字经济分成三个层次——“没它不行”“因它而生”“有它更好”，分别是数字经济之“母”、之“子”和“七大姑八大姨”。这种见解非常具有逻辑性和层次性。据此逻辑，数字经济可作如下三种划分：第一层是“没它不行”。“它”是数字经济的基础，以 ICT 制造业、ICT 贸易业和电信业为主体，还包括教育和维修等相关辅助活动。第二层是“因它而生”，是基于“没它不行”而产生的新业态、新模式，如云服务、大数据、区块链、数字内容、数字货币、社交网络、App、网络安全等，其典型特征是基于数字空间的“无重量经济”①。第三层是“有它更好”，是数字技术在各行各业的应用，即产业数字化。总体上，数字经济的科学内涵可以简单地用“四化”来描述，即数字产业化、产业数字化、治理数字化和数据价值化。

我国《“十四五”数字经济发展规划》明确提出，数字经济是继农业经济、工业经济之后的主要经济形态，是以数据资源为关键要素，以现代信息网络为主要载体，以信息通信技术融合应用、全要素数字化转型为重要推动力，促进公平与效率更加统一的新经济形态。这一定义成为对数字经济相对公认和权威的定义。在某种程度上，没有大数据，数字经济便是“无米之炊”；没有智能算法，数字经济不能“创造价值”；没有算力平台，数字经济将“不复存在”。基于数字经济本身的独特性（如数字经济发展速度快、辐射范围广、影响程度深），其更容易实现规模经济和范围经济，更能快速地推动生产方式、生活方式和治理方式深

① 杨学山：《新发展格局下数字经济发展值得高度关注的几个问题》，知乎，https：//zhuanlan.zhihu.com/p/366406243.

刻变革，成为重组全球要素资源、重塑全球经济结构、改变全球竞争格局的关键力量。

最后应指出的是，数字经济基于互联网、移动技术和物联网带来的人、组织和机器的互连性，不断推动传统经济转型升级。

二、数字经济的三大定律、三大支柱与五大特征

与农业经济、工业经济一样，数字经济活动本身也需要土地、劳动力、资本、技术等生产要素和相应的基础设施与之关联配套。但与以往经济形态不同的是，上述很多要素都需要经过数字化改造，且会产生数据这一新的生产要素。生产要素是社会化大生产得以正常运转的基本条件。

（一）数字经济背后的三大定律

在学界，数字经济的不断发展被认为受到三大定律的客观支配：（1）梅特卡夫法则（Metcalfe's Law），即网络价值等于其节点数或用户数的平方，换句话说，网络价值会以用户数量或节点数量的平方速度增长。用数字方式表达为 $V=n^2$（V 表示网络的总价值，n 表示用户数）。网络外部性是梅特卡夫法则的本质。根据此法则，网络上联网的计算机越多，每台电脑的价值就越大，“增值”将以指数关系不断变大。数字经济的价值等于网络节点数的平方，这说明网络产生和带来的效益将随着网络用户的增加而呈指数形式增长。在数字经济中，由于人们的心理反应和行为惯性，在一定条件下，优势或劣势一旦出现并达到一定程度，就会导致不断加剧而自行强化，出现“强者更强，弱者更弱”的“赢家通吃”的垄断局面。（2）摩尔定律（Moore's Law），即计算机硅芯片的处理能力每 18 个月就翻一番，而价格以减半数下降。摩尔定律

并非数学、物理定律，而是对发展趋势的一种分析预测，因此，无论是它的文字表述还是定量计算，都应当容许一定的宽裕度或容错率。从这个意义上看，摩尔的预言是相对准确且难能可贵的，所以才会得到业界人士的公认并产生巨大的反响。(3) 达维多定律 (Davidow's Law)，即进入市场的第一代产品能够自动获得 50%的市场份额，一家企业如果要在市场上占据主导地位就必须第一个开发出新一代产品。达维多定律告诉我们，只有不断创造新产品，及时淘汰老产品，使成功的新产品尽快进入市场，才能形成新的市场和产品标准，从而掌握制定游戏规则的权利。企业只能依靠创新所带来的短期优势来获得巨大的“创新”利润，而不是试图维持原有的技术或产品优势以获得更大发展。

进一步分析，基于数字资产的特殊价值①，数字经济本身就是一种快捷性经济、速度型经济、高渗透性经济、自我膨胀性经济、边际效益递增性经济以及绿色可持续性经济。例如，迅速发展的信息技术、网络技术，具有极高的渗透性功能，使得信息服务业迅速地向第一、第二产业扩张，使三大产业之间的界限模糊，从而出现了第一、第二和第三产业相互融合的新趋势。

（二）数字经济运行的三大支柱

正如数字经济的概念所述，数字经济主要是由信息技术、数字要素和新基础设施三大支柱构成②，其中数据资源是关键生产要素、现代信息网络也就是数字基础设施是主要载体，信息通信技术的创新和融合应用是关键的发展动力。

---

① 数字资产不同于物质资产和金融资产，由于信息技术的快速更迭和颠覆性，数字资产本身具有极强的创新驱动属性。

② 参见闫德利：《数字经济再认识：它是什么不是什么?》，《中国战略新兴产业》2021 年第 7 期。

新的通用目的技术——信息通信技术，也可称为数字技术。国内对通用目的技术（GPT）的研究并不多，但它在国际上是一个十分重要的概念。加拿大经济学家 Richard G. Lipsey 指出，人类有史以来只有 24 种技术属于通用目的技术（如驱动第一次工业革命的蒸汽机，以及驱动第二次工业革命的电力和内燃机）。① 现在，以人工智能、区块链、云计算、大数据（ABCD 技术）为代表的数字技术正成为新的通用目的技术，驱动一场新的产业革命。这是继蒸汽机引发机器革命之后最重要的变革。②

新的生产要素——数字化的知识和信息。知识、信息和数据是三个相关相近但内涵不同的概念，人们更愿意使用“数据”来代替“数字化的知识和信息”，将之作为继土地、劳动（劳动力）、资本和企业家才能之后新的生产要素。其之所以重要，是因为新的经济形态必须有新的生产要素。近年来，我国正积极开展数据交易的探索和实践，加快培育数据要素市场。然而，数据的确权、流动、保护、交易规则等都需要探索性研究。

新的基础设施——现代信息网络。基础设施是社会分摊资本，是社会生产过程中“一般的共同的生产条件”。它不直接加入某个特殊的生产过程。作为各个特殊生产过程的一般条件或共同条件，基础设施是经济腾飞的“底座”。交通运输、管道运输、水利设施和电网是工业社会四种最主要的基础设施。在数字经济时代，5G、数据中心、人工智能、

① See Richard G. Lipsey, Kenneth I. Carlaw, and Clifford T. Bekar, *Economic Transformations: General Purpose Technologies and Long－term Economic Growth*. Oxford University Press, 2005.

② See Erik Brynjolfson & Andrew McAfee, *The Second Machine Age: Work, Progress, and Prosperity in a Time of Brilliant Technologies*, Norton press, 2016.

工业互联网等数字基础设施则成为新的基础设施。事实上，近年来我国高度重视“新基建”工作，根本目标就在于塑造面向数字未来的国家竞争力。

（三）数字经济发展的五大特征

在某种程度上，数字经济背后的三大定律与三大支柱决定了数字经济发展具有以下五大基本特征（如图 1—2 所示）。

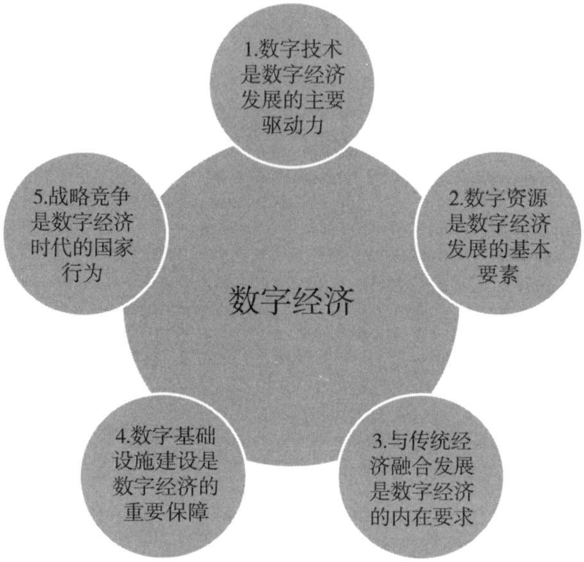

图 1—2　数字经济的五大特征

第一，数字技术是数字经济发展的主要驱动力。

从 2016 年的 G20 杭州峰会到 2019 年的 G20 大阪峰会，数字经济连续四年成为世界顶级峰会主题，全球主要国家纷纷加速布局数字经济，出台相关法规政策保障数字经济落地生根。按此趋势，未来 10 年谁占据了数字经济产业的制高点，掌握了更先进的科学技术，谁就能在世界经济格局中拥有更多竞争力和话语权，从而赢在未来。

第二，数字资源是数字经济发展的基本要素。

在当今世界，大数据和云计算等的融合正推动物联网的迅速发展，不断实现和增强人与人、人与物、物与物的互联互通，导致各种经济生产和消费数据量呈现爆发式增长。全球数据增速符合“大数据摩尔定律”，大约每两年翻一番。庞大的数据量及其处理和应用需求催生了“大数据概念”，数据日益成为重要的战略资产。美国政府认为，大数据是“未来的新石油”，是“陆权、海权、空权之外的另一种国家核心资产”。数据甚至被认为已经超过石油的价值，成为数字经济中的“货币”。

可以说，数据如同农业时代的土地、劳动力以及工业时代的技术、资本一样，已成为数字经济时代的核心或关键生产要素，甚至是最核心和最关键的生产要素。数据驱动型创新正在向经济社会、科技研发等各个领域扩展，成为国家创新发展的关键形式和重要方向。

第三，与传统经济融合发展是数字经济的内在要求。

传统经济和数字经济不是相互取代、相互替代的关系，而是相互融合、相辅相成的关系。在数字经济时代，信息和工业化不再是孤立的。从此角度讲，与传统经济融合发展是数字经济的内在要求，数字产业化与产业数字化同等重要。

第四，数字基础设施建设是数字经济的重要保障。

在工业经济时代，传统经济活动主要架构在以“铁公机”（即铁路、公路和机场）为代表的物理基础设施之上。数字技术出现后，网络和云计算成为必要的信息基础设施。随着数字经济的发展，数字基础设施的概念更广泛，既包括了信息基础设施，也包括了对物理基础设施的数字化改造。

通常，数字基础设施指至少有一个部分包含信息技术的基础设施。

数字基础设施一般包括混合型和专用型两种。混合型数字基础设施是指增加了数字化组件的传统实体基础设施，如安装了传感器的自来水总管、数字化停车系统、数字化交通系统等。专用型数字基础设施指本质就是数字化的基础设施，如宽带、无线网络等。这两类基础设施共同为各领域数字经济的发展提供了必要的基础设施条件。

第五，战略竞争是数字经济时代的国家行为。

发展数字经济是把握新一轮科技革命和产业变革新机遇的战略选择，数字经济健康发展有利于推动构筑国家竞争新优势。基于此，发展数字经济不仅是企业的责任，更是国家行为。当今时代，数字技术、数字经济是世界科技革命和产业变革的先机，是新一轮国际竞争的重点领域。

三、数字素养被联合国认为是数字经济时代的基本人权

在农业经济和工业经济时代，对消费者的文化素养基本没有要求，对劳动者的文化素养虽然有一定要求，但往往也局限于某些职业、岗位。但在数字经济条件下，数字素养成为劳动者和消费者都应具备的重要能力。

随着数字技术向各领域渗透，劳动者越来越需要具有“双重”技能——数字技能和专业技能。目前世界各国普遍存在数字技术人才不足的现象（如调查发现 40%的公司表示难以找到他们需要的数据分析人才）。所以，具有较高的数字素养成为劳动者在就业市场胜出的重要因素。

对消费者而言，若不具备基本的数字素养，将无法正确地运用信息和数字化产品和服务，成为数字时代的“文盲”。基于此，数字素养被联合国认为是数字时代的基本人权，是与听、说、读、写同等重要的基本能力。所以，提高数字素养既有利于数字消费，也有利于数字生产，是数字经济发展的关键要素和重要基础之一。

四、数字经济对传统生产力和生产关系已经并将继续产生深刻影响

在生产力层面，数字具有易得性、便捷性、通用性等特点，可以通过降低交易成本、规模经济效应和持续不断的技术创新，改变经济增长路径。也就是说，数字经济能够改变知识积累方式，数字经济可以解放社会生产力。在生产方式层面，数字经济改变了经济主体使用生产资料的方式，重构了经济活动中的各种社会关系，因此带来了商业模式的深刻变革。例如，企业利用互联网建立电子商务交易模式，扩大了交易范围、降低了交易成本、加快了交易流程，引发企业流程再造的管理革命；管理方面，企业组织结构由传统的金字塔模式向扁平化、网络化模式发展，企业联盟作用将大大加强（如图 1—3 所示）。

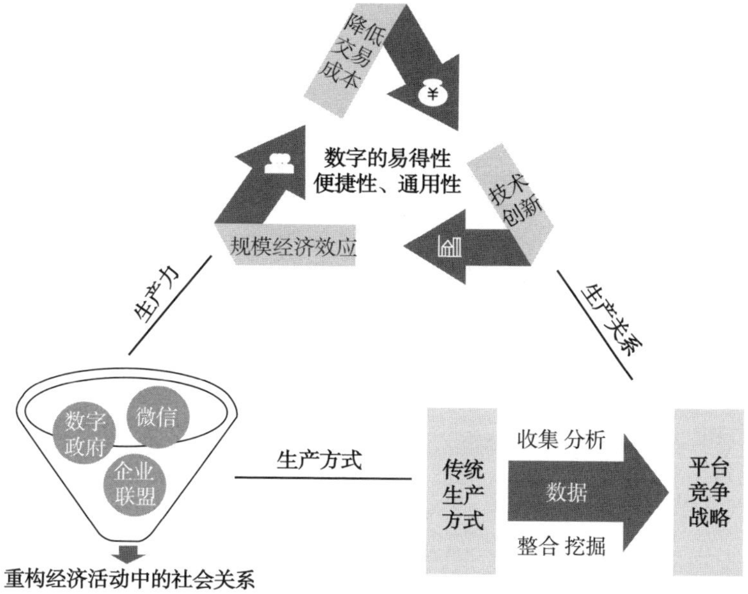

图 1—3　数字经济的复杂影响力

五、全球数字经济时代面临的挑战必须重视

数字经济在发展过程中也必然面临一些有待克服的障碍、有待消除的不良影响，这些问题有待各方采取措施逐步解决。这些问题主要有以下几点。

（一）数字鸿沟问题依然严重

数字鸿沟既包括基础设施接入层面的鸿沟，也包括数字素养方面的鸿沟。在接入方面，至今全球仍有40亿人不能上网，很多国家也制订了各自的普遍服务计划，但短期内仍无法根本解决这一问题。在数字素养方面，各国普遍存在数字技能不足的情况。欧盟2018年的统计表明，高达47%的欧盟人口缺乏足够的“数字能力”，成为欧洲数字化发展的最大障碍。比较而言，发展中国家数字能力不足的问题更加严重，数字素养教育更加缺乏。

（二）数字安全面临严峻挑战

随着数字经济的发展，安全威胁也日益增多，高危漏洞数量有增无减，网络攻击愈演愈烈，关键基础设施面临严重威胁，金融领域、能源行业成为重灾区。据互联网监控公司Arbor Networks的数据，每年各种网络犯罪、攻击对全球经济造成的损失高达4000亿美元。此外，物联网的发展也将带来前所未有的网络安全挑战。物联网是软件和硬件一体的，牵涉的零部件和相关部分较多，无法通过简单的升级、修改、置换等方式应对可能的安全威胁，导致保障物联网安全的难度远远大于互联网。尤其是许多智能设备的开发商都是小型创业公司，没有提供复杂安全功能的资源或经验。安全问题的存在大大阻碍了数字经济的进展。

（三）法律法规滞后于数字经济实践

数据是数字经济的重要生产要素，但数据的极大丰富已经在一定程

度上造成了“数据洪灾泛滥”的现象，给人们生活带来了极大挑战。例如，在数据产权方面，数据所有者、拥有者、使用者和管理者之间的权责如何确定？在知识产权方面，一些国家致力于强化知识产权保护，但也有不少国家和研究机构认为，技术的变革已经打破了传统知识产权的界限，原有的知识产权制度已经与数字经济发展脱钩，造就了一个由“专利流氓”和专利持有人构成的寄生系统，阻碍了创新。在用户隐私保护、“被遗忘权”等方面，各国也未达成共识，这些问题导致目前各国数字经济监管政策千差万别，传统行业和新兴行业的冲突不时出现。相关法律建设的滞后对数字经济的健康发展产生了制约性影响。

（四）就业结构发生重大变化

科技发展与进步必然提升社会效率并解放人力。第一次工业革命引发了“机器问题”，大量工人被机器取代。数字经济的发展也将引起就业结构的巨大变化。根据世界经济论坛数据显示，如今上小学的孩子有65％最终将从事现在还不存在的全新职业，目前的趋势会导致劳动市场发生百年未有之巨大变革。

数字技术中对就业影响最大的非人工智能技术莫属。那些单一特定领域的重复性工作、思考模式可以被理性推算的工作大量取代，翻译、记者、助理、保安、司机、销售、客服、交易员、会计、保姆等职业将在未来十年大大减少。

同时，人工智能的发展将创造很多新的岗位，如数据科学家、自动化专家和机器人监控专业人士等，高端需求将大量增加。就业结构的变化要求教育、社会保障等领域加快变革，并做好职业培训，尽可能降低潜在风险。

第三节　中国数字经济发展的简要历程与战略选择

在我国，数字经济萌芽于 1994 年，当时我国正式接入国际互联网。21 世纪的前 10 年，基于互联网的电子商务、社交媒体等快速兴起，我国数字经济逐渐发展壮大。党的十八大以来，党中央提出了关于发展数字经济的一系列战略目标，特别是党的十九届四中全会明确将数据增列为生产要素，《国民经济和社会发展第十四五个五年规划和 2035 年远景目标纲要》对数字经济进行的全面布局，都将不断引导我国的数字经济走向高质量发展新阶段。

一、我国数字经济发展大致经历的三个阶段

第一阶段：生长萌芽期（1994—2002 年）

1994 年，中国正式接入国际互联网，进入互联网时代。以互联网行业崛起为显著特征，伴随互联网用户数量的高速增长，一大批业内的先锋企业相继成立。三大门户网站新浪、搜狐、网易先后创立，阿里巴巴、京东等电子商务网站进入初创阶段，百度、腾讯等搜索引擎和社交媒体得到空前发展。不难发现，中国互联网行业的龙头企业绝大多数是在萌芽期成立的。这一阶段，中国数字经济的商业模式仍较为单一，以新闻门户、邮箱业务、搜索引擎为代表的业态，增值服务以信息传播和获取为中心。萌芽期初创企业模仿国外成功商业模式的现象极为普遍，技术创新尚未得到足够重视，流量争夺和用户积累是竞争的核心内容。2000 年前后，以科技股为代表的纳斯达克股市崩盘，全球互联网泡沫破灭，国内互联网产业也未能幸免，经历了约 2—3 年的低迷阶段。在此

期间，网易在纳斯达克的美股股价曾连续 9 个月跌破 1 美元，最终在 2002 年被停牌。

第二阶段：高速增长期（2003—2012 年）

经历短暂的低迷阶段后，中国数字经济于 2003—2012 年步入高速增长期。随着互联网用户数量持续保持两位数增长，以网络零售为代表的电子商务首先发力，带动数字经济由萌芽期进入新的发展阶段。2003 年上半年，阿里巴巴推出个人电子商务网站“淘宝网”，以成功的本土化商业模式迫使 eBay 退出中国市场，并在此后发展成为全球最大的 C2C 电子商务平台。2003 年下半年，阿里巴巴推出的支付宝业务，则逐渐成为第三方支付领域的龙头。2006 年网络零售额突破 1000 亿大关，2012 年突破 1 万亿大关，其间增速一直保持在 50%以上。2007 年，国家发布《电子商务发展“十一五”规划》，将电子商务服务业确定为国家重要的新兴产业。

同时，新兴业态不断涌现，“博客”“微博”等自媒体的出现，使网民个体能够对社会经济产生前所未有的深刻影响；社交网络服务（Social Networking Services，SNS）的普及，使人际联络方式发生重大变革，社交网络与社交关系间形成了紧密的联系。2005 年，“博客”的兴起成为互联网最具革命意义的变化之一，网民得以以个人姿态深度参与到互联网中。美国《时代》周刊曾评论称，社会正从机构向个人过渡，个人正在成为“新数字时代民主社会”的公民。同年，腾讯注册用户（QQ 用户）过亿，即时聊天工具成为网民标配。2009 年，以社交网站为基础的虚拟社区游戏迅速升温，开心网、腾讯开心农场等成为大众时尚。同年，“微博”正式上线，这种单帖字数限制在 140 字符以内的微型博客，通过即时分享的强大优势迅速传播，产生了极大的影响力。

2012年，中国网民数量增速下降至9.92%，结束了近十年两位数增长的态势，宣告业内依靠网民数量高速增长形成的发展和盈利模式将面临挑战。同时，根据中国互联网信息中心（China Internet Network Information Center，CNNIC）发布的报告，截至2012年底，中国手机网民规模为4.2亿，使用手机上网的网民首次超过台式电脑，表明中国数字经济发展进入新阶段。

第三阶段：发展成熟期（2013年至今）

自手机网民数量规模化以来，互联网行业迎来移动端时代，中国数字经济的基本格局已经形成，并迈入成熟期。以信息互通为基础，智能手机全面连接起人类的线上和线下生活，并且产生了深远的双向影响。在成熟阶段，数字经济业态主要有两大特征。第一，传统行业互联网化。以网络零售为基础，生活服务的各个方面几乎都在向线上转移，打车可以使用“滴滴打车”，叫外卖可以使用“饿了么”“美团外卖”等，甚至洗衣、家政等业务也能够通过互联网解决。然而，互联网化也绝非传统行业转型的灵丹妙药，在经历短暂的“热恋期”后，以互联网医疗为代表的一批互联网化行业进入“幻灭期”。第二，基于互联网的模式创新不断涌现。以摩拜、ofo为代表的共享出行业态，突破了原有共享单车的“有桩”模式，通过以模式创新为核心的方式，为中国数字经济注入了新的活力。此外，网络直播模式的崛起也具有一定代表性，特别是2016年淘宝直播上线之后，网络直播模式与网购和海淘的进一步融合，使直播经济真正成为一种强有力的变现模式。

值得指出的是，党的十八大以来党中央高度重视发展数字经济，将其上升为国家战略。党的十八届五中全会提出，实施网络强国战略和国家大数据战略，拓展网络经济空间，促进互联网和经济社会融合发展，支持基于互联网的各类创新。党的十九大提出，推动互联网、大数据、人工智能和实体经济深度融合，建设数字中国、智慧社会。党的十九届五中全会提出，发展数字经济，推进数字产业化和产业数字化，推动数字经济和实体经济深度融合，打造具有国际竞争力的数字产业集群。随后，我国出台了《网络强国战略实施纲要》《数字经济发展战略纲要》，从国家层面部署推动数字经济发展。这些年来，我国数字经济发展较快、成就显著。根据 2021 年全球数字经济大会的数据，我国数字经济规模已经连续多年位居世界第二。特别是新冠肺炎疫情暴发以来，数字技术、数字经济在支持抗击新冠肺炎疫情、恢复生产生活方面发挥了重要作用。

二、我国数字经济的主要建设成就

目前，数字经济已成为驱动我国经济高质量发展的核心关键力量。根据中国信息通信研究院的《中国数字经济发展白皮书（2021 年）》，“十三五”期间我国数字经济规模从最初的 11 万亿元增长到 2020 年的 39.2 万亿元，占 GDP 比重为 38.6%，其主要建设成就可概括为 6 个方面。

第一，数字产业化规模不断壮大。数字产业新模式、新业态规模不断增长，产业发展新动能、新趋势愈发显著。2020 年，我国规模以上互联网和相关服务企业收入达 1.3 万亿元，同比增长 12.5%；人工智能产业规模达 1606.9 亿元，同比增长 24.43%。目前，已有人工智能相关企业 43.9 万家；算力产业规模达 2 万亿元，直接带动经济产出达 1.7 万亿元。

第二，产业数字化转型步伐加快。农业数字化转型稳步推进，制造业数字化转型持续深化，服务业数字化发展进入快车道。2020 年，我国规模以上工业企业生产设备数字化率达 49.4%，新增上云企业超过 47 万家，网上零售额达 11.76 万亿元，连续 8 年居世界第一。

第三，新模式、新业态不断涌现。数字技术持续渗透并融入传统行业，促使传统行业实现线上化转型，并创造了众多的新业态、新模式和新职业，如网约配送员、互联网营销师等 25 种新职业。

第四，区域数字经济创新发展。以京津冀、长三角、粤港澳、成渝双城为代表的新经济圈，聚焦发展大数据、人工智能、先进计算、高端芯片等数字经济核心产业，目前已成为我国的数字经济创新高地，引领全国数字经济发展。

第五，政务信息系统整合共享。在全国统一电子政务网络的基础上，我国建立起国家数据共享交换平台，基本实现了“网络通”“数据通”和“业务通”。各级政府从营商环境、事中事后监管等方面，开创了诸多新便民服务（如“最多跑一次”），政府治理效能大步提升。

第六，数字服务改善民生。数字技术的广泛应用，加速了生活服务的数字化转型进程，在线教育、线上办公、网络购物、无接触配送的出现，深刻地改变了人们的衣食住行，使得生活方式更加丰富多彩。

三、我国数字经济迅猛发展的相对优势

我国数字经济近些年的迅猛发展主要得益于以下三点相对优势[①]。

第一，集中力量办大事的社会主义制度优势。党的十八大以来，党中央为建设数字经济制定了系统性、科学性、前瞻性的顶层设计，相关部门先后颁布了《积极推进“互联网＋”行动指导意见》《促进

① 石勇：《数字经济的发展与未来》，《中国科学院院刊》2022 年第 1 期。

大数据发展行动纲要》《国家信息化发展战略纲要》等一系列政策文件，从而为我国数字经济指明了前进方向；相关部门也陆续出台一系列扶持政策，为数字产业开辟新市场保驾护航，加速了数字经济的快速壮大。

第二，超大规模的中国市场优势。一方面，我国有超 10 亿网民，产生了庞大的消费需求，这是数字经济的原始动力；另一方面，我国产业门类齐全，具有完整的产业链基础，有能力提供全方位的数字经济产品与服务。

第三，数字技术研发优势。我国基础研发队伍庞大，具备开展数字技术科研攻关的能力。根据科学技术部《中国科技人才发展报告(2020)》，“十三五”期间我国科研人员全时当量快速增长——从 2016 年的 387.8 万人年增长到 2020 年的 509.2 万人年，居世界第一。科技人才受教育水平不断提高，青年成为科研主力。目前，我国已在 5G 通信等多个技术领域形成局部领先的良好优势。以华为为例，在全球的通信市场上，华为 2021 年在全球通信设备市场的份额为 28.7%，排名世界第一（远超世界第二名爱立信公司的 15%）①。

四、我国数字经济的发展短板

作为国家战略性选择，尽管我国数字经济发展已达到比较先进的水平，但在诸多领域仍有短板和挑战。概括来说主要有以下五个方面。

---

① 参见华为在过去十年的研发方面累计投入超过 8450 亿元人民币。目前，华为研发投入在全球企业中位居第二。从研发人员情况来看，华为 2021 年的研发人员占公司总人数的 54.8%，约为 10.7 万名。显然，长期在研发上的投资所沉淀和积累起来的研发能力、研发队伍、研发平台，才是华为构建长期、持续竞争力的核心。详见资料：《华为继续为生存而战：华为研发投入超 1400 亿元》，凤凰网，https：//finance.ifeng.com/c/8EkgrkXSrvg.

第一，数字经济大而不强。虽然我国数字经济增长迅猛，2020 年数字经济增速以 9.6%领跑全球，但仍需培育更多的新模式、新业态。在数字经济规模上，2020 年我国数字经济达 5.36 万亿美元，居全球第二，但仅为美国 13.6 万亿美元的约 40%；在数字经济占比上，美国、德国等国的数字经济在其国民经济中占主导地位，比重均超过 60%，而我国 2020 年的数字经济占比仅为 38.6%。总体来看，我国的数字经济发展主要依靠互联网人口红利和市场红利，“消费端”较为成熟，“技术端”和“创新端”相对薄弱。

第二，关键技术工程亟待突破。关键技术工程是困扰我国数字经济向高质量迈进的“绊脚石”，特别是在算力平台建设上。不论是个人电脑，还是超算、云计算等算力形式，都由整机、芯片、操作系统、应用软件 4 个主要部分组成。其中，芯片和操作系统受国外的制约程度最大。以操作系统为例，操作系统（OS）可分为服务器、桌面端、移动端。从国际市场看，谷歌的安卓（Android）系统、苹果的 iOS 系统、微软的视窗（Windows）系统在各类 OS 中长期处于垄断地位；从国内情况看，尽管整体市场已有千亿规模，但一直被美国产品主导，如桌面端由 Windows 占据、移动端由 Android 和 iOS 垄断；从重点国产化方向上，相较于芯片、应用软件等，操作系统是国产化程度最低的领域。值得可喜的是，各类国产操作系统的创新尝试已经开始涌现并在逐渐缩小与其他先进经济体的差距，如“麒麟”“统信”等国产桌面端操作系统和“鸿蒙”（HarmonyOS）、“鲸鲮”（JingOS）等移动端操作系统。从综合国力和市场需求的角度必须认识到，除美国以外，我国是全球唯一有能力、有可能孕育本国操作系统的国家，切不可丢失良机。

第三，法律制度环境仍需完善。当前，相对宽松的发展环境促进了数字经济的高速增长，而长此以往法律制度的不完善也将逐渐成为数字经济进一步发展的掣肘。数字业务的进一步开展依赖法律规定的持续细化，如数据确权法律的缺位造成数据交易难以推进；法律规定的缺位会加大一些数字业务创新导致的社会风险、金融风险；等等。

第四，区域间数字经济发展不平衡。随着数字经济的高速发展，社会生产力和生活便利性得到了很大的提高，更推动了数字经济产业集中区域的地方经济的快速发展，数字经济领域的很多企业和从业者也在短时间内获取了大量的财富。但是，中国数字经济的发展很不平衡，数字经济在高速发展的同时也造成“数字鸿沟”问题进一步加剧，地区和人群的差距被快速拉大。

中国数字经济发展具有突出的区域聚集特征，长三角、珠三角、京津冀成为我国数字经济发展的区域核心。根据中国信息通信研究院发布的《中国城市数字经济发展报告（2021 年）》显示：从整体来看，我国数字经济竞争力较高的城市集中于南方和东部地区，北京、上海、深圳位于我国数字经济竞争力第一梯队。在 2020 年数字经济竞争力指数全国排名中，从东西分布来看，前 15 位城市中，东部地区有 12 个；从南北分布来看，前 15 位城市中，南方城市有 12 个，西部地区和东北地区城市数字经济发展水平较低，呈现出较大的地区差异。

数字经济发展的区域不平衡现象主要是由于发达地区经济基础优势显著，可以为数字经济核心产业的发展提供充分的人才、资金等资源保障，因此在客观上进一步加大了地区差距。同时，由于经济发展存在“虹吸效应”，数字经济发达的地区发展机会多、回报高，导致西部和东北地区的相关人才和资金被大量吸引到发达地区，这进一步阻碍了相关区域的数字经济发展。地区发展不平衡是中国经济长期存在的问题，数字经济的发展在一定程度上进一步加剧了这个问题，长期的地区发展不平衡不仅带来很多社会治理问题，也不利于国家整体发展，这是数字经济发展下一步必须着力解决的问题。

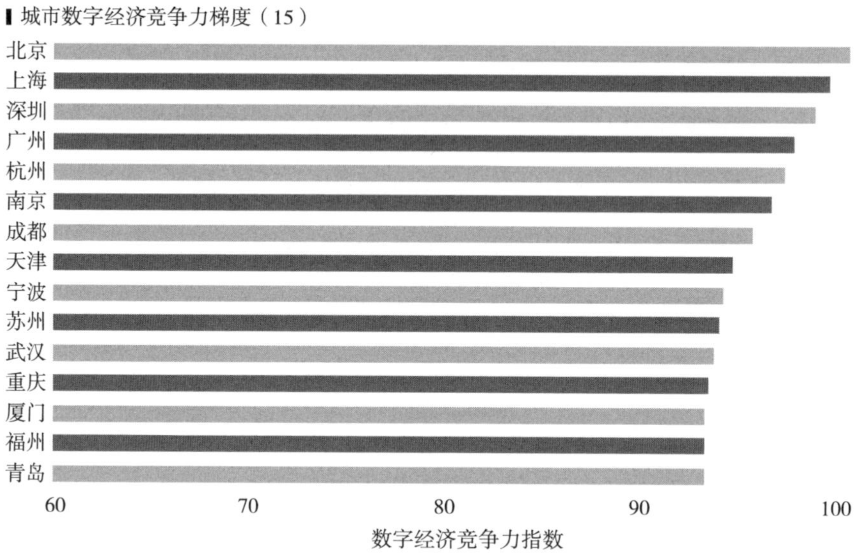

图 1—4 2020 年我国城市数字经济竞争力指数梯度（前 15）

资料来源：中国信息通信研究院。

第五，数字经济国际话语权仍需提高。根据天府大数据国际技术与战略研究院的《全球大数据发展分析报告（2020）》，数据开放与经济发展之间存在明显的正相关关系，政府的数据开放政策可以促进经济增长。而在参与开放政府联盟（Open Government Data，OGP）并作出开放数据承诺的国家中，欧洲国家占 36.5%，其他发达国家占 26.9%。我国的数据开放情况与发达国家相比仍有差距，不能很好地适应社会经济快速发展的需求。同时，面对单边主义的日益盛行，我国数字经济的国际影响力也受到削弱。例如，华为、字节跳动等数字技术企业在国际化过程中频繁受挫。在数字经济相关国际组织中我国的话语权仍处弱势，尚未形成与综合国力相匹配的数字经济国际地位。

第四节　全国和各省市大力推动数字经济发展

一、我国数字经济政策概览

自 2015 年提出“国家大数据战略”以来，我国有关推进数字经济发展相关的政策不断深化和落地。自 2019 年以来，国家层面陆续出台《国家数字经济创新发展试验区实施方案》《关于构建更加完善的要素市场化配置体制机制的意见》等数字经济领域顶层设计。2021 年，国家在“十四五”规划中明确提出“发展数字经济，推进产业数字化和数字产业化，推动数字经济与实体经济深度融合”，从各领域、多维度为数字经济发展提供政策支撑。

表 1—1　国家层面数字经济相关政策

序号	文件名称	发文机关	发文日期
1	《国务院关于印发“十三五”国家信息化规划的通知》	国务院	2016 年 12 月 15 日
2	《文化部关于推动数字文化产业创新发展的指导意见》	文化部	2017 年 4 月 11 日
3	《关于发展数字经济稳定并扩大就业的指导意见》	国家发展改革委、教育部、科技部等 19 部门	2018 年 9 月 18 日
4	《数字乡村发展战略纲要》	中共中央办公厅、国务院办公厅	2019 年 5 月 16 日
5	《国务院办公厅关于促进平台经济规模规范健康发展的指导意见》	国务院办公厅	2019 年 8 月 1 日

续表

序号	文件名称	发文机关	发文日期
6	农业农村部　中央网络安全和信息化委员会办公室关于印发《数字农业农村发展规划（2019—2025年）》的通知	农业农村部　中央网络安全和信息化委员会办公室	2019年12月25日
7	工业和信息化部办公厅关于印发《中小企业数字化赋能专项行动方案》的通知	工业和信息化部办公厅	2020年3月18日
8	国家发展改革委　中央网信办印发《关于推进“上云用数赋智”行动　培育新经济发展实施方案》的通知	国家发展改革委、中央网信办	2020年4月7日
9	《关于支持新业态新模式健康发展　激活消费市场带动扩大就业的意见》	国家发展改革委、中央网信办、工业和信息化部等	2020年7月14日
10	《“十四五”大数据产业发展规划》	工业和信息化部	2021年11月30日
11	《互联网宗教信息服务管理办法》	国家宗教事务局等5部门	2021年12月3日
12	《“十四五”机器人产业发展规划》	工业和信息化部等15部门	2021年12月21日
13	《“十四五”智能制造发展规划》	工业和信息化部等8部门	2021年12月21日
14	《“十四五”民政信息化发展规划》	民政部	2021年12月23日
15	《“十四五”推进国家政务信息化规划》	国家发展改革委	2021年12月24日
16	《互联网信息服务算法推荐管理规定》	国家互联网信息办公室等4部门	2021年12月31日
17	《金融产品网络营销管理办法（征求意见稿）》	中国人民银行等7部门	2021年12月31日
18	《“十四五”数字经济发展规划》	国务院	2022年1月12日

《中华人民共和国国民经济和社会发展第十四个五年规划和2035年远景目标纲要》（以下简称《纲要》）

《纲要》共分为19篇，其中第五篇为“加快数字化发展　建设数字中国”，其中写道：迎接数字时代，激活数据要素潜能，推进网络强国建设，加快建设数字经济、数字社会、数字政府，以数字化转型整体驱动生产方式、生活方式和治理方式变革。第十五章为“打造数字经济新优势”，其中写道：充分发挥海量数据和丰富应用场景优势，促进数字技术与实体经济深度融合，赋能传统产业转型升级，催生新产业新业态新模式，壮大经济发展新引擎。

《“十四五”数字经济发展规划》（以下简称《规划》）

《规划》明确坚持“创新引领、融合发展，应用牵引、数据赋能，公平竞争、安全有序，系统推进、协同高效”的原则。到 2025 年，数字经济核心产业增加值占国内生产总值比重达到 10%，数据要素市场体系初步建立，产业数字化转型迈上新台阶，数字产业化水平显著提升，数字化公共服务更加普惠均等，数字经济治理体系更加完善。展望 2035 年，力争形成统一公平、竞争有序、成熟完备的数字经济现代市场体系，数字经济发展水平位居世界前列。

《规划》部署了八个方面重点任务。一是优化升级数字基础设施。加快建设信息网络基础设施，推进云网协同和算网融合发展，有序推进基础设施智能升级。二是充分发挥数据要素作用。强化高质量数据要素供给，加快数据要素市场化流通，创新数据要素开发利用机制。三是大力推进产业数字化转型。加快企业数字化转型升级，全面深化重点行业、产业园区和集群数字化转型，培育转型支撑服务生态。四是加快推动数字产业化。增强关键技术创新能力，加快培育新业态新模式，营造繁荣有序的创新生态。五是持续提升公共服务数字化水平。提高“互联网+政务服务”效能，提升社会服务数字化普惠水平，推动数字城乡融合发展。六是健全完善数字经济治理体系。强化协同治理和监管机制，增强政府数字化治理能力，完善多元共治新格局。七是着力强化数字经济安全体系。增强网络安全防护能力，提升数据安全保障水平，有效防范各类风险。八是有效拓展数字经济国际合作。加快贸易数字化发展，推动“数字丝绸之路”深入发展，构建良好国际合作环境。围绕八大任务，《规划》明确了信息网络基础设施优化升级等 11 个专项工程。

二、各省数字经济相关政策

随着数字经济地位在国家的不断提升，数字经济也成为多地政府工作报告中的“热词”。在“十四五”规划中，各地正在加快推动数字经济发展，结合自身实际情况对数字经济发展进行了一系列部署，以加快打造数字经济发展高地。

2021 年，福建数字经济增加值达 2.3 万亿元，贵州数字经济占地区生产总值比重达 34%，湖南数字经济增长 17%，四川数字经济核心产业增加值达 4012 亿元……从各地 2021 年的“成绩单”来看，数字经济成为稳增长的重要引擎。

沿着“十四五”规划纲要部署的数字经济发展蓝图，各省市也正在结合自身情况抢抓建设数字经济新赛道。在此背景下，北京、广东、浙江等各省市“十四五”规划纲要陆续发布，着力推动其区域数字经济发展。

表 1—2　地方层面数字经济相关政策

序号	文件名称	发布单位	发文日期
1	《苏州市推进数字经济和数字化发展三年行动计划（2021—2023 年）》	苏州市人民政府	2017 年 1 月 1 日
2	《天津市加快数字化发展三年行动方案（2021—2023 年）》	天津市人民政府	2020 年 7 月 14 日

续表

序号	文件名称	发布单位	发文日期
3	《关于全面推进上海城市数字化转型的意见》	上海市人民政府	2021年1月4日
4	《深圳市数字经济产业创新发展实施方案（2021—2023年）》	深圳市人民政府办公厅	2021年1月14日
5	《浙江省数字经济“十四五”规划》	浙江省人民政府办公厅	2021年6月16日
6	《推进上海经济数字化转型赋能高质量发展行动方案（2021—2023年）》	上海市城市数字化转型工作领导小组办公室	2021年7月11日
7	《烟台市关于推进数字经济发展三年行动方案》	烟台市人民政府办公室	2021年7月27日
8	《广东省数字经济促进条例》	广东省人民代表大会常务委员会	2021年7月30日
9	《北京市关于加快建设全球数字经济标杆城市的实施方案》	北京市委办公厅、北京市人民政府办公厅	2021年8月3日
10	《江苏省“十四五”数字经济发展规划》	江苏省人民政府办公厅	2021年8月10日
11	《内蒙古自治区“十四五”数字经济发展规划》	内蒙古自治区人民政府办公厅	2021年10月24日
12	《湖北省数字经济发展“十四五”规划》	湖北省人民政府	2021年12月21日
13	《重庆市数字经济“十四五”发展规划（2021—2025年）》	重庆市人民政府	2021年12月9日

《苏州市推进数字经济和数字化发展三年行动计划（2021—2023年）》（以下简称《计划》）

《计划》指出，到2023年，苏州市数字经济核心产业增加值达到6000亿元，年均增长率达16%以上。数字经济领域有效发明专利累计拥有量达到7000件以上，PCT专利申请量达到1000件以上，加快建设更具影响力的数字科创中心、数字智造中心和数字文旅中心，打造领先水平的数字融合先导区、数字开放创新区和数字政府样板区，率先建成全国“数字化引领转型升级”标杆城市。

《深圳市数字经济产业创新发展实施方案（2021—2023年）》（以下简称《方案》）

《方案》主要内容分为4个部分，包括总体要求、重点领域、重点任务、保障措施。根据《方案》，到2023年，数字经济将成为推动深圳市经济社会高质量发展的核心引擎之一，产业规模持续扩大，成功研发一批具有自主知识产权的工业软件，新建10家高水平研究院、实验室等，建成一批新型基础设施和公共服务平台，培育年营收超过50亿元的龙头企业15家以上，年营收超过10亿元的重点企业70家以上。

《浙江省数字经济发展“十四五”规划》（以下简称《规划》）

《规划》指出，到2025年，数字经济发展水平稳居全国前列、达到世界先进水平，数字经济增加值占GDP比重达到60%左右，高水平建设国家数字经济创新发展试验区，加快建成“三区三中心”，成为展示“重要窗口”的重大标志性成果。建成全国数字产业化发展引领区。数字经济核心产业增加值占GDP比重达到15%，形成数字安防、集成电路、高端软件等具有全球竞争力的标志性产业链和数字产业集群。

《重庆市数字经济“十四五”发展规划（2021—2025年）》（以下简称《规划》）

《规划》指出，到2022年，集聚“100＋500＋5000”（100家创新能

力强、发展后劲足、带动效应显著的数字经济龙头企业，500家前沿领域高成长性创新企业，5000家“专特精尖”中小微企业和创新团队）数字经济领域市场主体，打造千亿级数字经济核心产业集群，创建10个国家级数字经济应用示范高地，高水平建成国家数字经济创新发展试验区。到2025年，大数据智能化走在全国前列，全市数字经济总量超过1万亿元，建成国内领先、具有全球影响力的数字经济创新发展高地，数字经济成为支撑重庆市“智造重镇”“智慧名城”建设的主力军。

各地积极推动数字经济发展，主要体现在以下三方面。

第一，打造数字经济发展高地。不少地方正加速打造数字经济发展高地。例如，浙江发布了《数字化改革总体方案》，将数字经济作为“一号工程”来抓；上海发布了《关于全面推进上海城市数字化转型的意见》，全面释放数据要素价值，坚持整体转变、全方位赋能和革命性重塑；《广东省数字经济促进条例》于2021年7月30日通过，自同年9月1日起施行。

面向2022年，“加快释放数字经济新活力”“做强做优做大数字经济”等成为多地政府工作报告中的“高频词”，相关发展目标也进一步明确。福建提出2022年将深入实施数字经济创新发展工程，实现数字经济增加值2.6万亿元以上；贵州提出力争2022年数字经济占GDP比重36%左右；河南提出2022年力争数字经济增长15%以上；四川提出到2022年，该省数字经济规模超过2万亿元。

北京提出深入落实数字经济标杆城市建设实施方案；四川提出将高质量完成国家数字经济创新发展试验区建设任务；浙江提出办好首届全球数字贸易博览会，加快打造全球数字贸易中心；江苏提出把做强做优做大数字经济作为转型发展的关键增量，出台促进数字经济发展的新政策新举措，强化数据开放和数据保护，统筹数字经济、数字政府、数字社会生态体系建设，发展互联网服务和相关产品，努力打造全国数字经济创新发展新高地。

第二，布局数字产业集群。国务院印发的《“十四五”数字经济发展规划》指出，到 2025 年，数字经济核心产业增加值占国内生产总值比重达到 10%。

各地方也纷纷定下 2022 年数字经济核心产业目标，并因地制宜圈定重点产业领域。浙江提出深化数字经济“一号工程”，做大做强数字安防、集成电路、智能计算和智能光伏等产业，推进类脑智能、量子信息等未来产业发展，力争数字经济核心产业增加值增长 12%。湖南提出推进数字产业化，壮大先进计算、北斗应用、超高清视频、智能网联汽车等优势产业，布局光电信息、量子信息、人工智能等未来产业。

集群化成为发展数字产业重要抓手。贵州提出实施数字产业大突破行动，加快培育数据中心、智能终端、数据应用三个主导产业集群。四川提出大力发展数字经济核心产业，推动“芯屏存端软智网”数字产业集聚发展。山东提出巩固数字经济新优势，打造先进计算、集成电路、新型智能终端、超高清视频等数字产业集群。

“数字产业集群将着重培育一批有竞争力的数字经济主体，同时优化数字经济区域发展格局。”孙克表示，下一步要推动区域数字生产力科学布局，依托“一带一路”、西部开发、东北振兴、中部崛起等重大国家战略，东部地区创新培育发展新模式、新业态，中西部地区开展具有地区特色的数字资源开发和利用。

第三，加快部署新基建。多地正加快部署新型基础设施建设。面向 2022 年，江苏聚力打造数智赋能融合基础设施，推进传统基础设施智慧化改造，鼓励有条件的地区构建泛在互联智能感知的城市级物联网，打造城市数字孪生体。山东提出实施 5G 和固定网络“双千兆”工程，累计建成并开通 5G 基站 16 万个，开展数据中心提质增量行动，加快建设国家级互联网骨干直联点，推动国际通信出入口局落户山东。

四川将加快数字信息基础设施建设，推动 5G、工业互联网、物联网等规模化部署，建设成渝地区工业互联网一体化发展示范区。安徽提出实施“新基建＋”行动，创建国家互联网骨干直联点、全国一体化算力网络国家枢纽节点集群，新建 5G 基站 2.5 万个以上。

新型数字基础设施是新型基础设施的核心，是数字经济发展的底座和基石，也是拉动新一轮经济增长的重要引擎。工信部信息通信发展司司长谢存表示，各地政府从站址规划、资源开放、用电优惠等方面给予 5G 大力支持，发展环境不断优化。工信部数据显示，截至 2021 年底，全国 5G 基站超过 140 万个，其中共建共享 5G 基站超过 80 万个，5G 网络已覆盖全部地级市、超过 98％的县城城区和 80％的乡镇镇区。

第五节　世界各国数字经济发展战略

当前，信息网络技术加速创新，以数字化的知识和信息作为关键生产要素的数字经济蓬勃发展，新技术、新业态、新模式层出不穷，成为“后国际金融危机”时代全球经济复苏的新引擎。各主要国家纷纷将发展数字经济作为推动实体经济提质增效、重塑核心竞争力的重要举措，并进一步推动数字经济取得的创新成果融合于实体经济各个领域，围绕新一轮科技和产业制高点展开积极竞合。

一、各国数字经济发展战略及创新

随着部分发达国家受益于数字经济的红利，更多国家纷纷开启数字化革命，大力发展数字经济争夺云计算、大数据、人工智能等高新技术前端领域。近年来，主要经济体均陆续出台了国家级别的数字经济发展战略，并且持续在数字经济的细分领域推出各种支持政策。

（一）发达经济体

在发达经济体当中，美国从 20 世纪 90 年代末即开始大力支持和鼓励数字经济发展，1993 年 9 月克林顿政府的“国家信息基础设施”行动计划，奥巴马政府的《网络空间国际战略》，特朗普政府颁布的《国家网络战略》等，都明确了美国对未来数字经济发展的政策导向。

英国政府早在 2009 年即推出了“数字大不列颠”行动计划，致力于实现英国主导的世界数字经济世代；后又分别于 2015 年和 2017 年出台了《数字经济战略（2015—2018）》和《英国数字化战略》，力争让英国成为全球领先的数字化经济体。

德国将发展数字经济作为其政治和经济层面的首要任务，自 2010 年发布《德国 2020 高技术战略》后，相继出台《2020 创新伙伴计划》、“工业 4.0”、“数字议程（2014—2017）”以及“数字战略 2025”，2018 年又发布《联邦政府人工智能战略要点》《人工智能德国制造》《高技术战略 2025》等，旨在建设数字强国。

日本在 21 世纪初就制定“IT 立国”战略，并通过《e—Japan 战略》《u—Japan 战略》《i—Japan 战略》等政策指引，促使日本数字经济逐步向信息化、网络化与智能化方向发展，并在 2013 年提出建设最尖端 IT 国家与“超智能社会”，2018 年又发布《日本制造业白皮书》《综合创新战略》《集成创新战略》《第 2 期战略性创新推进计划（SIP)》等战略计划，详细阐述了推动数字经济发展的行动方案。

新加坡从 1981 年起就先后实施了“国家电脑计划”“国家 IT 计划”“IT2000 计划”“InfoComm21”和“全联新加坡计划”，为数字经济发展打下了坚实基础，并在 2006 年 6 月正式推出“智慧国 2015 计划”（iN2015），致力将新加坡打造成为信息技术无处不在的智慧国家。

（二）发展中经济体

发展中经济体的数字经济战略布局起步较晚，但近年来也纷纷出台了相关政策。其中，印度在 2015 年才推出“数字印度”计划，普及宽带上网、建立全国数据中心与促进电子政务这三个方面；巴西在 2016 年才颁布《国家科技创新战略（2016—2019 年)》，将数字经济与数字社会列为其优先发展的 11 个领域之一；俄罗斯在 2017 年将数字经济列入《俄联邦 2018—2025 年主要战略发展方向目录》，并将其编制成为《俄联邦数字经济规划》。

近年来，各国的数字化转型政策方针又呈现出一些新的变化趋势。一是国家数字战略越来越多由政府最高层协调，部分国家甚至成立了专门负责数字事务的部门；二是数据资源与数字安全创新是经济合作与发展组织（Organization for Economic Co-operation and Development, OECD）国家关注的焦点之一，主要经济体近年来都加强了公共部门数据的获取和共享，部分国家还推动促进了私人部门的数据共享；同时，数字安全创新也是经济合作与发展组织的一个新趋势，澳大利亚、法国、德国、以色列和英国等几个国家已经建立了开放创新中心，以促进其发展。

二、北半球数字经济实现更快速平稳发展

中国信息通信研究院2021年发布的《全球数字经济白皮书》显示，经济发展水平较高国家聚集的北半球数字经济发展态势良好。主要国家在全球的地理分布，形成各大洲数字经济发展差异。整体看，主要位于北半球的欧洲、美洲、亚洲数字经济发展水平显著优于主要位于南半球的大洋洲和非洲。

欧洲方面。在报告测算的47个国家中，有28个位于欧洲，但多为规模较小的国家。2020年，欧洲数字经济规模为7.5万亿美元，占47个经济体数字经济总量的2.8%，同比名义增长2.7%，占GDP比重为40.9%。其中，数字产业化规模为1.1万亿美元，占数字经济比重为14.2%，产业数字化规模为6.4万亿美元，占数字经济比重为85.8%，产业数字化的深入推进成为欧洲数字经济发展的关键动力。

亚洲方面。在测算的47个国家中，有中国、韩国、日本、新加坡等12个国家位于亚洲。2020年，亚洲数字经济规模为10.0万亿美元，占全球数字经济总量的0.7%，仅次于美洲，数字经济同比名义增长5.2%，显著高于全球平均水平，是数字经济增长最快的大洲，数字经济占GDP比重为34.8%。其中，数字产业化规模为2.0万亿美元，占数字经济比重为20.1%，产业数字化规模为8.0万亿美元，占数字经济比重为79.9%。

美洲方面。在测算的47个国家中，有美国、加拿大、墨西哥、巴西4个国家位于美洲。2020年，美洲数字经济规模为14.7万亿美元，占全球总规模的44.6%。受美国数字经济带动，美洲数字经济规模最大，数字经济同比名义增长1.8%，占GDP比重为58.6%，是数字经济

占比最高的大洲。其中，数字产业化规模为 1.9 万亿美元，占数字经济比重为 13.1%，产业数字化规模为 12.8 万亿美元，占数字经济比重为 86.9%。

大洋洲方面。在测算的 47 个国家中，有澳大利亚、新西兰 2 个国家位于大洋洲，基本涵盖该洲主要国家。2020 年，大洋洲数字经济规模为 3020 亿美元，占全球的 0.9%，同比名义增长 2.0%，占 GDP 比重为 19.6%。其中，数字产业化规模为 387 亿美元，占数字经济比重为 12.8%，产业数字化规模为 2633 亿美元，占比为 87.2%。

非洲方面。在测算的 47 个国家中，仅有南非位于非洲，受经济发展水平影响，非洲数字经济发展水平有待提升。2020 年，非洲数字经济规模为 576 亿美元，占全球的 0.2%，数字经济受疫情冲击较大，同比下降 10.7%，占 GDP 比重为 19.1%。其中，数字产业化规模为 83 亿美元，占数字经济的 14.5%，产业数字化规模为 493 亿美元，占数字经济的 85.5%。

三、美中德日英数字经济呈稳定发展态势

自 2020 年以来，虽然各国经济受疫情冲击较大，但数字经济持续表现出良好的发展势头和较好的发展前景，数字经济成为疫情冲击下世界主要国家推动经济稳定复苏的关键动力。

规模方面。美中德日英数字经济规模占全球的 79%。2020 年，美国数字经济蝉联世界第一，规模达到 13.6 万亿美元，占全球比重的 41.7%；中国数字经济位居世界第二，规模为 5.4 万亿美元；德国、日本、英国位居第三至五位，规模分别为 2.54 万亿美元、2.48 万亿美元和 1.79 万亿美元。此外，法国、韩国、印度、巴西、俄罗斯、瑞士、

新加坡、马来西亚、泰国、捷克等27个国家数字经济规模超过500亿美元，奥地利、越南、新西兰、卢森堡等10个国家数字经济规模介于100亿美元至500亿美元之间，立陶宛、斯洛文尼亚、爱沙尼亚、拉脱维亚、塞浦路斯五国数字经济规模低于100亿美元。

占比方面。德国、英国、美国、韩国数字经济成为国民经济主导。2020年，受疫情影响，各国经济明显下滑，但数字经济新模式新业态获得较大发展空间，数字经济在国民经济中占比显著提升，数字化已成为一国经济现代化发展的重要标识。德国、英国、美国数字经济占GDP比重超过60%，分别为66.7%、66.0%和65.0%，韩国数字经济占比也超过50%，达到52.0%。日本、爱尔兰、法国、新加坡、中国、芬兰、墨西哥7个国家数字经济占GDP比重也都超过30%，其余36个国家数字经济占比低于30%。

产业渗透方面。德国、英国、美国数字经济在三次产业的渗透水平均高于其他国家。在第一产业数字化方面，2020年，英国、德国、韩国第一产业数字经济占比位列前三，分别达到29.9%、24.8%和17.4%。在第二产业数字化方面，德国、韩国、美国二产数字经济占比领先全球，分别达到43.9%、43.6%和36.0%。在第三产业数字化方面，德国、英国、美国三产数字经济占比超过60%，分别达到67.9%、66.1%和61.0%，日本、法国、中国三产数字经济占比均超过40%。

从全球数字经济政策新动向来看，世界各国的数字经济发展战略主要呈现如下特点：更加突出提升和巩固科技创新全球竞争力；更加注重数字基础设施普及和优质化发展；更加聚焦重塑数字经济产业链核心竞争力；更加重视强化对中小企业数字化转型支撑；更加强调推动数字化与绿色化协调发展。

从全球数字经济发展新态势来看，主要特点可概括为：从整体态势看，数字经济发展能有效对冲全球疫情冲击；从发展阶段看，发达和高收入国家数字经济韧性更强；从地理区域看，北半球数字经济实现更快速平稳发展；从具体国别看，美国、中国、德国、日本、英国数字经济呈稳定发展态势。

第二章

建设数字政府和数字社会

YULINGDAOGANBUTANSHUZIJINGJI

第一节　加快推进数字政府建设

数字政府是现代信息爆发式增长和技术进步的产物，是在现代计算机、网络通信等技术支撑下，政府机构日常办公、信息收集与发布、公共管理等事务在数字化、网络化的环境下进行的国家行政管理形式，其数字化治理模式能够满足新时代的治理需求，并取得良好的治理成效。全球管理咨询公司麦肯锡曾在《政府数字化转型》中指出，数字政府具有服务、流程、决策和共享的能力。

2017 年，我国提出“数字中国”战略后，迅速掀起国内学界关于“数字政府”的研究热潮。学者王啸宇等认为数字政府由新一代信息技术构建而成，侧重于数字资产在政府管理服务、经济社会各领域的应用。① 它是在原有政府基础上的再创新的信息技术革命产物。

国外学者对数字政府也进行了不同角度的解读。Hsinchun Chen 等认为数字政府是以提高政府服务质量和速度为目的的行政管理过程。② Janowski 认为政府需要经历四个阶段演进模式才能实现数字化治理，分别是政府技术数字化、政府转型、数字化治理、政策性数字治理情境化。③

① 参见王啸宇、王宏禹：《DT 时代的治理模式：发展中的数字政府与数据政务》，《河北大学学报》2018 年第 4 期。

② See Hsinchun Chen，Lawrence Brandt，Valerie Gregg，*Digital Government：E－government Research，CaseStudies and Implementation*. Springer Science business Media，2008，LLC. p. 6.

③ See Janowski T，Digital government evolution：From transformation to contextualization，*Government Information Quarterly*，2015，No. 3，pp. 221—236.

一、我国数字政府建设的情况

我国政府信息化走过40多年，大致可以分为电子政府、网络政府和数字政府三个阶段（如表2—1所示）。电子政府阶段主要凭借公共互联网的普及，以电子管理数字化推进政府自动化和政府网站建设，技术形态以Web技术为主。网络政府阶段基本完成了“两网一站四库十二金”建设，以供给服务数字化来优化公共服务和体验。数字政府阶段则以新一代信息技术为依托，是政府职能转变数字化的发展阶段。

表2—1 我国政府信息化发展历程

发展阶段	时间	呈现特征	技术支撑	表现形式
电子政府	2006年前	电子管理数字化	Web1.0、Web2.0	政府自动化、政府网站建设
网络政府	2006—2012年	政府服务数字化	移动互联网技术	政务公开、网络政务信息处理
数字政府	2012年至今	组织转型数字化	5G、区块链、云计算、AI	放管服改革、数字平台、治理数字化

资料来源：国脉电子政务网。

不难发现，最开始的电子政府以互联网为工具，随着互联网技术对政府工作影响的不断加深，政府组织形态逐渐发生转变；步入第二阶段，政府在网络世界中的影响力不断扩大，政府的网络行为对现实生活的影响也越来越大，网络政府的概念逐渐被接受；作为第三阶段的政府形态，数字政府更多通过数字资源、数字工具和数字治理来提供优质的政府服务。在此过程中，我国制定出台了一系列政策文件，推动数字政府建设（如表2—2所示）。

表 2—2　中央和政府文件中关于“数字政府”的部分表述

时间	中央政府文件
2006.03	《国家电子政务总体框架》规划电子政务建设总体框架范畴
2015.09	《促进大数据发展行动纲要》确立数字治理的改革主旋律
2016.12	《“十三五”国家信息化规划》提出信息共享要跨部门、跨层级
2017.01	《“互联网＋政务服务”技术体系建设指南》
2017.05	《政务信息系统整合共享实施方案》明确要求加快推进政务信息系统整合共享
2017.06	《中华人民共和国政府信息公开条例》加强政府管理，提高共享水平
2017.10	党的十九大报告提出建设数字中国，发展数字经济
2017.12	国务院常务会议部署加快推进政务信息系统整合共享
2019.10	党的十九届四中全会将推进数字政府建设列为主要任务
2022.01	国务院印发《“十四五”数字经济发展规划》，提出要提高数字政府建设水平
2022.03	政府工作报告提出，推动政务数字共享，加强数字政府建设

资料来源：中国政府网。

从我国数字政府建设的实际情况看，近年来数字政府的发展变化主要体现为以下三方面。

一是数字治理能力提高，政务数字化转型逐步实现。政府数字化转型工作稳步开展，助力推进各地的政府治理数字化。江苏“不见面审批”、上海“一网通办”、浙江“最多跑一次”等模式，推动数字政务服务由表及里纵深发展。

二是政务服务能力增强，数字政府一体化程度不断提升。以数字为载体，推进政务服务精准化、数字化，积极探索并聚焦数字业务挑战①。

三是政务平台成效显现，营商环境市场活力持续激发。例如，2021年，我国政务服务平台上线了一个新专区——“助企纾困服务专区”，

① CNNIC 第 49 次报告显示，截至 2021 年 12 月，全国一体化政务服务平台实名用户超过 10 亿人，总使用量 368.2 亿人次。

汇集了1000多项政策，为企业提供了1154项服务。一站式营商扶贫政策办理、直通式服务广受企业和群众欢迎。

数字政府的建设目标可以概括为以下三点。

第一，以技术引擎加速赋能。数字政府建设要融合新一代信息技术，将智慧应用系统赋能万物，进一步扩大数字政府的应用范围，突破城市的壁垒，推动政府数字化运营，最终提升政府组织的数字化应用能力，优化社会治理资源的网络配置，通过多主体协同治理，开创社会治理新篇章。

第二，优化数字政府组织架构。传统的线下实体政府分散在不同的地域，难免会给企业和公民带来不便。数字政府以政府架构整体化为导向，鼓励线上线下政务深度融合，为公众提供便捷服务。通过建立扁平化的数字政务组织模式，从而改变我国传统的分级化政府组织结构，推动数字化政府建立网络化组织架构。同时促进政府工作形式自动化，在节约人力、物力、财力的同时，更好解决群众办事的难点问题。

第三，坚持以人民为中心。数字政府通过以人民为中心的线上线下一体化模式，促进公共服务高效统一管理。例如，贵州数字政府平台，通过简化、优化政务服务，实现办事率超90%；上海“一网通办”，只跑一次实现超90%。

深入分析并破解国内数字政府不足之处，有助于我国数字政府建设迈向新发展阶段。具体来看，我国目前的数字政府建设存在以下不足。

落实不足。数字政府作为政府治理的新阶段，必须对传统政务工作形式进行持续优化。但目前我国数字政府建设仍存在数字治理落实不彻底的弊端。部分地方政府盲目跟风，未能通过实地调研结合当地实际，仅仅局限于表面模仿先进地区开展数字政务服务建设，导致服务内容和质量参差不齐，难以取得良好的治理成效，无法真正实现“借助数字技术治理政府，创设健康发展环境”的目标。

主体单一。在政府治理过程中，多元化主体有利于凝聚各方力量，是实现共建共享的数字治理的客观要求。当前国内政府在数字政府建设中大多存在主体单一的问题，不利于我国数字政府实现规模效益和可持续发展。建设数字政府必须吸引多元化的主体共同参与治理，要依靠多元化的因素，如技术专业人才、先进信息设备、资金和后期的维护监督，充分发挥数字政府的效能。

信息隔阻。数据是数字政府的基本功能单元，不同部门或不同工作环节中会产生不同的数据，各部门之间数据系统林立，存在数据之间共享的难题。现阶段，信息孤岛、壁垒现象横生，原因主要在于以下几点。首先，政务信息流通不顺畅。我国具有独特的横纵交错型政府管理形式，纵向是指上下级之间的部门从属关系，横向是指同一层级上不同部门之间的平行关系。横纵关系会导致部门之间的政务信息不流通，给政府部门之间的共建共享带来困难。其次，政府共享意识较薄弱。部门数据一直都是部门的重要资源要素，由于数据自身的重要性，部门之间的公开分享数据便成了一道难题。许多政府部门和机构缺乏对数据共享重要性的认识，对公众的信息公开往往只限于被动披露。最后，数据处理缺乏统一标准。一般来说，政府部门往往会根据部门的需要收集和处理数据。这一做法容易导致政府部门数据信息质量失衡，数据处理缺乏统一标准，造成数据收集处理受到数据主观性的限制。

人才缺乏。数字专业人才的缺乏是国家数字化建设的主要障碍之一。建设数字政府迫切需要具有数字技能的专业人才，包括大数据分析、技术开发和维护等人才。在目前阶段，造成数字技能专业人才短缺的主要原因有：学校所培养的数字人才供不应求、薪资待遇缺乏吸引力、人才发展存在地区差异、引进数字人才意识较薄弱等。由于中国进入数字时代的时间较短，数字技能专业人才的培养还处于初级阶段，要形成完善的数字人才培养发展体系还需要一定时间。

制度缺失。虽然数字政府的建立减少了政府的压力，为公民带来极大便利，但也引发了一系列的问题。数据的使用涉及对谁使用数据、如何使用数据以及数据使用过程中对权限进行监督和控制等问题，需要从法律和制度层面提供支撑。而当前，我国缺乏与数字政府建设相配套的法律法规和制度政策，相应的监管机制和法律框架仍不完善。国家和地方有关立法和管理制度的缺失导致制定地方立法的参考和依据不足。

二、各地推进数字政府建设的探索

在国家战略引导下，结合自身政府职能效率提升的需求，全国各省市高度重视数字政府建设，将其作为地方“十四五”规划的重要内容（如表 2—3 所示）。

表 2—3　我国部分省市“十四五”规划中有关数字政府建设的内容

省份	“十四五”规划中有关数字政府建设内容
重庆	促进治理数字化，加强数字社会、政府、城市等建设
浙江	打造数字化治理先行省，推进数据共享
陕西	推动政务服务、社会治理等重点领域的数字化转型
山东	打造新型智慧服务型数字政府
江苏	构建全省一体化大数据共享体系，全面建成人口、自然资源等综合基础数据库
湖南	提高政务服务数字化、智能化，建立智能化与数字化相互融合的平台体系
湖北	以数字转型整体驱动政府治理方式变革
广东	协调政府内外部业务，构建数字政府统一平台
贵州	加快推进全国一体化政务服务平台试点省、公共资源交易平台整合共享试点省、社会信息体系与大数据融合试点省建设
福建	提升数字技术，打造“数字应用第一省”

续表

省份	“十四五”规划中有关数字政府建设内容
安徽	促进数据共享和业务协同，搭建江淮大数据中心
河南	完善统一数据共享平台，扩大基础公共信息数据有序开放

资料来源：部分省市政府网。

从发展水平来看，我国各省、市、自治区数字政府建设水平存在较大的差距，2020 年的《数字政府建设白皮书》测算显示（如图 2—1 所示），广东、浙江、山东、福建、北京、上海、江苏等地处于第一梯队，数字政府建设指数超过 60，也形成了一系列好的经验与做法。

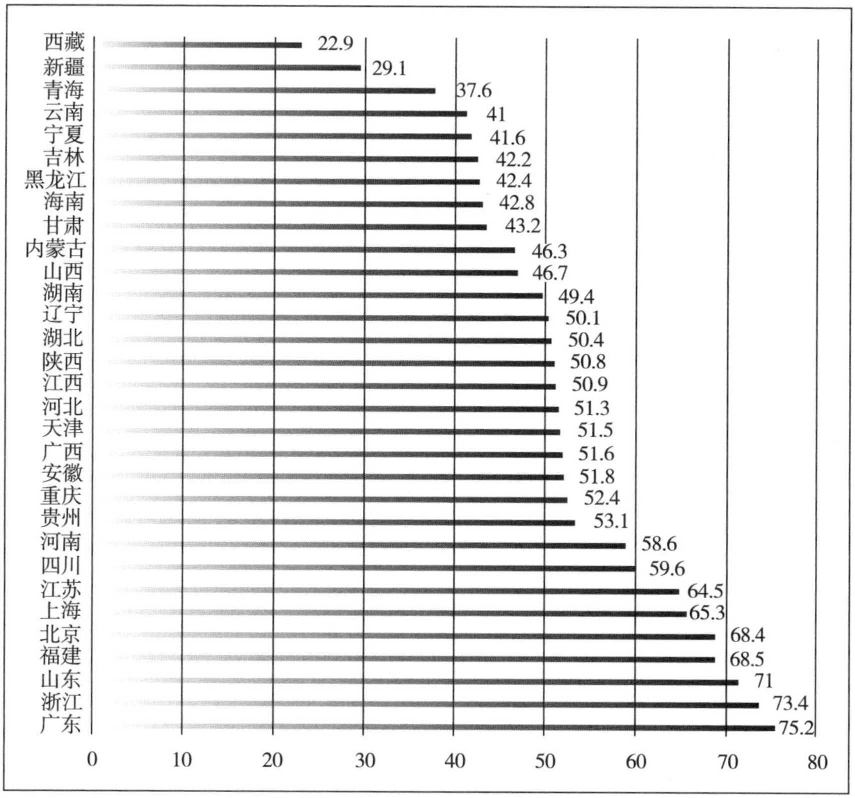

图 2—1　2020 年全国数字政府建设指数

资料来源：赛迪研究院。

（一）浙江数字政府建设

浙江的数字政府建设在指数排名中位列前茅。浙江坚持以民众的数字需求为根本出发点，将民众的数字需求作为数字政府建设的主要标准。在建设过程中，浙江通过新技术对传统政务系统进行升级，着力打破政府与部门、政府与民众、政府与政府之间的厚重壁垒，协同数字政府内部办事部门，实现多部门政务合作代办，构建共享开放高效的新型数字政府。

专栏　浙江数字政府“最多跑一次”果然不是随便说说

“几年都解决不了的麻烦事，到你们这里一天就解决了，真是太感谢你们了！”浙江某地的社会治理综合服务中心大厅里，小张有些激动。一起困扰他好几年的医疗纠纷案件，经过这里工作人员的调解，圆满解决。

2013 年，小张在医院进行手术治疗，术后导致病情恶化。小张与院方多次交涉无果后，向法院起诉，前后耗时多年。法院照规定程序将此案委托到社会治理综合服务中心进行调解。

“中心成立前，面对复杂的事务诉求，民众往往需要多部门跑或重复跑。”社会治理综合服务中心正是为了化解这一社会治理中的痛点而设立的。

社会治理综合服务中心在政府的集体领导下，指导社会管理的各项工作。它负责协调“六大行政部门”的运作，包括社会管理信息、公共法律服务、社会矛盾和城市安全等。例如，建立一站式服务，包括法律咨询、行政审查、仲裁和司法评估等，为矛盾调解、司法鉴定、行政纠纷调解提供实体空间。

社会治理综合服务中心实现了“社会治理一盘棋”，无论是在为人民群众提供便利，还是在履行社会管理职能方面，各部门之间的合作是必要的。公安局、检察院、法院、城管局等多个单位协同办公，按照争端解决、民事申诉、信访、智慧治理等多方向，执行各部门对应的政务，从而提高了效率。对全面的数据进行审查，以促进整个智慧管理系统的发展。必要时，还可以迅速派出其他相关部门对社会管理案件进行应急管理，提供了跨部门的数字化治理经验和模式。

“最多跑一次”“一窗受理，集成服务”等改革，充分实现了政府部门间协同合作，成功构建了民众最多跑一次的一站式服务模式，为民众办理各项事务提供了切实的便利，大大提高了公众对数字政府的满意度。与此同时，浙江不断推进部门数据信息共享转型，利用新型数字技术，建立完善统一的政府服务公共数据平台，实现了政府部门之间的综合数据共享。可以说，浙江数字政府建设的鲜明特点就在于通过数字技术对政府工作流程和政府组织结构进行深度优化。

（二）广东数字政府建设

广东将“政务互联网思维”作为数字政府改革的指导思想。从群众立场出发，以系统化的思维方式对数字政府改革进行顶层设计，通过公共和政务服务建设，构建政府内部部门、从属部门之间的新型联络系统等方式打造统一的大数据和政务服务平台，提升数字政府的治理能力。

在广东政府的数字化转型过程中，建设政务云、大数据平台和政务服务平台，是以数据和服务平台为基础，保证政府高效管理的重要途径。广东采用大平台模式建设国家政务平台和数据中心，向公众开放统一的端口，为公众提供全方位的便捷政务服务。例如，广东政府推出的微信小程序“粤省事”移动政务服务平台，便捷顺畅地完成了400多个政务服务。

专栏 用上“粤省事”，真的很省事

还在担心材料不齐，办业务要填表排队吗？还在为办事东奔西跑吗？使用“粤省事”移动政务服务平台，一步搞定！

小陈在广东务工，来自福建的他家乡口音很重，在办事沟通时碰到了许多难题。旁边的小王推荐他使用“粤省事”语音搜索功能，小程序竟然能听得懂他的方言！动动嘴巴，不用打字，就能搜索完成服务，高效又省事。

“粤省事”是广东政府打造的移动政务服务平台，上线公积金、社保、税务、治安等2200余项民生服务，能够智能识别24种方言。智能识别方言的功能发布后，民众可以通过点击“使用”—“点击说话”—“转换”—“切换方言”来选择方言搜索服务，通过语音输入，可以更快地找到所需要的服务。这一功能便于那些不能够流利使用标准普通话的人。此外，“粤省事”会自动记录用户上一次所选择的方言，这避免了重复设置的麻烦。

“粤省事”最大的优势在于，将工作量大、受众面广、知名度高的服务项目，通过微信小程序分发到各个业务部门，再整合汇总信息到平台。通过服务的个性化、准确性和一站式的“指尖处理”，促进政府与公众之间更好的沟通，包括政策咨询、投诉建议和政策解读等。

“粤省事”使用“实人＋实名”或“密码＋实名”进行登录，联结公

安身份验证服务平台，保证用户隐私信息安全。目前，平台已经上线了几十种电子证照，如电子居民身份证、出生证、居住证、社保卡、残疾证、出入境证明、驾驶证、结婚证等。面向社会广泛开展100项高频公益服务，在重点领域推进高频服务，实现政务民生服务一站式“指尖办理”。

三、国际视角下的数字政府建设

从国际视角来看，数字政府的学术研究和实践最早起源于1980年。美国在数字政府建设过程中采取了设立首席信息官职位、制定数字政府管理标准、建立公私合作伙伴关系等举措。英国数字政府建设积极吸纳企业、平台等社会力量作为数字化服务的延伸。新加坡数字政府建设也制定了诸多举措，以“智慧岛”计划为主线，围绕法律法规、隐私数据、开放共享等角度进行建设。在政府数字化改革浪潮下，一些国家纷纷制定国家数字政府战略行动（如表2—4所示）。

表2—4　部分国家数字政府战略行动情况

国家	年份	政府数字化具体举措
美国	2009	《透明与公开政府备忘录》明确透明、共享与协作原则
	2009	《开放政府指令》下达数字政府开放命令
	2012	《数字政府：构建一个21世纪平台以更好地服务美国民众》开放政府数据促进创新
	2014	《美国开放数据行动计划》
	2017	颁布“数字政府战略”
英国	2012	《政府数字化战略》将数字化作为政府提供公共服务的优先选择
	2014	《政府数字包容战略》
	2015	启动“数字政府即平台”计划
	2017	《政府转型战略（2017—2020）》《英国数字化战略》政府即平台，推动政府数字化进程
	2019	发布《数字服务标准》最新版

续表

国家	年份	政府数字化具体举措
新加坡	2006	《智慧国 2015（iN2015）计划》
	2006	提出“整合政府（iGov2010）”理念
	2012	《个人信息保护法案》
	2014	《智慧国家 2025 计划》技术驱动无缝支持，推动政府数字化转型
丹麦	2011	《2011—2015 年数字政府战略》改变政府提供服务的方式
	2013	《开放数据创新战略》数字化机构运营政府数据开放门户网站
	2016	《2016—2020 年数字化战略》建立一个极具适应性的社会以及数字化程度更高的国家
新西兰	2008	《数字战略 2.0》计划到 2020 年，通过数字政府改变公众参与政府的方式
韩国	2012	“智慧政府实施计划”通过智慧政府的建设，更加注重公众个性化需求
	2013	制定“政府 3.0 时代”战略目标，启动数字政府建设新范式
澳大利亚	2011	《政府数字转型政策》
	2012	《公共服务信息及通信技术战略 2012—2015》
	2013	《公共服务大数据战略》提出六条数据原则
	2018	《数字交付审计报告》提出到 2025 年进入全球前三大数字政府行列

（一）美国数字政府建设

美国是最早建设数字政府的国家之一，始于 20 世纪 80 年代。美国数字政府建设可以分为以下阶段：信息设施建设阶段；电子政务战略阶段；数字政府战略阶段。

在美国数字政府建设的过程中，美国数字政府率先提出并实施了一些政策，例如，将公私合作伙伴关系模式（Public Private Partnership，PPP）融入数字政府、设立首席信息官制度（Chief Information Officer，CIO）、制定数字政府管理标准等。在 PPP 模式融入美国数字政府方面，美国政府将部分技术项目外包给亚马逊、微软等互联网巨头公司，这些巨头公司为建设数字政府提供新兴技术支持，而政府人员则负责处理和发布所需的政务信息。在设立CIO制度方面，各联邦政府设立首席信息官，明确主要职责和专业能力标准。通过CIO系统的设立，逐步加强与利益相关者的有效沟通，并提供及时的决策信息。

专栏　美国数字政府："无成本"契约模式

如果有人告诉你，可以顺应技术发展的趋势，建立起一个数字政府，把更多的责任转移到私营部门，不花纳税人一分钱，你会相信吗？

传统上，联邦机构通常为新的数字化服务进行招标。如果这种服务的变化超出了合同的范围，或者花费的时间超过了预期，那么项目通常需要额外的资金。

然而，在美国的国家和地方政府中，"无成本"契约模式已经存在了超过25年，在行业间形成独特的建设合资伙伴关系，降低了成本，提高了信息技术服务的效率。

在美国，政府将数字技术和公共部门信息作为未来数字化发展的重要组成部分。许多州利用公私合作模式，吸引公众对政府数字化的关注，并促进政府和企业之间的合作。目前，美国政府正越来越多地向私营部门敞开大门，通过将一些公共服务外包，在政府战略制定过程中给互联网公司带来项目利益。为了提高政府的信息技术水平，这些公司以优秀的人力资本和强大的财政保障，按时向部门提供高质量、高效率的信息技术服务，政府官员负责收集和分析基于这一基础设施和平台的信息分析，有助于实现"无成本"契约模式。

目前，美国许多州都已经成功开展“无成本契约”模式，在政府和行业之间形成独特的合资伙伴关系，有效促进了政府向数字政府的过渡。由于这种模式，政府可以在前期不投资的情况下创建和运营数字化服务。

（二）英国数字政府建设

英国数字政府建设是政府与公民之间电子通信的过程和结构。1998年，《信息技术与人》报告就数字政府指出，提高政务效率、参与式民主、政府透明开放。英国政府以一流的数字化基础设施，确保英国在数字化方面的全球竞争优势。

英国政府为了实现数字政府治理，采取了如下几方面的措施：首先，以战略为导向，政策为依托。其次，建设一流的数字化基础设施，扩大适用范围，保证英国公民的互联网使用权益。再次，通过丰富数字化在线内容，吸引更多的公民参与到数字政府建设中来，提高了居民参与政务服务的积极性。最后，全力确保数字安全，保护公众的隐私与数据安全。

专栏　英国实施 RPA 技术

英国借助实景角色演绎（Role Play Activity，RPA）等数字技术，打造了领先世界的数字政府。

RPA 非常适用于政府中的公共部门，有许多现有的 IT 系统，可以更快、更低成本地实现数字化。2017 年，英国最大的政府部门——就业和养老金部（Department for Work and Pensions，DWP）引入了 RPA。

之后扩张范围到110个部门业务流程的自动化。英国内阁办公室建立了一个卓越中心（Center of Excellence，COE），积极培训RPA技术人员，确保政府部门顺利实施RPA，促进RPA的普及。以下是三个部门使用RPA前后的对比情况。

就业与养老金部。以人工方式处理申请，需要雇佣数千人耗费数千小时才能完成，效率低，大约积压3万多份申请。实施RPA后，12个RPA机器人，每周处理2500个请求，所有以前拖延的请求都在两周内得到处理。效率显著提高，服务成本降低，查询处理时间缩短，满意度提高。

教育与科学部。每年有6万封电子邮件需要手动发送。除了回复邮件，员工还需要对内容进行搜索和分类，并需要花费很长时间处理这些邮件。实施RPA后，RPA可以减少回复时间，并通过根据邮件关键词，立即向正确的人发送邮件来改善服务。

税务海关总署。拥有7个传统系统，根据用户的浏览记录，需要人为地访问以获取信息。实施RPA后，RPA机器人可以检索到7个系统中的汇总信息。该任务的平均响应时间减少了两分钟，节省了40％的成本，可以更快地给出有重点和准确的答案。

（三）新加坡数字政府建设

自1980年以来，新加坡正式开始了建设数字政府的旅程，新加坡数字政府系统建设、数据管理和安全隐私方面居于世界数字政府建设前列。

新加坡数字政府建设围绕打造数字平台、设立管理机构和第三方企业合作，鼓励互联网企业参与数据采集和应用。新加坡政府依靠自身基于云的数据采集模式的创新，制定了鼓励外国互联网公司参与国内数据采集项目的政策。与此同时，新加坡政府一直高度重视与公民隐私和数据安全相关的问题，通过完善立法来保护公民隐私和数据安全。以“智慧岛”计划为基础，新加坡政府力图将新加坡打造成世界上第一个真正意义上的智慧型政府。

专栏　新加坡“数字大使”深入社区

在新加坡，许多老人面临“数字化生存问题”。2020 年，在新加坡有一位 65 岁的老人，因为没有用手机扫描访客系统的二维码，而被菜市场拒之门外。

新加坡政府成立数字化办公室，招募了 1000 名“数字大使”。“数字大使”将以小型购物中心、咖啡馆和菜市场为目标，向街头小贩和老年顾客科普电子支付，一年之内使全国大约 18000 个街头小贩开始接受二维码支付。由于这些街头小贩大多是老年人，政府提供为期 5 个月的补贴，每月 300 新元（1 新元≈5 元人民币），以促进老年人使用电子支付服务。

随着人口的老龄化，新加坡政府推出了“银发族资讯通信计划”。与社区、企业和学校合作，广泛开展了数字技术学习活动，新加坡越来越多的老年人正在享受数字化的日常生活。根据新加坡政府调查，2018 年有 88%的 50～59 岁人口和 55%的 60 岁及以上人口使用互联网。

新加坡《联合早报》认为，需要尊重和鼓励老年人进行数字学习，使数字技术具有包容性。同时，还需要考虑到将数字产品和服务设计得简单易行，并在老年人适应向数字化过渡的过程中给予他们更多关注。

（四）国外数字政府建设经验的重要启示

国际上许多国家都对建设数字政府进行了大量的研究和实践，并逐步形成了相应的建设方案。根据《第 15 届国际数字政府评估排名报告》，名列前茅的分别为美国、丹麦、新加坡、英国。中国在本次排名中位列第 37 位，与前列国家仍有一定差距（如表 2—5 所示）。

表 2—5　第 15 届国际数字政府评估结果总排名

序号	总排名	分数	序号	总排名	分数	序号	总排名	分数
1	美国	96.287	23	俄罗斯	74.016	45	哥伦比亚	62.653
2	丹麦	94.605	24	奥地利	73.173	46	巴林	62.081
3	新加坡	93.497	25	比利时	73.138	47	以色列	61.756
4	英国	92.129	26	泰国	72.323	48	墨西哥	61.749
5	爱沙尼亚	91.541	27	意大利	71.062	49	智利	61.011
6	澳大利亚	88.379	28	爱尔兰	70.564	50	巴西	60.395
7	日本	88.244	29	西班牙	69.117	51	立陶宛	58.658
8	加拿大	88.210	30	马来西亚	68.768	52	摩洛哥	58.597
9	韩国	86.932	31	文莱	68.309	53	沙特阿拉伯	57.138
10	瑞典	82.430	32	乔治亚州	67.927	54	乌拉圭	55.658
11	中国台湾	82.067	33	葡萄牙	67.850	55	肯尼亚	55.199
12	挪威	81.503	34	土耳其	66.521	56	南非	53.983
13	新西兰	80.655	35	中国澳门	66.455	57	埃及	53.884
14	瑞士	80.309	36	菲律宾	66.103	58	阿根廷	53.206
15	芬兰	79.684	37	中国	65.983	59	秘鲁	53.026
16	中国香港	78.155	38	捷克	65.962	60	斐济	52.478
17	德国	77.919	39	波兰	65.014	61	突尼斯	47.672
18	法国	77.168	40	印度尼西亚	64.708	62	巴基斯坦	44.366
19	哈萨克斯坦	76.969	41	罗马尼亚	64.523	63	尼日利亚	43.005
20	荷兰	76.272	42	阿曼	64.057	64	哥斯达黎加	38.855
21	冰岛	76.182	43	印度	63.932			
22	阿联酋	75.770	44	越南	63.249			

资料来源：早稻田大学数字政府研究中心。

因此，我国应当在总结先行者宝贵经验的基础上，结合国内具体情况，制定具有中国特色的数字政府建设规划。首先，必须着力构建规范的数字政府治理体系，进一步明确当前数字政府建设的重难点，积极推进政府数据公开共享。其次，要充分利用地方政府的独特优势，实施政务业务服务项目。最后，针对目前存在的信息壁垒和信息孤岛现象，政府需整合不同部门的数据资源，扩大数据资源开放范围。除此之外，还应鼓励、支持民众积极参与数字政府建设，集思广益，以此作为加强政府与公民沟通互动的工具和渠道。

四、我国数字政府建设发展路径分析

目前，中国的数字政府建设已经进入一个新的发展阶段，数字政府建设为国家治理体系和治理能力现代化提供重要动力。习近平总书记在2022年4月19日中央全面深化改革委员会第二十五次会议上强调，要以数字化改革助力政府职能转变，统筹推进各行业各领域政务应用系统集约建设、互联互通、协同联动，发挥数字化在政府履行经济调节、市场监管、社会管理、公共服务、生态环境保护等方面职能的重要支撑作用，构建协同高效的政府数字化履职能力体系。借鉴国外数字政府的丰富经验，中国未来可以从以下五个方面来推进数字政府建设。

第一，转变传统政府管理理念。中国建设数字政府的目的自始至终是为人民服务，传统政府中存在官僚主义、形式主义等落后思想，与新时代的治理要求日益脱节，对政府的治理效能产生了很大制约，为此必须首先革新传统政府管理理念。必须强化宣传教育，始终坚持以人为本的治理理念。要加强对政府工作人员的监督，通过宣传培训、抽样检查等方式，把政府部门的自我监督与人民群众、社会组织等外部监督相结合，把以人为本的思想落到实处。

除此之外，政府工作人员还应具备多样化的管理理念和能力，综合运用合作、综合、数字管理等理念，不断优化政务服务的质量和效率。要积极推动各领域职能部门加入数字管理的大家庭，保证管理主体的多元化。协同企业和公众参与数字治理，形成共建共享共治局面。

第二，打破信息孤岛。大数据在各部门之间的自由流动，是数字政府建设长期稳定发展的重要保障。为此，政府机构需要采取强有力的措施，引导各部门组织机构提高数据资源共享意识，改正自私自利和单边主义态度，培养合作共享的精神，从而突破政府、部门间的信息阻隔，实现各级政府和部门之间的数据互联，创设有利于数据共享共用的科学架构。与此同时，必须科学整合不同领域、不同部门的数据，跨领域、跨部门收集、传输、共享数据，推进数字平台建设。

第三，以改革再造政府工作流程。数字政府建设不是简单地将政府部门的业务流程进行数字化改造，而是要以政府体制改革为指引，充分运用数字化思维、认知、技术，全面推进流程再造、管理重构、制度重塑，要针对跨部门、跨层级、跨区域事项办理材料多、环节繁、多次跑、时间长、效率低等堵点难点问题，坚持刀刃向内，通过事项梳理、系统整合、数据共享，实施政府办公办事的集成改革，用“数据链”再造“业务链”，推动不合理、不完善的制度完善和重塑，加快形成即时感知、科学决策、主动服务、高效运行、智能监管的新型治理形态，提高政府治理科学化、精准化和协同化水平。

第四，完善专业人才队伍建设。开发和管理大数据以及建设数字政府的基础设施，需要通过专业的人力资源来完成。各部门在数字政务领域仍存在待破解的难题，如数字领域专业人才匮乏、队伍建设不完善等。

学校是一个重要平台，能够培养出众多的专业人才。政府可通过政策和财政援助，帮助高校提升数字专业人才的培养质量，鼓励有条件的高校实施数字应用工程建设，积极参与数字化治理探索。同时，政府也要为大学培养的数字专业毕业生提供一定的实践和就业机会，为数字技术专业人才培养创设良好环境。数字人才的短缺既与相关大学无法满足教育需求有关，也与地方政府政策缺乏吸引力有关。政府可以开展在线和离线调查，收集数字专业人才对工作和生活的真实需求，通过提升数字专业人才的福利待遇，增加对人才的吸引力，加强专业人才队伍建设。

第五，完善数字政府统筹设计与法律制度体系。与数字政府建设起步较早的西方国家相比，我国数字政府相关的法律法规都还略显滞后。可以从建设数字政府法治体系着手，完善国家和地方两个层面的制度设计。

在国家层面，加强顶层政府设计。需要根据数字政府发展的不同阶段，设计适合具体发展阶段的不同体系。数字政府的具体内涵、建设目标和发展状况在不断更新，人们在不同发展阶段的需求对数字政府建设的影响也在不断变化。

在地方层面，因地制宜加强数字政府设计。我国每个地区在经济实力、社会资源和开放程度方面都有很大的差异。近年来，东部地区大力发展数字政府，在经济发展、专业人才和管理理念等方面呈现出了突出优势，中部地区紧随其后，而西部地区的发展稍显缓慢。这就要求各地区在实际发展水平和条件的基础上，认真思考、研究和考察数字政府建设领域的优势和劣势，制定符合自身建设的相关制度。地方政府应积极动员各领域专家、专业律师参与相关法律的制定完善，为建立符合当地实际的数字政府服务。

第二节 深化智慧城市和数字生活建设

一、智慧城市的相关概念分析

城市作为一个概念综合体，从不同的学科角度出发可以有不同的解读。“城”与“乡”相对，是城邑四周的墙垣，“市”是交易场所。有学者认为城市不同于乡村，以非农业人口为主，是工商业和服务业集聚的产物。有学者认为城市是大规模的城镇集合，拥有集中的人口、资源和能量密度，是以地域为基础聚合而成的居民点。有学者认为城市是一个工业复合的生态系统，主要汇聚了社会、经济、文化、自然等系统。

总体而言，城市是由诸多要素构成的复合系统，一般可以分为社会、经济和生态三个子系统。从社会子系统层面看，城市具有独特的社会特性、生活方式以及与之相关的生活环境，其中包括社会居民的价值观及行为、社会基础设施，甚至也包括污染、犯罪等消极因素；从经济子系统层面看，城市经济以工商业、服务业等非农业经济为主，经济的发展以及经济活动的开展使得人口大量集中，人口密度迅速增大；从生态子系统层面看，城市具有与自然地理环境明显不同的“人造”地理环境特征，城市居民通过对自然环境的不断改造形成了独特的城市生态环境。

城市在形成之后又会随着人类社会与人类实践活动的不断发展而持续变迁。从阶段性特征与价值定位来看，中国城市发展基本可以划分为5个阶段（如表2—6所示）。从城市化1.0阶段到5.0阶段，中国城市发展经历了从技术至上、以人为本到以人民为中心的转变。即将到来的5.0阶段正是由5G、人工智能、区块链等组成的智慧城市时代。

表2—6　中国城市发展的阶段性特征与价值定位

阶段	主要体现	阶段评价
城市化1.0	简单模仿西方现代城市形态	典型追赶阶段
城市化2.0	风行全国的经济开发区模式	计划经济与市场经济博弈、城市发展以透支农村劳动力为代价
城市化3.0	政府主导的新城模式；开发商主导的房地产模式	在"大拆大建"中探索城市的发展禀赋；"新市民"由城市建设者向主人翁转变
城市化4.0	营造城市硬件系统；发展城市软件系统	从技术至上到以人民为中心；技术创新与制度变革的城市发展新浪潮
城市化5.0	城市文明从对西方的艰苦追赶转向自主发展的关键时期	完成基础性软硬件建设；城市发展的价值重心转移到人才

资料来源：冯奎、唐鹏、郭巍：《数字治理：中国城市视角》，电子工业出版社2021年版，第39页。

在智慧城市概念提出之前，就已经出现许多城市概念，这些概念与智慧城市概念具有辩证统一的继承发展关系，理解这些城市概念能够帮助我们更全面地理解、分析智慧城市概念。

（一）相关概念辨析

1. 工业城市

工业城市形成于工业的产生与发展。在工业城市中，产业工人在居民中的占比很高，与之相对应，工业用电、水、土地等要素在城市资源要素中也占很大比例。加尼埃认为，工业城市是为适应城市规模化产业发展的需要而提出的一种规划理论。在他看来，工业革命把大量的人口集聚到了一起，以一种全新的方式促进了生产力的发展，直接推动工业城市的形成。

2. 生态城市

为了科学处理生态系统与人类活动的关系，生态城市应运而生。生态城市要求人们重新定位人与自然的关系。政策上，鼓励民众选择离家近的岗位进行工作，提高公共交通补贴等政策；经济上，要求以生态效益为标杆，提倡生态经营；社会上，主张控制并合理布局城市人口，提高城市居民生态意识，营造宜居的环境；生态上，倡导节约资源，保护自然环境，提高城市绿化率和环保率。

3. 数字城市

数字城市描绘的是信息时代的城市形态，它以原生态城市为出发点，把数字技术放到了前所未有的位置，力图通过数字技术实现对人类生活方式的变革。数字城市可以收集和综合来自城市各个角落的信息，结合原有的城市坐标，建构出城市地区的数字模型。凭借丰富的数据资源以及成熟的信息应用和信息产业，数字城市能够实现城市工业化和信息化的可持续发展，为人类生活创设舒适便利的生活环境。

4. 智能城市

智能城市，是数字城市向智慧城市过渡的一个阶段。智慧城市可以在原有基础上连接不同的信息系统，实现不同信息系统的兼容。这一信息经济和知识经济的融合城市阶段，为人类社会提供了全新的城市规划、建设和管理的调控手段，推动城市功能全面实现信息化，为城市可持续发展和调控管理提供了有力的工具。

2008 年，IBM（国际商用机器公司）正式提出“智慧城市”，IBM 将其定义为通过新兴技术（以移动技术为代表的物联网、云计算等新一代信息技术应用等）实现全面感知、泛在互联、普适计算与融合应用。智慧城市的构建，能够改变数字信息各自为政的局面，实现数字信息应用在各个领域的兼容，及时对公共安全、政府服务等活动作出智慧化的反应[①]。这意味着智慧城市能够持续增强城市系统的反应和调节能力，更有效地调节社会各个系统和运行环节。

具体来看，智慧城市主要有以下四点内涵。

第一，以云计算、智能感应、区块链等新兴技术为建设基础。利用智能互联、普适计算等手段，实现多领域的智能应用，最终构建以人为本式的智慧城市形态。

第二，以人的智慧作为城市的精髓。智慧城市中人的智能和信息技术的智能相辅相成，而人的智慧是核心，以人为本的信息技术智能化因为人而具有存在的意义和价值。在智慧城市中，人们能够因为信息技术的智能化而变得更聪明、更有远见，从而能够更高效、更有针对性地处理城市中的各种事务。

第三，以可持续发展为总方向。智慧城市发展的重点应回归城市本身，发展的主要领域、实现路径虽各不相同，但城市发展的最终方向是一致的。

第四，对现有城市发展模式的超越。智慧城市的建设和发展是一个系统创新过程。这是一个庞大的复杂系统，其运作是通过不同部门之间的合作和协作来实现的。城市是否可以发展成一个“智慧城市”，需要以系统结构为基础，融合人类智慧与新兴技术。

智慧城市建设通过系统的解决方案，利用云计算、决策分析、优化等信息化社会组织技术，通过更新和升级运行系统，促使智慧城市操作系统检测的互联网化和数字化，帮助政府更有效地提供政

---

① 参见张永民、杜忠潮：《我国智慧城市建设的现状及思考》，《中国信息界》2011 年第 2 期。

务服务。因此，从监管的角度来看，智慧城市大大改善了城市系统的可控性，有利于缓解和解决城市发展所面临的问题，协调可持续发展。

从国际视野来看，在智慧城市建设方面，美国、加拿大等正在为建设智能城市和提供尖端技术创造有利的商业发展环境；欧洲通过智慧城市来为市民提供数字平台；在亚洲，日本重视绿色环境，韩国重视公共服务，新加坡以社会融合发展促进经济增长。我国同样高度重视智慧城市的发展，2022 年 2 月，我国大约有 600 个智慧城市，其中将近 90％的地级及以上城市在建设过程中以数字为基础。（如图 2—2 所示）。

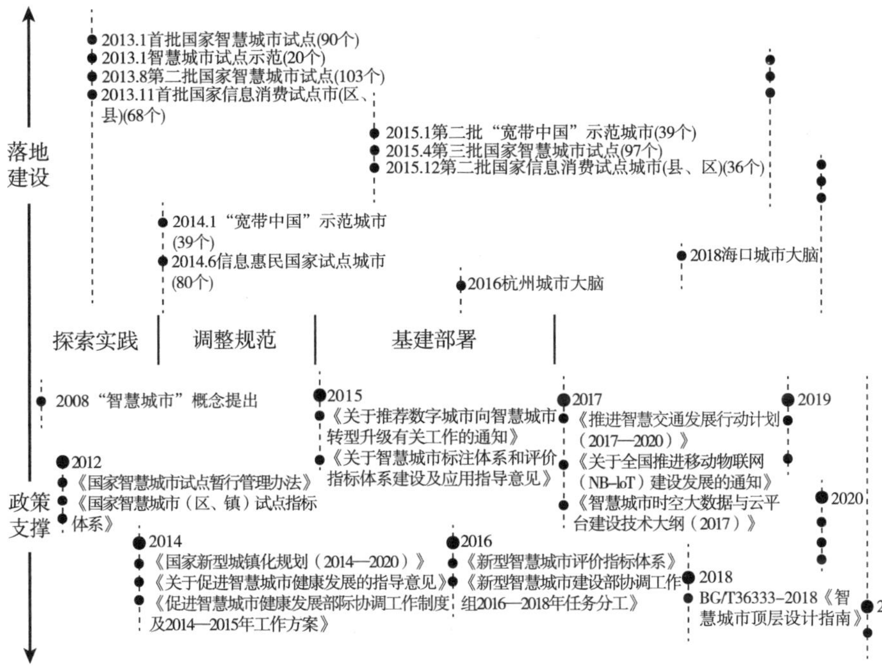

图 2—2　我国智慧城市发展政策及落地建设历程

资料来源：艾瑞咨询研究院。

（二）智慧城市的精彩应用

智慧城市是治理系统的数字化呈现，其最终目标是为了服务政府、企业、公众等主体。智慧城市采取一系列系统化的统筹方案建设优化城市的发展，服务应用范围很广。智能系统的应用逻辑相对独立，以自己的系统为主体，形成完整的系统架构。同时，不同的智能系统之间存在一定的治理联系，它们从横向和纵向维度延伸，共同构成一个系统严密的智慧城市。

1. 智慧社区

智慧社区的建设得益于以 RFID 和 ICT 为主的信息化基础设施，它们拥有大量的信息储备和智慧过滤功能。以绿城智慧园区服务平台为例，智慧社区可以分为“自上而下”“自下而上”“线上线下一体化”三类建设模式。目前，国内社区正在逐步推进智能化工具应用，以此取代传统的人事管理方法，来优化社区的设施管理，同时降低企业管理成本，提高数字化水平。正因如此，“智慧社区”建设在国内得以迅速发展。①

专栏　智慧社区——为生活提供智慧方案

家住某小区的王大妈昨天晚上做了一个梦：正读小学的自己，放学回家后又忘记带钥匙，被锁在门外一晚上。

---

① 例如，在 2018 年 6 月，腾讯与碧桂园服务签署“共建人工智能社区”合作协议，联合研发云平台服务和云监控服务项目。2019 年 5 月，美的置业以 1.2 亿元收购智能家居公司欧瑞博科技 15%的股权。2019 年 6 月，绿地控股投资城云国际和涂鸦智能，开发人工智能＋物联网以及语音 AI 交互平台。

但是今天已经根本不怕忘带钥匙，因为当王大妈看向面部识别系统的面板时，小区门禁就自动打开了。

“现在的社区真是方便，都不怕忘带钥匙。还能看到家里老人和小孩的进出动态。”

“最重要的是这些人脸的面部信息根本不用担心会被用于不法的用途，不用担心隐私泄露。这种方便能够让人放心使用。”

“只要我愿意，我在小区里的行动轨迹和影像能够被我在其他小区的孩子实时看到。而且神奇的是他看到的图像中是没有其他人的影像细节，这样就不会侵害其他人的隐私信息了。”

“只要我愿意，我还可以申请把我在小区中的生活图像自动传送给我的家庭医疗系统，这个系统在信息严格保密的情况下，会自动运用大数据计算分析我的健康情况，并定期给出健康建议和健康预警信息。”

王大妈和李大妈正谈论新建设的智慧社区。“没错，你看看老林，这几年有点老年痴呆，咱们这智慧社区能提供 24 小时关怀，昨天他出小区时，他女儿还收到短信提醒了呢。同时，社区志愿者也可以长期做到精准帮助，真温暖贴心。”

建设智慧社区是建设智慧城市的一个重要组成部分。智慧社区利用各种智能技术和方法，整合社区内的资源，为社区居民提供便捷服务，包括商业、娱乐、教育、医疗和民生等。

智能生活场景：构建智能化的社区，将不同的场景连接起来，创造一个社区生态。

通行场景：包括车牌识别、人脸识别门禁、手机门禁、呼梯梯控、访客联动等。

安全场景：包括重点区域布防、黑名单监控、多系统联动告警、消防物联网等。

环境能源：包括智能滴灌、智能垃圾站、社区气象站、5G 智慧路灯、EBA 等。

智能志愿服务：小区里的各种志愿需要和各种志愿服务意愿可以高效的无缝对接。

建设“智慧社区”还将有助于提高安全预防意识，能形成对事件风险的有效预防和控制，显著提高社区居民的幸福感和满意度。

在建立动态规划、网格化管理、精细化服务的过程中，实现智慧社区服务中不同体系的互通，仍旧需要解决不少技术难题。首先，社区网络的划分不能仅基于静态信息，而应充分结合群体的特征。静态社区网格可以按照空间布局进行划分，而商业性的动态社区网格划分必须充分考虑到群体特征。其次，需要通过标准的社区互联互通，结合多网络全业务统一接入技术和智能社区定位第三方服务整合技术进行改造。最后，需要利用聚合服务技术，基于服务系统架构，通过支持实现动态的社区服务，让智慧社区的居民通过社区平台实现自主服务。

2. 智慧交通

智慧交通（Intelligent Transport System，ITS）在新时代交通基础设施建设完备的条件下，综合运用数字控制、数字通信、数字传感、数字传输等新一代信息技术，形成了以实时高效为主要特点的全方位综合体系。在政策支持、技术进步和城市化进程等多重因素推动下，综合政策规划和交通运输行业的发展状况，行业整体处于成长期（如图 2—3 所示）。

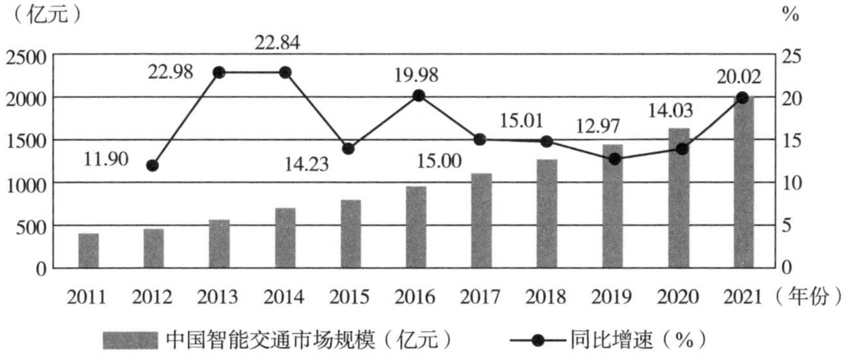

图 2—3　2011—2021 年中国智慧交通市场规模及同比增速

资料来源：中国行业信息网、前瞻产业研究院。

以 Alios 为例，智慧交通系统把时刻在线的人、智能网联的车、全面感知的路、指挥协同的云和高德地图相联系。它将车辆信息和道路信息在线化和数字化，提高交通系统运行效能，提高交通参与者的安全和智慧体验。Alios 在车路协同领域不断提升交通安全与交通效率，通过构建车路、车车、人车等多方面的互动，为出行者带来智慧出行体验。在共享出行领域，Alios 针对智慧公交、智慧出租车、网约车、顺风车、无人接驳车等多个业务场景推出不同的平台及解决方案，让数字交通普惠大众，使共享出行更加智慧、高效。

智慧交通体系的建设是一项系统性工程，其中涉及的因素复杂且多样。在通信技术、物联网技术和大数据技术高速发展的时代，智慧交通体系的建设将走上高效、实用、经济的道路。交通运输管理部门应当对现有资源进行整合，构成高效且智能的交通体系，推动服务水平的提升，为居民出行提供更多便利。

3. 智慧教育

智慧教育是以共享、远程、交互、协作为理念实现教育革新。它增加学习的选择性，不但可以实现线上，而且可以实现教育资源的全网共享，方便学习者各取所需，注重个性化引导。智慧教育能够通过信息技术改变教师与学生之间的互动形式，通过构建互联网平台的教育教学管理模式，使教师开展在线教育，学生实现在线学习。近年来，我国智慧教育发展迅速（如图 2—4 所示）。“互联网＋教育”的智慧教育形式具有高效性、实时性、互动性等特征。[①]

智慧校园不仅是我国教育事业的重要分支，同时也是信息化建设的重要组成部分。

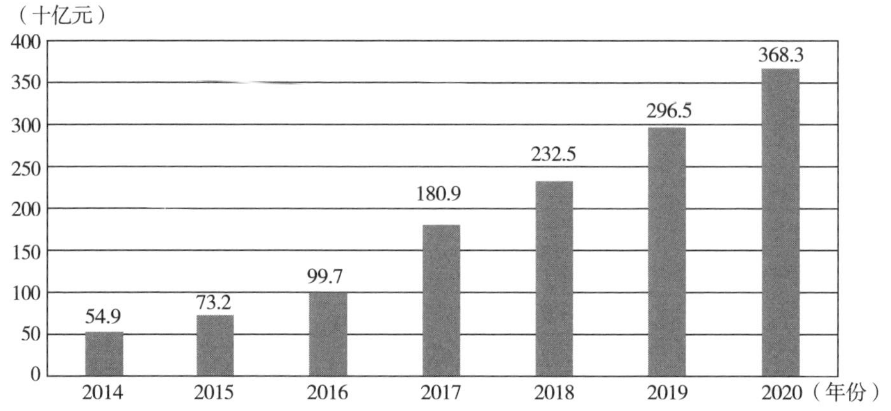

图 2—4　2014—2020 年中国智慧教育市场规模

资料来源：前瞻产业研究院。

专栏　你真的还要这么反感你的孩子玩游戏吗？

中国社会调查所就未成年人玩网络游戏对 600 位家长进行了调查，

---

① 参见宣昒、张万里：《智慧教育平台属性对学习满意度的影响机理研究——基于学生参与度和学校管理视角》，《苏州大学学报（教育科学版）》2021 年第 2 期。

调查发现，76%的被访家长对其孩子上网玩游戏表示反对。

在现今行业语境中，游戏的文化价值与科技价值并重。而基于文化与科技的双轮驱动，游戏的价值体量出现了无限可能。在文化价值上，游戏能将现实世界里的文化元素结合游戏的叙事、玩法进行“再创新”，带给用户更丰富的体验，同时，也以游戏所具有的交互技术与沉浸式体验，赋予了传统文化新的生命力。文化正在不断地改变人们对这个世界的体验，这种体验在不知不觉中改变人们的认知，这难道不是一种全新的文化载体吗？试想，一个人从小玩的游戏如果会改变他的价值观的话，难道游戏不具有教育意义吗？如果有，是否会出现“游戏教育学”或者“教育游戏学”呢？

在科技价值上，游戏在模拟实践、学习协作方面的技术与积累，可以应用到工业仿真领域及基于目标协同策略的 AI 训练中，能将现实中的问题放在游戏场景中去解决。游戏是科技产物，同时也是一种新的艺术形式，可以承载对现实的寓意与表达。教育因科技、因互联网而不同。想想吧，当游戏变成智慧教育的重要组成部分时，我们的教育将会怎样？你还需要那么反感你的小孩玩游戏吗？

智慧教育作为教育活动的一部分，必须遵循教育规则，符合教育发展的价值理念。从教育学角度来看，技术作为推动教育发展的重要手段，不能仅仅应用于教育开展的表层形式，还必须以技术和教育的融合为契机，以深度学习发展为起点，促进教育的转型。当前，中国的教育和信息技术产业正处于转型的关键时期，逐步向智慧教育的阶段过渡。在智慧教育的转型过程中，应当最大限度地发挥新兴技术的各种优势，不断创设健康发展的智慧教育环境。

4. 智慧城管

智慧城管是在数字政府建设背景下的新型城市管理模式，它以最新信息技术为支撑，通过互联互通宽带连接、数字智能交融、全面透彻感知等技术，推动智慧城市管理发展的可持续创新，转变传统单一政府行政主导的城市管理模式，实现管理者、城市、公民全方位协调共进的价值重塑，构建真正为人民服务的服务型智慧城市管理模式。

专栏　温柔的自动执法

小陈在某城市某区临时停车时，停在了不允许停车的区域，收到了“请您尽快移开您的车辆，否则可能会被处罚”的短信。王先生近期收到了某城市的交通执法提醒单，“您的汽车已经在某年某月某日在某路违章停车，已经被电子执法设备取证，依法应予行政处罚。但因为您最近两个月里没有违规，所以本次违停只作提醒处理，请您尽快将车辆驶离”。这样的执法在有些城市里已在试用。

浙江杭州“云上城管”智慧系统，通过AI智能分析，探头24小时自动识别，帮助识别道路不洁、机动车违停、商铺经营不规范等城市管理问题。智慧城管执法过程中采取自动识别，自动提醒，彰显人性执法。

“云上城管”指挥系统是政府借用道路监控、卫星定位、大数据和云技术等先进技术手段，将道路划为若干个点，对每个点进行信息化标注，将状态实时发送到云端。对车辆违停、垃圾乱堆、道路凹陷、裂缝等16种危害进行实时监测、分类识别、智能传输和连续跟踪。

“云上城管”是一种“互联网＋城管”的模式，将先进的城市管理和技术手段无缝衔接，在管理过程中实现科学规划，实时发现和解决问题，提供智慧解决方案，消除监控盲点，提高城市管理效率，确保精确管理。

智慧城市的新型数字化治理模式通过充分发挥数字民主的作用，避免了在传统城市管理模式下可能产生的政府权力独大局面。在智慧城市管理模式中政府的管理权、监督权、执法权被完全分离，权力不再集中于单一的政府主体，最终形成“大社会、小政府”的新型智慧城市管理模式（如图 2—5 所示）。

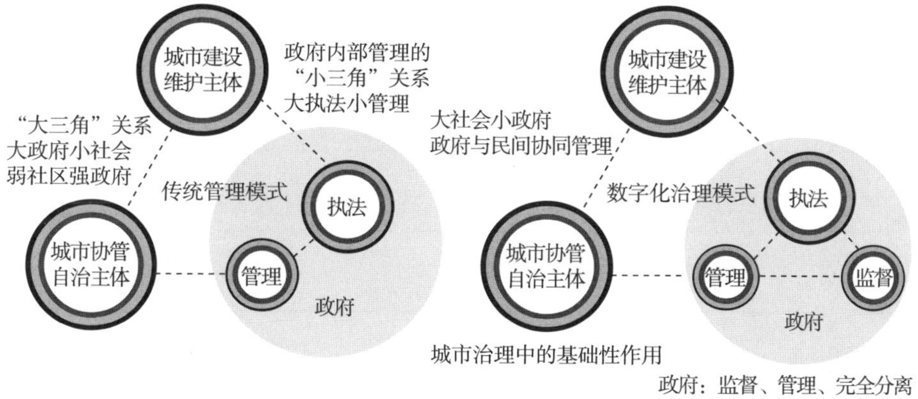

图 2—5　数字化智慧城市管理模式

资料来源：叶裕民、皮定均：《数字化城市管理导论》，中国人民大学出版社 2009 年版。

总的来说，智慧城市的新型城市管理模式具有以下四个特征：一是坚持系统化管理，集中整合管理城市资源；二是坚持精细化管理，运用网格化的形式开展管理、监督与执法；三是坚持民主化管理，推动城市居民与政府之间实现高效互动；四是坚持实时化管理，采取动态监控，实时反馈城市中的信息。

5. 智慧物流

智慧物流（Intelligent Logistics System，ILS）指通过新型技术，实

现物流过程中各环节的精细化、可视化、动态化管理。此概念是从2010年IBM发布的报告《智慧的未来供应链》中延伸而来。智慧物流旨在通过RFID、GPS等技术，建立一个面向未来的供应链。在国家和政府的政策支持下，我国的智慧物流体系的服务质量不断提升，智慧物流处于快速发展阶段（如表2—7所示）。智慧物流依托融合传感器、RFID、监控等技术，构建基于“互联网+物流”概念的智能物流系统，大大提升了城市的仓储智能化管理能力，使数字城市中的物流更快捷、更方便。

表2—7 中国智慧物流相关重点发展政策汇总

时间	发展政策名称	具体内容
2013.01	《关于推进物流信息化工作的指导意见》	建立物流信息化体系
2016.07	《“互联网+”高效物流实施意见》	鼓励市场主体参与基础设施建设
2017.10	《新一代人工智能产业发展三年行动计划(2018—2020年)》	实现精准的配送和无人化智能仓储
2018.05	《关于开展2018年流通领域现代供应链体系建设的通知》	引导区域性物流配送中心转型升级
2019.03	《关于推动物流高质量发展　促进形成强大国内市场的意见》	发展数字物流，加强基础设施建设
2020.05	《关于进一步降低物流成本实施意见的通知》	降低物流成本，推进物流数字化
2021.12	《关于“十四五”冷链物流发展规划的通知》	以数字赋能冷链物流，推进数字化

第三节　推进数字乡村建设

一、数字乡村的概述

数字乡村是伴随网络化、信息化和数字化在农业农村经济社会发展中的应用，以及农民现代信息技能的提高而内生的农业农村现代化发展和转型进程，既是乡村振兴的战略方向，也是建设数字中国的重要内容①。

2019 年 5 月，中共中央办公厅、国务院办公厅印发《数字乡村发展战略纲要》，提出要大力发挥信息化在推进乡村治理体系和治理能力现代化中的基础支撑作用，繁荣发展乡村网络文化，构建乡村数字治理新体系。2020 年，中国数字乡村建设加快推进，发布《数字农业农村发展规划（2019—2025 年）》《2020 年数字乡村发展工作要点》，浙江、河北、江苏、山东、湖南、广东等 22 个省份相继出台数字乡村发展政策文件，政策体系更加完善，统筹协调、整体推进的工作格局初步形成。中央网信办会同农业农村部等七部门联合印发《关于开展国家数字乡村试点工作的通知》，确定 117 个县（市、区）为国家数字乡村试点地区。2022 年 4 月，中央网信办、农业农村部、国家发展改革委、工业和信息化部、国家乡村振兴局联合印发《2022 年数字乡村发展工作要点》②。数字乡村建设的主要内容包括完善乡村信息基础设施建设、推动农业数字化转型、推进乡村治理数字化，其中乡村治理数字化和发展数字农业是最主要的任务。

二、乡村治理数字化

乡村治理数字化是指通过将互联网、大数据、人工智能、区块链等现代化技术手段广泛应用于乡村治理，实现乡村政府职能转变、政务高效处理与公共产品有序分配的过程③。数字化赋能乡村治理，既能为提

---

① 《中共中央办公厅 国务院办公厅印发〈数字乡村发展战略纲要〉》，中国政府网，http：//www. gov. cn/zhengce/2019—05/16/content _ 5392269. htm.

② 参见《〈中国数字乡村发展报告（2020 年）〉〈数字乡村建设典型案例汇编（2020）〉发布》，中共中央网络安全和信息化委员会办公室网，http：//www. cac. gov. cn/2020—11/28/c _ 1608138320808839. htm.

③ 参见顾仲阳：《让数字化更好赋能乡村治理》，《农村·农业·农民（A 版）》2021 年第 9 期。

升乡村治理科学性、时效性等提供科技支撑，也能为乡村治理现代化提供新的方法路径。加快乡村治理数字化转型，能够让乡村社会更加充满活力、和谐有序，让广大农民在乡村善治中不断提升获得感、幸福感、安全感。

乡村治理数字化的实质是在各个治理主体和治理客体之间构建基于数字化的框架，厘清各个治理主体如何利用数字化工具参与对客体的治理（如图 2—6 所示）。在乡村治理数字化的过程中，基层乡镇政府利用数字化工具，通过制定相关政策、建立数字化平台等手段来管理和指导乡村的政治、经济、社会发展等各项事务，如电子政务、社会治安、农业现代化等。同时，各项事务所产生的数据又反馈给基层乡镇政府，形成数字流动、反馈与循环，从而达到乡村治理能力与治理水平的提升。

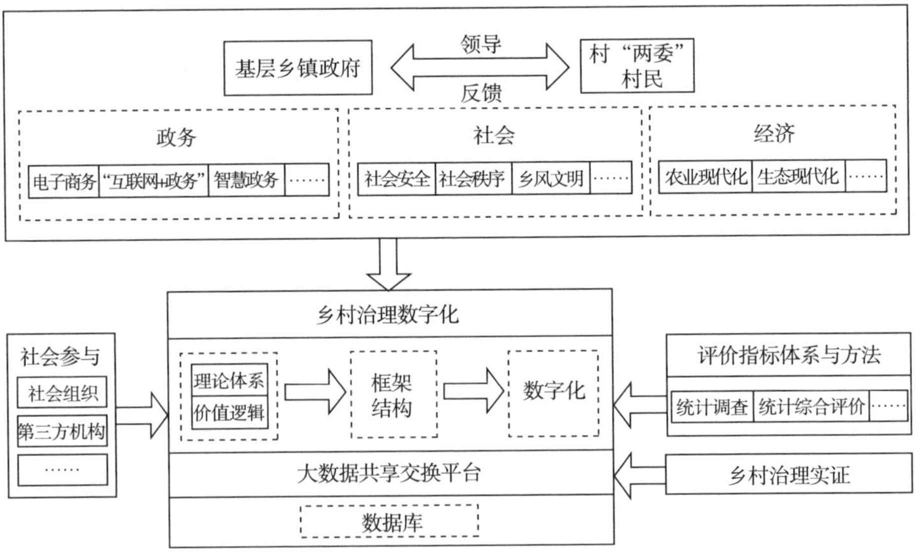

图 2—6　乡村治理数字化框架结构

资料来源：统计与信息论坛。

根据《数字农业农村发展规划（2019—2025 年）》，乡村治理数字化聚焦公共服务治理、公共管理、公共安全治理三个领域，分别对应乡村公共服务治理数字化、乡村公共管理与公共事务治理数字化、乡村公共安全治理数字化。

三、乡村公共管理数字化

一般而言，乡村公共管理包括基层政务服务、农村党建、村级事务治理等方面（如图 2—7 所示）。

图 2—7　乡村公共管理维度

资料来源：汇智视野。

基层政务服务方面，主要是涉农管理部门建设数据管理平台，完成资源环境一张图建设；乡村党建方面，建成“中央—基层”的远程党员教育体系，村民党员可通过党务管理平台和党员微信群这两种渠道了解党务，有效提升基层党建工作效率；村级事务治理方面，村民通过新的通讯技术如微信、钉钉等获取村务公开信息，利用互联网参与本村公共事务决策的讨论或投票，以此来表达民意。

专栏 萧山区乡村高标准构建分层分类纠纷化解体系

总体情况

跨越城与乡的界限，萧山区全域“一盘棋”统筹规划，以“构建分层分类纠纷化解体系”为主线，以“做实区级调解、做强镇村调解、做严行政调解刑事和解、做大专业调解、做优综合保障”的“五个做”为抓手，以实现“诉讼案件下降率进入省市先进行列”为目标，因地制宜开展矛盾纠纷联调联处工作。

主要功能

根据萧山区域实际，分别在临浦镇、瓜沥镇、宁围街道建设3个社会治理综合服务分中心（区信访连锁超市），临浦镇、瓜沥镇两个分中心在2019年10月底前完成。以分中心为载体，依托人民法庭、司法所，统筹3个镇街及其周边镇街的基层治理“四平台”区级部门下沉力量，选聘老法官、老民警、其他老干部，同时积极吸纳社会调解组织入驻，进行实体化运作，开展群众诉求受理、化解、咨询等工作，努力实现群众诉求处理和信访矛盾化解“就近跑一次”。“综治是一个过程，过程做得好，结果才能好”，萧山区委政法委相关负责人介绍道：“区社会治理综合服务分中心采取镇街部门机构、工作人员力量合为一体的模式，实现从‘多部门’向‘一中心’转变，通过‘一体化运作、一站式接待、一条龙调处、一揽子化解’的矛盾纠纷调处化解机制，最终构建共治共享的社会治理格局，真正把‘最多跑一次、最多跑一地’的理念延伸到社会治理领域。”

运行成效

随着城市化进程的加快，这些年萧山的跨越式发展，不可回避地引发了各种复杂性、多样性、艰巨性并存的社会治理问题，而萧山区深耕地方特色，充分发挥基层自治的作用，涌现出一大批源头治理的“都市样板”。采用“物联自治”新模式，将负责20个居民小区、36处商业大厦的56个物业项目进行串联纳管，有效打开了楼宇管理的“最后一扇门”，实现了群防群治“物业有依靠、政府有抓手”；闻家堰社区着力构建党组织领导下的居委会、业委会、物业服务企业等多方联动的“红色物业”体系，以切实解决群众身边的“关键小事”为着力点，破解物业管理难题，提升居民生活品质。

参考资料：《为社会治理现代化贡献“萧山经验”》，《湖南日报·华声在线》，http：//cn.chinadaily.com.cn/a/202203/25/WS623d4b41a3101c3ee7acd5d1.html.

四、乡村公共安全治理数字化

乡村公共安全治理数字化，在运用新技术的基础上，融合乡村公共数据和信息，在侦查破案、决策指挥、治安防控、应急处置等方面发挥智能化功效，以此实现实时监测、共享资源、智能可控的目标，切实保障村民人身和财产安全。

专栏 “城市大脑”向乡村基层公共安全治理领域延伸

总体情况

城市大脑，是为城市生活打造的一个数字化界面，市民凭借它可以触摸城市脉搏、感受城市温度、享受城市服务，城市管理者也可以通过它配置公共资源、作出科学决策、提高治理效能。让城市更聪明一些、更智慧一些，是推动城市治理体系和治理能力现代化的必由之路。城市大脑，让城市生活更美好。

主要功能

根据余杭区智慧城市建设及上级要求，余杭区有效整合涉及乡村公共安全治理的各类信息系统及前端信息采集软件，促进乡村公共安全治理资源的统一归集、综合分析与精准利用；进一步加强智能技术在乡村公共安全治理领域的运用，强化智慧单元建设并联网应用；高度重视基础网络升级改造、可视化地理信息系统建设、标准地址库建设等智能化基础建设，为全域治理的拓展应用、深化应用打下基础。

重点人员怎么管控？流动摊贩怎么治理？这些城市公共安全治理数字化中的“绣花”难题，在百丈街道“宁聚蓝”智慧治理平台这个“小脑”中都能找到答案。

该平台构建了“1＋7＋X”智慧应用模式，即1个街道级智慧治理平台、7个智慧应用模块、28个智慧应用场景，为乡村公共安全治理数字化编织了一张智慧、高效、精细之网。百丈街道以开展杭州市城市大脑基层治理镇街综合指挥室试点为契机，全力打造“宁聚蓝”智慧治理平台，基本实现社会治理的智能化治理模式，推动社会治理由粗放型向集约型、精细化转变。

与此同时，萧山区河上镇依托乡村治理智慧平台，在农户家门口安装可扫码登录的“智慧门牌”；临浦镇通二村利用“平安钉”，打造“全时空”乡村服务管理体系；新塘街道涝湖村建立“鹰眼盯”系统，全面推动零距离智慧治理；义桥镇推出“微信治村”，扩大群众对社会治理的参与面，全面推进“城市大脑”向乡村基层公共安全数字治理延伸。

运行成效

各类智能“触角”、数字手段，打破传统信息孤岛，提升乡村公共安全治理社会化、智能化、专业化水平，实现社会治理全要素集聚，构建街道辖区动静结合的平安防空圈。

参考资料：1.《余杭深化全域治理建设　擦亮城市幸福底色》，浙江省人民政府网，http://www.zj.gov.cn/art/2020/4/13/art_1229005329_42562985.html. 2.《为社会治理现代化贡献“萧山经验”》，浙江省人民政府网，http://www.zj.gov.cn/art/2020/4/13/art_1229005329_42562971.html.

五、乡村公共服务治理数字化

乡村公共服务治理数字化，以提升乡镇和村为农服务能力为目标，主要开展信息进村入户、农村现代远程教育、公共数字文化等信息惠农工程，打通农村公共服务最后一公里，让网上缴费、教育、预约就诊、数字图书馆等数字化公共服务资源“飞入寻常农户家”。

专栏　以人民为中心的乡村公共服务治理网格化数字化模式

总体情况

近年来，嘉兴市以“红船精神”为引领，围绕创新“网格连心、组团服务”机制、建设“三治融合”乡村公共服务治理数字化示范地，提级智能化建设，深化诉源治理等方面，不断提升市域公共服务治理能力，全力打造“1141”型公共服务治理体系，形成了符合嘉兴实际、地方特色鲜明的市域公共服务治理新模式，进一步夯实了平安建设根基。

在这一场社会治理的创新大考中，嘉兴市交上了一份以人民为中心的答卷。

主要功能

嘉兴乡村在公共服务治理数字化领域全面打造网格服务管理工作3.0版本，按照“资源在网格叠加、诉求在网格解决、任务在网格落实、感情在网格升华”的要求，构建走访连心全覆盖、问题诉求全收集、工作资源全下沉、分级分类全处理、服务过程全评价“五全”工作机制。通过对网格内的人、地、物、事、组织等进行全面的信息采集管理，有效防范化解各领域的风险隐患，及时响应群众对美好生活的需求期盼，实现网格内的社情民意实时感知、困难群众深切关爱、矛盾纠纷源头化解、群众诉求及时呼应。

乡村公共服务治理数字化平台将“网格连心、组团服务”作为基层社会治理的重要抓手，进一步畅通了上情下达、下情上传的重要脉络，为中心工作顺利推进打下了重要基础。新冠肺炎疫情初期，嘉善县罗星街道各社区网格员应用“微嘉园”公共服务治理移动信息平台。通过平台“融合”起来的相关主管部门高度重视，通过平台“武装”起来的社区群众具有高度觉悟，覆盖广泛的部门职能和数以万双的群众“眼睛”共同化解社区治理难题，实现“民事主动办，民意主动引，民生主动应，民情主动搜”。

运行成效

在嘉兴，“微嘉园”用户已超过130万，成为联系党和群众强有力的纽带。线上的“微嘉园”与线下的“网格连心、组团服务”相互呼应，共同发力打造新时代“熟人社会”。“推进‘网格连心、组团服务’工作，是嘉兴开展‘不忘初心、牢记使命’主题教育的创新之举和重要载体。”嘉兴市委主要领导表示，打造网格化管理服务 3.0 版，就是为“真正做到让每一寸土地都有党员精细管理，每一户人家都有党员贴心服务”，努力把嘉兴打造成为党群干群关系最融洽的城市。

参考资料：《嘉兴：以人民为中心的答卷》，浙江省人民政府网，http：//www. zj. gov. cn/art/2020/4/13/art _ 1229005329 _ 42562750. html.

六、数字农业

数字农业是将信息作为农业生产要素，用现代信息技术对农业对象、环境和全过程进行可视化表达、数字化设计、信息化管理的现代农业[①]。数字农业使信息技术与农业各个环节有效融合，对改造传统农业、转变农业生产方式具有重要意义。

农业生产经营管理数字化的主要形式是将数字技术运用到农业生产、加工、运输、销售、服务等各个产业链环节中，通过将现代农业和信息化深度融合，充分发挥数字技术对促进农业发展的重要效能。农业生产经营管理数字化主要包括以下四个维度：农业生产智能化、农业经营网络化、农业管理高效化、农业服务便捷化（如图 2—8 所示）。

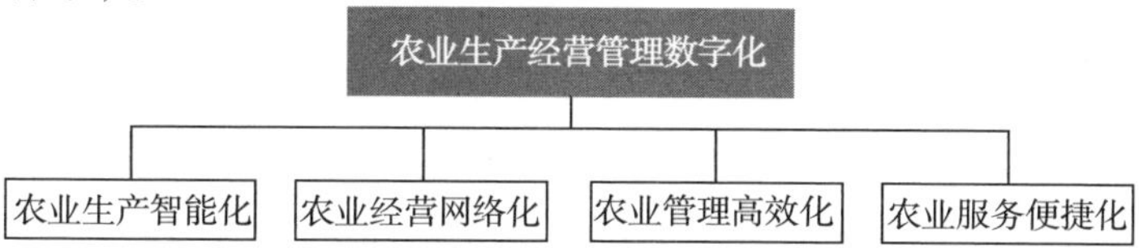

图 2—8　农业生产经营管理数字化四个维度

① 参见高宇、王文强、初小兵、董永鹭：《数字农业的现状及未来发展方向》，《农业与技术》2021 年第 11 期。

农业生产智能化是指利用全面感知、可靠传输、先进处理和智能控制等物联网技术来提升现代农业生产设施装备的数字化和智能化水平，从而更好地发挥农业各项资源的利用效率，提高劳动效率和土地产出水平。

农业经营网络化是指利用电子商务提高农业经营的网络化水平，实现农产品流通扁平化、交易公平化、信息透明化，为农产品生产经营主体提供销售、购买和电子支付等服务。例如，短视频成为最盛行的移动网络广告媒体形式之一，这为农产品销售找到了新渠道，李子柒通过拍摄短视频推广农产品，成为农产品营销的新途径。

农业管理高效化是指利用云计算和大数据等现代信息技术，推动农业资源管理，丰富农业信息资源，建立质量安全信用体系，加强农业应急指挥，从而使农业管理高效而透明。

农业服务便捷化是指通过将互联网技术、云计算以及大数据等现代高新技术运用到农业生产和经营活动当中，为其构建一个可实现实时互动的“扁平化”信息服务平台，从而提高农业服务的灵活性、便捷性。

专栏　数字东风潜入浙江乡村　智能化造就现代农业“梦工厂”

总体情况

浙江省农业农村厅公布了第一批数字农业工厂认定名单，德清县入选8家。其中数字农场5家，入选数量在该省各县（市、区）中位列第一。作为此次入选的数字农业工厂，主要包括智能玻璃连栋温室和温室环境监测及控制系统、工厂化育苗智能温室、园区现代农业生产过程管理系统等，实现了种植基地产品全生命周期智能化、现代化。

主要功能

德清农业生产工厂的“智慧因子”，是德清数字农业高质量发展的缩影。位于德清县康乾街道的新田农庄里，摄像头、各类传感器、大屏幕是标配，果园引入了物联网技术，通过采集果园的温度、土壤养分等信息，通风、遮阳、滴管设施能自动对果树实现养护。位于德清县洛舍镇的德清百源康生态农业有限公司通过鱼菜共生技术，配套建设工厂化循环水养殖区、蔬菜种植区及相关设施等，实现了水产品和蔬菜整个生长周期的装备智能化连续生产，年产值高达 2000 万元。

运行成效

围绕六大特色优势产业，该县推动数字技术全县域应用，加快种养基地数字化改造，目前已建成 11 个数字农业示范园区、4100 个物联网应用示范点。数据显示，通过数字化提升，农业企业用工成本降低 43%，生产效率提升 40%以上。作为中国数字农业试点县，近年来，德清以点带面，全域推进，促进互联网、大数据、人工智能与农村实体经济深度融合，不断催生新业态、新模式、新动能。数字化改革加速与生态文明、乡村振兴深度融合，为产业智慧化发展按下“快进键”。

参考资料：《数字东风潜入浙江乡村　智能化造就现代农业“梦工厂”》，中国新闻网，https://baijiahao.baidu.com/s?id=1724917467644114397&wfr=spider&for=pc.

七、数字乡村建设的主要问题

当前，乡村治理数字化发展主要存在以下问题。

第一，城乡信息化利用率差异客观存在。由于地区经济发展不平衡，城乡居民之间存在着较大的数字鸿沟。乡村的信息化发展速度、信息基础设施、信息技术应用等长期落后于城市，农村居民对信息资源的需求及依赖程度低，普遍缺乏对网络信息资源的认识与利用，缺乏利用网络表达诉求、参与社会管理的主观意识。随着社会信息化的发展，城乡信息化发展差异的鸿沟将会越来越大，不容忽视。

第二，数字化理念落后。一方面，基层管理者对数字化治理的认识有待提升。许多乡村的管理与工作人员数字化素养不足，利用数字技术进行业务操作的能力有待提升，同时又缺乏学习和进修的动力，对数字化技术的认知还停留在电子商务等粗浅层面，缺乏对数字化治理的深刻认识。另一方面，农村居民对数字化治理的认识不足。大部分农村青壮年具有一定的数字技术获取和运用能力，但是由于缺乏对网络信息的甄别能力，往往容易受到虚假信息、诈骗信息的毒害，从而打击他们对数字化治理的信心。而许多农村老年人基本不具备数字化的意识和技能，更不用说对于数字化治理的认同与协同了。

第三，乡村数字化人才不足。乡村数字化治理的推进需要专业化程度高、数字化素养高的专业人才。乡村数字化治理需要专业人才的带领，比如在产业扶贫过程中，懂得数字化运营的企业管理人才更容易开拓市场。然而在实践过程中，这种人才很难长期留在农村发展，已有人才也流失严重。在这种大环境下，乡村数字化治理人才不足的问题就凸显出来。

第四，数字乡村建设环境受限。从硬件条件看，我国部分乡村地处偏远，交通不便，有些乡村人口居住过于分散，数字基础设施建设相对滞后，难以支撑数字化治理的开展与推广。从人文环境看，大部分农民对数字化在消费、生产等领域的应用程度低，尚未形成规模，居民的收入水平无法支持高水平的数字化治理模式。

八、数字乡村的建设路径

农业、农村、农民问题一直是我国现代化建设的根本性问题，解决好“三农”问题是党和国家工作的重中之重，推动数字乡村建设是推动乡村振兴的有效途径，需要全社会高度重视，在以下四个方面多措并举，多方面推进乡村治理数字化。

一是构建城乡一体的数字化基础设施网络。一方面，重点支持乡村基础设施与服务终端数字化改造，补齐数字化基础设施短板，强化共建共享，加快推进信息网络在农村边远、贫困地区深度覆盖。另一方面，建立偏远地区农村数字化服务普惠机制，建立村民移动终端与专属网络资费优惠补贴机制，鼓励各地采取消费券、政府补贴等方式促进数字化服务终端普及。

二是建立统一的数字乡村智慧管理与服务平台。加快制定乡村治理数字化建设标准，建立统一的一站式“互联网＋政务服务”平台，整合构建统一的数据共享交换平台体系。实现数据统一管理和在线共享，加快研制包含基础设施、治理内容、治理效果等在内的乡村治理数字化的建设标准与评估体系，实现乡村政务服务信息资源跨地区、跨层级、跨部门互认共享，建立覆盖市、县、乡（镇）、村的统一的“融媒体＋政务服务”综合门户，为农户提供一站式便民服务与政务服务，做到“单点登录，全网通办”。

三是推进乡村治理数字化。以协同推进智慧城市与数字乡村建设为主线，加快建立“全国—省—市（县）—村（镇）”四级乡村治理数字化规划体系，积极推进数字化技术在乡村公共管理、公共服务、公共安全等治理内容的应用，分区、分类推进乡村治理各要素内容数字化。依托地理信息技术，探索乡村治理可视化，构建一张图，整合一张网，虚拟一个村，筛选典型地区开展启动实施乡村治理数据大数据平台试点示范工程（如图 2—9 所示）。

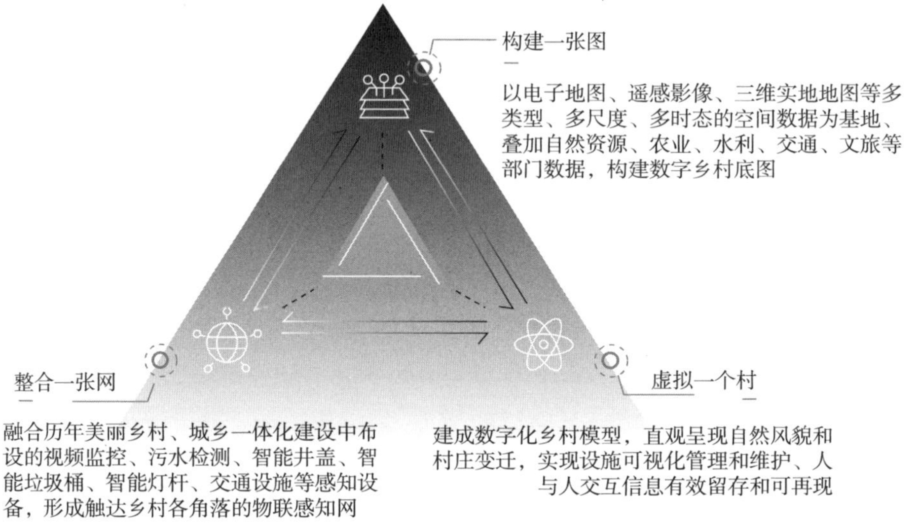

图 2—9　乡村治理可视化

资料来源：汇智视野。

四是健全数字乡村持续运营机制。一方面，探索政府购买服务、PPP、项目专项经费支持等形式，鼓励互联网企业参与乡村治理数字化信息采集、平台建设、运营维护和更新升级，形成“政府负责、社会协同、村民自治”的乡村治理数字化多元共建共享机制。另一方面，突出农民主体地位，加快培育数字农民。将数字化技能培训纳入农民培训工作，培育一批具备互联网思维和信息化应用能力的数字村民，同时探索建立以党建为引领，以微信等移动互联网应用为载体的大众化村民互动交流平台，让更多村民参与数字乡村自治。

第 三 章

产业数字化

YULINGDAOGANBUTANSHUZIJINGJI

新一轮科技革命和产业变革深入发展，数字产业化与产业数字化成为数字经济发展的重要推动力量。产业数字化是深化供给侧结构性改革，是加快产业转型升级的重要途径，推动产业数字化对增强产业国际竞争力具有战略意义。2020 年 4 月，习近平总书记在浙江考察时指出："要抓住产业数字化、数字产业化赋予的机遇，加快 5G 网络、数据中心等新型基础设施建设，抓紧布局数字经济、生命健康、新材料等战略性新兴产业、未来产业，大力推进科技创新，着力壮大新增长点、形成发展新动能。"① 本章在对产业数字化的重要性和紧迫性论述的基础上，对国内外产业数字化发展水平进行比较分析。

第一节　产业数字化的重要性与紧迫性

一、产业数字化的定义及其变化

产业数字化的定义随着数字经济、数字产业化和产业数字化的发展而不断变化。数字经济是继农业经济、工业经济和服务经济之后的一种新的经济发展形态，目前数字经济的定义随数字经济深化发展还在不断变化中，数字经济包括数字产业化、产业数字化、数字化治理以及数据价值化。美国学者 Tapscott② 在《数字经济：网络智能时代的机遇与挑战》一书中最早提到"数字经济"一词，他提出在新经济背景下，网络

① 《习近平关于网络强国论述摘编》，中央文献出版社 2021 年版，第 143 页。

② See Tapscott D. *The digital economy*: *Promise and peril in the age of networked intelligence*. McGraw—Hill，1996.

智能、知识经济给旧经济中的生产生活带来巨大变革，数字经济的未来与电子商务发展紧密相关。Kling R. Lamb R[①] 将数字经济定义为开发、生产、销售或供应十分依赖于数字技术的商品或服务。Mesenbourg TL、Atrostic BK[②] 提出数字经济定义包括基础设施、电子业务流程和电子商务交易。2016 年 9 月，G20 杭州峰会通过的《G20 数字经济发展与合作倡议》中提出“数字经济是指以使用数字化的知识和信息作为关键生产要素、以现代信息网络作为重要载体、以信息通信技术的有效使用作为效率提升和经济结构优化的重要推动力的一系列经济活动”。《G20 数字经济发展与合作倡议》大大拓展了数字经济内涵，数字化的知识和信息作为关键生产要素，以现代信息网络作为重要载体、以信息通信技术的有效使用作为效率提升和经济结构优化的重要推动力的一系列经济活动，包括互联网、云计算、大数据、物联网、金融科技与其他新的数字技术应用于信息的采集、存储、分析和共享过程中，数字化、网络化、智能化的信息通信技术的有效使用作为效率提升和经济结构优化的重要推动力的一系列经济活动，使数字经济范围不断扩大。2020 年，中国信息通信研究院[③]提出数字经济包括四大领域：数字产业化、产业数字化、数字化治理以及数据价值化，其中产业数字化成为数字经济发展的重要组成部分。

产业数字化定义随数字经济的深化还在不断变化，产业数字化涉及第一产业、第二产业和第三产业，产业数字化领域非常广泛，目前产业数字

---

① Kling R. Lamb R. IT and organizational change in digital economies：A Sociotechnical Approach. *MIT Press*，2000，29：295—324.

② Mesenbourg T L，Atrostic B K. Measuring The U. S. Digital Economy：Theory and Practice U. S. Bureau of the Census，2001.

③ 中国信息通信研究院：《中国数字经济发展白皮书（2020 年）》。

化还没有形成统一定义。国家信息中心发布的《中国产业数字化报告2020》将产业数字化定义为“新一代数字科技支撑和引领下，以数据为关键要素，以价值释放为核心，以数据赋能为主线，对产业链上下游的全要素数字化升级、转型和再造的过程”①。中国信息通信研究院将产业数字化定义为“数字技术赋能于传统行业所带来的产出增长和效率提升，这部分新增产出构成了数字经济的重要组成部分”②。德国的产业数字化主要指通过信息物理系统实现人、设备与产品的实时连通、相互识别和有效交流，构建一个高度灵活的数字化、网络化的智能制造模式，保持德国制造业的国际竞争力。韩国的产业数字化则主要指“数字＋制造业”，着重提高制造业中产业全过程数据的利用率，以此增强产业的竞争力。

笔者认为，产业数字化的定义为以数字为核心要素，以数字技术为支撑，以产业数字化、智能化为主线，以提高产业效率和效益为目标，对产业的研发、生产、销售、管理等各环节或全产业链进行数字化、智能化改造升级，以数字技术赋能促进产业转型升级，通过产业转型升级推动产业高质量发展和经济高质量发展。依照三大产业分类，笔者将产业数字化分为第一产业数字化、第二产业数字化、第三产业数字化（如表3—1所示）。

表3—1　产业数字化分类定义

产业数字化	第一产业数字化	将数字技术运用于农业、林业、牧业、渔业等，以提高第一产业效率和效益为目标，对第一产业的研发、生产、销售、管理等各环节或全产业链进行数字化
	第二产业数字化	将数字技术运用于制造业、建筑业等，以提高第二产业效率和效益为目标，对第二产业的研发、生产、销售、管理等各环节或全产业链进行数字化

① 国家信息中心信息化和产业发展部与京东数字科技研究院：《中国产业数字化报告2020》。
② 中国信息通信研究院：《中国数字经济发展白皮书（2020年）》。

续表

产业数字化	第三产业数字化	生产性服务业数字化	将数字技术运用在为生产活动提供中间投入服务的产业中（包括交通运输、仓储和邮政业，信息传输、软件和信息技术服务业，金融业，租赁和商务服务业，科学研究、技术服务和地质勘查业等）
产业数字化	第三产业数字化	生活性服务业数字化	将数字技术运用于满足消费者生活需求（非生产性）的服务产业中（包括教育、旅游、餐饮与住宿、批发与零售等）

资料来源：根据《国民经济行业分类标准（GB/T 4754—2017）》和《生产性服务业统计分类（2019）》的分类整理。

二、加快产业数字化的重要性与紧迫性

产业数字化涉及第一产业、第二产业和第三产业，产业数字化领域非常广泛。2020 年，全球数字产业化占数字经济比重为 15.6%，全球产业数字化占全球 GDP 比重为 36.8%，产业数字化占全球数字经济比重高达 84.4%，产业数字化成为推动全球数字经济发展的主引擎（如图 3—1 所示）。

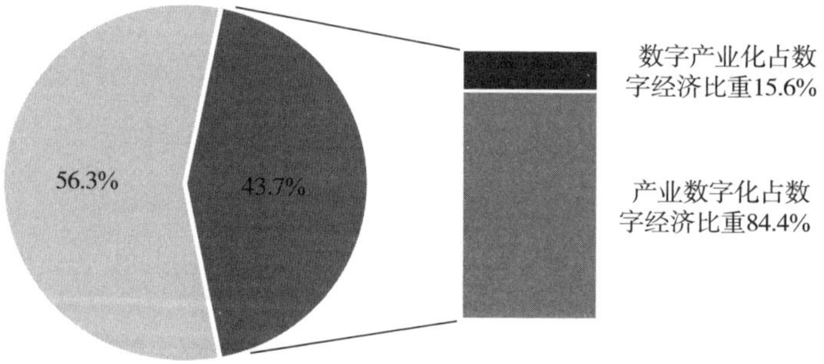

图 3—1　2020 年全球产业数字化占全球数字经济比例

资料来源：中国信息通信研究院。

产业数字化通过数字技术赋能第一产业、第二产业和第三产业，对推动第一、第二、第三产业转型升级，促进产业高质量和经济高质量发

展具有战略意义。

（一）对标发达国家产业数字化水平，加快产业数字化具有重要性

习近平总书记指出，要把制造业高质量发展放到更加突出的位置，加快构建市场竞争力强、可持续的现代产业体系。当前新一代信息通信、生物、新材料、新能源等技术创新不断突破，数字技术与先进制造技术融合加快，全球制造业迈入第四次工业革命的新阶段，欧美日大国为争夺制造业发展新高地竞争加剧，制造业进入新一轮战略调整和重构的关键时期。制造业加快向数字化、智能化发展，数字产业化与产业数字化互动增强，制造业关键核心技术创新竞争激烈，发达国家制造业劳动生产率提升，发达国家实施再工业化战略，越南、墨西哥等发展中国家制造业加快转型升级，世界正在经历一场制造业重新洗牌的重大变局。

我国是世界制造业第一大国，制造业规模持续扩大，制造业创新发展加快，制造业进出口贸易竞争优势仍然比较明显。但是，随着劳动力、土地等生产要素成本的持续上升，制造业的成本优势正日渐减弱，传统制造业企业附加值低、能耗高、污染环境、关键核心技术研发能力不强、缺乏国际著名品牌、企业盈利能力下降等问题凸显，一大批传统制造业企业面临生死存亡的严峻考验。如何抓住世界制造业战略调整和重构机遇，加快推动产业数字化发展，成为产业高质量发展迫切需要深入研究的重大问题。

自 2008 年国际金融危机以来，全球新一轮产业变革，数字化、网络化和智能化成为产业创新发展的主攻方向。欧美发达国家高度重视数字产业化和产业数字化，实施再工业化战略，加快产业数字化发展。根据中国信息通信研究院 2021 年发布的《全球数字经济白皮书——疫情冲击下的复苏新曙光》，2020 年，各国数字产业化在数字经济中占比逐渐下降，产业数字化占比持续提升。德国数字经济与实体经济融合加速推进，产业数字化占数字经济比重达到 91.3%。此外，英国、美国、法国、日本、南非、俄罗斯、中国、挪威等 14 个国家产业数字化占比也都超过 80%，墨西哥、意大利、西班牙、韩国、泰国、印度等 16 个国家产业数字化占比也超过 70%。

在产业渗透方面，德国、英国、美国数字经济在三次产业的渗透水平均高于其他国家。在第一产业数字化方面，2020 年，英国、德国、韩国第一产业数字经济占比位列前三，分别达到 29.9%、24.8%和 17.4%，另有新西兰、法国、芬兰、美国、日本、新加坡、爱尔兰、丹麦、俄罗斯、中国、挪威 11 个国家一产数字经济占比超过全球平均水平。在第二产业数字化方面，2020 年，德国、韩国、美国二产数字经济占比领先全球，分别达到 43.9%、43.6%和 36.0%，此外，英国、爱尔兰、日本、新加坡、法国 5 国二产数字经济占比超过全球平均水平。在第三产业数字化方面，2020 年，德国、英国、美国三产数字经济占比超过 60%，分别达到 67.9%、66.1%和 61.0%，日本、法国、中国等国家三产数字经济占比均超过 40%。加快产业数字化发展，对我国从制造业大国向制造业强国转变具有重要战略意义。

加快产业数字化，对推动产品升级、功能升级、流程升级，品牌升级具有重要意义。在大数据、互联网、云计算等数字技术和信息技术支撑下，运用大数据驱动实现智能化生产，智能化生产和自动化生产有利于推动产品质量稳定性以及产品升级。制造业数字化和智能化流程改造有利于推动制造流程合理化升级，并提升制造业功能性升级。制造业产品升级、功能升级、流程升级又能够提升制造业品牌升级。通过运用互联网技术（网络零售、定制生产、柔性生产、数据驱动等），传统劳动密集型制造业可以实现价值链功能性升级、终端市场升级和流程升级。

产业数字化是提高产业劳动力水平的重要途径。产业数字化和企业数字化过程是企业提升劳动力综合能力过程，企业数字化发展对高技术水平劳动力需求增加，尤其是对拥有专业数字技能的人才的需求增加，对从事重复性工作的较低水平劳动力的需求降低，迫使劳动力更快地更新技能，提高本身的劳动力水平。根据世界银行调查显示，中国劳动力水平较低是导致在中国产业劳动生产率水平较低的重要因素。加快产业数字化对提高产业劳动力水平和提升产业劳动生产率具有非常重要的意义。

（二）对标发达国家制造业高质量发展，加快产业数字化具有紧迫性

改革开放以来，我国制造业规模持续快速增长，制造业规模从 1970 年 272 亿美元增加到 2019 年 4 万亿美元，同期我国制造业增加值占世界制造业增加值比例从 3%增加到 28.6%，我国制造业增加值占亚洲制造业增加值比例从 1970 年的 20%增加到 2019 年的 54%。2010 年以来，我国制造业规模超过美国成为世界制造业第一大国，制造业规模持续扩大，规模优势不断增强（如图 3—2 所示）。

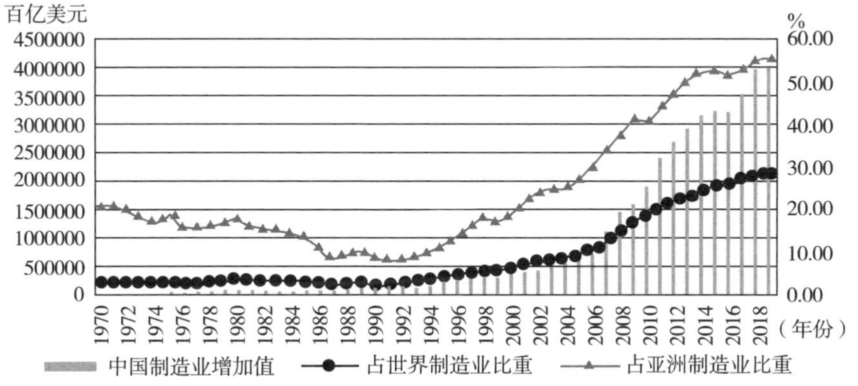

图 3—2　1970—2018 年中国制造业增加值规模与占世界制造业增加值比例变化

资料来源：根据联合国产业数据库数据制作。

与发达国家制造业高质量发展比较，我国制造业还存在一些明显短板：制造业劳动生产率明显偏低。根据联合国制造业国际分类标准，对美国、德国、法国、日本、荷兰、澳大利亚、意大利、中国的 22 个细分制造业劳动生产率进行国际比较分析。结果表明，1963—2019 年期间，美国、德国、日本、法国、芬兰、澳大利亚、挪威、丹麦、意大利等制造业劳动生产率水平持续提升，我国制造业和我省制造业劳动生产率虽然也持续提升，但是与上述发达国家比较，制造业劳动生产率明显偏低，美国制造业劳动生产率是我国的 5 倍，德国是我国的 4 倍，日本、加拿大、荷兰是我国的 3 倍，法国、意大利、澳大利亚是我国的 2 倍，制造业劳动生产率差距表明制造业高质量发展任务非常艰巨。

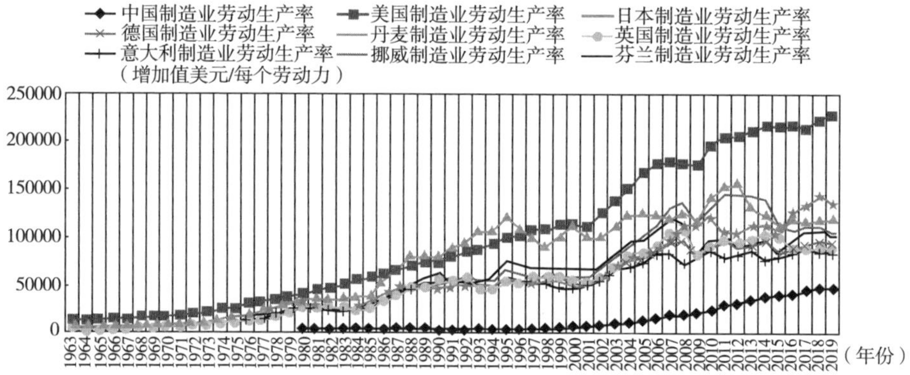

图 3—3　1963—2019 年世界主要国家制造业劳动生产率比较

资料来源：联合国产业数据库。

制造业是我国国民经济的主导产业，是供给侧结构性改革的重要领域，我国经济要实现高质量发展，必须以高质量的制造业作为重要支撑。产业数字化是推动制造业质量变革、效率变革、动力变革以及提高制造业劳动生产率的有效途径。通过数字技术赋能传统产业，以产业质量变革为核心，着力优化产业供给结构，全面提升产业发展质量；以产业效率变革为目标，着力转变产业发展方式。数字技术赋能传统产业，以产业动力变革为重点，着力培育产业发展新动能。因此，加快产业数字化、加快产业高质量发展具有紧迫性和重要性。

第二节　产业数字化发展比较分析

一、数字经济和产业数字化的分类与统计数据差异

目前由于数字经济和产业数字化并没有形成权威统一定义，数字经济统计方法和产业数字化的数据及其分析方法存在很大差异。国际上有关数字经济及产业数字化的定义及统计方法大体上可以分为以下三类。

（一）数字经济核心产业定义

数字经济核心定义将数字经济的范围定在数字经济的核心产业，即信息通信技术产业（ICT 产业），主要包括基础电信业、电子信息制造业、软件及服务业、互联网业。联合国（UN）和经合组织（OECD）运用数字经济的核心定义进行数字经济统计分析。联合国和经合组织测算数字经济核心产业占 GDP 比重约为 6%，核算方法是直接利用生产法计算 ICT 产业的增加值总和。2017 年，联合国在《数字经济报告》中指出，2014 年全球 ICT 部门产品和服务占 GDP 比重的 6.4%；2014 年，OECD 发布的《测量数字经济——一个新的视角》指出，2013 年 OCED 国家信息产业占 GDP 比重近 6%。联合国和经合发组织按照数字经济核心定义测算的数字经济规模相对偏小。

（二）数字经济狭义产业定义

数字经济狭义产业定义是指在通信技术产业基础上加入了应用

数字技术的经济部门，即信息通讯技术产业以及应用数字技术的新产业部门，国际货币基金组织（IMF）、美国经济分析局（BEA）按照狭义数字经济定义统计数字经济规模。2018 年，国际货币基金组织发布的《数字经济测算》指出，大多数国家数字经济占 GDP 比例为 10%左右。

（三）数字经济广义产业定义

数字经济广义产业定义既包括信息通讯技术产业及其直接产生的新产业，还包括数字技术赋能产业，即数字经济赋能的农业、工业、服务业。中国信息通信研究院、腾讯研究院按照广义定义测算的数字经济规模最大。腾讯研究院发布的《中国“互联网+”指数报告（2018）》利用回归分析方法，基于固定效应面板模型，估计“互联网+数字经济指数”与 GDP 之间的回归系数，再根据构建的“互联网+数字经济指数”推算数字经济增加值，测得 2018 年中国数字经济占 GDP 比重的 32.9%。中国信息通信研究院将数字经济分为数字产业化与产业数字化两部分，数字产业化部分包括电子信息制造业、软件服务业、电信业、互联网业务，产业数字化部分测算了在三次产业中数字产业的增加值部分。2020 年发布的《中国数字经济发展白皮书》指出，测得中国数字经济总规模占 GDP 比重的 36.2%。

由于数字经济及产业数字化的统计分类方法存在上述明显差异，目前有关产业数字化发展水平及其统计数据分析差异明显。

二、数字经济与产业数字化国际比较分析

（一）数字经济国际比较分析

根据中国信息通信研究院按照广义数字经济定义的统计数据，2019

年全球数字经济增加值规模达到 31.8 万亿美元，其中美国数字经济增加值规模高达 13.1 万亿美元，居全球第一位。中国数字经济增加值规模为 51954 亿美元，居全球第二位。德国数字经济增加值为 24380 亿美元，居全球第三位。日本数字经济增加值规模为 23949 亿美元，居全球第四位。英国数字经济增加值为 17606 亿美元，居全球第五位。全球数字经济大国中第 6～10 位分别是法国、韩国、印度、加拿大、墨西哥（如图 3—4 所示），全球前十大数字经济大国中有 7 个是发达国家，7 个发达国家的数字经济增加值规模约占数字经济前十位国家总和的 80%。

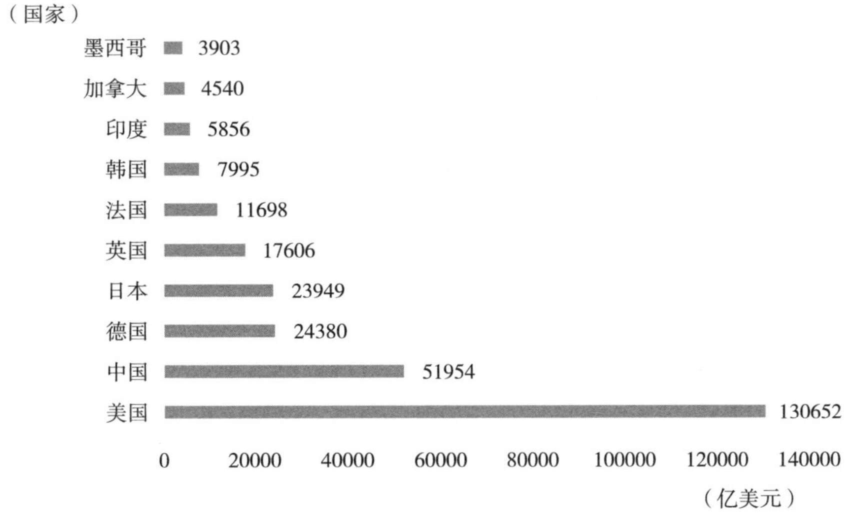

图 3—4　2019 年全球数字经济增加值前十位国家

资料来源：中国信息通信研究院。

2019 年，全球数字经济增加值占全球 GDP 比例为 41.5%，其中发达国家数字经济增加值占发达国家 GDP 比例高达 51.3%，发展中国家数字经济增加值占发展中国家 GDP 比例为 26.8%。美国、德国、英国的数字经济增加值占 GDP 比例分别为 61%、63.4%、62.3%（如图 3—5 所示）。我国数字经济规模不断增长，2019 年我国数字经济增加值规模达到 35.8 万亿元，数字经济增加值占我国 GDP 比例达到 36.2%，其中数字产业化增加值达 7.1 万亿元，占 GDP 比重为 7.2%，产业数字化增加值达 28.8 万亿元，占 GDP 比重为 29.0%。

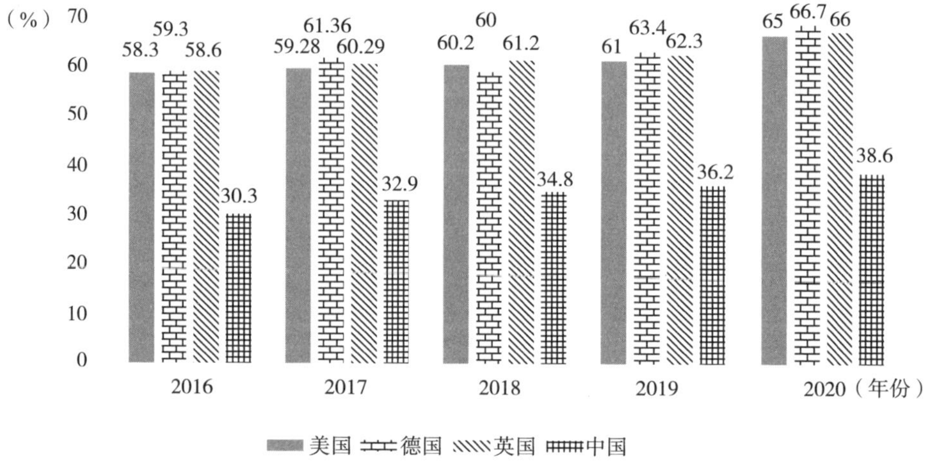

图 3—5　中国、美国、德国、英国数字经济增加值占 GDP 比例

资料来源：中国信息通信研究院：《全球数字经济白皮书——疫情冲击下的复苏新曙光》。

2020 年，从不同收入组别产业间渗透率来看，高收入国家第一、第二、第三产业渗透率分别为 12.5%、28.8%、48.4%；中高收入国家为 7.9%、16.7%、33.9%；中低收入国家仅为 3.3%、6.4%、19.5%（如图 3—6 所示）。综合来看，数字经济产业渗透率和收入水平呈正相关。发达国家产业数字化加速向网络化、智能化发展阶段迈进。2020 年，发达国家农业、工业、服务业数字经济渗透率分别为 14%、31.2%、51.6%。2020 年，中国农业、工业、服务业数字经济渗透率分别为 8.9%、21%、40.7%。

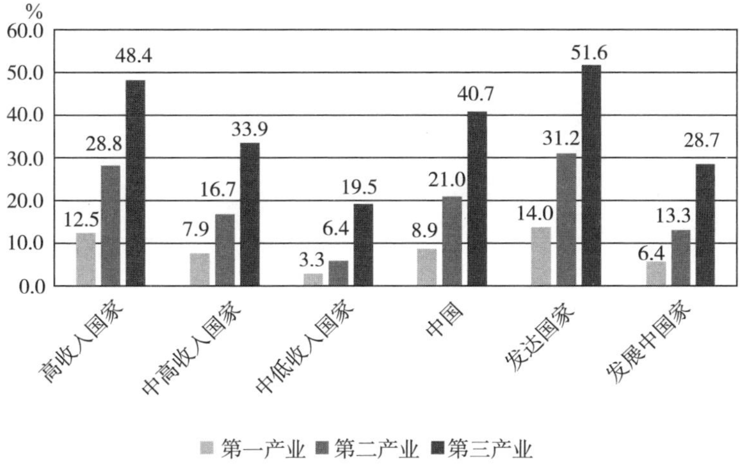

图 3—6　不同组别国家数字经济三次产业渗透率

资料来源：中国信息通信研究院。

（二）产业数字化国际比较分析

1. 全球第一、第二、第三产业数字化发展水平

2020 年，全球产业数字化发展水平，第一产业数字经济占行业增加值比重为 8.0%，第二产业数字经济占比 24.1%，第三产业数字经济占比 43.9%，这反映出第三产业数字化发展快于第二、第一产业（如图 3—7 所示）。

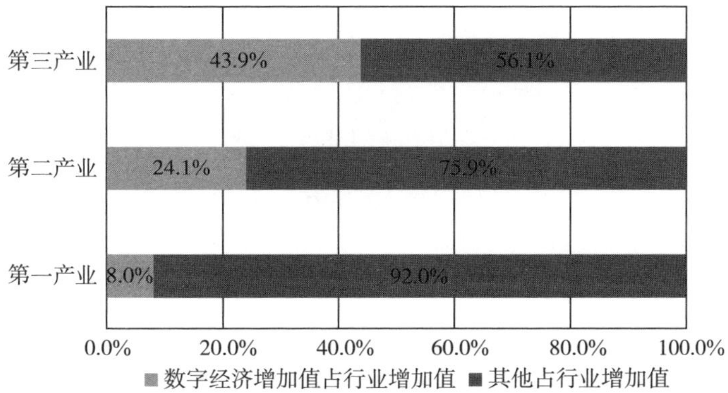

图 3—7　2020 年全球第一、第二、第三产业数字化发展水平

资料来源：中国信息通信研究院。

2. 农业数字化国际比较分析

农业数字化发展方向主要是数字技术赋能农业耕种、精准牲畜饲养、农产品大数据供求预测、农业无人机施肥和喷洒农药等。世界各国农业数字化发展总体严重滞后于工业数字化和服务业数字化。华为《联网农业》数据显示，2020 年全球数字农业的市场规模约为 1800 亿元人民币。2020 年美国数字农业的市场规模约占全球比例的 31%。中国是农业大国，但数字农业的市场规模占全球比例仅为 13%左右（如图 3—8 所示）。加快农业数字化，数字技术赋能耕种、精准牲畜饲养、农产品大数据供求预测、农业无人机施肥和喷洒农药等，提高农业生产效率，消除城乡“数字鸿沟”成为“十四五”时期产业数字化和数字经济发展的重要任务。

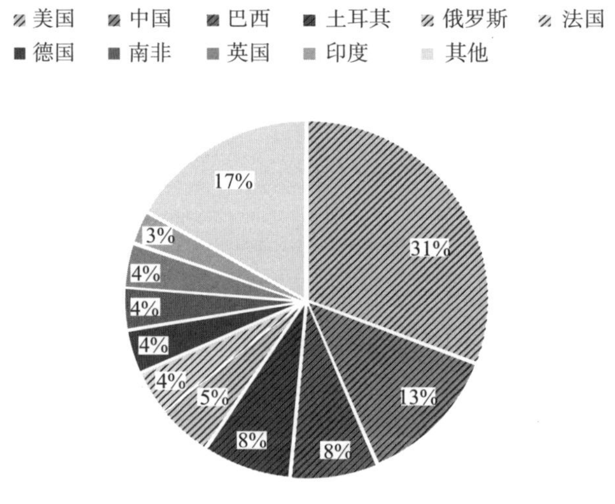

图 3—8 全球主要国家数字农业占全球比例

资料来源：华为《联网农业》。

3. 第二产业数字化国际发展比较分析

依托数字技术发展加快工业转型升级已成为各国的战略共识。2020

年，德国、韩国、美国第二产业数字经济占比领先全球，分别达到43.9%、43.6%、36%。

2010—2017年，作为数字经济核心产业——信息通信技术产业增加值占GDP比例相对稳定，信息通信技术产业增加值占GDP比例相对较高的国家是韩国、新加坡、美国等，我国信息通信技术产业增加值占GDP比例稳定在4.8%左右，我国高于世界平均水平3.8%（如表3—2所示）。

表3—2　主要国家信息通信技术产业增加值占GDP比例（%）

年份 国家	2010	2011	2012	2013	2014	2015	2016	2017
韩国	9.2	9.1	9	9.2	8.9	8.7	8.4	8.4
新加坡	9.7	8.3	8.1	8.1	8.3	8.2	7.4	9
日本	6.3	6.2	5.8	5.8	5.9	5.8	5.7	—
美国	5.3	5.2	5.1	5.3	5.1	5.2	5.2	5
印度	4	4.2	4.3	4.8	4.8	5.1	—	—
中国	4.7	4.6	4.7	4.7	4.9	4.8	—	—
英国	4	4.2	4.1	4.2	4.2	4.2	4.2	4.1
法国	4.3	4.2	4.1	4	4	4	4.1	4.1
荷兰	3.9	3.9	3.8	3.8	3.9	4	4	4
世界平均	3.9	3.8	3.6	3.8	3.7	4	4	3.8
德国	3.4	3.5	3.5	3.7	3.7	3.8	3.8	3.8
加拿大	3.7	3.7	3.6	3.6	3.6	3.6	3.6	3.4
新西兰	3.6	3.6	3.6	3.4	3.4	3.3	—	—
西班牙	3.4	3.4	3.5	3.5	3.5	3.3	3.1	3
意大利	3.5	3.4	3.4	3.2	3.1	3.1	3.1	3.1
墨西哥	3.2	2.9	2.8	2.8	2.9	3	2.9	—
澳大利亚	3	3.5	3.4	3.1	3.2	2.9	3.2	—

资料来源：根据联合国unctad数字经济数据库整理。

2000—2018 年，信息通信技术产业投资占固定投资比重达到 10%以上的国家为瑞典、荷兰、瑞士、美国、法国、英国、西班牙、意大利、加拿大，我国信息通信技术产业投资占固定投资比重明显低于上述发达国家（如表 3—3 所示）。

表 3—3　主要国家信息通信技术产业投资占固定投资比重（%）

国家＼年份	2000	2005	2010	2011	2012	2013	2014	2015	2016	2017	2018
瑞典	23.75	22.15	19.52	19.48	18.68	18.56	17.96	19.35	18.14	18.67	19.68
荷兰	13.13	13.97	16.34	16.06	17.53	19.68	19.37	20.10	20.10	18.06	17.70
瑞士	16.13	15.92	18.11	17.33	17.89	18.05	17.73	18.18	17.68	17.75	17.29
美国	17.68	12.97	17.22	17.05	16.71	16.63	15.93	15.62	15.90	16.14	16.33
法国	13.29	12.61	12.88	12.83	13.39	13.55	14.11	14.99	15.50	15.91	16.33
英国	19.62	14.00	14.75	15.41	15.65	15.91	15.21	14.33	13.56	13.69	14.45
西班牙	6.70	5.94	9.19	10.13	11.81	12.74	13.01	13.31	13.78	13.22	12.93
意大利	11.20	9.81	9.74	9.47	10.63	11.56	12.54	13.07	13.01	12.90	12.56
加拿大	15.68	12.30	10.28	9.67	9.28	8.90	8.92	9.46	10.11	10.28	10.72
澳大利亚	15.95	11.52	8.27	7.67	7.47	7.19	7.64	7.80	7.92	7.92	8.00
德国	9.98	8.80	7.56	7.28	6.63	6.58	6.65	7.12	6.90	6.95	6.82
墨西哥	6.00	4.15	4.88	4.95	4.86	4.54	4.68	5.85	5.95	5.32	5.69
中国	—	1.78	0.88	0.70	0.72	0.69	0.80	0.98	1.04	1.09	—

资料来源：OECD 国家数据来源于 OECD 数据库，中国数据根据国家统计局相关数据计算。

4. 服务业数字化发展国际比较分析

世界各国服务业数字化发展速度加快，电子商务、数字医疗、电子政务等成为引领数字经济发展的重要新领域。2020 年，各国服务业数字经济持续高速发展，德国、英国、美国分列全球服务业数字经济占比前三，占比分别高达 67.9%、66.1%和 61.0%，日本、法国第三产业数字经济占比均超过 40%。我国服务业数字经济占比为 40.7%，远远领先其余两大产业数字化发展。

大数据、互联网等新一代信息技术的快速普及，为电子商务的快速发展提供了良好的基础。电子商务作为一种新兴的商业模式，极大地提高了经济运行的质量和效率，改变了人类的生产生活方式。各国电子商务发展差异明显：一方面，以美国、英国为代表的发达国家在全球电商市场中占据主体地位，且仍处于快速发展时期；另一方面，以中国、印度为代表的发展中国家正成为全球电子商务市场发展中不可忽视的力量，发展中国家本土化平台快速崛起，增长潜力巨大。数据显示，2018年美国电子商务交易额为 9.78 万亿美元，排名全球第一，中国的电子商务销售额为 4.7 万亿美元，仅次于美国（如图 3—9 所示）。

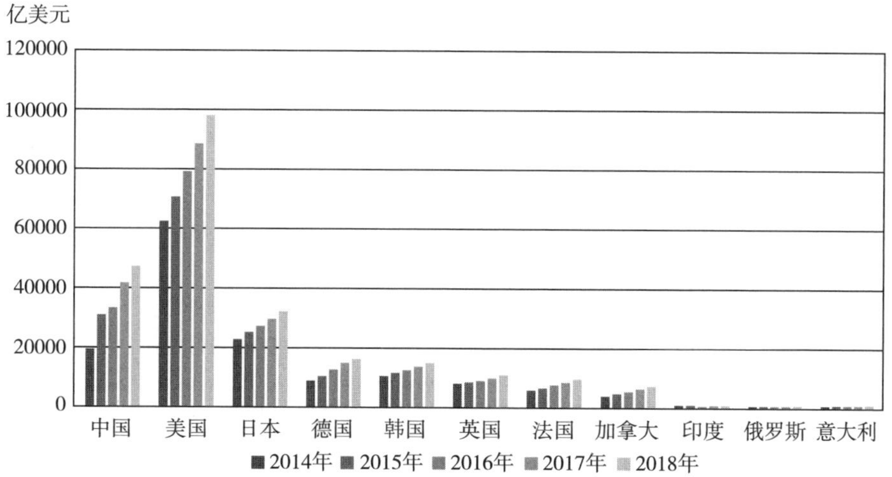

图 3—9　全球主要国家电子商务交易额

数据来源：全球电商数据库。

世界各国政府高度重视政府数字化服务，利用数字技术创新政府治理方式，数字政府作为服务业数字化转型的“重中之重”，推动全球电子政务整体发展水平不断提升。英国实施《政府数字服务：

2021—2024年战略》，欧盟实施“2030数字罗盘”计划等，通过电子政务的创新发展促进服务型政府建设，提升公共服务效能，创新政府管理方式。全球电子政务发展平均指数（EGDI）从2018年的0.55上升到2020年的0.60，126个成员国处于“高”或“非常高”水平，欧洲处于领先地位，其次是亚洲、美洲、大洋洲和非洲。① 我国电子政务建设也成效显著。2010—2020年，我国电子政务水平大幅提升，不断缩小与发达国家之间的差距，已达到全球电子政务发展“非常高”的水平（如图3—10所示）。

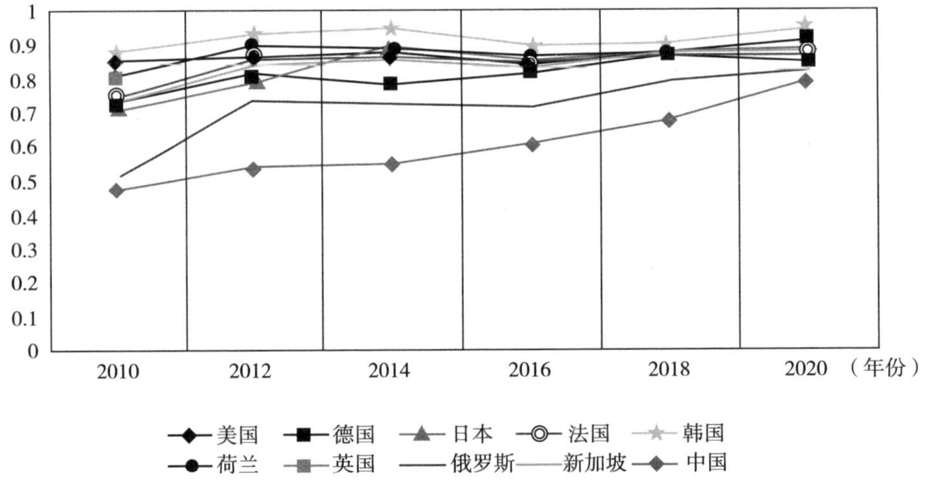

图3—10 全球主要国家电子政务水平指数

数据来源：《联合国电子政务调查报告》。

5. 数字产业世界500强企业比较

2020年，世界500强企业榜单数字经济领域企业中，美国数字经济领域世界500强企业数量最多，达到17家，包括世界著名的亚马逊、

① 参见《联合国电子政务调查报告》。

微软、苹果公司、Alphabet、戴尔、脸书、惠普、IBM、英特尔、美国电话电报公司等。日本数字经济领域世界500强企业数量为11家，居第2位，世界著名企业为日本电气公司、日立、索尼、松下、东芝、日本电报电话公司等。我国内地数字经济领域世界500强企业数量为10家，居第3位，世界著名企业为中国移动、中国电信、中国联通、京东、阿里巴巴、腾讯、华为、联想等（如表3—4所示）。

表3—4　2020年数字经济世界500强企业比较

企业名称	营业收入（百万美元）	利润（百万美元）	国家或地区
亚马逊	280522	11588	美国
Alphabet	161857	34343	美国
京东集团	83504.8	1763.7	中国北京
阿里巴巴	73165.9	21450.2	中国浙江
脸书	70697	18485	美国
腾讯控股	54612.7	13506.6	中国广东
微软	125843	39240	美国
甲骨文	39506	11083	美国
SAP	30838.9	3717.1	德国
苹果公司	260174	55256	美国
戴尔科技公司	92154	4616	美国
惠普公司	58756	3152	美国
联想集团	50716.3	665.1	中国香港
广达电脑公司	33313.4	515.8	中国台湾
佳能	32960.9	1147.6	日本
仁宝电脑	31722.5	225.1	中国台湾
慧与公司	29135	1049	美国
纬创集团	28416.2	220	中国台湾
IBM	77147	9431	美国
埃森哲	43215	4779.1	爱尔兰
富士通	35483	1472	日本
日本电气公司	28469.2	919.5	日本
华为投资控股有限公司	124316.3	9062.1	中国广东
思科	51904	11621	美国

续表

企业名称	营业收入（百万美元）	利润（百万美元）	国家或地区
诺基亚	26095.5	7.8	芬兰
SK 海力士	86163	615.5	韩国
英特尔	71965	21048	美国
三星电子	197704.6	18453.3	韩国
鸿海精密工业股份有限公司	172868.5	3730.9	中国台湾
日立	80639	805.7	日本
索尼	75972.3	5354.8	日本
松下	68896.6	2076	日本
LG 电子	53464.3	26.8	韩国
东芝	44206.7	625	日本
三菱电机	41045	2040.4	日本
美的集团	40440.4	3504.6	中国广东
霍尼韦尔国际公司	36709	6143	美国
中国电子信息产业集团有限公司	32447.1	137.8	中国北京
施耐德电气	30396.8	2700.8	法国
青岛海尔	29060.4	1187.9	中国山东
美国电话电报公司	181193	13903	美国
威瑞森电信	131868	19265	美国
日本电报电话公司	109447.7	7866.9	日本
美国康卡斯特电信	108942	13057	美国
中国移动	108527.3	12145.1	中国北京
德国电信	90134.9	4328.2	德国
软银集团	87439.5	−8844.3	日本
中国电信	67365.3	1802.6	中国北京
西班牙电话公司	54196.7	1278.2	西班牙
美洲电信	52323.1	3518	墨西哥
沃达丰集团	49960.2	−1022	英国
KDDI	48170.6	5884.4	日本
Orange	47275.2	3364.5	法国
特许通讯公司	45764	1668	美国
中国联通	42052.1	721.2	中国北京

资料来源：《财富》世界 500 强榜单。

三、国内数字产业化与产业数字化比较分析

1. 区域之间发展不平衡矛盾仍然比较突出

2009—2018年，我国计算机、通信和其他电子设备制造业规模前十位省市是广东、江苏、上海、四川、重庆、浙江、福建、河南、山东、江西，前十位省市合计占全国比例高达80%以上，其中广东占全国比例高达35%左右，江苏占全国比例为20%左右，广东和江苏合计占全国比例就超过50%，数字产业发展区域之间不平衡比较明显（如表3—5所示）。

表3—5 计算机、通信和其他电子设备制造业规模前十位省市占全国比例（%）

地区＼年份	2009	2010	2011	2012	2013	2014	2015	2016	2017	2018
广东	35.3	35	33.7	32.1	31.9	32.1	32.5	33.2	35.1	37.1
江苏	23.5	23.5	23.3	23.1	21.6	20.3	20.1	19.2	17.4	16.2
上海	10.9	11	9.5	8.1	6.9	6.2	5.8	5.2	5.2	5.1
四川	2.2	2.3	3.2	3.7	4.6	4.8	4.3	3.9	4.3	4.4
重庆	0.2	0.4	1.3	2.1	2.7	3.3	3.6	4.1	3.9	4.3
浙江	3.4	3.6	3.4	3.1	3.1	3.1	3.1	3.2	3.5	4.1
福建	3.8	4.2	4.2	4	3.8	3.5	3.4	3.5	3.6	3.8
河南	0.3	0.4	1.1	2.4	3	3.4	4	4	4.2	3.7
山东	6.2	5.6	5.7	5.7	5.6	5.7	5.9	5.8	5.2	3.2
江西	0.6	0.7	0.9	1	1.1	1.3	1.4	1.8	2	2.5
合计	86.4	86.7	86.3	85.3	84.3	83.7	84.1	83.9	84.4	84.4

资料来源：2009—2018年工业统计年鉴。

2. 电信业区域发展不平衡比较明显

我国31省市电信业发展加快，但是省市之间发展差距比较明显，电信业区域发展不平衡不充分矛盾仍然比较突出。广东、江苏、浙江、河南、山东、四川、湖北、湖南、云南、安徽的电信业收入规模居全国前十位。2019年，电信业收入最高的广东收入高达12000亿元，而最低的青海不到1000亿元（如图3—11所示）。

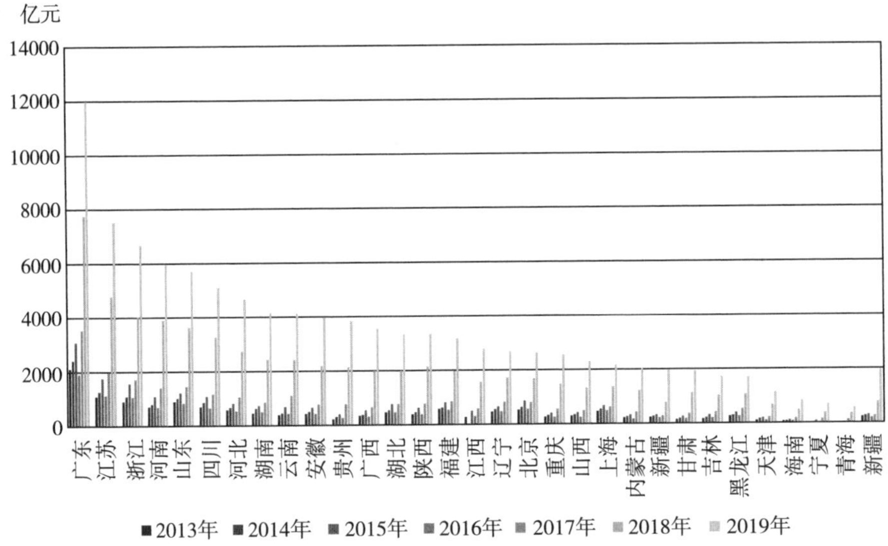

图3—11 31省市电信业收入规模比较

资料来源：根据国家统计局数据制作。

3. 软件业规模不断扩大，表现出区域产业集聚特征

我国31个省软件业规模不断扩大，总体规模划分大致分为三个梯队，第一梯队为北京、广东、江苏，第二梯队为浙江、上海、山东、四川、福建、陕西、湖北，其余省位于第三梯队。东部地区软件业规模普遍较大，形成了京津冀、长三角、珠三角三大软件业集聚区（如图3—12所示）。

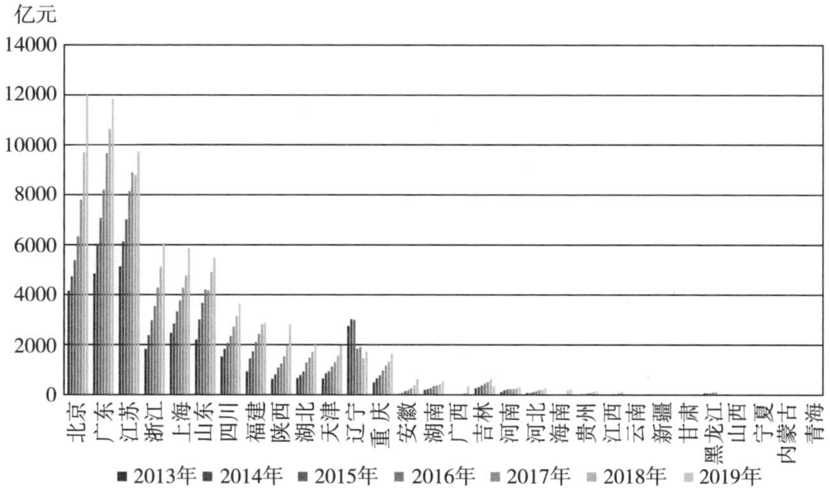

图 3—12　软件业规模变化

资料来源：根据电子信息产业统计年鉴（软件篇）数据制作。

第三节　数字经济与产业数字化的战略与政策比较

2008 年美国金融危机以来，美国、德国、日本等发达国家更加重视先进制造业发展，实施再工业化战略，加快新一轮信息技术、物联网、大数据、云计算技术和工业技术相结合，将传统制造业通过数字化、信息化、智能化的改造升级，实现产业数字化和智能化，持续提升产业劳动生产率、全要素生产率和国际竞争力。2018 年 10 月，美国发布《美国先进制造业领导力战略》，保持美国在工业部门先进制造业中的领导地位，以确保美国安全和经济繁荣。2019 年，德国发布《国家工业战略 2030》，目标是到 2030 年，逐步将工业在德国和欧盟的增加值总额（GVA）中所占的比重分别扩大到 25%和 20%。德国提出“没有大量的工业就业机会，德国无法维持其高收入水平及高水平的教育、环境保护、社会保障、医疗卫生和基础设施”。2015 年，日本发布《机器人新战略》，提出三大核心目标：“世界机器人创新基地”“世界第一的机器人应用国家”“迈向世界领先的机器人新时代”。韩国提出在 2020 年打造 10000 个智能工厂。本节初步梳理了主要国家和地区有关数字经济与产业数字化的重大战略与主要政策（见表 3—6）。

表 3—6 主要国家和地区有关数字经济与产业数字化的重大战略与主要政策

	政策主要方向	重大战略
美国	基于“美国优先”理念，巩固其在数字经济、数字技术、数字产业、数据治理、人工智能等领域竞争优势，聚焦数字前沿技术和产业数字化发展，保持数字经济、数字产业化和产业数字化国际竞争力	《数字经济议程》
		《数据科学战略计划》
		《美国先进制造业领导力战略》
		《国家人工智能研究与发展战略计划》
欧盟	推进欧盟加强人工智能的产业合作，建立以数字技术为动力的欧洲社会，打造统一数字市场，构筑产业转型共同体，使欧洲成为数字化转型的全球领导者	《数字单一市场战略》
		Future and Emerging Technologies
		《人工智能合作宣言》
		《塑造欧洲数字未来》
英国	强化国家数据战略引领作用，使英国拥有全球最安全的网络环境以及孵化和发展数字产业的生态系统，为英国数字经济的发展创造最佳条件	《数字宪章》
		《人工智能行业新政》
		《国家数据战略》
德国	致力于人工智能德国制造，构建互联互通的数字化转型产业生态，发布《德国 2030 年工业 4.0 愿景》，稳固德国制造业强国地位	《高科技战略 2025》
		《人工智能德国制造》
		《德国 2030 年工业 4.0 愿景》
法国	发布《利用数字技术促进工业转型的方案》支持数字技术的转化与应用，通过政府统筹部署加大法国在国际相关技术与标准的话语权与国际影响力，促进法国数字化蓬勃发展	《“未来工业”计划》
		《5G 发展路线图》
		《利用数字技术促进工业转型的方案》
日本	将发展互联网工业作为日本制造业发展的战略目标，推动“数字新政”战略，推动数字科技从基础研究到实际应用的转化，进一步推动社会的数字化、智能化转型，全面提升日本数字化水平和数字经济竞争力	《日本制造业白皮书》
		《综合创新战略》
		《“数字新政”战略》

续表

	政策主要方向	重大战略
韩国	通过《数字化经济支持政策》，计划至2025年，以数字化、绿色化和稳就业为方向投入约76万亿韩元（1美元约合1207韩元），建设大数据平台、5G、人工智能等数字产业基础设施，发展“非接触经济”，推动社会间接资本的数字化发展，克服疫情影响，推动数字经济增长新动力	《第四期科学技术基本计划（2018—2022）》 《创新增长引擎五年计划》 《数字化经济支持政策》
中国	通过加快新型基础设施建设、推动人工智能、大数据技术创新发展，推动数字产业化和产业数字化发展，推动工业互联网在更广范围、更深程度、更高水平上融合创新，加快数字经济促进经济高质量发展	《中国制造2025》 《“十二五”国家战略性新兴产业发展规划》 《智能制造发展规划（2016—2020年）》 《智能制造“十三五”发展规划》 《“十四五”智能制造发展规划》 《关于推动工业互联网加快发展的通知》

资料来源：根据各国或地区相关战略、法规与政策整理。

第一，农业数字化政策比较。世界各国为加快农业数字化转型，抢占数字农业高地，出台农业数字化政策。美国聚焦农业基础及应用数据库建设，通过数据量化等工具为农业生产经营提供精准化信息。德国通过建立农垦试验田，汇聚多方力量合作测试和评估不同的技术解决方案和产品，确保农业生产过程的科学准确。日本、韩国主要通过推广生产过程中无人化技术来应对农业人口缺失、老龄化等问题。俄罗斯打造农业数字化国家管理平台，对相关的农业基础数据进行采集、处理和分析，便于政府及时掌握信息并采取措施，确保有效提高农业生产效率，并开展农产品电子化服务以实现最终的农业效益。荷兰利用数字技术实行创新循环农业发展模式，大幅提升农业资源利用率。

表 3—7　主要国家农业数字化政策比较

国家/地区	相关政策	措施
美国	《2014 年农业法案》 《美国农业部战略计划（2018—2022）》	1. 加强农业基础及应用性数据库建设，及时为农业生产交易提供信息服务
		2. 加强农业信息化网络基础建设，提升农业生产过程信息的精准程度
		3. 强化农业信息化法律保障，保障农业信息来源及发布、共享渠道中信息的真实与及时
		4. 在农业生产过程中使用 RPA 机器人，以节省运营成本和提升工作效率
德国	《农业数字政策未来计划》 《农业 4.0》	1. 扩大农业数字基础设施
		2. 制定关于数据保护、数据安全、数据主权和其他条件的规则
		3. 建立农垦试验田，来自农业机械制造商、软件开发、服务提供商等合作测试和评估不同的技术解决方案和产品
		4. 建立“农业领域数字技术”能力网络，总结和评估在试验领域开展的工作结果，并起草进一步的措施建议
日本	《粮食农业农村基本计划》 《基于智能机械+智能 IT 的下一代农林水产业创造技术》	1. 对农业数字化转型采取鼓励和支持性政策导向
		2. 推进农业数据标准化建设
		3. 积极推进农业机器化生产以应对农业人口缺失等问题
英国	《“农业技术战略”》	1. 重视农业数据资源建设
		2. 建立了完善的农业服务体系
		3. 强化农业信息化网络基础建设，发展精准农业
荷兰	《循环经济 2050 计划》	1. 数字技术实现创新循环农业发展模式，大幅提升资源利用率
		2. 推广和落实数字农业和智慧农业在实际生产的运用，重视从业者的素质教育
		3. 加强“政企学”三方合作创新，强化农业数字化转型
		4. 注重农业生产经营过程中数据信息搜集，发展精准农业

续表

国家/地区	相关政策	措施
俄罗斯	《“数字农业”》	1. 打造农业数字化国家管理平台，对相关的农业基础数据进行采集、处理和分析，确保有效提高农业生产效率
		2. 开展农产品电子化服务
韩国	“信息网络村”计划	1. 培育农业数字化领域优秀人才
		2. 推广农业生产过程中无人化技术
		3. 农业数字化转型实施政策支持
中国	《数字农业农村发展规划（2019—2025年）》《数字乡村发展战略纲要》	1. 加快农业生产经营数字化改造
		2. 构建农业农村基础数据资源体系
		3. 寻求多方合作，引导资本投入数字农业农村建设
		4. 培养造就一批数字农业农村领域科技领军人才、工程师和高水平管理团队

资料来源：根据各国相关政策整理。

第二，工业数字化政策比较。世界主要国家在推动工业数字化转型方面突破点不同。美国以先进制造业为优先事项，通过培育数字化转型人才、打造开放式创新平台、提供资金援助政策等手段来推动工业数字化转型。美国注重本土供应链的安全稳定，通过数字技术赋能扩展国内制造供应链的能力。德国重视中小企业在工业数字化转型中的作用，2020年德国中小企业占企业总数的99.7%，贡献了德国增加值的54%，提供了70.2%的就业，创造了德国营业收入的70%，是德国经济发展的主要支柱。德国通过多种渠道为中小企业数字化转型提供技术、资金等服务，促进产业变革。欧盟长期依靠一体化模式和多边机制，实现稳定长远发展。因此，欧盟提出构建数字单一市场，在重点领域加快标准制定，打造开放协同的创新体系，形成公平竞争有序的工业数字产业生态。

第三，服务业数字化战略与政策比较。各国加快推动数字技术与服务产业深度融合，增强服务经济发展新动能。在教育方面，德国实施“职业教育中的数字媒体”计划，使用数字媒体促进融合教育，支持建立数字媒体学习的知识转化网络，共享技术基础设施。日本的数字新政聚焦学校 ICT 应用并计划到 2024 年实现中小学计算机和平板电脑终端的部署，确保实现人机一一对应。在数字旅游方面，韩国“数字新政 2.0”提出打造智能旅游生态系统，建立旅游型数据存储，通过元宇宙技术展现韩国的主要旅游目的地以及热门电影、电视剧的拍摄地。此外，2022 年，韩国将智慧旅游城市增加至 10 个。美国颁布《数字资产行政令》加强金融数字化服务中数据隐私和安全。

表 3—8　服务业数字化战略与政策

国家/地区	相关政策	服务业数字化
美国	《联邦医疗 IT 战略计划（2020—2025）》	通过基于标准的应用程序编程接口和以用户为中心的技术来提升个人健康医疗信息可及性，增强患者在自身健康管理中的控制
	《数字资产行政令》	通过支付系统的创新促进数字资产的发展
	《职业教育中的数字媒体计划》	支持建立数字媒体学习的知识转化网络，共享技术基础设施，在职业培训中使用数字媒体促进融合教育
	《“数字乡村”》	建立一个共同的数字平台，开发新的解决方案，为乡村提供商品、通信和电子政务等服务
德国	《智能服务世界》	1. 建立一个统一的覆盖多个领域的售票系统，消费者直接通过智能移动设备实现购票和验票
		2. 智能医疗服务通过新型智能设备监测病人关键健康数据，提高护理质量
		3. “智能房屋”以居住者的需求为导向进行设计，实现房屋内设备的全自动化
日本	《“数字新政”》	1. 重视学校 ICT 应用，计划到 2024 年完成中小学计算机和平板电脑终端的部署，确保实现人机一一对应
		2. 推进医疗、健康等服务产业的数字化、智能化改造

续表

国家/地区	相关政策	服务业数字化
欧盟	《“2030 数字罗盘”计划》	1. 大力推进公共服务的数字化
		2. 实现 2030 年所有关键公共服务提供在线服务、所有公民都将能访问自己的电子医疗记录
英国	《政府数字服务：2021—2024 年战略》	重视数字政府建设，提高政府服务效率和质量
法国	《使法国成为突破性技术主导的经济体》	1. 大力发展数字医疗、发展健康数据基础设施与服务
		2. 利用健康数据提供诊断预测、预防、个性化随访等数字化解决方案与服务
俄罗斯	《关于 2030 年前俄罗斯联邦国家发展目标的法令》	1. 经济和社会领域关键部门达到“数字化成熟”，包括卫生、教育以及国家管理
		2. 在具有社会重要意义的大众服务中，能够以电子形式提供的服务占比提高到 95%
韩国	《“数字新政 2.0”》	1. 打造智能旅游生态系统，展现韩国的主要旅游目的地以及热门电影、电视剧的拍摄地，建立旅游型数据存储，引领旅游业的发展
		2. 到 2022 年，智慧旅游城市计划增加至 10 个
		3. 提供符合各地区需求的人工智能服务并构建“开放性元宇宙平台”

资料来源：根据各国或地区相关政策整理。

第四节　加快数字技术创新，推动产业数字化发展

“十四五”时期是我国加快数字技术创新，推动产业数字化，促进产业高质量发展的关键时期。国务院《“十四五”数字经济发展规划》指出[①]，到 2025 年，数字经济迈向全面扩展期，数字经济核心产业增加

① 此部分内容参考《“十四五”数字经济发展规划》，中华人民共和国中央人民政府网，http：//www. gov. cn/xinwen/2022—01/12/content _ 5667840. htm.

值占 GDP 比重达到 10%，数字化创新引领发展能力大幅提升，智能化水平明显增强，数字技术与实体经济融合取得显著成效，数字经济治理体系更加完善，我国数字经济竞争力和影响力稳步提升。

数据要素市场体系初步建立。数据资源体系基本建成，利用数据资源推动研发、生产、流通、服务、消费全价值链协同。数据要素市场化建设成效显现，数据确权、定价、交易有序开展，探索建立与数据要素价值和贡献相适应的收入分配机制，激发市场主体的创新活力。产业数字化转型迈上新台阶。农业数字化转型快速推进，制造业数字化、网络化、智能化更加深入，生产性服务业融合发展加速普及，生活性服务业多元化拓展显著加快，产业数字化转型的支撑服务体系基本完备，在数字化转型过程中推进绿色发展。

全面深化重点产业数字化转型。立足不同产业特点和差异化需求，推动传统产业全方位、全链条数字化转型，提高全要素生产率。大力提升农业数字化水平，推进“三农”综合信息服务，创新发展智慧农业，提升农业生产、加工、销售、物流等各环节的数字化水平。纵深推进工业数字化转型，加快推动研发设计、生产制造、经营管理、市场服务等全生命周期数字化转型，加快培育一批“专精特新”中小企业和制造业单项冠军企业。深入实施智能制造工程，大力推动装备数字化，开展智能制造试点示范专项行动，完善国家智能制造标准体系。培育推广个性化定制、网络化协同等新模式。大力发展数字商务，全面加快商贸、物流、金融等服务业数字化转型，优化管理体系和服务模式，提高服务业的品质与效益。

农业数字化转型快速推进，实现制造业数字化、网络化、智能化更加深入，生产性服务业融合发展加速普及，生活性服务业多元化拓展显著加快的战略目标，需要加快数字技术创新，推动产业数字化发展。加快大数据、区块链、人工智能、云计算等数字科技创新，促进数字产业化和产业数字化发展。

数字产业化是指通过数字科技创造出新产业——5G、6G、机器人产业、无人机产业、自动驾驶汽车、智慧医疗、软件、芯片等。产业数字化则是利用大数据、区块链、人工智能、云计算数字科技，将传统产业与互联网进行融合，推动传统产业或制造企业自动化、智能化，将传统产业链和价值链进行改造和重构，节约劳动力、节约材料，提高效率和质量，提高劳动生产率，提高产业和企业利润率。

一、加快大数据技术创新，推动产业数字化发展①

数据已成为国家基础性战略资源，大数据正日益对全球生产、流通、分配、消费活动以及经济运行机制、社会生活方式和国家治理能力产生重要影响。数据已经成为与劳动、资本、土地并列的重要生产要素，数字资产成为数字经济的核心要素，大数据技术成为产业数字化的核心技术，数字资产化、资产数字化、产业数字化的融合加快促进传统产业转型升级。推动大数据与云计算、物联网、移动互联网等新一代信息技术融合发展，探索大数据与传统产业协同发展的新业态、新模式，促进传统产业转型升级和新兴产业发展，培育新的经济增长点。

2015 年，国务院《促进大数据发展行动纲要》指出，发展工业大数据。推动大数据在工业研发设计、生产制造、经营管理、市场营销、售后服务等产品全生命周期、产业链全流程各环节的应用，分析感知用户

① 《"十四五"数字经济发展规划》，中华人民共和国中央人民政府网，http://www.gov.cn/xinwen/2022—01/12/content_5667840.htm.

需求，提升产品附加价值，打造智能工厂。建立面向不同行业、不同环节的工业大数据资源聚合和分析应用平台。抓住互联网跨界融合机遇，促进大数据、物联网、云计算和三维（3D）打印技术、个性化定制等在制造业全产业链集成运用，推动制造模式变革和工业转型升级。

发展新兴产业大数据。大力培育互联网金融、数据服务、数据探矿、数据化学、数据材料、数据制药等新业态，提升相关产业大数据资源的采集获取和分析利用能力，充分发掘数据资源支撑创新的潜力，带动技术研发体系创新、管理方式变革、商业模式创新和产业价值链体系重构，推动跨领域、跨行业的数据融合和协同创新，促进战略性新兴产业发展、服务业创新发展和信息消费扩大，探索形成协同发展的新业态、新模式，培育新的经济增长点。

加快发展农业农村大数据。构建面向农业农村的综合信息服务体系，为农民生产生活提供综合、高效、便捷的信息服务，缩小城乡数字鸿沟，促进城乡发展一体化。加强农业农村经济大数据建设，完善村、县相关数据采集、传输、共享基础设施，建立农业农村数据采集、运算、应用、服务体系，强化农村生态环境治理，增强乡村社会治理能力。统筹国内国际农业数据资源，强化农业资源要素数据的集聚利用，提升预测预警能力。

加快工业大数据应用。利用大数据推动信息化和工业化深度融合，研究推动大数据在研发设计、生产制造、经营管理、市场营销、售后服务等产业链各环节的应用，研发面向不同行业、不同环节的大数据分析应用平台，选择典型企业、重点行业、重点地区开展工业企业大数据应用项目试点，积极推动制造业网络化和智能化。

加快服务业大数据应用。利用大数据支持品牌建立、产品定位、精准营销、认证认可、质量诚信提升和定制服务等，研发面向服务业的大数据解决方案，扩大服务范围，增强服务能力，提升服务质量，鼓励创新商业模式、服务内容和服务形式。

加快大数据技术创新推动产业数字化发展，把大数据技术渗透到生产、分配、交换和消费等社会再生产的全部环节。数据资产是企业或产业拥有能够带来经济利益的数字资源，通过数据资产化，将数据进行收集、处理、存储和分析，并把数据变现的过程。通过内部的消费者数据、市场需求数据、企业投资数据、企业客户数据、技术创新数据的系统分析，来谋划企业发展计划、减低企业成本，从而提高企业利润。通过对外部数据资产化以及对国内市场需求和价格变化数据、产业结构数据、政府统计数据、国际需求数据等进行系统比较分析，从数据收集和研究中作出准确判断，为企业发展带来利益。

二、加快区块链技术创新，推动产业数字化发展①

区块链技术是产业数字化的基础设施，区块链是集加密算法、分布式数据存储、点对点传输等多项技术于一体的互联网基础技术。到目前为止，区块链技术发展经历了三个阶段：第一个阶段：比特币和加密货币阶段。2008 年，中本聪区块链技术作为比特币底层技术，具有去中心化、不可篡改、可追溯的特点。第二个阶段：智能合约——以太坊。通过建立全球性网络，合同和票据通过一个出口日期或实现一个特定的价格目标，进行自我管理。第三个阶段：万物互联的底层协议。区块链技术能够对每一个有价值的信息进行确认、计量和存储，如身份、审计、

① 《计量发展规划（2021—2035 年）》，中华人民共和国中央人民政府网，http：//www.gov.cn/zhengce/content/2022—01/28/content _ 5670947.htm.

财务、医疗、投票、税收等信息一旦输入确认就不能再改。区块链技术的去中心化、不可篡改、可追溯的特点，为产业数字化构建了可信任的产业发展生态环境，构建了完整可信任的产业链和价值链，通过产业数据在线化和标准化，推动产业数字化转型升级。

国务院《计量发展规划（2021—2035年)》指出，充分运用大数据、区块链、人工智能等现代技术，探索建立新型计量监管模式和制度，推动监管重点从管器具向管数据、管行为、管结果的全链条计量监管体制转变。社会各方计量溯源性意识得到明显增强，开放共享的计量协同发展机制基本建立并不断完善。

三、加快5G技术创新，推动产业数字化发展①

5G融合应用是促进经济社会数字化、网络化、智能化、产业数字化转型的重要引擎。5G是第五代移动通信技术，其特点是高速率、低时延、大系统容量、大规模设备连接。5G技术通过降低信息获取成本使经济社会发展中的交易成本大大降低，经济活动更少地受到时间和空间因素的制约，技术创新、技术扩散、产品开发和价值创造快速迭代。5G成为产业数字化发展的重要支点，加快信息通信与工业、交通、能源、农业、服务业融合，带动传统产业和消费的数字化、网络化、智能化转型，拉动产业链上下游高速发展，推动产业高质量发展。

工业和信息化部、中央网络安全和信息化委员会办公室、国家发展和改革委员会、教育部、财政部、住房和城乡建设部、文化和旅游部、国家卫生健康委员会、国务院国有资产监督管理委员会、国家能源局印

① 《5G应用"扬帆"行政计划(2021—2023)》，中国政府网，http://www.cac.gov.cn/index.htm.

发《5G应用“扬帆”行动计划（2021—2023年）》指出，到2023年，我国5G应用发展水平显著提升，综合实力持续增强。打造IT（信息技术）、CT（通信技术）、OT（运营技术）深度融合新生态，实现重点领域5G应用深度和广度双突破，构建技术产业和标准体系双支柱，网络、平台、安全等基础能力进一步提升，5G应用“扬帆远航”的局面逐步形成。

同时指出，5G应用关键指标大幅提升。5G个人用户普及率超过40%，用户数超过5.6亿。5G网络接入流量占比超50%，5G网络使用效率明显提高。5G物联网终端用户数年均增长率超200%。

重点领域5G应用成效凸显。个人消费领域，打造一批“5G+”新型消费的新业务、新模式、新业态，用户获得感显著提升。垂直行业领域，大型工业企业的5G应用渗透率超过35%，电力、采矿等领域5G应用实现规模化复制推广，“5G+”车联网试点范围进一步扩大，促进农业水利等传统行业数字化转型升级。社会民生领域，打造一批“5G+”智慧教育、“5G+”智慧医疗、“5G+”文化旅游样板项目，“5G+”智慧城市建设水平进一步提升。每个重点行业打造100个以上5G应用标杆。

5G应用生态环境持续改善。跨部门、跨行业、跨领域协同联动的机制初步构建，形成政府部门引导、龙头企业带动、中小企业协同的5G应用融通创新模式。培育一批具有广泛影响力的5G应用解决方案供应商，形成100种以上的5G应用解决方案。完成基础共性和重点行业5G应用标准体系框架，研制30项以上重点行业标准。

加快打通跨行业协议标准。加强跨部门、跨行业、跨领域标准化重要事项的统筹协调，建立健全相关标准化组织合作机制，尽快实现协议互通、标准互认，系统推进5G行业应用标准体系建设及相关政策措施落实，加速推动融合应用标准的制定。充分发挥5G应用产业方阵行业组织优势，促进融合应用标准的实施落地。

四、加快人工智能技术创新，推动产业数字化发展①

人工智能也称为机器智能，通过智能机器或智能系统来模拟人类智能活动能力，以延伸人类智能。人工智能作为新一轮产业变革的核心驱动力，将进一步释放历次科技革命和产业变革积蓄的巨大能量，并创造新的强大引擎，重构生产、分配、交换、消费等经济活动各环节，推动数字产业化和产业数字化互动发展，形成从宏观到微观各领域的智能化新需求，催生新技术、新产品、新产业、新业态、新模式，引发经济结构重大变革，培育壮大人工智能产业，为我国经济发展注入新动能。

国务院《新一代人工智能发展规划》指出，新一代人工智能发展战略分三步走：第一步，到2020年人工智能总体技术和应用与世界先进水平同步，人工智能产业成为新的重要经济增长点，人工智能技术应用成为改善民生的新途径，有力支撑进入创新型国家行列和实现全面建成小康社会的奋斗目标。人工智能产业竞争力进入国际第一方阵。初步建成人工智能技术标准、服务体系和产业生态链，培育若干全球领先的人工智能骨干企业，人工智能核心产业规模超过1500亿元，带动相关产业规模超过1万亿元。

第二步，到2025年人工智能基础理论实现重大突破，部分技术与应用达到世界领先水平，人工智能成为带动我国产业升级和经济转型的

① 《新一代人工智能发展规划》，中国政府网，http://www.gov.cn/zhengce/content/2017—07/20/content_5211996.htm.

主要动力，智能社会建设取得积极进展。人工智能产业进入全球价值链高端行列。新一代人工智能在智能制造、智能医疗、智慧城市、智能农业、国防建设等领域得到广泛应用，人工智能核心产业规模超过 4000 亿元，带动相关产业规模超过 5 万亿元。

第三步，到 2030 年人工智能理论、技术与应用总体达到世界领先水平，成为世界主要人工智能创新中心，智能经济、智能社会取得明显成效，为跻身创新型国家前列和经济强国奠定重要基础。人工智能产业竞争力达到国际领先水平。人工智能在生产生活、社会治理、国防建设各方面应用的广度、深度极大拓展，形成涵盖核心技术、关键系统、支撑平台和智能应用的完备产业链和高端产业群，人工智能核心产业规模超过 1 万亿元，带动相关产业规模超过 10 万亿元。

国务院《新一代人工智能发展规划》提出，加快推进产业智能化升级，推动人工智能与各行业融合创新，在制造、农业、物流、金融、商务、家居等重点行业和领域开展人工智能应用试点示范，推动人工智能规模化应用，全面提升产业发展智能化水平。

智能制造。围绕制造强国重大需求，推进智能制造关键技术装备、核心支撑软件、工业互联网等系统集成应用，研发智能产品及智能互联产品、智能制造使能工具与系统、智能制造云服务平台，推广流程智能制造、离散智能制造、网络化协同制造、远程诊断与运维服务等新型制造模式，建立智能制造标准体系，推进制造全生命周期活动智能化。

智能农业。研制农业智能传感与控制系统、智能化农业装备、农机田间作业自主系统等。建立完善天空地一体化的智能农业信息遥感监测网络。建立典型农业大数据智能决策分析系统，开展智能农场、智能化植物工厂、智能牧场、智能渔场、智能果园、农产品加工智能车间、农产品绿色智能供应链等集成应用示范。

智能物流。加强智能化装卸搬运、分拣包装、加工配送等智能物流装备研发和推广应用，建设深度感知智能仓储系统，提升仓储运营管理水平和效率。完善智能物流公共信息平台和指挥系统、产品质量认证及追溯系统、智能配货调度体系等。

智能金融。建立金融大数据系统，提升金融多媒体数据处理与理解能力。创新智能金融产品和服务，发展金融新业态。鼓励金融行业应用智能客服、智能监控等技术和装备。建立金融风险智能预警与防控系统。

智能商务。鼓励跨媒体分析与推理、知识计算引擎与知识服务等新技术在商务领域应用，推广基于人工智能的新型商务服务与决策系统。建设涵盖地理位置、网络媒体和城市基础数据等跨媒体大数据平台，支撑企业开展智能商务。鼓励围绕个人需求、企业管理提供定制化商务智能决策服务。

智能家居。加强人工智能技术与家居建筑系统的融合应用，提升建筑设备及家居产品的智能化水平。研发适应不同应用场景的家庭互联互通协议、接口标准，提升家电、耐用品等家居产品感知和联通能力。支持智能家居企业创新服务模式，提供互联共享解决方案。

第四章

企业数字化转型

YULINGDAOGANBUTANSHUZIJINGJI

工业企业进行数字化转型，有助于提高工业企业的生产力水平，对经济社会发展有着重大的现实意义。与数字化技术相关的名词很多，造成了所谓的“概念的迷雾”。中国科技界的概念往往来自国外，对同一个外文词的翻译不同是常见的。但在数字化领域，同一个中文术语也可能对应多个外语描述。比如，在我国流行的“智能制造”，在英语中就对应两种表述：Smart Manufacturing 和 Intelligent Manufacturing。Smart Manufacturing 强调的是智能制造带来的效果，即快速响应企业内部和外部的各种变化。Intelligent Manufacturing 强调的是 AI 技术的应用。事实上，即便是同一个概念，每个人的理解也不一样。我国推动的工业互联网，与美国对此内涵的理解就不完全一样。

导致这种现象的一个重要原因是技术发展的不均衡。现在许多热点技术，在某些行业和企业已经应用了几十年。这些技术成为热点的原因是，技术的经济性发生了很大的变化。同样的道理，现在的一些热点技术未必就适合现在的企业。企业要学会结合自己的实际情况，采用相关的技术。为此，只有从机会的角度去理解数字化技术发展带来的变化，才能避免陷入“概念的迷雾”。

第一节　企业数字化转型的问题和解决思路

企业在推进数字化转型的过程中，往往需要提升自动化和信息化水平，并在此基础上推进数字化技术的全面应用。

“数字化改造、网络化协同、智能化升级”的思路很值得企业界参考。数字化改造就是把管理对象和管理流程改造为计算机可管理的做法，然后对管理体系进行改造和变革，以便使业务活动可以通过计算机来管理，从而形成了新的管理体系、运营机制。提出“网络化协同”的目的是突出“协同”这个本质，包括企业内部的业务流程再造和外部的商业模式创新。而智能化升级包括生产和管理两个方面的计算机决策。

在推进数字化转型的过程中，数字化、网络化是基础。但需要特别指出的是，数字化转型是一个长期演进的过程，不可能一蹴而就。一个重要的原因就是需要用数字化技术支持企业的持续改进。我们应该认识到，中国制造业要实现从大到强并解决高科技产品被“卡脖子”的问题，必须通过持续改进的方式，而数字化技术是支持其持续改进的手段。如果缺少了这个手段，持续改进的竞争就会出现代际差。

在我国的企业中，同类问题经常出现，现场技术人员就成了“救火队员”，每天忙于解决具体的问题。在企业中还经常出现“翻烧饼”的做法：今天遇到一个问题，修改了一个做法；明天遇到另一个问题，又恢复过去的做法。如此一来，企业的技术进步一定会遭遇“天花板”。在这样的企业中，管理人员和技术人员都没有精力去探求问题的根源，持续改进的进程就会受阻，与国外先进企业的差距往往就逐渐拉开了。

促成持续改进往往是某些事件导致的。这些“事件”可以分成两类：一类是生产中出现的问题和异常。具体的做法是尽早发现和处理这些问题和异常，尽量找到引发问题的根源并避免问题和异常的再次发生。另一类是通过对标找差距来实现：对比不同企业、不同车间、不同班组、不同设备、不同时间段的差异。只要出现差异，就会发现相对较好的做法，从而就可以把好的做法固化下来并加以推广。

在国内外的先进企业，上述做法已经持续了很多年，实践证明是行之有效的，但也存在问题。比如，要避免问题的再次出现，需要找到问题的根源。但现实中，寻找问题根源是有难度的。在生产过程比较复杂的高科技企业，寻找问题根源可能要花费若干天的时间。如果企业的数据条件不理想，寻找原因的难度就更大、花费的时间就更长。对于重复出现的问题，往往需要进行多次对比性的试生产，才能最终找到原因。即便找到了原因，成本也是相当高昂的。所以，对于一些重要性相对较差的问题，人们会选择忍耐，不去寻找原因也不去整改。这样，管理制度的许多要求就无法真正落实。在现实中，即便找到了问题的根源，也不一定能确保今后不再发生。特别是，当相关工作需要人工来完成，就更难以保证不犯第二次错误，也就是我们常说的“知道而做不到”。

同样，“对标找差”也会遇到各种问题，因为生产指标受到设备状态、原料、工况、产品等多方面因素的影响。“对标找差”需要在其他条件基本相同的前提下进行。如果过度强调条件的一致性，对标的“颗粒度”就会很小；如果忽视条件的一致性，导致差异的真正原因就找不到。而“颗粒度”小了以后，对标的工作量就会大大增加。

数字化技术的一个重要作用，就是解决上述这些问题。

我们很容易理解：当工厂数据记录得全面、完整、准确时，如果现场出现问题或异常，人们就可以在“数字空间”进行寻找，在数据空间中与历史情况进行比对，而不必到生产现场的物理空间中找问题。有了猜想之后，还可以在数据空间中做仿真验证，避免在物理空间中的反复尝试。

理解了上述原理之后，就可以理解工业企业对网络和数据的要求。

当数字化技术用于帮助企业进行持续改进时，发现问题、分析问题、解决问题就不是一次性完成的，而是伴随企业运行的整个生命周期。由此可见，推进数字化转型不像开发信息系统、解决具体问题那样可以很容易地一次性实现“交钥匙工程”。基础性的建设必须面对长期的工作，要为企业不断增加新功能、不断为分析新问题提供方便。于是，数据中台、工业大数据平台、工业互联网平台等概念就应运而生。这些系统的本质作用，就是便于解决随时发生的各种碎片化问题。

在企业运行过程中，出现质量问题、设备问题甚至安全问题都是难免的。数据中台、工业大数据平台要便于人们通过数据分析发现问题，这个要求其实并不容易实现，因为其与过去的做法有所不同。

我们知道，在传统的工业企业中，往往也需要采集数据。但过去采集数据的目的，往往与数字化时代的目的不一样。过去采集数据的主要目的是保证生产的正常进行；而数字化时代采集数据的主要目的是不断改进和优化生产。采集数据的目的不同，企业对数据质量的要求就不一样。具体来说，数据采集的数量更多、频度可能更高、存储的周期可能更长。更重要的是，数据之间的对应关系需要更加准确。为了理解这种差异，需要理解“工业大数据”的概念。

工业界普遍认为，“工业大数据”的概念不同于互联网领域的大数据概念。在互联网领域，大数据的基本特征是数据量大，典型的要求是数据需要达到P级别（1P＝1024T，1T＝1024G）。产生这个概念的原因是，过去的计算机系统无法处理这种规模的数据，而大数据技术让人们具有处理这种数据的可能。在工业大数据领域，数据量的规模往往达不到“大数据”要求的程度，数据处理的瓶颈也不是数据量。在工业领域，数据的价值在很大程度上取决于数据的质量。当数据采集和存储量少的时候，就难以保证数据的质量。在大数据时代，数据存储和采集的成本大大降低，工业企业更容易保证数据的质量，这就是工业大数据的真正意义所在。数据质量应该以“可准确追溯”企业关心的问题为目的。

事实上，工业大数据分析和建模的理论和方法，在很早之前就已经出现了。但是，在数据条件不具备时，这些方法创造价值的机会就少，分析工作的难度就大。这样，相关技术的经济性就差。在工业大数据时代，这些困难都显著缓解了，也就相应提升了经济性。

在数据条件具备之后，要发挥数据的作用，还必须推进智能化工作，也就是要促成及时决策。这就需要依靠及时、准确和完整的信息。工业互联网的作用之一，就是提供这样的信息。从持续改进的角度看，如果每次新的工作都需要重新收集数据、整理数据，那么工作的效率就会很低，成本升高。这样，许多工作就不具备经济性。工业互联网平台的一个重要作用，就是让数据的收集和传递变得简单、容易。所以，如果网上的数据比较全面，同时数据管理得也很清晰，就容易支持持续的改进。

近年来，“云原生”技术的应用越来越广泛。我们知道，在持续改进的过程中，企业对计算机资源的需求会越来越大。采用“云原生”技术后，可以方便地增加新的资源。同时，在增加新功能的时候，传统计算方式可能会影响其他功能的运行。“云原生”中有个容器化的技术，可以减少功能之间的相互干扰，对系统稳定性的提高有巨大的好处，这些技术都有利于持续的改进。

许多人把工业互联网与 5G 移动通信一起考虑。事实上，工业企业中的多数设备是固定的，不一定需要移动通信。但一般来说，受成本的约束，真正上网和存储的数据并不多。这样就会遇到一个问题：分析某个问题、开发某个应用时需要某个数据，而这个数据可能不容易被采集到并被自动地集成到系统中。移动通信最重要的价值之一是，提高了数据上网的灵活性，便于持续改进。

无论是数据分析还是知识软件化，本质上都是需要成本的。有些工作的量还是很大的。比如，有些数据分析工作花费了很多时间，最终还是不了了之。实现一个管控功能用软件，其开发的周期可能达半年甚至更长的时间。如果相关的成本过高，以至于超过了技术本身带来的价值，那么相关的工作就不具有经济性。所以，要通过数字化手段促进持续的改进，就必须要提高相关工作的效率。

提高效率的办法之一，仍然是“让计算机多干活”。如果数据集成的条件好，就可以让计算机自动地进行分析。这样，就可能在很短的时间内找到问题发生的原因。在某电子企业出现质量问题时，需要3—7天的时间才能找到原因。后来让计算机按照人的经验进行自动分析，15分钟就找到了原因。当找到问题产生的原因并提出解决方案后，可以采用智能化的方法，让计算机代替或者帮助人们做事，从而避免或减少犯同样的错误。同时，对标找差的颗粒度可以做得非常小，任何时刻、场景下好的或不好的做法都容易被发现出来。由此可见，数字化技术可以显著提升企业持续改进的能力。

第二节　企业数字化转型的基本路径

企业数字化转型的重要性已经众所周知，但是具体怎么做却是众说纷纭。要想找到企业数字化转型的路径，首先必须为数字化转型确立一个可行的框架：第一是定义（基本概念：数字化转型是什么）；第二是目标（转型方向：数字化转型为了什么）；第三是内容（工作范围：数字化转型需要干什么）。

一、数字化转型是什么

根据国务院发展研究中心的定义，数字化转型是指利用新一代信息技术，构建数据的采集、传输、存储、处理和反馈的闭环，打通不同层级与不同行业间的数据壁垒，提高行业整体的运行效率，构建全新的数字经济体系。同时，综合埃森哲和华为对数字化转型的理解，数字化转型是以大数据、区块链、人工智能、云计算等新一代信息通信技术为驱动力，以数据为关键要素，通过实现企业的生产智能化、营销精准化、运营数据化、管理智慧化，催生一批新业态、新模式、新动能，实现以创新驱动的产业高质量化和跨领域的同步化发展。

从上述定义可以看出，新一代信息技术是数字化转型的驱动力，数据以及围绕着数据的运作系统是数字化转型的基础，企业经营智能化、精准化、智慧化则是数字化转型的途径。

二、数字化转型为了什么

数字化转型的目标比较明确：一方面是对现有业务的优化，利用数字化手段提质、降本、增收、提效，加速管理升级，提升运营水平；另一方面是在此基础上，深化企业创新能力，发展新业务模式，开辟新收入来源，同时注重企业上下游、外部生态的数字协同和价值创造，推动企业高质量发展。

通过数字化转型，可以有效提升企业价值，推动企业增长。数字化转型之后，企业能够打通涵盖产品设计、生产规划、生产工程、生产实施和服务在内的整个产品生命周期的数据流，实现设备资产的有效管理和业务运营的优化，从而缩短产品开发时间，加快新产品的上市速度，通过更灵活的生产手段实现更快速的市场响应，以更好的质量管理体系赢得客户的信任，以更高的成本效率赢得竞争。

具体来看，企业数字化转型目标可以分解为以下五个方面。

管理精细化。不确定的环境对企业发展的可持续性提出了更高的要求，企业应积极推进数字化转型战略，通过“数字技术＋管理创新”双轮驱动，在积极探索能够为企业开辟新收入来源的创新业务的同时，保证企业内部卓越运营。构建企业智慧大脑，通过大数据驱动的持续学习、纠错和演进迭代，实现企业智慧管理能力的持续提升，从而帮助企业能够随着内外环境变化和目标调整而自主寻优，动态调整业务、组织和资源配置，实现企业持续成长。通过共享服务模式满足相关组织和人员的共同需求，如财务共享、人力共享、采购共享等。基于数据驱动实时生成业务报告、绩效考评、薪酬等报表，提高业务运转效率、精准控制风险，达到辅助企业管理决策的目的，实现智能化管理，如此，企业管理将变得更轻松。

产品差异化。在以往标准化的工业时代，企业抢占市场依靠的是扩大生产规模和拓宽销售渠道。但是现在客户需求“千人千面”，消费市场考验企业的不再是企业规模，而是企业内如何凭借技术和产品为用户提供个性化服务。产品差异化的目的是利用业务重构与创造新的数据驱动模式给客户提供更好的体验、服务和产品。企业必须转向网络平台选择更广泛的供应商，获取更详细的消费者消息，推出更丰富、更复杂的产品线，构建融合线上线下一体化的购物渠道与体验场景，以更精准地满足消费者需求。面对用户的个性化需求，企业需要对用户进行分层、分群、分类，从而为不同的用户在不同的时间提供不同的产品。通过数据分析为用户画像，可以精准了解用户的需求，快速为用户提供相匹配的服务。

服务精准化。企业数字化转型所涉及的各种服务，如内部各部门所需的数据要求、流程定制、管理决策，外部客户所需的个性化定制等，都可以做到精准地定制，从而适应和满足不同的需求。在服务的生命周期内，可以做到针对不同的情况、个性的需求，提供全程的解决方案。精准化的服务可以为各级决策提供准确的依据，使管理精准化和科学化，使企业基业长青；精准化的服务可以满足客户个性化的需求，提高满意度和忠诚度，为企业带来效益；精准化的服务可以提高业务创新能力，提升竞争力，降低企业成本。服务精准化在现代社会“一切皆服务”的大背景下，是企业生存和发展的重要竞争力。

决策科学化。现代组织、机构、企业需要科学决策，也就是决策的科学化。企业数字化转型恰恰能以数字化技术，提供满足决策过程中每个步骤所需的各种数据，以及实现每个步骤的各种技术，有效地减少各种失误和臆断，从而保证了决策的科学化。企业数字化转型加快了企业数据应用体系建设，数据驱动的企业通过实时的数据分析，将洞察转换成最佳决策，并得以精准执行。强化内外数据的采集、融合、分析、应用、治理能力建设，实现数据在信息系统、软硬件、自动化设备、与人之间的实时、自由有序流动，并通过“数据—信息—知识—智慧”的跃迁实现数据资源为企业的全面赋能，为企业产品研发、市场销售、经营管理等提供科学决策和精准执行。

客户体验个性化。随着大数据与人工智能时代的到来，“以产品为中心”的传统模式正在向“以客户为中心”转化，客户体验成为产品的“终极竞争力”。良好的客户体验能够提高客户的参与度、转化率、品牌忠诚度，进而带来企业收入和利润率的提升，同时可以使企业在数字世界中创造差异化，这是企业的生存与发展的关键。通过数字化转型，企业能够建立全渠道多触点的营销模式，实现精准营销，并充分利用大数据、人工智能、机器学习、高级分析等数字技术，实时感知客户，快速满足客户个性化的需求，建立动态的客户画像，客户可以在产品全生命周期各阶段都获得参与感，这不仅创新了产品的交付和服务模式，同时也更好地响应、服务客户，提升与客户持续互动的能力，实现与客户合作共赢。

三、数字化转型需要做什么

在清晰的定义和明确的目标之后，就可以为企业数字化转型制订基本路径了，首先是明确数字化转型的对象：数字化转型是一项需要组织全面动员的系统工程，是业务、组织和技术三大领域齐头并进驱动的转型之旅。

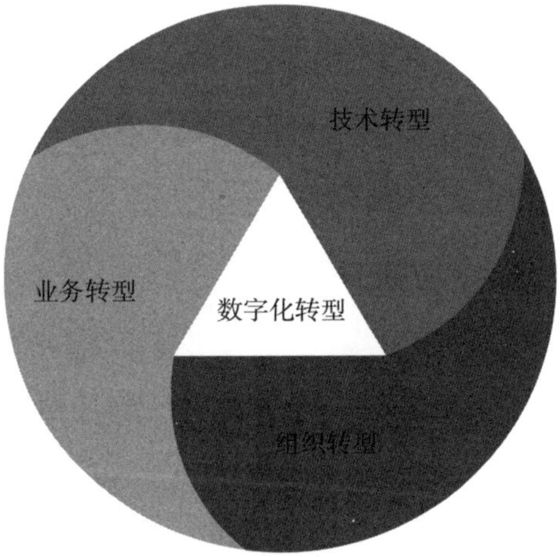

图 4—1　数字化转型的三大领域

业务转型是指企业通过全价值链的数字化变革实现运营指标的提升，包括在销售和研发环节利用数字化手段增加收入，在采购、制造和支持部门利用数字化技术降低成本，在供应链、资本管理环节利用数字化方式优化现金流。成功的业务转型需要认清方向，明确目标，制定分阶段的清晰转型路线图；同时关注全价值链环节，以“净利润价值”为驱动，而不是简单地从技术应用顺推转型。

技术转型是指搭建企业数字化转型所需的工业物联网架构和技术生态系统。工业物联网架构是支撑数字化业务试点和推广的“骨骼”，数据架构是确保“数据—信息—发现—行动”能够付诸实现的“血液”，而整体架构的构建需要始终以数字化转型的终极目标为导向。技术生态系统是一个囊括外部丰富数字化智慧和能力的“朋友圈”，部署数字化用例、数字化技术的迭代创新以及新技术的引进，都离不开技术生态系统其他合作伙伴的支持。成功的技术转型需要健全物联网架构，创造并引领主题明确的技术合作伙伴生态圈，促进企业借力合作，取长补短，共同发展。

组织转型是指在组织架构、运行机制、人才培养和组织文化上的深刻变革。成功的组织转型是一场自上而下推动的变革，一方面，需要企业高层明确目标，构建绩效基础架构，成为指导转型行动方向的“大脑”；形成转型举措和财务指标的映射，成为反映转型业务影响的“眼睛”；树立全组织一致的变革管理理念和行为，成为引领组织上下变革的“心脏”。另一方面，企业需要关注团队的构建，弥补员工的能力差距，建设数字化知识学习的文化并使之可持续发展；还需要推进数字化能力和人才梯队的建设，组成推动转型大规模推广的“肌肉”；构建敏捷型组织和团队，为又快又好地实施和优化转型举措提供“骨骼”。

上述三大领域转型的核心就是新型能力建设。数字化转型过程就是一个系统性创新的过程，为应对转型和创新引发的高度不确定性，最迫切需要提升的是应对挑战、抢抓机遇的新型能力。数字经济时代的新型能力就是数字化生存和发展能力，就是为适应快速变化的环境，深化应用新一代信息技术，建立、提升、整合、重构组织的内外部能力，赋能业务加速创新转型，构建竞争合作新优势，改造提升传统动能，形成新动能，不断创造新价值，实现新发展的能力。未来是数字经济、范围经济的时代，基于信息技术赋能作用获取多样化发展效率是其基本规律，组织（企业）只有顺应这一规律，共创、共建、共享新型能力，并赋能业务，才能应对日益个性化、动态化、协同化的市场需求。

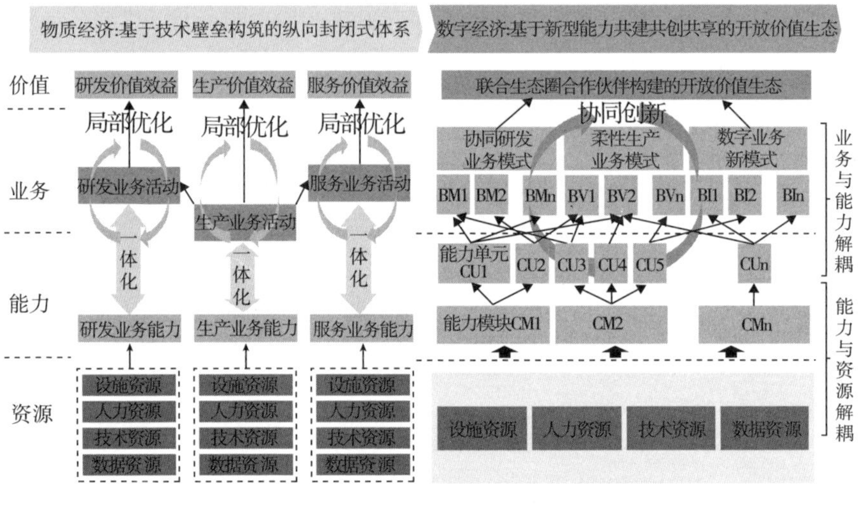

图 4—2　企业数字能力赋能机制

在整个数字化转型过程中，最关键的驱动要素是数据。数据是继土地、劳动力、资本、技术之后的第五大生产要素，首先，其核心关键作用是作为一种信息沟通的媒介，通过数字化转型推动基于数据的信息透明和对称，可提升组织（企业）综合集成水平，提高社会资源的综合配置效率。其次，随着区块链等技术发展，数据也已成为一种新的信用媒介，通过数字化转型推动基于数据的价值在线交换，可提升数字组织

（企业）的价值创造能力，提高社会资源的综合利用水平。最后，用数据科学重新定义生产机理，数据还将成为知识经验和技能的新载体，通过数字化转型推动基于数据模型的知识共享和技能赋能，可提升生态组织的开放合作与协同创新能力，提高社会资源的综合开发潜能。

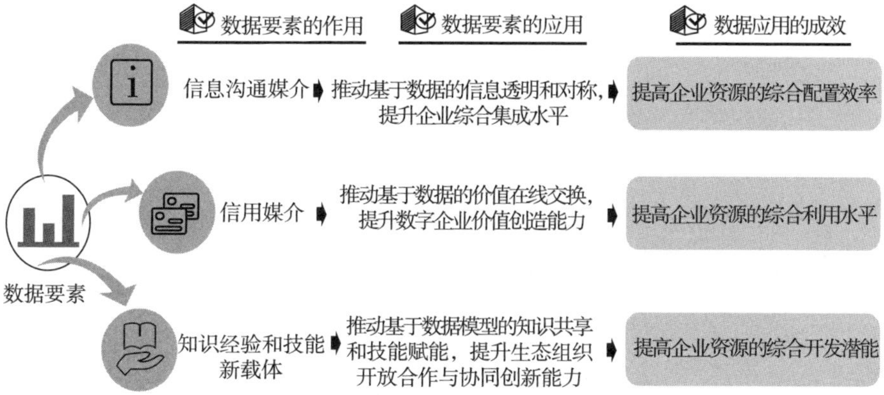

图 4—3　数据要素驱动作用

在数字时代，数据就是数字化最重要的资源，有效开发数据的价值是新型数字化能力的核心。企业运营的核心在于实现价值最大化，构建一个合理的价值体系，让数据发挥最大的价值就是数字化转型的关键任务。因此，为有效实现数字化转型，按照价值体系优化、创新和重构的要求，企业应从发展战略、新型能力、系统性解决方案、治理体系、业务创新转型五个方面构建系统化、体系化的关联关系，务实有效推进数字化转型进程。针对数字化转型“做什么”“怎么做”“路线图”，可以按照图 4—4 所示的基本框架作为行动参考。

数字化转型参考架构的总体框架，主要包括数字化转型的主要视角、过程方法和发展阶段，系统阐释数字化转型的主要任务、过程联动机制和分步实施要求。

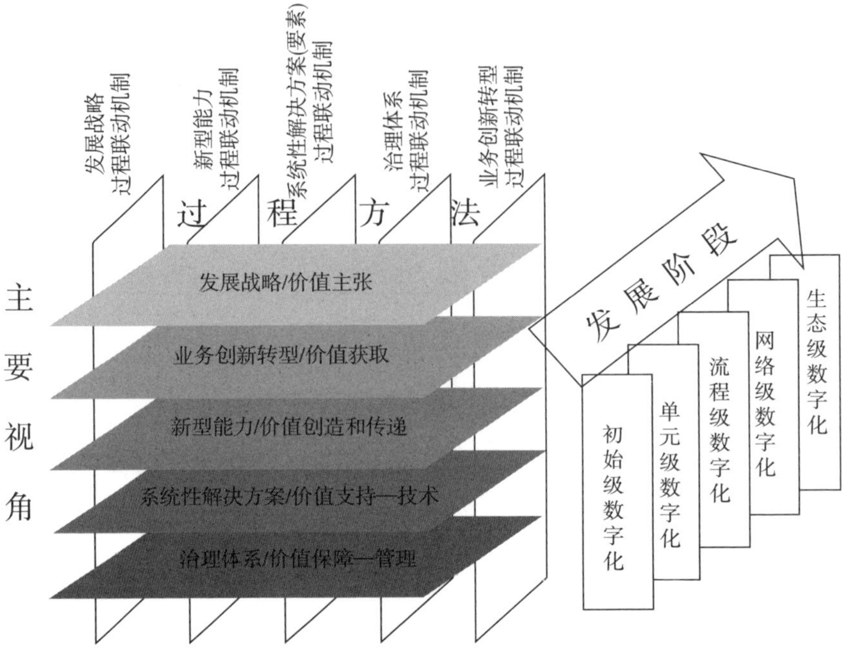

图 4—4　数字化转型参考框架

主要视角给出数字化转型的任务体系，包括发展战略、新型能力、系统性解决方案（要素）、治理体系和业务创新转型五个视角，明确数字化转型的主要任务，并给出任务间的关联关系。

过程方法提出数字化转型的方法体系，针对数字化转型的五个视角，分别给出其对应的过程联动方法，并构建相关方法之间的相互作用关系。

发展阶段明确数字化转型的路径体系，将数字化转型分为初始级发展阶段、单元级发展阶段、流程级发展阶段、网络级发展阶段、生态级发展阶段五个发展阶段，并分别明确数字化转型五个视角在不同发展阶段的主要实施要求。

框架和路径就绪，企业就可以开始具体的数字化转型工作了。在企业实践中，即使理念再先进，贸然开展大刀阔斧的全面改革都是风险巨大的鲁莽之举，可以首先针对一些容易产生成效的基础工作开展数字化转型，从而为全面转型打下基础，并积累经验。从基础性和增效性角度看，以下几个场景是合适的试点场景：数字化敏捷工作组、工业互联网基础架构、数字化转型学院和转型办公室。

数字化敏捷工作组。敏捷工作方式是指企业基于敏捷原则，进行快速迭代更新并持续交付。具体来说，就是将大目标细化为可直接交付的小任务，从项目启动开始就以循序渐进的方式交付结果，而不是最终一次性交付所有结果。敏捷的工作方式不仅改变了产品开发的思路，也改变着传统的工作方式。传统的开发团队容易陷入缺乏沟通、闭门造车的困境，很难应对快速的市场变化，也势必阻碍数字化转型工作的推进。因此，数字化敏捷工作组应运而生，它是指在传统的组织部门外创建的一个基于敏捷工作方式，并广泛应用数字技术的跨部门团队。在数字化敏捷工作组中，开发团队可以使用数字化的技术手段与不同部门员工高效沟通，实现跨部门的管理和运营。这样的协作氛围可以鼓励员工积极参与，并为企业内部所有层级的创新提供支持。

数字化敏捷工作方式，可以将长达数年的传统项目工作制度转变为每 2～4 周持续迭代的小规模更新，将数字化技术不断测试并应用到生产过程中，从而实现快速规模化推进。目前，汽车行业就广泛推行最小可行产品（MVP）的策略，产品开发周期由几年缩短为两周，由此实现快速迭代。

工业互联网基础架构。对传统制造业来说，现有的 IT 设施并不能满足数字化转型对延迟性、数据流和安全能力的要求。因此，企业应在数字化转型之前或早期阶段部署可扩展的工业互联网和数据基础架构，为全面数字化转型打下技术基础。工业互联网的核心原理是基于数据驱动的物理系统与数字空间的全面互联与深度协同，打通各部门间的子系统，使整个组织紧密连接并融合，实现指数级扩展。基于工业云平台的工业互联网，实现了从设备到洞见的稳定可扩展的上下贯通的物联网架构，既可以做到垂直集成（从数据到洞见），也实现了产品全生命周期集成（打通 ERP、PLM 和 MES 系统）。

数字化转型学院。企业在数字化转型过程中常常面临人才困境，主要表现为内部缺乏合适的数字化人才，主要依靠外部引进，这样不仅耗时耗力，有时也难以满足持续发展的需要。通过建立数字化转型学院，企业可以培养自己所需的数字化人才。学院以内部再造技能为主，为转型团队提供再培训和学习资源，帮助员工获取指导、提升所需技能，以适应不断变化的工作内容的需求，并打造一个符合企业自身转型需求的可持续数字化人才梯队。

转型办公室。转型办公室是企业数字化转型的“指挥部”。通过建立转型办公室，企业可以明确数字化转型的治理结构，采用计分制和问责制来增加数字化转型在企业内部的透明度和影响力，并与各级人员进行公开互动和沟通以推动企业的大规模数字转型。原有的自上而下“推动”项目的机制，由此转变为价值导向、全员动员的“拉动”组织机制。

数字化转型的主体是企业，但是同时也离不开整个社会的配合支持，要沿着前文所述的路径、完成数字化转型的要求，还需要从个体企业、产业链、政府三个层面同时发力。

首先，企业层面。对现有的传统产业企业如制造业、零售业以及运输、住宿、餐饮等传统服务业，数字化转型的首要任务是具备数字化转型的意识，利用新的数字技术进一步提高应对不确定需求和多样化需求的能力。

10 多年前，企业采用 ERP 等管理信息系统是信息数字化和业务数字化的有效实践，彼时，应对不确定需求和多样化需求主要是从需求端出发，按照估计的订单需求进行生产和供应，是一种被动的运行状态。而如今，企业可以通过数字技术转被动为主动。在生产和供应方面，通过数控设备和智能排程等方式提高柔性程度、快速适应变动的需求；在需求方面，通过分析数据主动寻找需求方、主动了解市场多样化的需求，将供求匹配的主动权掌握在自己手中，并在售后及其他附加环节做好数据采集和分析、定期总结并改进经营过程中出现的问题。

对传统产业企业而言，数字经济时代其实并没有改变其价值创造、转化、实现的根本过程，改变的仅是对企业响应效率的要求，因而企业的数字化转型不能做花拳绣腿的无用功、单单做漂亮的数据可视化，而是要提高对快速变化的市场的响应能力，将大数据、人工智能、云计算、物联网、区块链等新技术切实用到扩大需求存量、开发需求增量上来。

同时，数字化转型并不是一家企业的事。要实现完整的数字化转型，需要从产业链层面协调各个企业的转型发展，要求企业在数据层面展开合作。这里有三个方面需要考虑：第一，企业间要统一数据标准以保证合作的畅通。第二，保障数据安全，防止泄露、篡改等危害企业、客户、国家安全的风险。第三，提高数据开放与共享水平以高效整合资源。

其次，企业数字化转型还需要政府保驾护航。一方面，即使有市场需求敦促，企业数字化转型同时也需要政府鼓励来加速。另一方面，数字化转型的第二条路径、变革新的商业模式是一个从无到有的过程，需要良好的发展环境。因此，除了个体企业和产业链层面，数字化转型还需要政府的积极推动。

从英、德、美、日、韩等国家关于数字化转型的顶层设计来看，政府在数字化转型过程中主要可以起引导、支撑和保障的作用。引导方面，主要包括人才培养、公众普及与培训、税收优惠；支撑方面，主要包括科研技术攻关、研发预算支持、贷款支持、推动国际合作；保障方面，主要包括法律规章的明晰与完善、设立有关职能部门等。此外，政府本身的数字化转型也是这场变革中的重要一环，电子政务和数据治理等提高政府工作效率的方案也需要进一步展开。

最后，数字化转型是一个探索的过程，必然会遇到种种困难，走弯路也难以避免。但从目前的实践情况来看，我们仍然比较缺乏对企业数字化转型的微观理解，而且缺乏对企业尤其是小微企业有实际指导意义的方案，这需要尽快对数字化转型比较成功的企业作出分析，以帮助更多企业学习先进的转化经验。

专栏　宁波舟山港集团数字化转型案例

数字化转型是一项跨领域、系统性、革命性的工程，作为国内港口企业数字化的先行者，宁波舟山港自一体化以来一直努力践行“4S”（Smart、Satisfy、Share、Sustainable，即港口运营智能卓越、港口服务满意便捷、港口生态圈共享开放、港口发展可持续）数字港口建设理念，把数字强港作为企业提质增效的新变量、转型升级的加速器，取得明显成效。

以构建高效化的数字运营管理体系，赋能一体化改革

为深化浙江港口一体化运营管理，宁波舟山港建设浙江省沿海港口统一的生产业务指挥中心数字化协同平台，对“船、港、货”全要素进行数字化管理，实现了宁波、舟山、嘉兴、温州、台州五大港域生产运营的一体化，为浙江省“一体两翼多联”港口发展新格局的高效化运营提供了数字赋能。穿山港区是宁波舟山港第一家，也是国内少数的“千万级”大型集装箱码头，长期以来，因业务体量大及合资公司原因，码头生产运营操作系统一直使用国外软件系统，在港区一体化整合改革后，经过不懈的技术攻关，宁波舟山港自主研发的集装箱码头生产操作系统（n—TOS系统）在穿山港区成功上线，结束了我国“千万级”大型集装箱码头依赖国外系统的历史。在数字化加持下，穿山港区已成为宁波舟山港集装箱处理能力最强的集装箱码头，至2021年9月穿山港区历年集装箱吞吐量累计超1亿箱。建设一体化的浙江海港危险货物安全数字管控平台，对进出港区的危险货物运输、装卸、储存进行全过程、全链条的数字化、可视化管理，实现了危险货物信息状态可查、可控、可追溯，具备预测预警功能和战时应急指挥能力。

以数字化发展丰富港口经济业态，赋能高质量发展

宁波舟山港大力发展“互联网＋港航服务”，推动海上丝路航运大数据中心建设，推出海上丝绸之路指数体系产品，提升浙江港口集群航运服务影响力。搭建大宗商品现货电子交易平台，以铁矿石作为交易试点品种，探索大宗商品供应链金融服务；搭建“拍船网”网拍平台，将传统线下船舶交易与网络竞拍融合，通过网络竞价交易的方式实现船舶价值最大化。建成EDI数据服务中心，构建港口对外统一的公共数据基础平台和数据交换体系。打造以“一城两厅”（网上物流商城、网上营业厅、物流交易厅）为核心的港口物流电商平台，推进单一窗口、单证无纸化项目。2019 年宁波舟山港成为全国首个实现集装箱进出口全程操作无纸化、物流节点可视化的港口。积极推进海港、陆港、空港、信息港“四港”联动发展，以信息港为链有机串联各运输节点信息，实施国家海、铁、公多式联运信息化示范工程，助推多式联运业务的发展。目前，宁波舟山港已是中国南方最大的海铁联运港。

以数字化能力建设保障港口生产，有效应对疫情影响

宁波舟山港数字化能力建设在这次疫情防控中发挥重要作用。物流电商平台发挥大数据资源、线上客户集聚、全程无纸化等优势，加深与货代、车队线上合作，开展集装箱全程物流节点实时信息推送，为政府部门提供精准的集卡司机复工信息，顺利完成集卡司机快速复工任务，推动港口集疏运恢复，无纸化服务让数据多跑路、客户少跑路，有效促进了货代、车队复工复产的动能。积极拓展集装箱区域运输优化业务，借助平台实时车辆数据信息和社会上集卡运力，采用集装箱运输“顺风车”模式，对北仑区域海铁、仓库、空箱业务进行优化匹配，提高码头运转效率和集卡车辆全程重载率。在码头端作业，宁波舟山港通过智能理货数字系统、桥吊和龙门吊远程控制操作系统革新传统作业模式，以机器换人减少了现场人员操作，保障疫情期间的安全生产。针对疫情时期船舶抵港的防控安全情况，宁波舟山港与海事部门合作开发船舶“健康码”，基于船舶口岸查验数据、港口生产数据及其他船舶数据，自动提取船舶全球航行轨迹及港口靠离泊信息，在船舶抵港前 1 天自动生成专属识别码，使掌握的信息更加提前、准确，有充分的时间做防范措施，最大程度地减少对港口生产的影响。通过数字化转型，宁波舟山港充分运用各种数字化手段进一步细化深化分级管控和服务保障措施，为港口一手抓疫情防控、一手抓生产提供有力支撑。

第三节　工业互联网发展进入关键期

建设工业互联网是企业数字化转型的核心工作，也是支持整个体系的技术基础。工业互联网通过在工业领域应用物联网技术，实现人、机、物的全面互联，构建起全要素、全产业链、全价值链全面连接的新型工业生产制造和服务网络，从而成为促进传统产业转型升级、实现高质量发展的关键支撑，是实体经济和数字经济融合发展的重要方向，不仅为产业数字化、网络化、智能化转型提供了实现途径，更是第四次工业革命的重要基石，已经成为发达国家竞相发展的关键核心领域。工业互联网的发展将极大地影响新一轮工业经济格局调整，深刻影响未来全球经济发展的竞争格局。

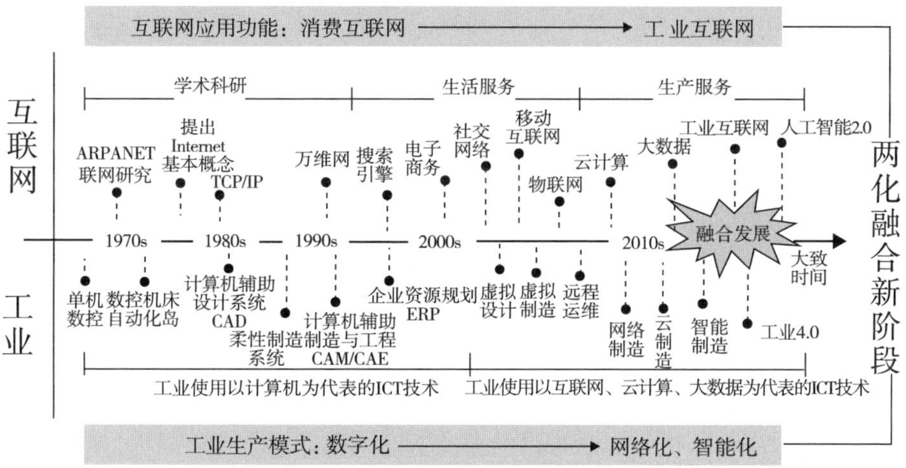

图 4—5　工业互联网发展历程

工业互联网关乎数字经济时代我国制造业发展的主动权和话语权，是我国实现经济创新高质量发展的重要推动力，直接关系国家未来经济产业地位和经济安全。目前，全球工业互联网进入高速发展期，但还未形成绝对领先的平台企业，工业互联网正处在产业格局未定的关键期、规模化扩张的窗口期和抢占产业主导权的机遇期，机遇难得、前景广阔，未来几年将是工业互联网发展的关键期。

从全球来看，发达国家正着力构建数字驱动的工业新生态，国外高科技企业和制造业巨头围绕核心标准、技术、平台等加速布局，在工业互联网领域投入了大量的资金和人力，并已经取得一定的成果。

美国将工业互联网作为先进制造的重要基础，自 2006 年起，连续 12 年对工业互联网的核心技术研发给予资金支持。2014 年 3 月，美国电话电报公司、思科、通用电气、英特尔和 IBM 宣布成立工业互联网联盟（IIC），以大企业来带动更多的企业采用工业互联网技术，参与成员不断扩展，这标志着工业互联网进入模式应用推广阶段。美国联邦政府资助成立了“数字化制造与创新设计研究中心”，启动了“数字制造公共平台”作为数字化制造的开源软件平台，鼓励中小创新机构、创业者和创客等开发面向不同制造业领域的软件解决方案。

德国将工业互联网作为“工业 4.0”计划的关键支撑，增加联邦政府资金投入，长期为相关领域的技术研发提供支持。2013 年 4 月，德国联邦政府推出“工业 4.0”计划，德国机械及制造商协会（VDMA）、德国电气电子行业协会（ZWEI）、德国联邦信息通信技术和新媒体协会（BITKOM）联合设立了“工业 4.0 平台”，成为国家级项目并被列入德国“高技术战略 2020”计划。德国“工业 4.0”计划作为基于工业互联网的智能制造战略，其核心是建立虚拟网络与实体物理融合系统（CPS），实现“智能+网络化”，并推动形成纵向集成、端对端集成、横向集成。通过强力推动这三项集成，德国将全面完成企业内（信息化系统及生产设备）、企业间、生态圈的集成与协同，实现灵活、个性化、高效、社会化、智能化的工业生产，从而巩固其在全球制造业中的领先地位。

日本把工业互联网作为其经济振兴的重要推动力，政府和企业层面都制订了详尽的指导计划。2015 年，日本提出“工业 4. 1J”计划（Japan Industry 4. 1J），将工业智能化从单一企业延伸到产业整体价值链。该计划主要工作是将日本分散在世界各地的工厂串联起来，实现集安全管理、资产管理、零件订购管理、远程服务、控制技术支持等于一体的智能工厂环境，利用云端技术监控生产系统，实时观察正常生产情况，实现安全的资产管理、采购管理、远程服务、高级控制技术支持环境，掌握现场控制系统的异常运行情况。一方面，日本国内企业可以通过“云端”监控系统，实时了解分析海外工厂的生产制造情况，并将本土与海外现场的生产情况进行对比，快速掌握海外现场控制系统的异常运行状态，本土企业也可以迅速为海外工厂提供解决方法。另一方面，利用传感器对分散在各地工厂使用的部件或临近更换期的部件进行数据收集分析，预测部件的更新订购时间，接受订购的部件厂商可以掌握订单变化趋势信息。

其他国家和地区对于支持工业互联网的发展也持积极态度，竞相出台相关扶持政策。虽然部分国家和地区尚未提出明确的工业互联网发展总体战略，但都对工业互联网的产业发展持积极推动态度。例如，自动化生产是工业互联网发展的基础，欧盟经过长期推动，使整个欧洲地区处于全球自动化生产的领先水平，欧盟国家大约 65%的工业机器人数量超过市场平均水平。

表 4—1　主要发达国家工业互联网发展情况

国家	工业现状	工业优势产业	工业互联网发展优势	工业互联网优势产业
美国	基础研究、创新能力、核心零部件、精密仪器、先进材料、工业软件、品牌方面实力雄厚；制造业空心化、基础制造业缺乏	航空航天、半导体、新材料、精密仪器、工业软件、医药、消费电子等大部分高科技制造业	基础研究、工业基础、商业模式、大型平台企业、独角兽企业、创新创业活力	芯片及半导体行业，云服务、人工智能产业、工业互联网平台、智能终端等
德国	产品研发设计、工业标准、核心零部件、精密制造、品牌、产业集群和中小企业实力强；互联网技术和消费电子领域相对落后	汽车、精密仪器、电气装备、化工、制药、工业机器人	基础研究、工业基础、大型平台企业、产业集群	工业软件、系统集成、工业机器人及工业自动化设备
日本	产品研发设计、核心零部件、工业，自动化、先进材料、精密制造领域实力强；创新动力不足，互联网技术领域相对落后	汽车、工业机器人、机床、新材料、精密仪器	工业基础、自动化程度	工业机器人、先进传感器
其他欧盟国家	基础研究、产品设计和工业基础好，各国均有一定的优势工业企业，特定领域世界领先；互联网技术相对落后，市场狭小、缺乏行业平台企业和产业集群	精密制造、新材料、工具行业、制药	优势不突出	精密加工设备、电气装备

在发展程度上，美德两国企业目前处于领先地位，这主要是因为美国和德国都拥有几个横跨数个领域且技术实力雄厚的工业巨头，具有天然的优势。这些工业巨头利用他们在多个工业领域的技术和市场影响力，牵头建立工业互联网平台，然后再向其他企业开放，这样很快就可以形成一个相当规模的工业互联网应用和开发集群。

专栏　国外工业互联网典型案例

美国通用电气公司（GE）。GE基于其在航空、轨道交通、能源、医疗等制造业领域的优势，于2015年推出Predix工业互联网平台，该平台具备连接工业设备、采集和分析工业数据、实现基于数据分析的设备管理、设备预测性维护等功能。Predix平台除了接入GE自有设备之外，还支持第三方设备和开发者接入。到2016年，Predix提供的应用软件有250多个，合作伙伴达400多个，软件开发者约2.2万名。

德国西门子公司。西门子早期致力于工厂内部的数字化改造，其在德国建造的安倍格工厂实现了物流、产线、环境和人员的全面联网，75%的工序是通过自动化完成的，这是智能工厂的经典案例。近年来，西门子立足自身在工业设备和工业软件领域的优势，对外输出智能工厂改造、规划方案，并逐渐认识到开放工业平台的重要性，推出了工业互联网平台Mind Sphere。2015年，西门子在德国经济部、德国教育与科技部的指导下，与有关企业共同建设升级版“工业4.0平台”，联合攻关工业4.0标准化、技术研发、数据安全、人才培养、法律框架等课题。Mind Sphere于2017年4月开始提供开放应用程序接口（API）、接入第三方开发者，目前仍处于战略投资和探索阶段。

纵观过去几年国内外工业互联网的发展情况，基本可以将其概括为以下三点。

1. 基础技术得到突破

工业互联网的关键核心技术主要涵盖“一硬（工业控制）＋一软（工业软件）＋一网（工业网络）＋一安全（工业信息安全）”四大方

面。得益于学术界和工业企业在工业自动化、微电子技术和制造技术的长期积累，再加上互联网革命所带动的信息技术的高速发展，工业互联网从诞生起就具备了扎实的技术基础。在经过几年的研究探索之后，工业互联网的基础技术陆续得到突破，以互联网信息技术和自动化制造技术为核心的底层技术基础已经基本成熟，人工智能和大数据等新技术得到广泛研究和初步应用。

2. 发展路径基本明朗

经过数年的商业探索，产业界基本明确以工业互联网平台为核心的发展路径。工业互联网平台是面向制造业数字化、网络化、智能化需求，构建基于海量数据采集、汇聚、分析的服务体系，支撑制造资源泛在连接、弹性供给和高效配置的工业云平台，是工业全要素链接的枢纽，是工业资源配置的核心，是产业发展的核心领域。

3. 市场初步成熟，需求逐渐释放

经过多年的研究和探索，工业互联网已经基本实现了从实验室走向市场的转变，开始释放赋能潜力，新兴业务需求和应用场景不断涌现。首先是传统业务优化进入深水区，新技术渗透推动生产、设计等领域大幅提质增效；其次是基于产业链协同的资源优化配置应用广泛开展，工业互联网赋能范围不断拓展；最后是数据驱动的服务创新探索活跃，新模式新业态加速涌现。

综合国内外的产业和技术发展情况可以发现，工业互联网已经进入市场暴发期。据相关机构预测，到 2022 年预计全球工业互联网市场规模首次突破 1 万亿美元，到 2025 年全球工业互联网市场规模将达到 1.2 万亿美元左右。工业互联网正在推动工业基础设施、生产方式、创新模式持续变革，将全面革新制造业和相关服务业。

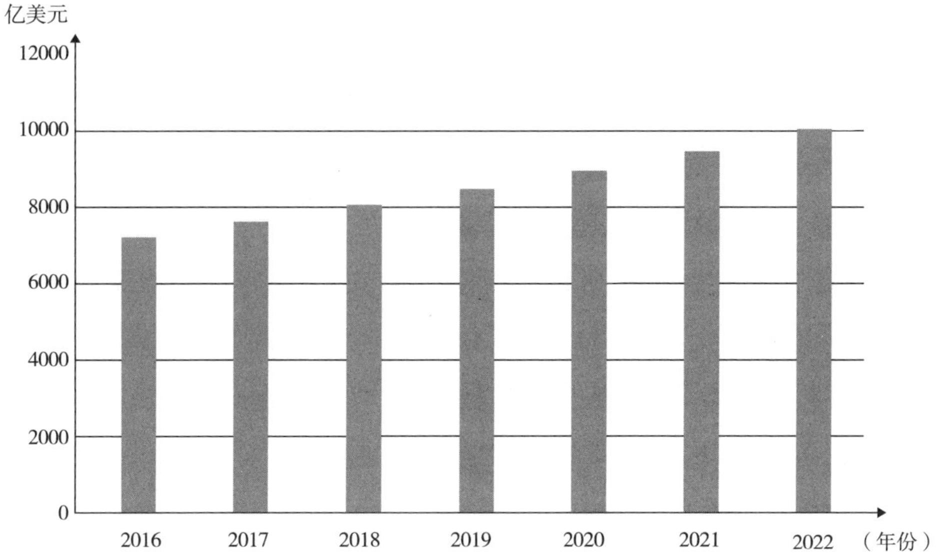

图 4—6　2016—2022 年全球工业互联网市场规模

数据来源：前瞻产业研究院。

中国是世界第一制造业大国，以工业互联网为代表的新一代信息技术对于加快中国制造业转型升级具有重要作用。中国政府高度重视利用新一代信息技术改造提升制造业，先后出台了一系列政策，例如，2016 年 5 月发布的《国务院关于深化制造业与互联网融合发展的指导意见》，提出打造制造企业互联网“双创”平台，推动互联网企业构建制造业“双创”服务体系，支持制造企业与互联网企业跨界融合，培育制造业与互联网融合新模式，强化融合发展基础支撑，提升融合发展系统解决方案能力；2017 年 11 月发布的《国务院关于深化“互联网＋先进制造业”发展工业互联网的指导意见》，提出夯实网络基础，加强产业支撑，促进融合应用，完善生态体系，强化安全保障，推动开放合作；2020 年 12 月工信部印发的《工业互联网创新发展行动计划（2021—2023 年）》，在解读中提到，要打造数据汇聚的载体，推动工业互联网大数据中心建设。

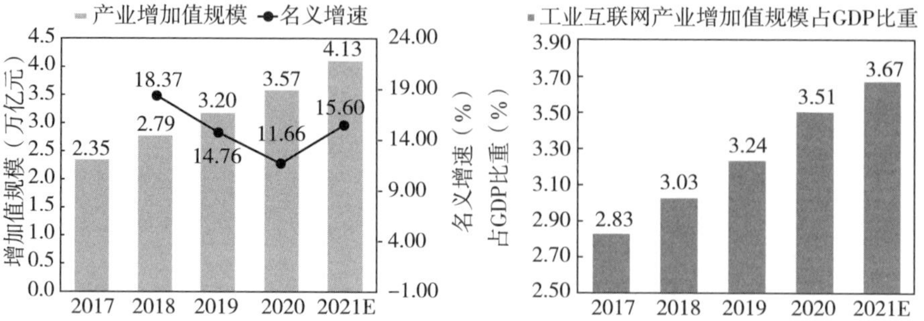

（a）我国工业互联网增加值规模及增速　　（b）占GDP比重

图 4—7　中国工业互联网发展情况

数据来源：中国工业互联网研究院。

近年来，在各方面的共同推进下，我国工业互联网发展取得重要进展，政策体系不断完善、三大体系加快构建、融合应用创新活跃、产业生态逐步形成，工业互联网已经取得一系列阶段性成果。

发展热情空前高涨。全国多地均出台了促进本地工业互联网发展的政策，各地的“十四五”发展规划也都对发展工业互联网作了明确部署。北京、上海、深圳、武汉培育了 4 个国家级工业互联网产业示范基地，已形成京津冀、长三角、珠三角、东北中西部差异化的发展格局。

产业体系日趋完善。2018 年以来，工信部连续 4 年实施工业互联网创新发展工程，累计带动总投资接近 700 亿元，已支持数百个项目建设，形成了一批标志性的成果。工业互联网网络、平台、安全三大体系快速推进，高质量外网已覆盖全国 300 多个城市，工业互联网向深向实推进，具有一定影响力的工业互联网平台已经超过 100 个，接入设备总量超过 7600 万台套，国家安全态势感知平台已与 31 个省实现了联网。

发展体量提升。工信部累计遴选 258 个工业互联网试点示范项目，发布了“5G＋工业互联网”10 个典型应用场景和 5 个重点行业实践，带动工业互联网融合应用向 40 个国民经济大类加速延伸。

通过政府和企业多年的不懈努力，中国工业互联网产业得到了长足发展，具备了较好的发展基础和市场前景。但是，由于技术积累不足和产业发展不够成熟，我国工业互联网的发展仍然存在一些重大问题亟待解决，主要体现在以下四个方面。

工业技术基础相对薄弱。由于发展历史较短，我国在工业软硬件方面的技术积累比较少，自主研发实力不足，缺少核心关键技术。尤其是在芯片、工业传感器、高端工业控制系统和工业软件等工业互联网基础支撑技术方面欠账较多。

工业基础相对落后。由于产业结构问题，我国制造业发展不平衡不充分的现象突出，相当一部分制造企业技术和管理的自动化、信息化水平比较低，尚处于工业 2.0 的阶段，实际生产和管理水平无法支持工业互联网的落地实用。

市场碎片化严重，未形成规模效应。我国缺乏通用公司（GE）或德国西门子这类横跨多个行业和多个领域的大型工业设备厂商，这些工业巨头能够依托自身在设备、技术、行业和市场方面的积累，整合相关资源，打造开放的综合性工业互联网平台，并较为迅速地实现推广和规模效应。由于受到资金、技术、人才等方面的制约，我国企业只能基于特定细分行业和领域各自为政，推出了诸多功能重复、相互封闭的工业互联网平台，形成了新的“信息孤岛”。

工业信息安全领域的薄弱环节较多。我国在工业信息安全领域的技术研究、管理体系、制度法规等方面还不够深入，有待进一步完善。随着大量的工业设备和控制系统联入工业云平台，工业互联网将面临更大的安全风险。

尽管相对于国外先进企业，我国工业互联网领域存在很多劣势，但是也具有一些独特的优势。

一是足够广阔的本土市场。我国拥有世界上规模最大、门类最齐全的制造业部门，2010 年以来，我国连续多年保持全球制造业第一大国地位，制造业发展质量效益明显提升，先进制造业快速发展，多个领域技术研发取得突破性进展。这就意味着中国拥有世界上最大的工业互联网市场，巨量的市场需求足以支撑一大批本土工业互联网企业的生存和发展。另外，虽然技术上暂时领先，但是欧美国家的“产业空心化”使得其本土市场狭小，市场规模难以支持技术上的长期高投入，而且由于很多制造业门类在其本土市场已经不存在，无法获得实际生产数据的反馈与修正，这也阻碍了技术的进一步发展。

二是中国消费互联网和消费电子产业的繁荣带来了强大的资金、技术和人才支持。过去十余年，中国企业在消费互联网和消费电子领域取得了巨大的成功，涌现了以华为、腾讯为代表的一大批行业龙头，这些企业在资金、技术、人才和管理经验方面都拥有深厚的积累。由于二者在基础技术方面联系紧密，消费互联网和消费电子领域的技术和经验在工业互联网领域具有很强的可迁移性，这使得中国工业互联网领域拥有了一大批实力雄厚的开拓者，可以带领本土企业与国外巨头直接竞争。

三是雄厚的人才积累。中国长期以来在高等教育领域的大量投入将进入收获期，“工程师红利”开始显现。中国拥有全世界最大规模的理工科高等教育人数，2022 年，我国理工农医类毕业生大约有 300 万人，比西方主要发达国家同类毕业生人数的总和还多。在高端人才的供给方面，预计到 2025 年，中国每年将有约 77000 名理工科（STEM）博士毕业生，几乎是美国（约40000名）的两倍。随着国家教育投入的不断增加，中国理工科高等教育的质量也在不断提升。充沛的人才供给使得中国企业在技术研发方面具有源源不断的强大动力，随着全社会研发投入的不断加大，中外技术差距也必然逐渐缩小，最终实现“弯道超车”。

四是中国在特定新技术领域处于领先地位。经过多年不懈奋斗，华为、科大讯飞、阿里巴巴等中国企业在5G、人工智能和大数据等技术领域已经和国外先进企业处于同一水平，5G技术等部分领域还处于领先地位，这些新技术本身就是工业互联网的重要基础技术。所以，在工业互联网未来技术发展方面，中国企业具有相当的竞争优势，足以和国外巨头正面竞争。

中国工业互联网发展已经进入关键发展期，在融合标准制定和实施、新兴技术产业化、设施利用水平、安全防护能力等方面拥有很大的提升空间，商业模式也需要不断地探索，我们应该立足新发展阶段，完整、准确、全面地贯彻新发展理念，构建新发展格局，进一步推进工业互联网创新发展战略。

首先是在新型基础设施建设方面超前一步，不断加强网络基础设施建设，深入推进工信部5G+工业互联网“512”工程，推动基础电信企业与广大工业企业利用5G等新一代信息技术，合作开展网络设施升级改造，打造自主可控的标识解析体系，增强国家顶级节点功能，完善二级节点的布局，积极培育综合型、特色型、专业型的平台体系，培育更多高质量的工业App，提升平台的应用服务水平。强化安全技术能力建设，完善网络安全分类、分级管理制度，提升安全保障水平。加快工业大数据中心体系建设，提升数据资源管理、应用和安全防护水平。

其次是在现代产业体系赋能方面创新一步。充分发挥产、学、研、用多方优势力量，围绕工业互联网关键环节，突破一批关键技术产品，推进5G、边缘计算、数字孪生、区块链等与工业互联网的融合创新，提升产业支撑能力，推动工业互联网向实体经济各领域持续延伸，推动形成一批细分行业工业互联网融合发展的实施指南与路径参考，加强工业互联网试点示范遴选与推广，总结提炼具有参考借鉴价值的典型案例。

最后是在产业生态环境打造方面领先一步。加强产业协同发展，大力培育多样化的工业互联网技术创新企业，强化政、产、学、研、用多主体合作，加快工业互联网产业示范基地和示范区培育、遴选，引导区域发展，营造开放、包容、多元的发展环境。继续加强与主要国家产业组织的合作对接，建立多样化的合作伙伴关系，通过共同制定技术标准，联合开展技术研究等手段，围绕工业互联网创新应用以及新技术发展等重要领域深化交流合作。

专栏　中国工业互联网典型案例——中国商飞

中国商飞与中国联通合作，在上海浦东新区开展了“5G＋工业互联网赋能大飞机智能制造”项目建设，搭建了5座宏基站和150余套室分小站，实现了协同研发设计与现场辅助装配场景的应用。

在协同研发设计方面，中国商飞基于5G网络服务，通过AR/VR数据实时上传，支持产品研发实验阶段的跨地区实时在线协同与远程诊断，有效提升了研发设计环节的协同问题定位和快速研发迭代能力，研发实验成本压缩到30％。通过AR/VR提供的可视化、云化数据共享能力，整合研发资源，借助设计软件实现多地远程协同设计和改装，有效解决研发过程中问题处理节奏慢、跨地域联合研发信息共享不及时的问题，充分提高了企业的研发效率、破除了信息壁垒，缩短了20%的设计周期。

在现场辅助装配方面，中国商飞在装配车间中存在大量飞机线缆连接器装配工作的工位，通过引入5G+AR辅助装配系统，工人利用AR虚拟信息实现虚实叠加，根据显示的指导画面完成装配操作。通过5G高速率和低时延特性，让工人准确、快速地对线缆连接器进行查找和装配，并保障数据的有效性，解决了传统人工作业效率低、容易出错等问题，将装配效率提高到30%，每工位所需装配人员由2人减少为1人。

第四节　加快培育一批“专精特新”中小企业

2021年7月30日，习近平总书记在政治局会议上强调，要强化科技创新，强化产业链供应链韧性，加强基础研究，推动应用研究，开展补链强链专项行动，加快解决“卡脖子”难题，发展“专精特新”中小企业。此前，2021年7月27日，刘鹤副总理以视频方式出席全国“专精特新”中小企业高峰论坛时强调，“专精特新”的灵魂是创新，企业家要以“专精特新”为方向，聚焦主业、苦练内功、强化创新，把企业打造成为掌握独门绝技的“单打冠军”或者“配套专家”。

一、什么是“专精特新”企业

“专精特新”，即鼓励创新，做到专业化、精细化、特色化和新颖化。这个概念在我国已经存在了很长时间，早在 2012 年，国务院发布的《关于进一步支持小型微型企业健康发展的意见》中，就首次系统地提出鼓励小型微型企业走专业化、精细化、特色化和新颖化的“专精特新”道路，与大企业协作配套发展，这是国家层面首次为中小企业发展方向定调，并对“专精特新”进行了定义。

“专”，即专业化。是指采用专项技术或工艺，通过专业化生产制造的，专用性强、专业特点明显、市场细分领域的产品，其主要特征是产品用途的专门性、生产工艺的专业性、技术的专有性和产品在细分市场中具有专业化发展的优势。

“精”，即精细化。是指采用先进技术或工艺，按照精益求精的理念，建立精细高效的管理制度和流程，通过精细化管理，精心设计生产的精良产品，其主要特征是产品的精致性、工艺技术的精深性和企业的精细化管理。

“特”，即特色化。是指采用独特的工艺、技术、配方或特殊原料研制生产的，具有地域特点或具有特殊功能的产品，其主要特征是产品或服务的特色化。

“新”，即新颖化。是指依靠自主创新、转化科技成果、联合创新或引进消化吸收再创新方式研制生产的，具有自主知识产权的高新技术产品，其主要特征是产品（技术）的创新性、先进性，具有较高的技术含量、较高的附加值和显著的经济、社会效益。

此后，工信部多次出台意见和通知，鼓励各地支持“专精特新”中小企业发展，并联合财政部安排专项奖补资金支持“专精特新”“小巨人”企业加大创新投入。

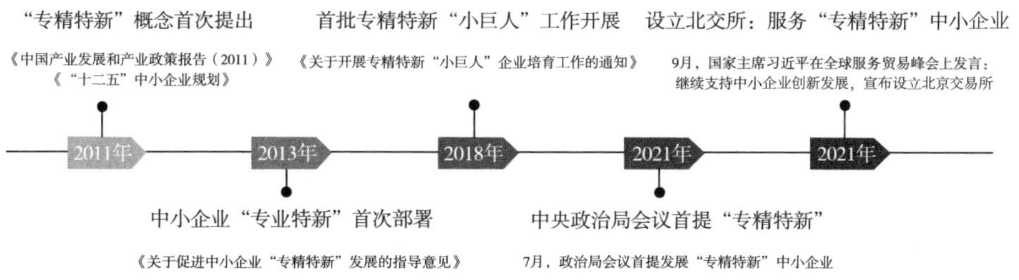

图 4—8　中国"专精特新"政策演进

二、为什么要加快培育"专精特新"中小企业

首先，中国经济发展到了新的阶段，在新发展阶段、新发展理念和新发展格局的背景下，需要大力发展实体经济，中央鼓励发展"专精特新"中小企业，这是振兴我国实体经济、夯实工业化基础、加快工业化进程的又一重大举措。过去这些年，房地产、互联网、金融、教培等领域不断成为经济热点，经济发展强调的重点是新兴产业，是信息化、结构调整、去产能。搞实体经济尤其是办工厂、做制造业变得有些不合时宜，实体经济被边缘化，实体企业发展举步维艰。现在回头看，"脱实向虚"是一个危险的倾向。

党的十九大之后，国家再次明确了实体经济立国的思想。习近平总书记指出，实体经济是国家的本钱，制造业是实体经济的基础。用统计数据来理解，即实体经济的 80％是工业，工业的 87％是制造业。农业现代化、科技现代化、国防现代化都要靠工业现代化来支撑，制造强国是现代化强国的先决条件。要实现百年目标，建设社会主义现代化强国，必须先建成世界制造强国。按照"中国制造 2025"的规划，到 2025 年中国要进入世界制造强国行列，2035 年全面实现工业化，中国距离完成工业化还有 13 年的时间，任务艰巨。

中国是制造大国，但还不是制造强国，实现制造业由大变强是新阶段制造业高质量发展的主要任务。我们说中国已是制造业大国，是说我们的产业规模世界第一。我国工业拥有41个大类、207个中类、666个小类，是世界上工业体系最健全的国家。在500种主要工业产品中，有40%以上产品的产量居世界第一。说中国还不是制造强国，是因为以质量、结构、可持续来衡量，中国制造业与世界强国还有较大差距。过去，中国制造业以门类齐全、生产高效、产能充足而著称。但是也应该看到，中国制造业以人力密集型和资源密集型为主，处于产品价值链的末端，耗费了大量的人力资源和自然资源，利润却十分微薄，制造业产量很大，但质量不高。要想成为制造强国，实现制造业高质量发展，就必须发展一大批占据产业价值链上游、技术实力强劲的制造企业。

在经济全球化的发展背景下，制造业专业化分工成为充分利用资源、创造更高效益的必然选择。随着竞争越来越激烈，这种专业化分工使得产品的价值链或产业链被无限细分，按价值链地位由上至下形成了头部企业或龙头企业、“隐形冠军”企业、生产代工企业和装配服务型企业四个产业层级。其中，头部企业基本上被国际跨国公司所主导，处在价值链的顶端，它基本决定了这个行业的“游戏规则”，对行业内的其他企业具有很深的影响力，典型企业有美国的GE、苹果，德国的奔驰，法国的空客，英国的罗罗等；“隐形冠军”企业是在专业领域掌握了“独门绝技”，产品或服务具备不可替代性，处在价值链的次顶端，也有着源源不断的可观利润，典型企业有日本的堀场制作所、YKK、JAMCO，德国的ALDI等；生产代工企业和装配服务型企业在人力成本、生产管理方面优势明显，但处在价值链的末端，利润较小且容易受制于人，我国的相当部分制造企业属于这一类。这些企业相互链接、相互依存，共同组成了全球制造业的产业生态系统。

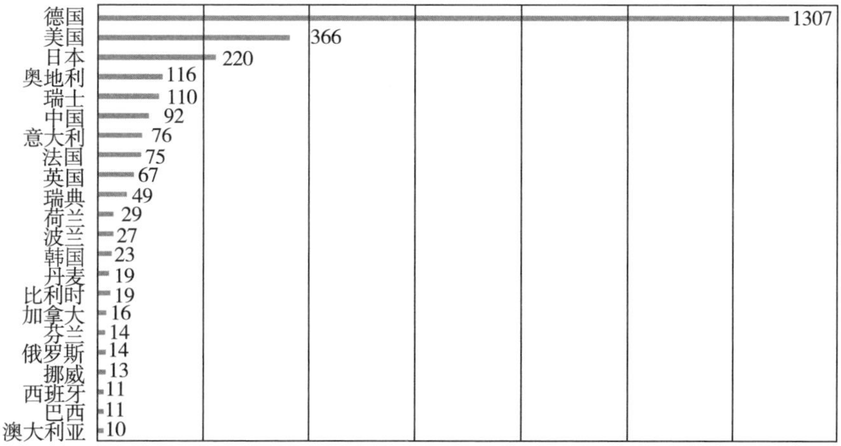

图 4—9　截至 2020 年，世界各国“隐形冠军”企业数量

数据来源：德国隐形冠军协会。

在这一体系中，“专精特新”的“隐形冠军”企业是支持整个系统的中坚力量。一方面，“专精特新”企业为巨头企业提供不可或缺的专业服务和特种零部件，是巨头们占据产业头部地位的关键支持力量。另一方面，“专精特新”企业为下游的代工和装配企业提供不可替代的重要技术装备和技术服务，是维系其生产体系的关键少数。因此，“隐形冠军”企业是现代高质量制造业不可或缺的组成部分，振兴实体经济，振兴制造业，必须从专业化公司、专业化制造开始抓起，逐步培育出一批中国自己的“专精特新”的“隐形冠军”企业。

所以，中小企业“专精特新”政策实际上是 2015 年发布的“中国制造 2025”的延续和深化，是实现中国制造由大到强的必由之路，也是建设制造强国的题中应有之义。

其次，当前国际形势发生了深刻变化，新形势下我们需要大力发展“专精特新”中小企业。最近几年，中国的国际环境发生了逆转性变化。2017 年 12 月，习近平总书记在接见 2017 年度驻外使节工作会议与会使节时指出："放眼世界，我们面对的是百年未有之大变局。"[①] 这个提法就是因为当前国际格局和国际体系正在发生深刻调整，全球治理体系正在发生深刻变革，国际力量对比正在发生近代以来最具革命性的变化，世界范围内出现了影响人类历史进程和趋向的重大态势。具体到中国制造业，国际形势的两个新变化已经对中国的产业发展带来了巨大的冲击。

其一，2018 年以来，以美国为首的西方国家不断加大对中国的遏制和封锁，企图遏制甚至摧毁中国经济，特别突出的措施就是在高科技和先进制造领域采取"小院高墙"的隔绝策略，精准脱钩，从贸易战延伸到技术战和产业链战。以芯片为例，美国半导体联盟赤裸裸地对中国"卡脖子"，已经严重影响到中国制造业的各个行业，造成中国经济循环不畅。在这一过程中，占据产业链关键位置的"专精特新"企业地位凸显，国外大量"隐形冠军"企业成为封锁和遏制中国的重要工具。高水平的"专精特新"企业已经关乎国家经济安全，具有重大战略意义，这就需要我们必须拥有一大批掌握关键技术的"专精特新"中小企业。

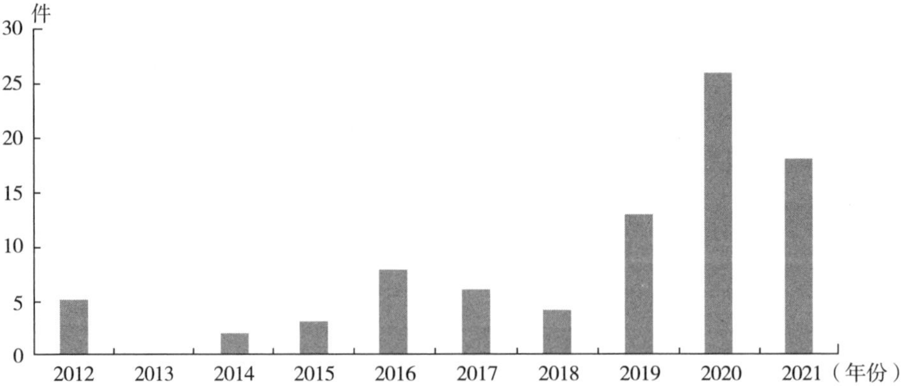

图 4—10　2012—2021 年中美贸易战前后中央提及"专精特新"的文件数

数据来源：光大证券。

① 《习近平谈治国理政》第 3 卷，外文出版社 2020 年版，第 421 页。

其二，新冠肺炎疫情对世界的冲击。疫情打断了原来运转流畅的全球产业链和物流体系，防疫物资的缺乏给很多国家造成了重大损失，现有的经济全球化体系暴露出重大缺陷，旧体系无法应对波及全球的重大冲击，也无法保障各国在关键时刻的战略需求。目前，各国都开始追求产业链的自主可控，产业链全球布局的要素价格问题和生产成本问题成为次要的考虑因素，产业链自主可控成为生死攸关的经济安全问题，全球产业链开始收缩。在这一趋势下，中国受到了两方面的冲击：一方面，中国的制造业大国地位在很大程度上是经济全球化背景下产业链转移所塑造的，全球产业链收缩也必然会对中国制造业产生冲击。另一方面，中国自身同样有产业链自主可控的战略需求，一部分涉及关键技术的制造业部门被转移出中国，这必然会冲击到原有的产业链体系，使中国企业的供应链风险和经济成本上升。

其三，中国的发展已经到了新阶段，经济发展需要更加均衡和公平，让人民享受更多的发展红利，实现共同富裕，新阶段需要发展更多更好的“专精特新”中小企业。

中小企业是国家经济版图的主要部分，提供了50%以上的税收、创造了60%以上的国内生产总值、完成了70%以上的发明专利、提供了80%以上的就业岗位，占企业总数的90%以上。可以说，中小企业在繁荣经济、稳定就业、促进创新、推动共同富裕等方面发挥着独特的作用。

过去一段时间，我们积极支持企业做大做强，大而不倒、赢者通吃、流量为王的游戏规则风行一时。但是一味求大、无限扩张，必然会出问题。近些年，一些大企业的盲目扩张带来了一系列系统性风险，教训十分深刻。因此，国家一系列支持“专精特新”中小企业政策的出

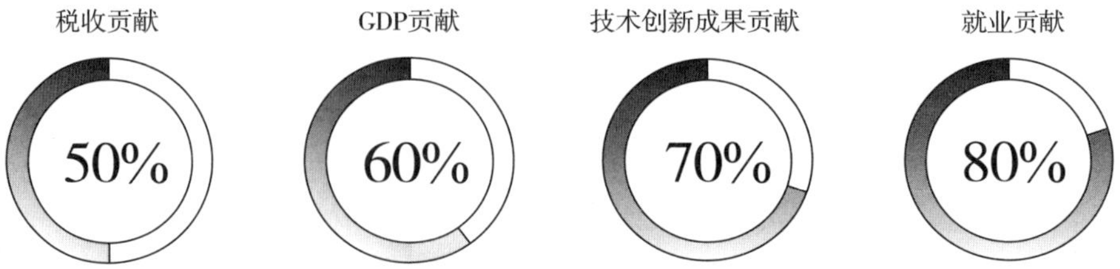

图 4—11　中小企业对经济的贡献

数据来源：工业和信息化部。

台，是对大企业、大平台、大财团和托拉斯崇拜的一次告别，也可以将其看作对中国企业发展策略一次大的反思和调整。

另外，要实现共同富裕，很重要的一个途径就是增加劳动者的实际劳动收入。简单依靠增加工资显然没有可持续性，更好的出路是让企业发展得更好更强，使企业有足够的资源给员工提供更好的待遇，再辅以相应的分配政策，才能真正实现共同富裕。企业要想获得更多的利润，就必须向价值链的上游迈进，单纯依靠规模扩张和流量炒作无法达到这一目标。对于中小制造型企业，提高技术水平和产品质量，走“专精特新”的道路就是其发展壮大的必由之路。

刘鹤副总理在长沙召开的全国“专精特新”中小企业高峰论坛致辞中讲道，“中小企业好，则中国经济好。再进一步讲，中小企业强，则中国经济强”。中国经济发展最快最好的四个省是广东、江苏、浙江、福建，这四个省的共同特点是一大批中小制造业企业成为经济基本盘。尤其是浙江省，中小企业发达，财富分配呈现出均富特征，中等收入家庭成为社会主流。这两年被广泛议论的南北经济差距拉大问题，实质是南北方县域经济差距大，而县域经济的主角是中小民营企业，是中小民营企业基础上的块状经济、产业集群。南北经济差距，本质上就是中小企业发育、民营经济发展的差距。

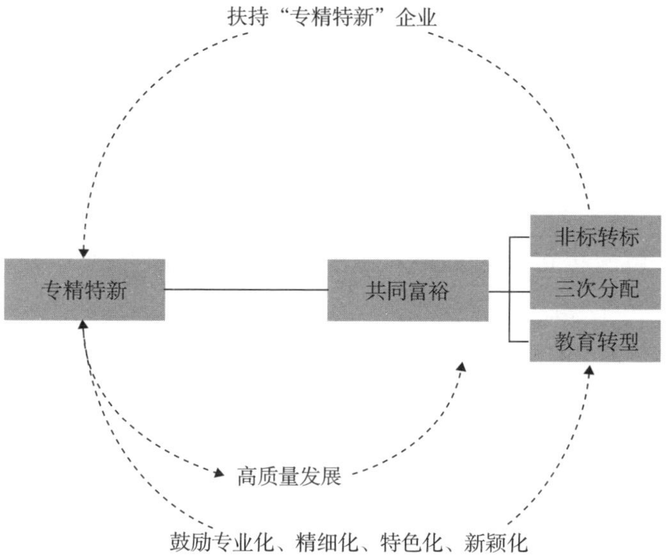

图 4—12　“专精特新”与共同富裕的关系

中小企业是国家经济增长的重要支撑，也是推动社会创新和创造大量就业的积极要素。中国“十四五”规划纲要提出，“支持创新型中小微企业成长为创新重要发源地”“推动中小企业提升专业化优势，培育专精特新‘小巨人’企业和制造业单项冠军企业”。

三、引导和推动中小企业“专精特新”发展具有重要意义

第一，有助于激发企业创新活力。“专精特新”中小企业专注于细分市场、创新能力强，并掌握一定核心技术、质量效益好。大力发展“专精特新”企业，有助于示范引领广大中小企业创新转型，推动制造业高质量发展，提高核心竞争力和发展的主动权。例如，全球气弹簧市场的领导者斯泰必鲁斯曾成功改变了行业风向标。一年之内，全球竞争对手都开始对标斯泰必鲁斯，在推介自己的产品时会说“我们的产品质量与斯泰必鲁斯一样好”。类似地，许多“专精特新”企业都在世界范

围内建立起各自市场的标杆。

第二，有助于提升产业链、供应链稳定性和竞争力。“专精特新”中小企业多数处于产业链的关键环节，对产业链、供应链固链、补链、强链起到强有力的助推作用。培育“专精特新”中小企业，有助于完善产业生态，解决关键核心技术、关键环节和重要产品设备的“补短板”问题。例如，由德国贝洱公司、海拉公司和法国彼欧公司等汽车供应商一同组建的 HBPO 公司，是全球唯一一家集汽车前端模块研发、组装机物流于一体的系统集成商。这一创新系统打通了照明技术、散热技术、气体动力学、行人保护以及碰撞管理技术上的功能连接，在提高客户效用的同时，通过简化流程降低了成本。HBPO 公司创建于 2004 年，7 年后就以 440 万套模块部件的产量实现了超过 10 亿欧元的销售额。

第三，有助于加快构建现代产业体系。大力发展“专精特新”中小企业，发挥这些企业在知识产权创造运用方面的积极作用，有助于推动提升产业基础能力和产业链现代化水平，实现从产业链低端环节向高端环节跃升。例如，爱纳康是世界上拥有风能生产领域最多专利的企业，世界领先的风力发电机企业维斯塔斯以及西门子、通用电气等都依赖爱纳康的技术许可。与许多“专精特新”中小企业一样，爱纳康在解决技术问题时另辟蹊径，其风能发电设备不使用变速箱，这意味着更短的起动时间、更低的故障率和损耗，其产品也为风能发电领域技术发展开辟了新思路。

目前，中国已培育了三批 4762 家国家级专精特新“小巨人”企业，带动各地培育省级“专精特新”中小企业 4 万多家，入库培育的企业 11 万多家。专精特新“小巨人”企业超五成研发投入在 1000 万元以上，超六成属于工业基础领域，超七成深耕行业 10 年以上，超八成居本省细分市场首位。专精特新“小巨人”企业有300余家已挂牌上市，企业研发人员占比基本达到25%，平均研发强度超过7%。

未来，支持“专精特新”企业发展需要进一步强化服务和支持。进一步加大金融支持力度，充分发挥北京证券交易所服务创新型中小企业主阵地作用，加大国家中小企业发展基金等政府投资基金政策引导，带动社会资本扩大中小企业直接融资规模，进一步向“专精特新”中小企业开放技术、人才、数据等要素资源，促进更多企业融入产业链、提升价值链。

四、怎么培育和发展“专精特新”中小企业

培育和发展“专精特新”中小企业，目前在国内外已经有了很多成功经验值得我们学习借鉴，典型的代表有德国和中国台湾地区。

德国是世界级“隐形冠军”企业最多的国家，约占全球一半左右。德国经济总量不及美国的1/5，外贸出口额却与美国旗鼓相当。秘诀就在于，德国有一大批竞争力极强的中小企业，构成了德国制造和出口贸易的中坚力量和脊梁。德国“隐形冠军”的培育成长，已形成一整套成熟经验。德国的经验主要有：

一是突出企业主业，制定长远战略，咬定青山不放松；

二是通过“双元制模式”（学校＋工厂），输送有效的专业人才、领军人才；

三是标准先行，追求品质，倡导极端制造、高强度研发；

四是以工业园区为载体，集群式发展；

五是重视技术组织，以马普学会、弗劳恩霍夫协会、亥姆霍兹国家研究中心联合会和莱布尼茨科学联合会四大机构为代表。这些“四不

像”机构打通中场技术和中间制造，是科研与市场的纽带，有力地催生了中小企业商业化成熟工艺和产品。

此外，德国高质量的职业教育体系培养了大量高素质的技术工人，这也是德国“专精特新”中小企业大量存在的“人才密码”。德国的职业教育体系是独特的“双元制”，其源于德国的一种职业培训模式，是指教育机构与企业联合举办职业教育，学校与企业、教师与企业培训人员共同培养学生，学生可以最大限度地利用学校与企业的优势，把理论与实践相结合，从而培养出既具有专业理论知识又具有专业技术与技能的能工巧匠。

中国台湾地区在过去几十年发展中涌现了一大批“专精特新”中小企业，这些企业在台湾地区的经济转型升级过程中发挥了巨大的作用，中国台湾地区的重要成功经验就是“工研院模式”。

中国台湾工业技术研究院在国际上被视为“产学研”体系中“研”的模式典范，是中国台湾科技制度创新的重要体现，对推动中国台湾产业转型升级、走向世界经济舞台产生了举足轻重的影响。中国台湾工研院的一个重要特点就是根据企业技术发展的需求开展科技研发和技术服务活动，工研院研发的重点不是基础研究而是实用科技，围绕科技成果商品化、产业化和市场化开展研究，包括开放实验室、兴办创业育成中心（孵化器），提供技术转移和各项工业技术服务，推动以技术创新为基础的创业投资活动，拓展国际业务及合作等，并通过开设科技展览，让创业者从中找到自己的企业和产品所处的科技方位。工研院的定位非常明确，即成为一个跨领域的基础应用转化研究机构，即“研”的定位。

数据显示，工研院不但为中国台湾地区开创了许多前瞻性、关键性的技术，累积近3万项专利，每年技术转让项目高达650多项，同时提供了知识产权的专业服务，成为企业的专利后盾。此外，工研院孵化了多个新兴科技产业，培育无数科技人才，包括培育超过上百位CEO，孵化了270多家优秀企业，为实现其从“低端制造”顺利转型至“高端智造”作出了独特而巨大的贡献。这一贡献的关键之处在于，工研院有效地扮演了打通从科学基础研究（“学”即高校与国家实验室）到技术应用研究（“产”即企业）整个科技研究流程的桥梁角色。

中国台湾工研院取得的巨大成功，对培育和发展“专精特新”中小企业有着重大启示意义。我们应该借鉴其成功经验，提升创新体系，构建真正有效的“产学研”创新体系，为培育和发展“专精特新”中小企业提供坚强的智力支撑。

通过借鉴一些成功经验，结合中国的实际情况，我们可以提出培育中国“专精特新”中小企业的一些思路。

第一，制订长期规划，做好政策落实。“专精特新”中小企业的培育不是一蹴而就的，需要长期发展和积累。同时，“专精特新”企业也有生命周期，要密切关注新一代信息技术和技术变革，关注跨界创新和技术替代，一些新技术的出现可能带来整个行业的消失。因此，需要制订长期规划，并根据实际情况不断调整优化具体政策，支持“专精特新”企业发展壮大。规划制订好之后，还需要把政策落实好。多年来，我国以工信部为中心，从中央到地方均出台了大量支持“专精特新”企业发展的政策，政策支持已经十分充足，但必须保证把这些政策落实好，我们应该进一步加强部门联动，推进统筹规划和政策协调，建立评估机制，保障相关政策顺利实施，切实将财税、金融等扶持政策落到实处。另外还要结合经济形势变化和企业反映的问题，有针对性地研究、提出新措施、新办法。

第二，加强融资支持，着力解决“专精特新”中小企业融资难、融资贵问题。对中小企业的金融支持是一个世界性难题，主要难点是信息不对称，信用定价难。“专精特新”中小企业由于专业性强，技术投入大，对资金的需求更加迫切，融资难、融资贵的问题也更加突出。目前，国内资本市场已经具备为“专精特新”中小企业发展提供金融支持的基本条件，主板市场、创业板、科创板、新三板等已经有一些“专精特新”中小企业上市。尤其是借助于科创板，一些企业已经由小变大、由小变强，成为行业翘楚或头部企业。资本市场对制造业细分领域头部企业的价值也开始给予充分认可，硬科技、“小巨人”类的上市企业呈现出高成长性、高吸引力；债券市场通过采取增信措施，支持“专精特新”中小企业通过发行债券获得更多中长期融资，也有不少成功范例；银行与创投机构合作，投贷联动，实现债权融资＋股权融资。“专精特新”中小企业融资方式和渠道正在不断拓宽。未来，我们应该进一步用好现有的各种金融工具，并加强监管，支持“专精特新”中小企业实现高质高速发展。

第三，建立“产学研”结合的职业教育与产业技术研发新模式，为“专精特新”中小企业提供充足的人才和技术保障。长期以来，由于不受重视和投入不足，中国的职业教育质量深受诟病，进而导致中高级技术工人的数量不足，质量不高，“技工荒”长期困扰制造企业。我们应该加大对职业教育的重视和投入，在学习国外先进经验的基础上，建立中国式的现代职业教育体系。一方面，就是要让企业参与到职业教育中去，让职业教育直接面对企业实际需求，教育模式要接地气、保质量。另一方面，大学和研究机构也要为职业教育提供一定的师资和技术支持，保证职业教育的教育内容及时更新，跟上产业技术发展的脚步。

此外，我们应该学习借鉴先进经验，大力建设中国的“工研院”体系，为“专精特新”中小企业提供充足的中高端技术人才和技术研发支持。“专精特新”企业对技术研发的需求十分强烈，但是企业本身往往不具备足够的人才和专业研究设备，需要从外部寻找智力支持。目前，中国的大学和研究机构仍然存在着学术化倾向较重、研究与产业实际脱节的问题，而且现有体制下的大学和研究机构自身教学和研究工作已经十分繁重，难以抽出足够的精力去支持企业研发。在这方面，中国亟须建立类似“工研院”的产业技术研究机构，打造与产业需求紧密结合的“产学研”体系，为“专精特新”中小企业提供充足的技术和人才支持。

专栏 中国专精特新“小巨人”企业典型案例——义乌市双童日用品有限公司

义乌市双童公司是典型的“专精特新”隐形冠军企业，专注于饮用吸管这一细分市场。塑料饮用吸管虽不是双童原创的，但双童公司走的是从模仿到创新的发展模式。为了这个每根只挣8毫（0.8分钱）的吸管产品，企业把工匠精神发挥到了极致，近30年持续专注于吸管产品的制造领域。

双童公司通过持续不断地对吸管产品、设备和工艺进行研发和技术改造，致力于改善并消除塑料吸管对环境产生的白色污染，制造出价廉物美的高品质产品，以保持双童公司在全球吸管行业的竞争优势。为了能把一根简单的吸管做成高新科技产品，双童公司制定了清晰的发展目标和规划，持续对生产吸管的基础材料进行创新改变，开展了生物基可降解吸管的研究，推动环境友好型产品替代传统产品，实现对吸管行业的颠覆性改变，最终彻底消除塑料吸管的白色污染问题。

为了能保证公司这8毫的利润，双童公司在经营管理上几乎到了“丝丝入扣”的地步，例如，夜里电费低，公司就把耗电高的流水线调到夜里生产；吸管制作中需要冷却，生产线上就设计了成本最低的自来水冷却法，但始终要保证产品的最终质量必须过硬；吸管要耐热，所采用的塑料就必须符合安全标准；不同国家的客户对吸管的颜色、形状有不同的需求，公司就要及时开发来满足客户的要求。双童公司通过实施品牌、标准和客户三大工程，基本达到这些客户的要求。但该企业规定其每个客户的订货数量不允许超过公司年产量的3%，这种小订单策略可以预防过度依赖像沃尔玛集团这样的连锁巨头对价格的压力，在价格上对大小客户一视同仁，目前该企业拥有3000多家客户。

双童公司的吸管产品看起来并不起眼，然而，这家企业就是在只有8毫的利润空间里，通过不断地创新产品，成长为世界最大的吸管生产企业，是成长为目前全球吸管产业规模、技术和品牌领先的行业龙头企业。

第五章

数字产业化

YULINGDAOGANBUTANSHUZIJINGJI

数字产业化是数字经济发展的先导产业，以信息通信产业为主要内容，为数字经济发展提供技术、产品、服务和解决方案等。数字产业化具体包括电子信息制造业、电信业、软件和信息技术服务业、互联网行业等。数字产业化包括但不限于5G、集成电路、软件、人工智能、大数据、云计算、区块链等技术、产品及服务等。[①] 制造业是实体经济的骨架和支撑，也是振兴实体经济的主战场。随着“互联网+”的推进，数字技术与其他业态的深度融合成为必然趋势。大力推动数字产业化加速融合，有助于经济转型升级，有助于培育经济发展新动能。

第一节　数字产品制造业快速发展

一、数字产品制造业的分类

在数字产品制造业大类中，共包含计算机制造业、通信及雷达设备制造业、数字媒体设备制造业、智能设备制造业、电子元器件及设备制造业以及其他数字产品制造业6个中类，其中又包含51个小类。具体如下。

计算机制造业，生产各种计算机系统、外围设备、终端设备以及其他有关装置的产业。具体来看，计算机整机、零部件、外围设备、系统、信息安全设备的制造业都属于计算机制造业范畴。

通信及雷达设备制造业，指固定或移动通信接入、传输、交换设备

① 参见中国信息通信研究院：《数字经济概论》，人民邮电出版社2022年版，第145页。

等通信系统建设所需设备的制造、固定或移动通信终端设备的制造、雷达整机及雷达配套产品的制造。

数字媒体设备制造业，包括广播电视节目制作、发射、接收的设备及配件，还有电视机、音响、影视录放等设备制造。

智能设备制造业，主要方向是机器人，包含工业机器人、特殊作业机器人、服务消费机器人等制造业，除此之外，还有智能照明器具、可穿戴智能设备、智能车载设备、智能无人飞行器及其他智能消费设备的制造业。

电子元器件及设备制造业，是数字产品制造业当中小类最多的，共17个。主要有半导体器件、电子元器件、机电组件、光伏设备及元器件、电气信号设备、电子真空器件、集成电路、显示器件、半导体照明器件、光电子器件、电阻电容电感元件及其他元器件等设备制造行业。

其他数字产品制造业，包含光纤光缆的制造与信息化学品制造、增材制造装备制造（3D打印技术）、计算器及货币专用设备制造、记录媒介复制、电子游戏游艺设备制造、工业自动控制系统装置制造等9个小类。

数字化制造是以信息和知识的数字化为基础，以现代信息网络为主要载体，运用数字化、智能化、网络化技术来提升产品设计、制造和营销效率的全新制造方式，包括数字化设计、数字化工艺、数字化加工、数字化装配、数字化管理等。随着5G、云计算、物联网、大数据、人工智能等新技术的兴起，数据资源日益成为关键的生产要素，数字化制造也成为推动制造业发展质量变革、效率变革、动力变革的重要力量。数字产业化是“数字化”制造业发展的必然趋势。20世纪初，全球制造业竞争主要集中在生产规模、成本等方面，到中后期逐渐发展为生产质量、效率、价格服务方面的竞争。进入 21 世纪以后，随着物质水平的提高，客户需求趋于个性化，企业需要集中更多的精力在产品的创新迭代上，来保持长久的发展。而这也导致了企业面临巨大的成本、效率等压力，为了提高企业竞争力，很多制造商选择进行数字化转型。

二、发展数字化制造是增强制造业竞争优势的重要抓手

当前，越来越多的国家把发展数字化制造作为推动传统产业改造升级的重要途径，积极推动新一代信息技术和制造业深度融合，大力发展先进制造、服务型制造和智能制造。在我国制造业低成本比较优势逐步减弱的背景下，要进一步提高产业发展质量，重塑制造业竞争优势，就必须加快发展数字化制造，加紧推动制造业的数字化转型。

发展数字化制造是提高制造业生产效率的重要手段。数字化制造以生产要素的数据化为依托，以工业互联网为载体，能够帮助企业充分利用全球资源和要素，整合优化企业的产品和工艺设计、原材料供应、产品制造和市场营销与售后服务等主要产业链环节，提升资源配置效率。

发展数字化制造是推动制造业结构优化升级的重要路径。数字化制造的本质，就是增加信息与知识要素在整个制造系统的流转速度，以此来促进地域空间分工细化与区域间交易效率的提升，优化区域间的分工结构，进而实现区域间产业结构的转型升级。因此，数字化制造不仅可以加快钢铁、石化、纺织等传统产业的工艺技术改进，丰富产品功能，提升产品附加值，而且可以显著加快战略性新兴产业的技术创新步伐，缩短科技成果转化中试和产业化的时间周期。

发展数字化制造是培育制造业发展新动能的重要一环。在新一轮科技革命和产业变革加速发展的背景下，以大数据、人工智能、物联网和

云计算为技术基础、以海量数据互联和应用为核心的数字化制造浪潮，正在推动制造业发展新动能快速增长，网络化协同制造、个性化定制等制造新模式、新业态层出不穷。从实践来看，数字化制造能够促进制造业产业链各个环节的高度融合，形成新的数据变现模式，促进新产业、新业态、新模式的涌现，为制造业高质量发展带来新活力。

三、我国发展数字化制造具备一系列有利条件

体量巨大的国内市场、快速发展的新型基础设施、不断完善的政策体系等，都为我国发展数字化制造提供了得天独厚的有利条件。

首先，体量巨大的制造业规模为数字化制造发展提供了广阔的舞台。自 2010 年以来，我国制造业总体规模已持续多年保持世界第一，我国成为全球制造业门类最全的国家。但是，目前，我国制造业的数字化改造应用还处于起步阶段。截至 2018 年底，我国制造企业生产设备数字化率为 45.9%，数字化设备联网率为 39.4%，都比较低。未来，无论是传统产业的改造升级，还是新兴产业的培育发展，都将对数字化制造形成巨大的市场需求。

其次，快速发展的新型基础设施为数字化制造发展提供了强大支撑。推动 5G、人工智能、工业互联网等新型基础设施和制造业相结合，打造联通全国制造业的人、物、信息交流网络，可以有效降低发展数字化制造的成本，这是发展数字化制造的重要基础设施保障。近年来，我国新型基础设施发展迅速。截至 2019 年底，我国有移动电话基站 841 万个，光缆线路总长度达 4750 万千米，固定互联网宽带接入用户达 4.49 亿，4G 用户总数达到 12.8 亿，制造业数字化发展的基础保障能力越来越强。

最后，不断完善的政策体系为数字化制造的发展提供了有力保障。近年来，我国出台了《促进大数据发展行动纲要》《关于积极推进“互联网+”行动的指导意见》《关于深化制造业与互联网融合发展的指导意见》等一系列战略规划和政策措施，在技术研发、成果应用、重点领域突破、国际交流合作、组织保障等诸多方面都给出了制度安排，发展数字化制造的政策保障越来越有力。

四、把握好数字化制造发展的着力点

要大力发展数字化制造，就必须坚持问题导向，找准着力点，精准施策。

一要以数字化思维分析研判不断涌现的新事物和新机遇。数字化思维以互联共享为原则，强调新资源的创造和资源的共享，追求共同利益最大化，奉行质量第一、效益至上，数字供应链和新商业模式的核心在于需求导向、客户为本。对此，企业需切实提升对数字化转型的认同感，培养数字化思维，培育数字化能力，建立起可持续的数字化商业模式和运营模式，从传统供应商转变为整个生产过程价值创造的合作者。在塑造竞争优势方面，要从自给自足转向开放合作；产品设计开发方面，要从线性开发转向快速试验；工作职能方面，要从机器替代人转向人机互补合作；信息安全方面，要从被动合规转向主动应对。

二要着力促进数字化、智能化、网络化技术与制造业的深度融合。制造业的高质量发展，离不开数字化、智能化、网络化技术提供的源源不断的创新动力和技术手段，加快推进数字化、智能化、网络化技术与制造业的深度融合势在必行。要加强制造业与大数据产业协同发展的理论研究，把握大数据产业的发展趋势与动态演化路径，厘清大数据产业与制造业融合发展的机理，找出二者协同发展过程中存在的主要问题与主要矛盾，合理有序地推进大数据产业与制造业的协同发展；要深入探讨制造业利用大数据技术实现创新发展的现实路径，特别是企业应大力借助大数据、云计算和物联网等数字技术，实现自主创新能力的不断提升。

三要推进传统产业的数字化改造和新兴产业的数字化进程，提升数字技术对制造业的融合度与渗透力。数字化制造是释放数字技术对制造业发展的放大、叠加、倍增作用的重要基础，是提高我国制造业国际竞争力的重要支撑。一方面，要对传统制造业进行全方位、全角度、全链条的数字化改造，推动体系重构、流程再造，形成新的数字化场景、数字化车间、数字化企业，形成新的价值创造、价值获取和价值实现模式。另一方面，要继续推进新兴产业的数字化进程，加快发展数字化平台经济，积极培育数字经济新模式，创新发展新商业模式，促进产业链和价值链的升级，更好地发挥数字经济对制造业转型升级和高质量发展的带动作用。

四要不断完善数字化制造发展的生态系统。数字化制造的发展离不开数字基础设施建设，需加快公共服务的数字化转型，为数字化制造发展提供良好的支持体系和生态系统。一方面，要加快工业互联网平台支持体系建设。以提升工业互联网核心软硬件创新能力为引领，突破底层操作系统、工业大数据、平台管理、核心工业软件、智能传感器、建模分析等关键核心技术瓶颈，加快工业互联网平台建设与应用推广，形成多层次、系统化的平台发展体系，促进制造业全要素连接和资源优化配置。另一方面，要加快完善数字化制造发展的政策体系。健全和完善适应数字化制造新技术、新应用、新业态、新产业发展的政策法规，深化

“放管服”改革，推动从单纯的政府监管向社会协同治理转变，为数字化制造发展提供良好的政策制度环境。同时，还需着力完善支持数字化制造发展的制度体系。制定数据采集、共享开放、确权、流通、交易、安全等多方面的相关制度，构建全国信息资源共享制度，完善相关法律法规，通过法律规范数字知识产权申请、授权等行为。

五、制造业是数字经济发展的主战场

数字经济是融合性经济，除了电子信息制造与信息通信业自身的发展之外，还有助于推动传统产业优化资源配置、调整产业结构、实现转型升级。

传统行业数字化转型的潜力和价值巨大。世界经济论坛发布的《数字化转型倡议》指出，10 年内，各行业的数字化转型有望带来超过 100 万亿美元的产业价值和社会价值。美国、德国等发达国家牢牢抓住新一代信息技术蓬勃发展的机遇，纷纷加快推进数字化转型，抢占未来产业竞争制高点。

我国是世界第一制造大国，制造业是国民经济的主体。我国在工业化尚未完成的情况下，迎来了数字化浪潮，面临着追赶工业化进程、同步数字化机遇的双重历史任务和严峻挑战。我国传统企业的信息化水平普遍不高，数字鸿沟仍然存在，数字红利未得到充分释放。加快推进传统行业数字化转型，促进工业化和数字化同步发展，成为当务之急、重中之重。

当前，互联网已经深刻改变了零售、物流、交通、金融、住宿、餐饮、旅游、娱乐等服务业，正在加速向制造业渗透，制造业成为“互联网＋”的主攻方向。但是，制造业数字化转型的内涵并非“中国制造＋

互联网”所能涵盖。在工信部的推动下，有关方面正在酝酿推动工业互联网平台、工业 CPS 信息物理系统、工业技术软件化、数字工厂等发展的政策措施，制造业的数字化转型将进一步深化，制造业将真正成为发展数字经济的主战场。

当数字经济牵手传统制造，工业研发设计、生产过程控制、节能减排、安全生产等领域将增添“智慧”之翼，快速推动传统工业向数字化、网络化、智能化升级，以工业云、数字工厂、机器人技术等为代表的“智能制造”将促进我国工业装备水平大幅提升，自主创新能力显著增强。数字经济与制造业的交融互动将使制造业活动更加灵活、敏捷、智慧。

从数字经济进入新时代开始，中国经济正从“高速增长”阶段阔步走向“高质量发展”的新阶段。

六、政府要从四个层面敦促制造业进行数字化转型

作为国民经济支柱产业，中国制造业正处于不破不立的关键阶段。面临以上诸多痛点，进行数字化转型是重大的历史性发展机遇，是企业实现飞速发展的必要手段。

一是从政策层面看，中国高度重视数字化发展。秉持创新、协调、绿色、开放、共享的新发展理念，围绕建设网络强国、数字中国、智慧社会，全面实施国家数字化战略，助力中国经济从高速增长转向高质量发展。

二是从市场层面看，国内正处于消费不断升级的时代，由此带来的重要变化是，消费者不再一味追求低价，而是更注重产品品质和服务体验。消费者对于品质和服务的高要求，同样也在倒逼制造业向数字化

转型。

三是从行业层面看，中国虽然早已成为全球公认的制造业大国，但中国制造业的优势主要体现在制造成本上，甚至主要还是集中在资源密集型、劳动密集型产业。然而，在最近几年，我国制造业面临着劳动力和原材料成本上升的双重压力，传统层面的成本优势逐渐消失，制造业的数字化转型迫在眉睫。

四是从技术层面看，大数据、云计算、物联网、人工智能等新兴技术蓬勃发展，中国互联网科技不断成熟，促进了新技术在制造业中的广泛应用。

七、数字经济促进制造业转型升级达到路径选择

制造业数字化发展，是传统制造业理念变革的战略选择，也是转型升级的必由之路。数字经济促进制造业转型升级，是指传统产业利用数字技术重塑业务、提质增效的过程，具体指依托开放共享的数据资源，精准匹配多样化产品供给和异质性用户需求，促进制造业从规模化生产

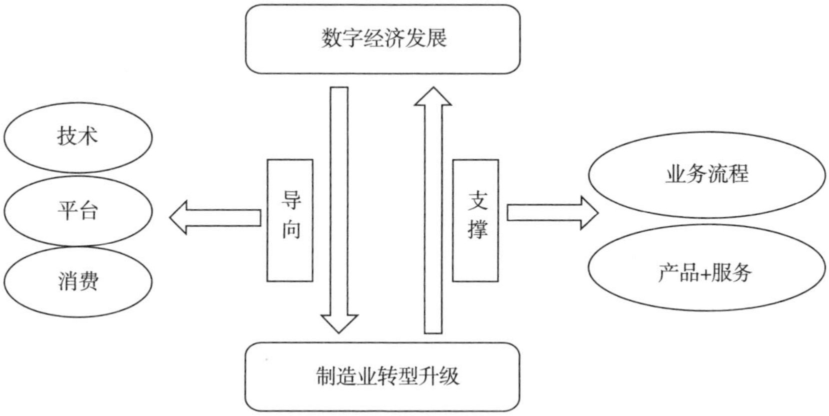

图 5—1　数字经济发展与制造业转型升级双向影响框架

向个性化定制转型，实现制造服务精准化和制造过程数字化。其靶向路径主要依赖于数字技术与传统制造业的深度融合以及技术创新、数据要素、精准需求和有效供给的驱动作用。

八、数字经济发展与制造业转型升级双向影响框架

一是顺应互联网发展潮流，推进工业互联网创新进程。突出工业互联网等战略性项目，推动数据中心有序建设投用，健全工业大数据共享体制机制，推动工业互联网在制造业纵深发展，更好借力数字经济技术优势，提升制造业数字化、网络化、智能化水平，推动制造业产业链互联网化，创新定制服务商业模式，有效发挥“1＋1＞2”的协同效应，保障产品生产契合需求类型，拓展制造业企业全生命周期价值空间。

二是依托数字经济，收束全产业链研发力量。紧抓数字经济发展带来的战略机遇，促进生产技术、商业模式、产业业态的创新，将数据优势与传统制造业具备的人口优势、市场优势、制度优势紧密结合，纵深推进以数字技术为依托的行动计划，推进生产智能化和产业高端化，同时推崇企业家精神和工匠精神，扶植培育新兴“独角兽”企业，积攒数字经济暴发“动力源”，实现我国数字经济在全球竞争格局中弯道超车。

三是借力数据资源，完成制造产业链上游与下游需求有效对接。加快生产要素以资本、劳动为主向技术、服务转变，加强研发设计、市场调研、物流运输、售后服务等环节衔接，加深以消费者需求为导向的制造业与服务业融合发展，逐步将生产偏重从产品本身转变为消费者需求，以此形成差异化竞争优势。

四是融合新兴数字技术，强化制造业与新技术高度融合。推动高新技术实际应用，运用数字化优势和互联网优势，变革制造业“高投入、

低回报”的传统生产模式，融合制造业模块与下游服务业模块，提供个性化和精准化的产品和服务，实现制造业产业链价值赋能和最终产品价值升值。

第二节 数字零售业蓬勃兴起

零售行业是一国最重要的行业之一，2021 年我国社会消费品零售总额为 440823 亿元，比上年增长 12.5%。随着手机支付和购物用户数量以及使用率的不断提高和数字化技术的不断发展，企业对数字化转型的意愿不断加强，未来我国数字零售行业有望持续快速发展。

数字零售，狭义上是指通过网络渠道进行商品交易活动，包括实物商品交易及虚拟商品交易。广义上是将数字零售定义为一种业态，包含平台、商家、品牌、用户、服务商等。按模式分类，有 C2C、B2C、C2M、B2B2C 等；按品类分类，有综合电商、垂直电商；按交易市场分类，有进口跨境电商、出口跨境电商，新电商有会员制电商、直播电商、精品电商、小程序电商等。

一、数字零售是“十四五”时期经济发展的重要推动力

（一）传统零售向数字零售演进，数字化应用不断升级

伴随社会经济环境的发展，零售行业历经集贸式零售、连锁店式零售、电子商务式零售发展到新零售阶段。集贸式零售即市场化的萌芽期；连锁店式阶段，零售行业发展速度最快，多种业态并存；淘宝的成立标志着电子商务式零售时代的到来，电商平台涌现，开启多渠道

运营。

新零售阶段，零售业向全渠道化发展，更加重视渠道的融合和消费者体验。数字化进程贯穿零售发展之路，在企业信息化架构 POS、ERP、WMS 的基础上，DMP、CRM、CDP 的搭建帮助企业更好地应用数据。

基于大数据及新技术，数字化持续赋能零售业全渠道，线下渠道向智能化转型，线上渠道在便捷性及个性化推荐方面优势显著，预计未来在数字化的驱动下，线上线下渠道将进一步融合。

（二）数字零售时代用户为王，人的数字化备受关注

当前，数字化升级已经在零售行业进入规模化应用的阶段，未来随着数字化技术的不断升级，将会加速我国智慧零售行业的发展。

零售行业的发展从战略层面分别经历了产品为王、流量为王和用户为王三个阶段，而每个阶段的战略重心，都分别在很大程度上推动了“人货场”的数字化转型进程。新零售数字化赋予“人货场”更多的价值。

从人的层面，用户运营由碎片化的信息发展为用户画像，同时用户标签使企业能够更大程度地挖掘用户的生命周期价值；从货的层面，产品及服务的研发与营销以人的偏好展开，供应链向柔性化、网络化发展；从场的层面，线上线下交互融合，在承载产品及服务的同时，沉淀数据资产。随着由产品为王、流量为王发展到用户为王，用户消费选择权及话语权愈加强势，“人”的数字化是识别、了解、运营用户，实现商业变现的必要途径。

当前，数字经济已经成为经济社会发展的“新动能”，智慧零售作为数字经济的重要组成部分，在政策环境、技术创新、用户变迁与消费

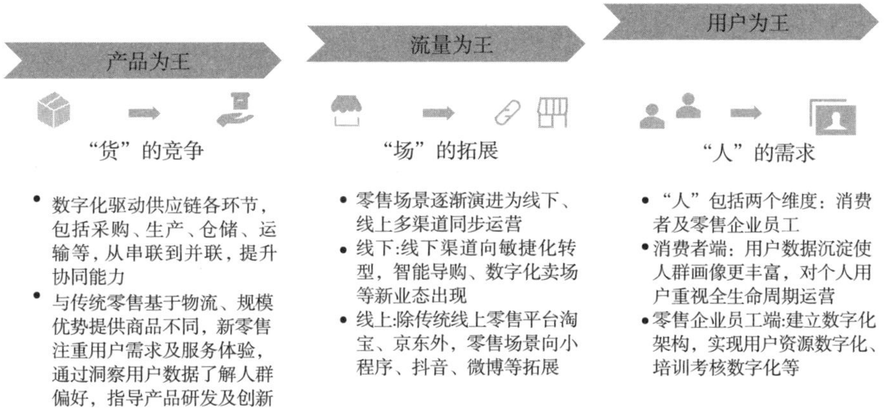

图 5—2　"人货场"数字化转型进程

升级的驱动下，进入了快速发展的阶段。智慧零售的发展有利于推动零售商、中小微经济体"上云用数赋智"，加快数字产业化和产业数字化，全面促进消费，催生新就业形态，全面提升人民生活品质，助力构建以国内大循环为主体、国内国际双循环相互促进的新发展格局。

经济数字化不是目的，数字化之后的智能化是挖掘消费潜力、提高零售行业效率的有效途径，数字化是智能化的必经之路。疫情结束后，中国经济的复苏先是主要由制造业生产、投资和出口来拉动，但是随着中国经济的不断复苏，消费及服务业的恢复将发挥更大的作用。同时，线上消费渗透率在未来 20 年进一步提升，消费和零售业数字化转型更是迫在眉睫。

"十四五"规划指明要扩大内需、发展数字经济，经济数字化不是目的，目的在于实现产业降本增效。数字化时代伴随大量的数据收集和使用，之后的数据智能化处理和应用是挖掘消费潜力、提高零售行业效率的关键。拉动内需将成为"十四五"时期的重点工作之一，如何利用智能化改造零售行业也将成为重要课题。

二、数字零售规模持续增长，各大巨头持续加码

（一）数字零售行业发展现状

2021年，电商行业发展可谓如日中天，各大零售电商平台也纷纷在市场上站稳了脚跟，阿里巴巴和京东一直都是电商行业的两大巨头，很多人认为传统零售业已经进入尾声，但随着作为传统零售业的苏宁易购、小米等的厚积薄发，彻底打破了人们的这种思维。

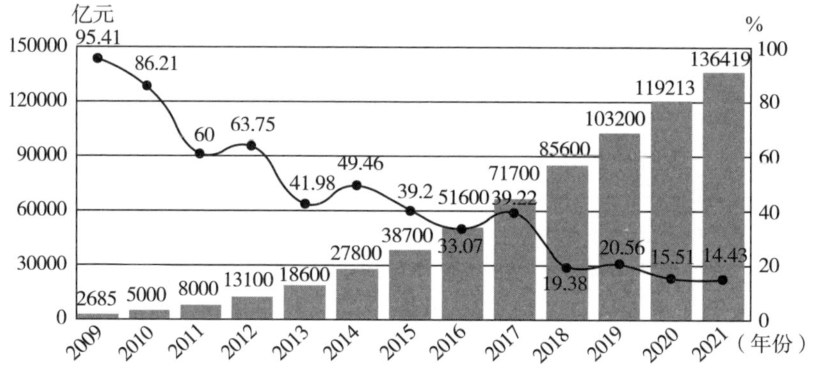

图5—3　2009—2021年网络零售行业交易规模及其增长率

据网络社“电数宝”电商大数据库显示，2021年上半年，国内网络零售市场交易规模达62791亿元，2021年全年网络零售达13.64万亿元，同比增长14.43%。2015—2021年，网络零售交易规模持续增长。2015—2017年，增速保持在30%以上，此后徘徊在20%左右。

用户规模上，2021年上半年国内网络零售用户规模达8.2亿人，2021年用户规模达8.58亿人，同比增长8.74%。2015—2017年，网购用户的增速逐年下降。2018年有小幅回升。2019年相较前几年回升明显。2020年受疫情的影响，增速为7.78%，回落明显。2021年预计会有所回升，增速为8.74%。

据《2021年度中国电子商务“百强榜”》显示，32家数字零售公司上榜“百强榜”，总值4.6万亿元。排名前三的分别是阿里巴巴市值21257.54亿元、京东市值6978.14亿元、拼多多市值4750.41亿元，接下来分别是小米集团、快手、小红书、车好多、兴盛优选、苏宁易购、唯品会等。

（二）数字零售融资发展现状

据《2021年中国数字零售投融资市场数据报告》显示，2021年中国零售电商共发生179起融资，同比下降7.74%。此外，2017—2020年，融资事件数依次为258起、267起、282起、194起，增速分别为−28.93%、3.48%、5.84%、−31.21%。数据显示，2017—2019年，融资事件数较平稳，2020年骤降三成，同时，2021年相比2020年融资事件增速有所回升。

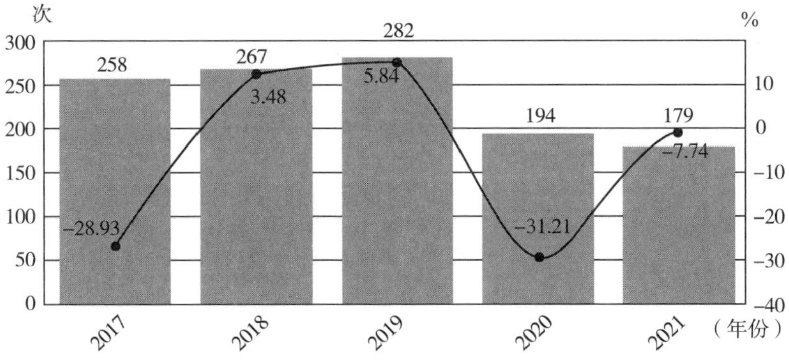

图5—4　2017—2021年零售电商融资事件数量及其增长率

融资金额方面，2021年中国零售电商融资总额超706.4亿元，同比增长59.63%。此外，2017—2020年，融资金额依次为407.3亿元、1214.8亿元、734.7亿元、442.5亿元，增速分别为−0.32%、198.25%、−39.53%、−39.78%。数据显示，2018—2020年，融资金额增速呈下滑态势，且2021年相比2020年增长近六成。

此外，2021年数字零售活跃投资方包括多闻资本、中金汇融、满帮集团、中原联创、阿里巴巴、鸿为资本、和玉资本、西湖科创投、高瓴创投、腾讯投资、聚水潭、齐光资本、梅花创投、中缔资本、智铭资本、腾讯投资、梅花创投、淡马锡、远航资本、KKR、五源资本、纪源资本、达晨创投、沂景资本、南虹资本、坚果资本、威诚资本等。

三、数字零售各领域百花齐放，直播电商等增速迅猛

在数字零售各个细分领域中，包括社交电商、社区团购、母婴电商、生鲜电商、直播电商、汽车电商、医药电商、二手电商等也呈现出不同规模的增速。

（一）社交电商

随着互联网的发展，传统电商红利日趋渐薄，社交电商反而成为新的行业风口，2021年社交电商领域接连发生苏宁入股社交驱动型会员电商平台“右来了”、返利网在上海证券交易所上市、贝店“暴雷”、淘小铺宣布关停、商务部发文支持社交电商发展等事件。

据网经社“电数宝”电商大数据库显示，2021年社交电商行业交易规模达到25323.5亿元。其中，从增速来看，2016年增长率高达98.19%，2019年同比增长71.71%。受疫情影响，2020年增长率急剧下降至11.62%。由于疫情进入常态化，2021年增长率为10.09%，呈现进一步的下滑。

用户规模上，2021年用户规模达8.5亿人，增长了8.97%，增速下滑。2017—2018年，社交电商用户规模逐渐递增，用户规模从4.73

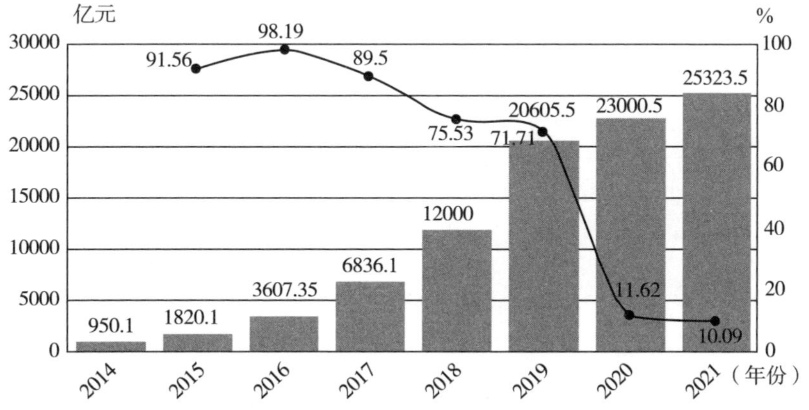

图 5—5 2014—2021 年社交电商行业交易规模及其增长率

亿人增加到 6.08 亿人，增长了 28.54%。2021 年社交电商人均年消费额为 2979.24 元，增长了 1.03%，增速呈上升趋势。

融资规模上，2021 年国内社交电商行业共发生了 14 起投融资事件，融资总额达 39.1 亿元。涉及的平台包括小红书、快乐星球、帮帮抢、聚分享、苏惠臻享、朋友优选、万物心选、书里有品、美鹿生活、“右来了”等。

2021 年社交电商“独角兽”共 3 家，分别为小红书（200 亿美元）、微店（15 亿美元）、鲸灵集团（10 亿美元），总估值为 225 亿美元。对比 2020 年四家社交电商“独角兽”，总估值增加 95 亿美元。

2021 年社交电商“千里马”共 6 家，分别为万色城（52 亿元）、爱库存（39 亿元）、贝店（30 亿元）、KK 直播（22.75 亿元）、有车以后（20 亿元）、生日管家（10 亿元），总估值为 173.75 亿元。对比 2020 年社交电商“千里马”，数量保持不变。

（二）社区团购

社区团购无疑是近几年的热门投资赛道之一，然而潮水退去，也发生了很多破产的事例。2021 年，社区团购赛道上有起有落，发生兴盛优选半年内连续 3 次获投资、阿里巴巴成立 MMC 事业群主攻社区团购项目、老玩家同程生活宣布破产、快递企业入局社区团购赛道等事件。

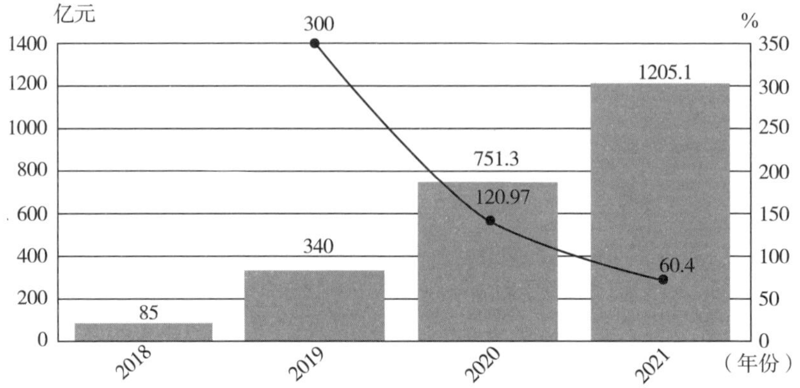

图 5—6　2018—2021 年社区团购行业交易规模及其增长率

数据显示，2021 年国内社区团购市场交易规模达到 1205.1 亿元，同比增长 60.4%。2018—2021 年，社区团购飞速发展，其中 2019 年增速达到最高 300%，之后两年，虽然社区团购交易规模保持增长，但是增速呈现“断崖式”下降。2021 年社区团购增速从三位数降到了两位数。

用户规模上，2021 年社区团购用户规模达到 6.46 亿人。社区团购用户规模迅速增长，2016—2018 年，用户规模从 0.95 亿人增加到 3.35 亿人，提高了 58.01%。2019 年用户规模继续保持增长，增速平稳下滑，2020 年增速为近 5 年来最低，2021 年又有回升。

人均年消费额上，2021 年国内社区团购人均年消费额为 186.54 元，同比增长 16.9%。此外，2018—2020 年，社区团购人均年消费额（增速）分别为 25.37 元（注：无增速数据）、80.95 元（219.07%）、159.57 元（97.12%）。2019 年增速达到顶峰，此后两年迅速回落。

融资规模上，2021 年我国社区团购融资数为 10 起，总额为 285.9 亿元，同比增长 63.55%。社区团购融资暴发期已过，2018 年融资金额增速超 3000%，此后 3 年年趋平稳。涉及的平台包括谊品生鲜、兴盛优选、海豚购、好邻好物、十荟团、菜娘子、光一供应链、康品汇。

目前，社区团购“千里马”共 3 家，分别为闪电购（22 亿美元）、有好东西（16.25 亿美元）、大 V 店（10.4 亿美元），总估值为 48.65 亿美元。

（三）母婴电商

近年来，随着互联网电商的不断发展，再加上从 2013 年的单独二孩到 2016 年的全面二孩以及“十四五”规划纲要中提出的“增强生育政策包容性”，再到如今的三孩生育政策，推动母婴电商迅速发展。但是，在被认为有着万亿市场规模潜力的母婴电商背后，同样也遭遇寒流、处于低谷。在这一环境下，贝贝集团暴雷，蜜芽开始了求变之路。

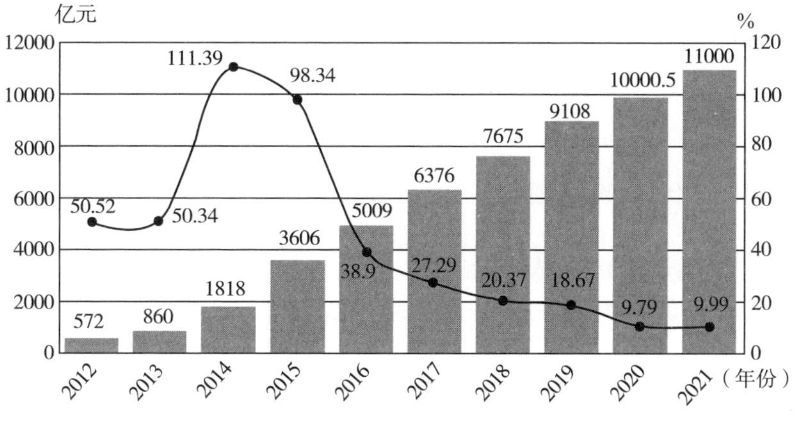

图 5—7　2012—2021 母婴电商行业交易规模及其增长率

母婴电商不断渗透至各类线下消费形态，母婴电商在政策利好、消费者年轻化等因素的推动下迅速发展。

据网经社“电数宝”电商大数据库显示，2021 年母婴电商市场规模为 11000 亿元，同比增长 9.99%。其中，2014 年增长率高达 111.39%，2015—2020 年，增速分别为 98.34%、38.9%、27.29%、20.37%、18.67%、9.79%，增速保持平缓下滑。

用户规模上，2021 年母婴电商用户规模为 2.5 亿人，同比增长 2.04%，增速呈下滑趋势。其中，2014—2021 年，用户规模逐渐持续增长。从增速来看，2017 年增长率高达 61.42%，2018—2020 年，增速分别为 38.05%、25.64%、25%。

人均年消费额上，2021 年母婴电商人均年消费额为 4400 元。2014—2021 年，人均年消费额增减不一。从增速来看，2014 年增长率高达 111.39%，2019 年同比下降 5.55%。受疫情影响，2020 年下降 12.17%，到 2021 年增长 7.79%，增速呈上升趋势。

融资规模上，2021 年国内母婴电商行业共发生了 5 起投融资事件，融资总额超 11.5 亿元。涉及的平台包括小鹿母婴、MAKUKU 麦酷酷、米小芽、Babycare、亲宝宝。

（四）生鲜电商

2021 年生鲜电商赛道喜忧并肩，既有赛道选手“每日优鲜”“叮咚买菜”上市的喜讯，又有“呆萝卜”宣布停业、“美菜网”被曝裁员和业务收缩等噩耗。2021 年，生鲜电商无疑是最为拥挤的赛道，虽有广阔前景却竞争残酷。2022 年，生鲜电商“卡位战”进一步升级。加上生鲜电商格局还未完全稳定，未来生鲜市场会呈现菜市场、超市和社区生鲜等多种业态共存的局面。

数据显示，2021 年生鲜电商交易规模达 4658.1 亿元，同比增长 27.92%，生鲜电商行业渗透率达 7.91%。

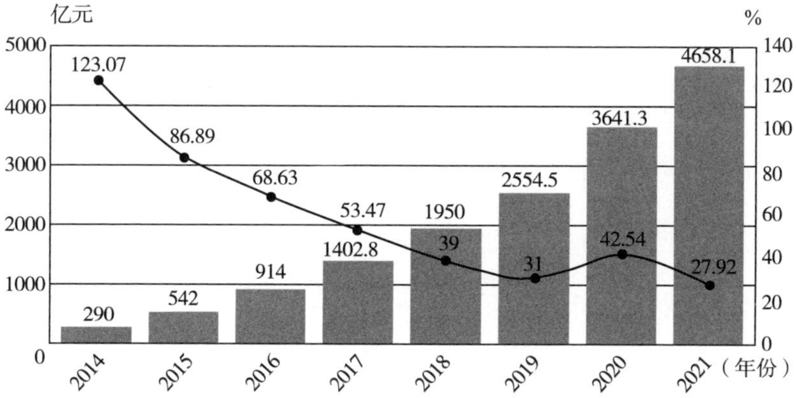

图 5—8　2014—2021 年生鲜电商行业交易规模及其增长率

融资规模上，2021 年国内生鲜电商行业共发生了 8 起投融资事件，融资总额超 80.5 亿元。涉及平台分别为 T11、森果云、朴朴超市、叮咚买菜、飞熊领鲜、兔子鲜生、菜划算。

2021 年生鲜电商“独角兽”仅剩 2 家，分别是谊品生鲜和百果园，估值分别为 34 亿美元和 14.62 亿美元，总估值达 48.62 亿美元。每日优鲜上市移除榜单。

2021 年生鲜电商“千里马”共 7 家，分别是本来生活、每日优鲜便利购、生鲜传奇、每日一淘、天天果园、食行生鲜、永辉云创，估值分别为 58.5 亿元、46.8 亿元、40 亿元、33.8 亿元、32 亿元、25 亿元、12.5 亿元，总估值达 248.6 亿元。

（五）直播电商

在新消费时代下，直播正在成为数字化的基础设施，为电商带来更好的技术和更优化的结构。同时，因疫情影响，直播带货达到新高度。

淘宝、京东、拼多多、快手、抖音，以及众多品牌、商家纷纷加码，我国直播电商行业多层次竞争格局已形成。而在强监管下，直播电商合规化成趋势。雪梨、薇娅等相继因偷逃税问题被查后，头部主播的流量被削弱，直播电商也将迎来洗牌。

据网经社“电数宝”电商大数据库显示，2021 年上半年中国直播电商市场规模达到 12850 亿元，2021 年达到 23500 亿元，同比增长 82.87%。2017—2020 年，国内直播电商市场交易规模分别为 196.4 亿元、1354.1 亿元、4437.5 亿元、12850 亿元。其中，2018 年增长率高达 589.46%，2019—2020 年，增长率分别为 227.7%、189.57%，依旧保持三位数的增速。

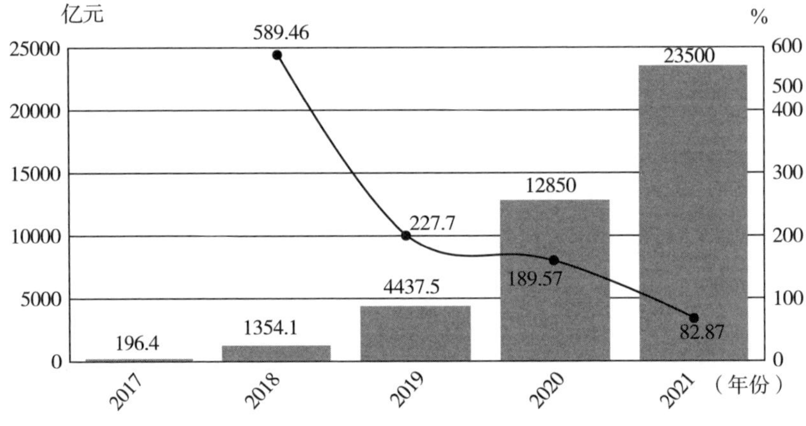

图 5—9　2017—2021 年直播电商行业市场规模及其增长率

2021 年的直播电商有“机”也有“危”。近五年来，直播电商呈现快速发展状态，但其背后不乏各种行业乱象存在。特别是 2020 年直播电商的头部化垄断现象更为严重，且超头部主播以价格优势形成和头部主播较大的断层。

当前，头部主播的垄断反而对行业的发展不利。头部直播的背后折射出巨大的资源集中效应，中小主播及长尾主播能获得的空间被压缩。另外，对于商家来说也不利，比如“双十一”原来消费者可以通过会场找到自己想要购买的物品，而现在要通过主播，实际上就多了一道坎。然后在平台的裹挟之下，商家为了能够进入头部主播的直播间，势必要做出让利和牺牲。这样对商业生态来说造成了不均衡发展，也未必健康。这次事件会让头部主播效应被分散，迎来一波洗牌，其他主播、MCN 机构、品牌、商家等也将迎来更多机会。

（六）汽车电商

近年来，随着我国汽车电商市场规模快速扩张，市场渗透率逐步上升，我国汽车电商用户规模整体呈现快速上升趋势。

数据显示，2011—2020 年，我国汽车电商市场规模不断增长，至 2021 年市场规模突破 12000 亿元大关。其中，2015 年增长率高达 50.59%，受 2020 年疫情给宏观经济带来的冲击的影响，增速呈下滑趋势。2021 年有所回暖，整体规模增长继续 2021 年汽车电商市场规模约为 12052.9 亿元，同比增长 6.89%。

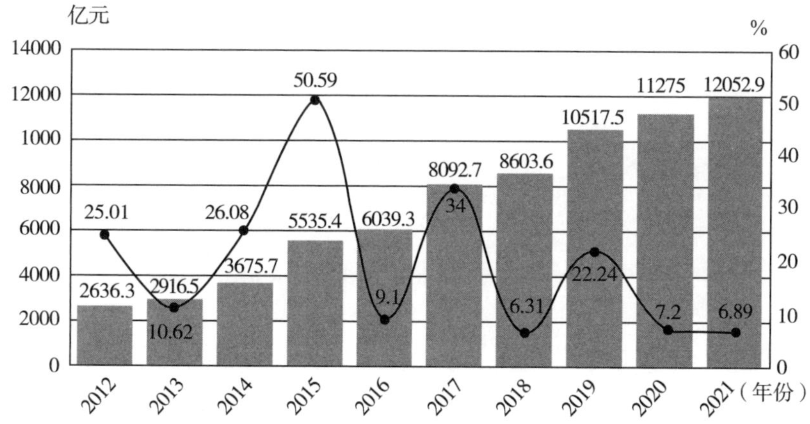

图 5—10　2012—2021 年汽车电商行业交易规模及其增长率

随着汽车成为日常出行不可或缺的工具之一，与之相关的汽车养护消费也愈发重要，围绕着汽车相关的各类电商模式层出不穷。从造车、汽车销售、供应链到后服务市场等整个环节，各互联网巨头、资本也纷纷入局。2021 年以来，疫情后的汽车电商逐渐回暖，宜买车、车好多集团、车小多等汽车电商纷纷获得资本融资。

（七）医药电商

近年来，市场需求快速上升，医药电商迎来发展利好，特别是为了充分发挥互联网医疗在抗疫中的作用，政府部门出台了一系列推动政策。在有利的政策环境下，投融资事件增多，新增入局者屡获互联网大厂和资本的青睐。药师帮、上药云健康等医药电商平台获得融资，“合纵药易购”深交所上市，为医药电商市场注入“兴奋剂”，推动行业的加速发展。在行业快速发展的背景下，医药电商将迎来新一轮增长。

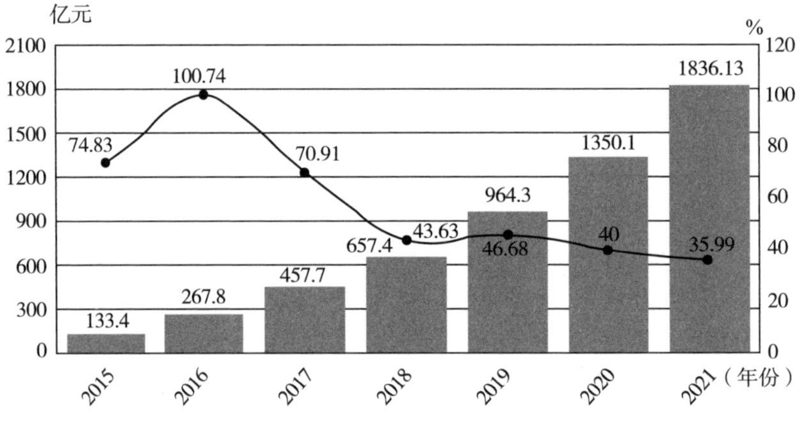

图 5—11　2015—2021 年医药电商行业交易规模及其增长率

据网经社“电数宝”电商大数据库显示，2021 年我国医药电商交易规模达到 1836.13 亿元，同比增长 35.99%。2015—2020 年，医药电商市场交易规模分别为 133.4 亿元、267.8 亿元、457.7 亿元、657.4 亿元、964.3亿元、1350.1亿元。2015—2020年，医药电商市场增速依次为74.83%、100.74%、70.91%、43.63%、46.68%、40%。

经过多年发展，医药电商步入高速发展期，形成三种成熟的商业模式，加速线上线下融合，解决传统医药通路痛点，构筑医药新零售生态圈。政策规范行业健康发展的同时，也为医药电商带来下一步红利，伴随着医药物流的升级、运营能力的提升，医药电商将加强综合服务能力建设，满足患者更深层次的用药和医疗需求。

（八）二手电商

随着二手物品登上正面市场，二手电商跃入消费者的视线，2021年行业发生了京东旗下独角兽“万物新生”集团在纽约证券交易所上市、转转被传考虑最早2022年进行首次公开募股、快手加入二手电商赛道、圆通二手商城正式上线、爱回收被工信部下架等事件。

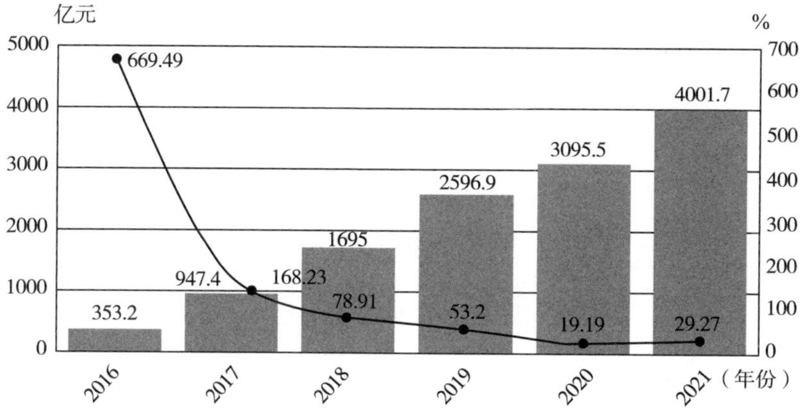

图5—12　2016—2021年二手电商行业交易规模及其增长率

2021年上半年二手电商交易规模达1866.5亿元，年底达4001.7亿元，同比增长29.27%。此外，2016—2020年，二手电商交易规模（增速）分别为353.2亿元（669.49%）、947.4亿元（168.23%）、1695亿元（78.91%）、2596.9 亿元（53.2%）、3095.5 亿元（19.19%）。

融资规模上，2021 年中国二手电商领域共有 9 家平台获得融资，分别为转转、爱回收、胖虎科技、采货侠、妃鱼、只二、值耀、车小多、闪回收，融资总额约 58.1 亿元人民币。

2021 年，随着二手物品登上正面市场，二手电商跃入消费者的视线，这一年，快手加入二手电商赛道、圆通二手商城正式上线等好消息不断。然而，在行业爆发式成长的同时，二手电商市场仍面临着诸多挑战，二手电商商品质量不过关、网络售假、霸王条款等顽疾也逐渐暴露。

四、数字零售未来发展趋势

趋势一 “人货场”数智化愈加融合，构建新零售数智化生态

在零售行业的数智化浪潮中，人、货、场的数智化转型进程都在不断深化，数智化变革也在不断优化人的管理、货的管理和场的管理。未来零售企业的数智化不是仅专注于某一个部分，而是把人、货、场所有的数据进行整合打通，实现真正意义上的新零售数智化生态，除了在营销策略上能够依托数智化进行决策外，在渠道铺陈、门店管理、供应链管理、产业研发等方面都能够实现智能化和自动化。在新零售时代的数智化生态构建中，用户数据将成为打通人、货、场的关键所在，用户价值将愈加显著。

趋势二 DTC 模式崛起，私域阵地布局助力品牌数字化转型

DTC 直面消费者与私域流量，具有天然的适配性，流量红利消失、品牌商越来越重视客户转化率、复购率及长期价值，因此沉淀数字资产格外重要。凭借以微信生态为主要阵地的私域用户运营，品牌发力生

产、营销、交付全环节实现了与消费者的深度运营。数据显示，2021 年近五成的品牌主认为“企业内部数字化转型战略”助推私域流量营销，私域阵地布局已成为企业数字化转型中的重要一环。

趋势三 互联互通为零售中小企业带来机会

目前，零售流量入口已经稳固，京东、阿里巴巴等综合平台控制着公域，抖音、快手、腾讯等内容、社交平台控制着私域，平台凭借着自身流量的控制力，拓展自身业务链条，闭环变现。随着共同富裕、反垄断政策风向的定调，加上流量触顶的压力，平台间的流量壁垒松动，腾讯的社交流量作为规模最大的私域入口，已经开始开放外部链接，平台间生态合围趋势显现。在互联互通开放流量渠道的环境下，中小平台和平台卖家的流量和数据通路增加，或将迎来发展机会。

专栏 拼多多：电商重构者“多实惠、多乐趣”走出差异化

拼多多创立于 2015 年 4 月，以农产品零售平台起家，深耕农业，开创了以“拼”为特色的农产品零售的新模式，逐步发展成为以农副产品为鲜明特色的全品类综合性电商平台，是全球唯一具备规模的纯移动电商平台。作为新电商开创者，拼多多致力于以创新的消费者体验，将“多实惠”和“多乐趣”融合起来为最广大用户创造持久的价值。

拼多多商业模式特征是“少 SKU、高订单、短爆发”，通过拼团模式短时间聚集大量需求，有效链接需求和供给两端，零佣金、去中心化，给予农产品、白牌商品更多流量曝光机会，使得平台持续有极致性价比的商品，形成良性循环。把握社交红利，积累规模优势，拼多多 C2M、农产品上行、百亿补贴等实现了对于供应链端的把控。规模化聚

拢零散性需求，可向上游供应链做批量采购、定制和生产指导，解决销售“盲盒”，反哺农业和工业生产端。

拼多多核心商业模式为“Costco＋迪士尼”，致力于为消费者带来“多实惠、多乐趣”的消费体验。一是流量端。把握下沉市场电商发展痛点、社交和娱乐趋势、推荐技术支持人“懒惰”本性的发展机遇，聚焦不同消费能力群体对于“低价实惠”的共通需求（高用户基础）、融入社交及游戏元素（高使用黏性）、汇集高性价比商品所形成的平台—商家—顾客良好循环（高留存率）的独特优势，而独特的战略优势背后是融入社交关系的精准推荐算法与高效的供应链系统。二是供应链端。规模化聚拢零散性需求，可向上游供应链做批量采购、定制和生产指导，解决销售“盲盒”，反哺农业和工业生产，“农产品上行”和“新品牌计划”建立了拼多多在农货和白牌商品的供应链优势。

拼多多于2018年7月在美国纳斯达克上市。截至2021年6月，平台年度活跃用户数达到8.499亿，商家数达到860万，平均每日在途包裹数逾亿单，是中国大陆地区用户数最多的电商平台，更是全世界最大的农副产品线上零售平台。

抖音电商：数字经济环境下的兴趣电商探索

抖音电商致力于成为用户发现并获得优价好物的首选平台。众多抖音创作者通过短视频/直播等丰富的内容形式，给用户提供更个性化、更生动、更高效的消费体验。同时，抖音电商积极引入优质合作伙伴，为商家变现提供多元的选择。

2021年抖音电商平台上大约有260万＋有动销的电商达人在抖音电

商经营事业，超过860个商家累计交易总额破亿、收获生意增长，有300＋品牌服务商、1.4万＋的MCN机构与抖音电商共建服务生态。抖音上电商相关的月均短视频发布量1.8亿，月均直播场观498亿＋，月均内容互动量1382亿＋，用户累计购买商品件数117亿＋。

目前，抖音已构建完成“短视频→直播”的电商路径，即抖音短视频激发用户潜在需求，抖音直播电商刺激用户购买。而如果想要促进用户形成复购、为商家构建更稳定的长期销售渠道或可通过独立电商App实现。

近年来，以移动互联为基础的数字化方式有效打破时空阻隔，在方便群众生活，满足人民群众多样化、个性化需求层面扮演越来越重要的角色，成为助推经济社会发展的有效组成部分。在数字经济发展过程中，以抖音电商为代表的兴趣电商平台，重视对数字技术、交互方式等的创新应用，不断实践探索推动实体经济和数字经济融合发展，成为满足人民对美好生活向往的重要途径。

第三节　数字产品服务业迅猛崛起

一、数字产品服务业的分类

数字产品服务业，具体分为数字产品批发、数字产品零售、数字产品租赁、数字产品维修及其他数字产品服务业5个种类，其中包含10个小类。

数字产品批发业，指各类计算机、软件及辅助设备、电信设备、广播影视设备的批发和进出口活动。

数字产品零售，指各类计算机、软件及辅助设备、电信设备、音像制品、电子出版物的零售活动。

数字产品租赁业，包含两个小类，分别为各类计算机、通信设备的租赁活动，各种音像制品的出租活动。

数字产品维修业，主要方向是各类计算机、辅助设备、通信设备的维修活动，其中通信设备包括电话机、传真机、手机等生活中常见常用的设备。

其他数字产品服务业指其他未列明数字产品服务业。

二、服务业数字化转型将释放巨大产业红利

新冠肺炎疫情催生服务业数字化转型，疫情终会过去，但“数字生活”定会是现在时、将来时。疫情过后，留下来的企业大多可能都已经数字化了。换句话说，不是企业愿不愿意数字化的问题，而是不得不选择走数字化的道路。

当然，疫情只是一个倒逼企业主动推动产业数字化的诱因。而更重要的在于，从产业的内部需求和发展阶段来看，已经到了数字化的“分水岭”。原因很简单，当时代已经不可逆地进入数字化，当产业的上下游已经数字化，当用户群体已经数字化，企业还能不数字化吗？不数字化，势必贻误发展机遇。通过产业数字化转型，可以推动企业找到新的增长方式。

企业作为市场主体，是最务实的。产业数字化带来的利益，永远是企业最现实的内部驱动力量。产业数字化带来全新的商业模式，如“双十一”，让万千企业为之疯狂。有的企业“双十一”一天的流量可以抵上半年甚至一年的营业额，这样的数字化所产生的力量超乎我们的

想象。

对于量大面广的服务业而言，其数字化转型的意义不容小觑。根据国家统计局的最新数据，服务业是中国经济的第一大产业，占国内生产总值的比重达到53.9%，但其中只有相当小的部分完成了数字化转型，还有80%的服务业没有数字化。如果说，数字化是下一个十年的红利，那么，这个巨大红利主要蕴藏于服务业的数字化转型之中。

服务业数字化转型将释放巨大产业红利，其带来的势能不可估量。未来，服务业数字化转型主要从两大方面带来广阔市场价值。一方面，是利用数字技术进行全方位、多角度、全链条的改造过程，来实现传统服务业的数字化、网络化、智能化发展，不断发挥数字技术对业态的放大、叠加、倍增作用，最终将促进服务业提质增效、健康发展。当然，这也是满足人民日益增长的美好生活需要的内在诉求。另一方面，是从生活服务、商家经营的覆盖面来看，我国广大的中西部地区，老龄化群体以及数量庞大的三四五线城市居民同样有现实的数字化服务需求，但针对他们的服务业数字化程度还远远不够。因此，从服务业数字化普惠的角度看，中国仍然有强劲的市场空间。特别是在接下来的乡村振兴实践中，要实现乡村振兴的目标任务，服务业数字化转型将是重要的主战场之一。

电商网购、在线服务等新业态在抗疫中发挥了重要作用，政府要继续出台支持政策，全面推进“互联网＋”，打造数字经济新优势。毋庸讳言，服务业线上、线下割裂，线下服务数字化难度大，依然是服务业数字化转型的主要“痛点”。服务业数字化转型的切实推进，有赖于依托互联网技术去消弭时间、地域鸿沟。这一进程，在疫情的催化下得到了加速，但离预期目标还有很大距离，还有很多“作业”需要政府和企业好好去做。未来，推动服务业的数字化转型，需要在多个方面积极作为。

首先，要因势利导，最大限度地发挥数字生活服务平台优势。在抗疫期间，有着强大数字技术支撑的数字生活服务平台让服务业数字化的应用直接触达每个个体，常态化疫情防控提供了有效的解决方案。例如，支付宝创新性地推出并普及“健康码”和“消费券”两大产品模式，进一步拓展了小程序生态，为长远的数字化服务、数字化经营奠定了基础。如今，“无绿码不出行”，支付宝首创的健康码已经成为全民标配，不仅作为疫情时期的数字化健康证明，更是在复工复产大潮中扮演了重要角色。数据显示，支付宝健康码亮码超过 500 亿人次，成为最主流的健康码平台。此外，消费券也掀起了一波刺激消费拉动经济复苏的大戏，在全国范围上演。

疫情防控以来，无论是健康码还是消费券都是政府参与的场景刚需，支付宝通过打造“一站式数字生活服务平台”，让许多过去不懂互联网、不善用互联网的商家和用户都纷纷“触网”“上线”，大量小微商家涌入支付宝，成了覆盖下沉市场的大风口。

其次，要着力解决数字化服务的创新型人才紧缺问题。新的业态，需要新的人才供给。为适应新的业态发展和市场人才需求，人社部、市场监管总局、统计局应该分批次公布新的职业。从长远来讲，需要深化校企合作、政企合作，通过建设企业大学、企业培训基地等方式，鼓励高校尤其是职业学院根据市场人才需求，开设相应的培训课程，通过推动企业深度参与高校课程设置、实训课程开发等方式，培育既精通技术又熟悉经营管理的数字化服务领军人才。激发行业协会、培训机构、咨询公司等第三方组织在数字化服务人才培育中的作用，适度将资格评定、继续教育、国际交流合作等工作交给第三方专业组织承担，促进政府规制和行业规制有效结合的数字化服务人才培育体系的形成。

最后，要加强对服务业数字化转型的政策支持。例如，可以成立服务业数字化发展基金，推动各级政府产业基金按照市场化运作方式，与社会资本合作设立相关投资子基金。此外，可以探索加强服务业数字化转型领域用地、用能、排放、创新等要素资源优化配置和保障措施。

三、数字化服务业成为中国经济新亮点，数字服务贸易蕴含新机遇

数字化革命带来的服务业升级，成为今后中国经济的一大亮点，数字服务正成为服务贸易领域新的增长点。近年来，新一轮科技革命和产业变革孕育兴起，带动数字技术强势崛起，促进了产业深度融合，引领了服务经济蓬勃发展。数据成为新型生产要素，为实体经济注入新鲜血液。中国未来必须推进数字产业发展和传统产业数字化转型，才能推动数字经济高质量发展。

服务业加快数字化是必然趋势。服务业是国民经济的第一引擎，也是中国未来要建成全球最大规模消费市场的决胜环节。

四、加快服务业数字化转型的重要意义

从一些国家的发展路径看，当服务业比重达到 GDP 的一半后，经济开始呈“喇叭口”增长，即经济增速会随着服务业比重的上升而有所下降。服务业数字化有望帮助我们避免陷入这一怪圈，一方面，通过大数据精准匹配个性化需求，将大幅提升资源配置效率。另一方面，它也能加快产品和服务创新的速度，促进消费者不断尝试新产品、新服务，

加速消费升级迭代，持续释放需求动力。

当前，生活服务业数字化发展仍面临程度不充分、水平不均衡、要素支撑能力弱等问题。对此，加强新基建可以为服务业提供强大的基础设施支撑，一方面，要鼓励龙头企业通过 PPP（政府和社会资本合作）模式参与数字基础设施建设。另一方面，政府部门也应为生活服务业数字化创造更多的应用场景和公共服务。

五、数字服务贸易蕴含的新机遇

2020 年 8 月，国务院常务会议正式批复同意并印发了《全面深化服务贸易创新发展试点总体方案》（以下简称《总体方案》），新一轮试点从原有的 17 个试点地区扩围至 28 个试点地区，试点内容也在前两轮的基础上“全面深化”。

数字贸易是新一轮试点的一大亮点。《总体方案》提出，国家层面将在试点平台上大力推进数字服务、版权服务、医药研发、检验检测、在线教育等新业态、新模式发展，特别是在数字贸易领域，重点探索数据流动与监管的创新和开放。从具体的领域看，数字贸易包括软件、社交媒体、搜索引擎、通信、云计算、卫星定位等信息技术服务，数字传媒、数字娱乐、数字学习、数字出版等数字内容服务，以及通过数字交付的服务外包三大类。

数字服务贸易已经并将继续成为世界经济增长的内在动力源，我们要准确把握服务贸易发展的大趋势。数字服务贸易将继续呈现高速增长态势，将日益智能化、数字化、网络化，制造业服务化趋势也逐步明显，全球服务贸易结构呈现高端化的发展方向，服务业开放是我们新一轮开放发展的重点内容，全球服务贸易的规则正在加速重构。

数字服务正成为服务贸易领域新的增长点，政府和企业只有继续加强科技研发投入，吸引科技人才和专业人才，才能为中国数字经济发展贡献力量。而以数字技术为代表的新科技，过去在经济贸易活动中只是锦上添花，而未来将必不可少。随着各国数字经济的发展，数字贸易引领全球贸易的升级迭代，贸易方式与贸易对象的数字化将逐渐成为新趋势。

我国现代服务业加速崛起。其中，快递业务量连续多年稳居世界第一、高速公路和高速铁路里程居世界第一、电子商务和移动支付交易额均居世界首位。我国服务业规模日益壮大，质量效益大幅提升，新业态、新模式快速涌现，人民群众幸福感持续增强，市场信心不断提振。现代服务业已成为带动产业转型升级和公共服务体系建设的新引擎，成为改善民生、促进生产生活方式转变的新支撑。

服务业比重持续上升。如今，互联网、云计算、大数据等现代信息技术与服务业加速融合，正改变着人们的日常生活。“十三五”以来，我国服务业比重进一步提高，生产性服务业加速迈向专业化，生活性服务业不断向高品质延伸，优质高效的服务业助推产业改造升级，提升百姓生活品质。

按照国家统计局公布的数据，2021 年我国服务业增加值 609680 亿元，比 2020 年增长 8.2%，两年平均增长 5.0%。服务业增加值占国内生产总值的比重为 53.3%，对经济增长的贡献率为 54.9%，拉动国内生产总值增长 4.5%，分别高出第二产业 13.9%、16.5%和 1.4%。

服务业新动能持续激发。2021 年，信息传输、软件和信息技术服务业以及金融业增加值比 2020 年分别增长 17.2%和 4.8%，合计拉动服务业增加值增长 1.9%，两年平均分别增长 17.7%和 5.3%。

随着经济运行持续稳定恢复，内生动力不断增强，内需潜力进一步释放，服务业发展前景广阔，将在构建新发展格局、推动经济高质量发展的进程中发挥更为重要的支撑和引领作用。

发展更加高效优质，制造业的壮大离不开生产性服务业。近年来，全国多地加大对生产性服务业发展的推进力度，将其作为优化产业结构、促进产业转型升级的重要举措。在浙江杭州，以企业为主体，以数字化为主线，从“机器换人”“工厂物联网”到“工业大脑”“企业上云”，先进制造业和现代服务业相融相长的路径正在加速推进。以供应链管理延伸为例，菜鸟网络、传化智联、百世物流等通过发展现代物流融合制造，一方面推动物流全流程数字化发展，另一方面积极搭建制造企业和物流企业对接平台，创新供应链协同模式，推进物流设施和制造服务全流程绿色化、智能化、一体化提升改造。

工业设计和创意、信息技术咨询、现代流通……作为现代服务业的重要组成部分，新一代信息技术拓展数字化转型空间，制造业与服务业持续融合、互促共进。2021 年，生产性服务业商务活动指数年均值位于55％以上较高景气区间。

在生产性服务业提质升级的同时，生活性服务业也在迈向高品质、多样化。去北京环球影城度假区旅游的外地游客，可以在大众点评 App 上一键订购度假区的酒店和门票，还可以通过美食搜索打卡度假区周边的景点和美食。自北京环球影城度假区开园以来，美团通过数字化能力将周边餐饮、住宿、休闲等在内的“环区店”精准盘活，度假区周边 5 千米内的夜间消费提升非常显著，与生活性服务业相关的夜间消费（晚 8 时至凌晨 3 时）订单量大幅上升。其中，堂食餐饮夜间订单量同比上涨 65.4％，酒店夜间订单量同比上涨 37.6％。

近年来，5G、人工智能、虚拟现实等前沿技术在实践中与更多服务业场景加速融合，直播电商、短视频电商、社区团购等新业态、新模式快速发展，线上线下消费融合提速。特别是新冠肺炎疫情以来，线上问诊、线上药店等一系列"无接触"互联网医疗服务呈高速增长态势，个性化、定制化服务受到消费者追捧。

六、生活服务业数字化的发展现状、问题及趋势

2020 年初，突如其来的新冠肺炎疫情给中国经济社会发展带来重大冲击，也对中国生活服务业数字化进程产生深刻影响。疫情期间，由于线下经营受阻，线上成为众多生活服务商户经营的主渠道，数字化展现出强大的韧性，以前所未有的现实力量支持中小微商户生存与发展。

（一）生活服务业数字化发展现状

数字技术在服务领域广泛应用，推动数字服务经济快速发展。生活服务业数字化是以数据为关键生产要素，通过数字技术与生活服务业深度融合，推动生活服务业结构优化和效率提升，培育新产品、新模式、新业态，不断提升服务品质和个性化、多样化服务能力的过程。

疫情期间，数字化的生活服务有效保障了人们的日常生活、学习和工作，旺盛的市场需求促使相关企业加快数字化转型，来提升自身生产和运营效率，这为保障中小微企业健康稳定发展提供了重要支撑。同时，随着生活性服务业在国民经济中的比重日益提升，其数字化发展将进一步拓展行业边界，为服务业迈向高质量发展开拓新空间。

1. 数字健康

随着数字经济飞速发展、政策的支持、资本的频频加码，使得数字健康行业发展持续向好。2021 年，数字健康行业融资金额超 175.2 亿

元。此外，医渡科技、医脉通成功上市，微医、叮当健康、智云健康、圆心科技等纷纷递交招股书。在行业高速发展的同时，各种文件的出台也在不断推动互联网健康形成行业规范。

据“电数宝”大数据库显示，2021 年数字健康市场规模为 4090.9 亿元，同比增长 41.06%。此外，2017—2020 年，市场规模（增速）分别为 1023.7 亿元（注：无增速数据）、1395.4 亿元（36.31%）、2008.3 亿元（43.92%）、2900.1 亿元（44.41%）。

互联网医疗方面，2021 年互联网医疗市场规模约为 2230 亿元，同比增长 43.87%；互联网医疗用户规模为 7.1 亿人，同比增长 7.25%；医药电商方面，2021 年医药电商市场规模为 1850.9 亿元，同比增长 37.09%。

2021 年数字健康“独角兽”依次为微医、妙手医生、七乐康、丁香园、好大夫在线、春雨医生、禾连健康、未来医生。数字健康“千里马”依次为领健、卓正医疗、好心情、建海科技、大姨妈、更美 App、贝登医疗、妈咪知道、简单心理、壹点灵、安心医生。

融资规模方面，2021 年中国数字健康共发生 61 起融资，创历史新高，同比增长 69.44%。融资总额为 184.1 亿元，同比增长 40.32%，融资金额创历史新高。融资额排名前十的有妙手医生、微医、Keep、药师帮、叮当快药、上药云健康、领健、建海科技、卓正医疗、云开亚美。

2. 移动出行

出行作为人们日常生活的基本需求备受资本关注，2021 年移动出行赛道风起云涌，美团打车重新上线，T3 出行也在加速扩张，哈啰、滴滴、嘀嗒纷纷寻求上市，行业融资额高达 159.8 亿元。另外，在行业监管方面，多地开展网约车整治、约谈行动，政府监管体制日益完善。

据“电数宝”大数据库显示，2021 年网约车市场规模约为 3190 亿元，同比增长 18.54%。用户规模约为 4.52 亿人，同比增长 23.83%。此外，2021 年共享单车市场规模约为 320 亿元，同比增长 29.55%；用户规模约为 3 亿人，同比增长 6.38%。

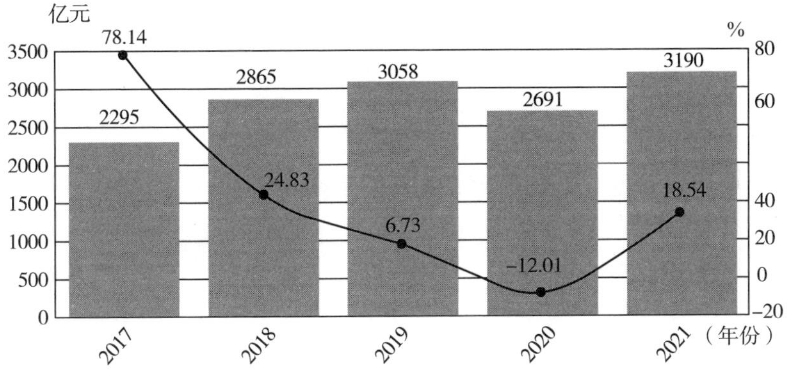

图 5—13　2017—2021 年网约车行业交易规模及其增长率

“独角兽”方面，2021 年移动出行“独角兽”10 家，依次为 T3 出行（62 亿美元）、哈啰出行（62 亿美元）、曹操出行（47 亿美元）、首汽租车（30.77 亿美元）、客路旅行（20 亿美元）、首汽约车（18 亿美元）、ETCP 停车（15.32 亿美元）、驴妈妈（12.6 亿美元）、斑马快跑（11.08 亿美元）、要出发（10.77 亿美元）。

“千里马”方面，2021 年移动出行“千里马”为 16 家，依次为寰宇旅游（40 亿元）、皇包车（39 亿元）、嘀嗒出行（39 亿元）、蘑菇智行（31.2 亿元）、八爪鱼在线旅游（30 亿元）、真旅（30 亿元）、穷游网（30 亿元）、租租车（26 亿元）、悟空租车（21.5 亿元）、我趣旅行（16.25 亿元）、享道出行（15 亿元）、微车（13 亿元）、游心旅行（12 亿元）、泰坦云（10 亿元）、青普旅游（10 亿元）、德师傅（10 亿元）。

融资规模方面，2021 年移动出行领域有 15 家平台获得融资，依次为大众出行、哈啰出行、停开心、派学车、e泊车、T3出行、曹操出行、驿公里、爱泊车、至优出行、全优车、天天泊车、海鸥出行、和骏出行、量子出行，融资总额超166.6亿元。

2021年在线旅游市场规模得到恢复性增长。2021年在线旅游市场规模约为8635亿元，同比增长35.21%，渗透率约为29.6%；用户规模约为4.49亿人，同比增长3.93%。

融资规模方面，2021年我国在线旅游行业有11家平台获得融资，分别为KLOOK客路旅行、携住科技、在途商旅、携旅、在途商旅、OTM中数旅科技、Xbed、享梦游、轻刻旅行、墨鱼旅行、智游天府，融资总额超21.6亿元。

（二）生活服务业数字化存在的问题

中国生活服务业数字化取得了初步成效，正在向着做强做优的方向发展。但同时也要看到，在这一过程中，仍然存在数字化发展程度不充分、数字化水平不均衡、要素支撑能力弱、重视程度待加强等方面的问题，对生活服务业实现高质量发展形成一定制约。

数字化发展程度不充分，表现在：一是生活服务业数字化总体渗透率仍然偏低。随着近年来生活服务业转型发展加快，由数字化引导的市场规模稳步增长，但在生活服务业总体规模中的占比仍处于较低水平。二是行业企业数字化转型仍处于初级阶段。生活服务业市场主体以中小企业和个体商户为主，受制于规模小、布局散、实力弱的特点，数字化转型发展进程较慢，且数字化应用集中在营销、业务和IT等方面，主要为单点效率提升，尚未形成一体化数字解决方案。

数字化水平不均衡，中国服务业数字经济在三大产业中持续领先，但受各细分行业的业务属性和地域分布等因素的影响，行业间数字化发展不均衡问题仍然突出。受限于基础设施、技术创新、市场规模等方面的差异，生活服务业数字化整体呈现东部沿海优于中西部内陆、高线城市优于低线城市的特征。美团外卖数据显示，华东、华南、华北等经济相对发达地区的外卖订单量显著高于东北、华中、西南、西北等经济相对欠发达地区，与各地区 GDP 占全国 GDP 的比重接近。

要素支撑能力弱，主要表现为：一是数字化转型资金不够。资金短缺是企业数字化转型面临的普遍问题，而生活服务企业的转型资金更为短缺。二是数字技术支撑不足。目前，现有的数字技术服务大都是通用技术，难以满足生活服务企业“短平快”的数字化转型需求。三是人才供给不足。生活服务业数字化转型需要既懂数字技术又懂生活服务经营的复合型人才，中国数字化转型人才总量供应不足且分布不均衡。

（三）生活服务业数字化的建议

加强顶层设计，营造良好政策环境。生活服务业数字化对于促进消费、带动就业和提升行业效率具有重要意义，建议在梳理和分析生活服务业数字化发展趋势的基础上，针对生活服务业数字化发展面对的问题与瓶颈，出台推动生活服务业数字化的指导意见或专项行动方案。一是客观定位生活服务业数字化在推动高质量发展中的重要意义。二是探讨并明确生活服务业数字化转型的方向、重点和路径。三是完善生活服务业数字化的政策支持体系。四是完善生活服务业数字化过程中政府、企业、社会的协同治理模式。五是强化政策衔接，统筹推进生活服务业数字化。

加快推进生活服务新基建。新基建是服务业数字化的基础。一是通过政企合作途径搭建生活服务业数字化基础设施。将生活服务数字化基础设施与社区“一刻钟生活服务圈”、公共服务等社会治理重点相结合，支持智能取餐柜、智能快递柜、智能自助服务系统等智能服务终端布局，线上线下融合满足居民需求。二是推动重点行业、领域试点示范。三是引导、支持平台企业提供针对性强、使用便捷、成本合理的生活服务业数字化基础设施，给予税收优惠、财政补贴、政府购买服务等支持。

强化要素支撑夯实发展基础。一是提高技术支撑保障。加强前瞻性基础研究，增加源头技术供给，鼓励支持5G、云计算、边缘计算、大数据、区块链、人工智能等技术在生活服务业落地应用，形成基于云的低成本数字化解决方案供给能力，降低企业转型壁垒。二是加快培育数字化人才。强化基层社区就业人员数字化赋能，鼓励发挥美团大学等平台优势，开设线上线下结合（O2O）课程，提高生活服务从业人员的数字化技能，提升生活服务企业数字化转型能力。

（四）生活服务业数字化发展趋势

数字化水平将继续稳步提升。中国生活服务业数字化已经取得重要进展，部分传统生活服务业面貌被改变。2019年，中国服务业数字经济比重达到38%，在三次产业中数字化水平最高，转型速度最快。其中，生活服务领域转型较快，成效最显性化。数据显示，中国餐饮、生鲜外卖以及商超便利品质商户上线数量同比保持高速增长16%，消费者线上购物习惯不断巩固，互联网餐饮外卖、酒店住宿在线预订、互联网出行等数字化生活服务交易规模十年间实现了数倍乃至数十倍增长，明显快于其他服务行业，行业收入占比不断提升。

从单环节突破到全链条渗透。早期生活服务业数字化主要是单环节功能实现。未来生活服务业数字化将加快向全产业链渗透。生活服务业数字化正在突破单一环节的定点优化，并通过全产业链赋能实现价值创造，对行业发展形成质变影响。从企业视角来看，网络与数字技术正在从客户引流、在线订单、售后服务等前端环节，向供应链管理、人员管理、运营决策等后端环节渗透，通过打通前后端数据，增强联动，推动企业管理效能提升。

数字技术催生更多的模式创新。不同技术的迭代，催生了以无人服务、虚拟经济、智能服务为代表的新业态。这些新业态，对提升服务供给数量、激发新消费需求、提升供给效率将起到关键作用。无人服务业态未来将在更多的生活服务场景中应用。机器视觉、模式识别等技术的发展，催生了无人货架、无人超市、无人配送等服务模式。生活服务业是最贴近消费者的服务行业，客户服务水平对于消费者感知和业务拓展至关重要，智能服务正在成为人工服务的有效辅助手段。

专栏　美团：数字化赋能美好生活

美团的使命是“帮大家吃得更好，生活更好”，公司聚焦“零售＋科技”战略，和广大商户与各类合作伙伴一起，努力为消费者提供品质生活，推动商品零售和服务零售在需求侧和供给侧的数字化转型。2018年9月20日，美团正式在港交所挂牌上市。

美团当前的本地化生活服务已经覆盖餐饮、酒旅、零售以及交通等各个领域，公司拥有美团、大众点评、美团外卖等消费者熟知的App，服务涵盖餐饮、外卖、打车、共享单车、酒店旅游、电影、休闲娱乐等200多个品类，形成了完整且广泛的布局。美团在几乎所有城市都投入了大量的人力资源，业务覆盖全国2800个县（区、市）。

美团在社区团购赛道的核心竞争优势来自平台优势、资源优势、团购经验和 O2O 经验，使其牢牢把握社区团购的低价和高效两个核心优势。

一是平台优势。美团拥有显著的平台优势，流量巨大。美团主营业务包括外卖、酒店旅游业务以及食杂零售业务等新业务，属于综合服务平台，用户只要有众多业务中的其中某一项需求，就会点开软件。美团拥有大众点评、微信小程序等引流手段，因而用户覆盖群体较广。

二是资源优势。美团有足额且持续的资本以及强大的人力团队，支持其在全国范围内的渠道下沉。美团组建的优选事业部成员由买菜、外卖、酒旅和快驴等各大事业部的精英团队组成，在团队管理和新业务拓展方面都拥有丰富的经验，支撑其业务较高的拓展速度和高质量发展。

三是经验优势。美团自身具有多年的团购经验和送餐的 O2O 经验，使得其在争夺市场、运营管理、制定佣金制度方面有较为丰富的经验。在 2010 年开始的团购大战中，美团凭借自身强大的体系化管理、组织能力以及对行业清醒的认识，成功脱颖而出成为最终赢家，积累了丰富的本地生活服务大战经验。

第四节　数字技术广泛应用

一、数字技术应用业的分类

在数字技术应用业大类中，共包含软件开发业，电信、广播电视和卫星传输业，互联网相关服务业，信息技术服务业及其他数字技术应用业 5 个中类，其中又包含 25 个小类。

软件开发业，包含 4 个小类，分别是基础软件、支撑软件、应用软件及其他软件的开发。基础软件开发指能够对硬件资源进行调度和管理，为应用软件提供运行支撑的软件的开发活动，包括操作系统、数据库、中间件、各类固件等。支撑软件开发指在软件开发过程中使用到的支撑软件开发的工具和集成环境、测试工具软件等的开发活动。应用软件开发较为常见，指独立销售的面向应用需求和解决方案等软件的开发活动，包括通用软件、工业软件、行业软件、嵌入式应用软件等。其他软件开发指其他未列明软件的开发活动，如平台软件、信息安全软件等。软件行业的发展关系我们国家的未来，毫不夸张地说，软件产业将成为 21 世纪拥有最大产业规模和最具广阔前景的新兴产业之一。

电信、广播电视和卫星传输服务业，包含 3 个小类，分别是电信业，指利用有线、无线的电磁系统或者光电系统，传送、发射或者接收语音、文字、数据、图像、视频以及其他任何形式信息的活动；广播电视业指利用有线广播电视网络及其信息传输分发交换接入服务和信号，以及利用无线广播电视传输覆盖网及其信息传输分发交换服务信号的传输服务；卫星传输服务业指利用卫星提供通信传输和广播电视传输服务，以及导航、定位、测绘、气象、地质勘查、空间信息等应用服务的活动。

互联网相关服务业，包含 7 个小类，我们大都能在生活的方方面面接触到，如互联网搜索服务（百度搜索引擎等）、互联网游戏服务（王者荣耀等）、互联网资讯服务（今日头条等）、互联网安全服务（360 杀毒等）、互联网数据服务（阿里云盘等）等。除此之外，还有互联网接入及相关服务业，指除基础电信运营商外，基于基础传输网络，为存储数据、数据处理及相关活动提供接入互联网的有关应用设施的服务活动；其他互联网相关服务业，指除基础电信运营商外，通过互联网提供网上音乐、网上视频、网上表演（直播）、网络动漫、网络艺术品等信息服务的活动，以及物联网服务、互联网资源写作服务、基于 IPv6 技术提供的网络平台服务等未列明的互联网服务活动。值得注意的是，国家统计局发布的《数字经济及其核心产业统计分类（2021）》明确指出，其他互联网相关服务业不包括互联网支付、互联网基金销售、互联网保险、互联网信托和互联网消费金融等互联网信息服务。

信息技术服务业，主要方向是集成电路设计、信息系统集成服务、物联网技术服务、运行维护服务、信息处理和存储支持服务、信息技术咨询服务、地理遥感信息及测绘地理信息服务、动漫、游戏及其他数字内容服务及其他信息技术服务业。

其他数字技术应用业，主要包括三维（3D）打印技术推广服务，指各类三维（3D）打印技术推广服务活动，包括 3D 打印服务、3D 打印技术推广等，以及其他未列明的数字技术应用业。

二、数字技术的广泛应用及发展趋势

展望未来，随着数字技术的广泛应用，数字科技十大领域的细分技术正在加速成熟，从 IT 重塑、网络革命、智能世界和虚实共生四个方面对经济社会产生巨大的推动作用。

新冠肺炎疫情持续延宕，世界经济复苏震荡不定，与此同时，数字科技正前所未有地渗透到经济社会的方方面面，一个更加智能、广泛存在、虚实共生的时空正在全面展开。

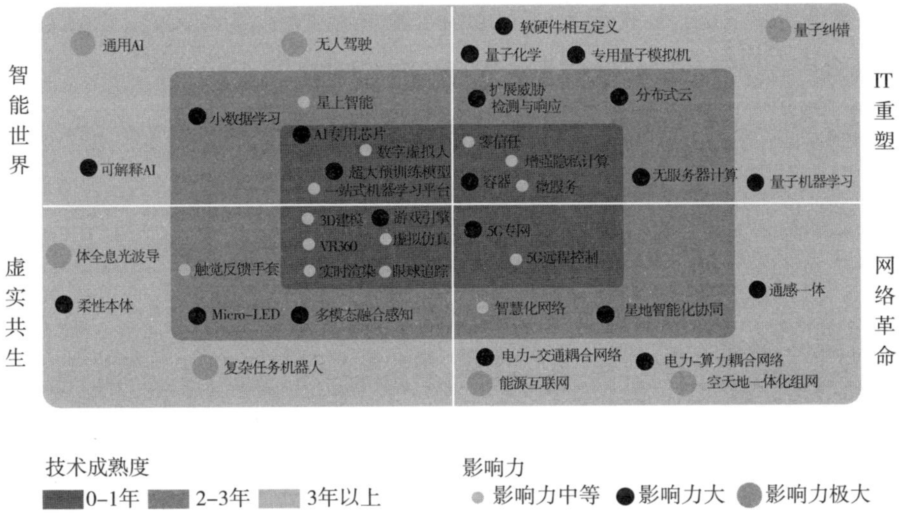

图 5—14　《2022 年十大数字科技前沿应用趋势》技术集

资料来源：腾讯研究院报告《数字科技前沿应用趋势》。

腾讯公司于 2020 年发起了《数字科技前沿应用趋势》研究项目，其中的很多预判已成为行业热点，人工智能等数字技术在医疗、自动驾驶、安全等领域的应用深入开展，沉浸式媒体、数字虚拟人、虚实集成打开了全真数字世界的大门。

现在，腾讯公司继续聚焦在未来有望落地的科技趋势，凝练出三大类、十个重点方向：云原生、人工智能、未来网络、云安全、量子计算等领域的新变革有望重塑信息基础设施；空天科技、能源互联网、复杂任务服务机器人与信息技术的融合正迸发出强劲的跨界创新势能；万物孪生、扩展现实将进一步连通虚实世界，为人们创造全新的体验和数字生产力，让虚拟世界更真实、让真实世界更丰富。

（一）云原生加速 IT 体系迈进全云时代

云原生是一种 IT 技术方式，使组织能够在云计算环境中构建和运行可扩展的应用。随着数字化的普及和深入，海量数据实时、灵活处理的情况日益普遍，传统 IT 架构越来越难以适应。云原生通过容器、服务网格、微服务、不可变基础设施和声明式 API 等关键技术，使松散耦合的系统具有弹性、可管理性和可观察性，能够更低成本、更高效地调用各类云计算资源向业务交付应用，推动 IT 体系向全面云化的新阶段演进。

首先，无服务器计算（Serverless）兴起，正在成为云原生加速发展的新路径。其次，分布式云将有效拓展云原生业务构建的物理边界，大幅减轻用户多云管理的负担。最后，异构计算促进软硬件相互定义和融合发展，推动云原生基础设施性能持续突破瓶颈。

虽然云原生已经成为主流探索方向，但涉及 IT 体系的整体变革仍面临不少挑战。主要有：一是云原生资源的多变性影响 IT 体系全链条的可观测性。二是云原生在实践过程中的迁移和管理复杂度较高。三是数据隐私和安全风险也是影响云原生发展的关键问题。

未来，伴随着云原生操作系统的持续发展和完善，在多云、混合云场景下提供一致的产品服务和体验将成为业界共同努力的方向。传统的公有云边界有望被突破，公有云的产品将“延伸”到任何用户需要的环境中，不同的物理位置均可提供云原生服务，加速数字业务云上的闭环。

（二）量子计算 NISQ 时期仍将持续

2021 年，是量子计算界备受瞩目的一年，中国连续两次实现了量子计算优越性，国际上量子计算企业获得风险投资首次突破 10 亿美元，量子比特数量实现较大规模增长，国内“祖冲之二号”量子比特数量已达 66 个，国际上推出了 127 量子比特超导量子处理器以及基于中性原子的256量子比特模拟器，软件开发和算法应用也在加紧实验探索中。

当前，量子计算处于NISQ（含噪声中等规模量子）时代。产业界均在努力增加量子比特数量，提升单个量子比特的质量。

2022年，将是量子计算继续积蓄力量之年。随着100+量子比特设备的推出，需要开发适用于更大规模量子计算机的软硬件相关技术，为未来通用量子计算机的实现打好基础。

硬件方面，主流量子计算硬件技术（如超导、离子阱、光量子等）将并行发展，按照一些国际大公司公布的路线图，未来两到三年内，量子计算就有望突破1000量子比特。软件算法方面，预计在2023年前后，量子计算有希望开始在若干领域（如组合优化、量子化学、机器学习等）实现具有应用价值的专用量子模拟机。

（三）人工智能迈向普适化和工业化新阶段

近年来，人工智能已经在语音、图像、视频和自然语言处理等领域取得了长足的进展，并在一些特定的任务上超越了人的能力，尤其是一些突破性的成果，诸如Alpha Fold2破解了困扰生物学界50多年的蛋白质结构预测难题，让人们再次惊叹和期待人工智能改变世界的无限可能。在重点应用方面，融合了语音识别、语音合成、自然语言处理、多模态建模、知识图谱、3D视觉技术和语音驱动面部动画的数字虚拟人技术成为热点，从虚拟客服、虚拟主播、虚拟偶像到各行业的数字员工，数字人正在以更快的速度融入经济社会中，推动虚拟世界和现实世界的进一步融合。作为人工智能集大成者的自动驾驶持续火热，传统车厂、造车新势力和跨界者纷纷加速布局，在国内数十个城市全面展开了自动驾驶的测试和运营。人工智能的大规模应用仍然面临技术瓶颈，例如，依赖大量标注数据、模型泛化能力弱、鲁棒性较弱、研发效率低、部分行业数据量少等问题，限制了产业的进一步发展。但这些问题随着超大模型、一站式机器学习平台、小样本学习等技术的加速演进，有望得到解决，进一步推动人工智能向更加普适化和工业化的方向迈进。

超大模型将加速通用人工智能进程，推动算法普适化。小样本学习技术破解数据缺乏难题，助力更多行业智能化。一站式机器学习平台有望成为人工智能研发基础设施，推动模型工业化。人工智能在产业落地中，还面临一些模型本身的问题和外部安全风险。

（四）云网融合构建“连接升维”

得益于信息通信技术的快速发展，互联网从发端时主要聚焦在科研逐步向消费型网络发展，目前正向生产型网络不断演进，未来网络将从信息传输向产业服务转变，网络将更加智能化、便捷化。

通感一体塑造全真全感互联。从 1G 时代到 5G 时代，通信能力和感知能力是相互独立的，进入后 5G 时代后，随着通信频谱向毫米波、太赫兹、可见光扩展，与传统的感知频谱重合，使得通信与感知融合成为可能。

AI 构建智慧化网络。将人工智能与无线通信相结合，通过构建新型无线 AI 网络架构和协议，可以显著提升网络智能，促进感知、通信与计算的深度融合。AI 网络提供的低碳节能的开放生态，将持续推动周边产业的发展，已成为行业公认的发展趋势。

空天地一体化组网。空天地一体化指的是天基（高轨/中轨/低轨卫星)、空基（临空/高空/低空飞行器）等网络与地基（蜂窝/Wi - Fi/有线）网络的深度融合，在系统层面实现地面与非地面网络的全面一体化，在协议、网络、业务、终端等方面实现深度融合。

（五）疫后新需求按下云原生安全发展快进键

企业数字化转型与业务上云成为产业互联网发展的重要趋势，传统企业保护边界逐渐被瓦解，平台、业务、用户、终端呈现出多样化趋势，边界消融导致攻击面逐渐增多，带来更多安全风险。如何构建企业的“主动免疫”体系，成为业内关注的焦点。

零信任重塑安全新边界。零信任作为一种基于动态身份认证和授权的安全理念框架，对访问控制进行颠覆式创新，引导安全体系架构从以“网络为中心”向“身份为中心”进行演化升级。

云上安全防御将成为抵御勒索攻击的最优解。勒索攻击已经成为全球经济面临的严重威胁之一，企业遭受攻击不再是“会不会”的问题，而是“何时”的问题，勒索攻击俨然成为产业互联网时代的“流行病”。从技术层面来讲，可通过聚焦零信任、威胁检测等安全前沿技术，保障云平台和云上业务安全。云原生安全产品由于自适应、全生命周期防护的显著优势，是兼顾成本、效率及安全的云上安全防御“最优解”。

扩展威胁检测与响应（Extended Detectionand Response，简称XDR）有望提升组织整体网络安全风险响应速度。以大数据分析、自动化技术为核心，融合多种威胁检测能力的 XDR 技术将有效应对利用人工智能技术发起的自动攻击。在检测方面，XDR 将帮助用户对资产、漏洞、威胁、事件进行排查，从而快速了解网络的暴露面和重点攻击手法，提前针对性制定防御策略。

（六）多路径并行演进推动万物孪生

数字孪生是一种“实践先行、概念后成”的新兴技术理念，与物联网、模型构建、仿真分析等成熟技术有非常强的关联性和延续性。

数字孪生是一种数字化理念和技术手段，它以数据与模型的集成融合为基础与核心，通过在数字空间实时构建物理对象的精准数字化映射，基于数据整合与分析预测来模拟、验证、预测、控制物理实体全生命周期过程，最终形成智能决策的优化闭环。其中，面向的物理对象包括实物、行为、过程，构建孪生体涉及的数据包括实时传感数据和运行历史数据，集成的模型涵盖物理模型、机理模型和流程模型等。

随着经济社会数字化转型的持续推进，数字孪生逐渐成为产业各界关注的热点技术。数字孪生起源于航天军工领域，近年来持续向智能制造、智慧城市等垂直行业拓展，实现机理描述、异常诊断、风险预测、决策辅助等应用价值，已成为助力企业数字化转型、促进数字经济发展的重要抓手。

数字孪生具有四个典型的技术特征：

第一是虚实映射。数字孪生技术要求在数字空间构建物理对象的数字化表示，现实世界中的物理对象和数字空间中的孪生体能够实现双向映射、数据连接和状态交互。

第二是实时同步。基于实时传感等多元数据的获取，孪生体可全面、精准、动态反映物理对象的状态变化，包括外观、性能、位置、异常等。

第三是共生演进。在理想状态下，数字孪生所实现的映射和同步状态应覆盖孪生对象从设计、生产、运营到报废的全生命周期，孪生体应随孪生对象的生命周期进程而不断演进更新。

第四是闭环优化。建立孪生体的最终目的是，通过描述物理实体内在机理，分析规律、洞察趋势，基于分析与仿真对物理世界形成优化指令或策略，实现对物理实体决策优化功能的闭环。

作为发展数字经济的重要使能技术，数字孪生近年来备受业界关注，技术体系不断发展，核心技术快速演进，产业生态持续完备，行业应用走深向实，成为促进工业、城市、交通、网络等垂直行业实现数智化转型的重要抓手。

但同时也需要注意，数字孪生作为一项新兴技术理念，尚处于发展初期，仍存在许多短板问题亟待破解。

一是实施成本高。数字孪生技术的实现涉及企业研发、生产、供应链、管理等系统的改造，投资大、沉没成本高。受限于此，目前数字孪生往往仅能成为大企业“锦上添花”的高端技术应用，而难以成为广大中小企业“雪中送炭”的普适技术应用。二是产业基础薄弱。数字孪生产业链长、分工细致、碎片化程度高，跨领域之间的技术融合性较差、资源整合难，存在 IT 企业不懂行业机理、OT 企业难以报团的突出痛点，亟须产业整合者的出现。三是商业模式不成熟。不同垂直行业对数字孪生的需求差异大，垂直行业内需求“长尾效应”显著，解决方案的可复制性不强，导致数字孪生应用多以项目交付型为主，平台化、模块化程度较低，不利于高效推广。四是技术短板凸显。在机理建模、仿真分析、数据集成等方面的技术短板制约了数字孪生技术整体的应用深度，同时部分核心技术被国外龙头企业垄断，“安可”有潜在风险。

从整体上来看，为进一步促进数字孪生技术融合发展，形成产业合力，推广技术应用，打造赋能千行百业的通用技术底座，业界需要从顶层设计、技术攻关、生态构建和标准化四个层面重点突破。

数字孪生成为理解和优化物理实体的中间件。数字孪生具备实时感知、虚实映射、人机交互等多种能力，可以帮助人们通过对虚拟空间的观察和交互，去理解和优化真实的物理空间。

行业建模工具通过融合多类技术向实时化、显性化和友好交互方向演进。一是通过融合高性能计算、5G 传输、云渲染等技术，从计算、传输、呈现多个角度全面提升实时性。二是借助 3D 展示、模型轻量化等技术实现显性化表达，降低理解门槛。三是通过结合 AR/VR 提升交互友好性，工业、城市、医疗等领域的建模工具均加速丰富接口和数据格式，以适配虚拟现实平台，实现数字孪生和虚拟现实的融合应用。

游戏引擎为行业数字孪生构建提供新型路径。一方面，游戏引擎凭借其模拟逼真、渲染实时、开发便捷的特点，成为当下产业界实践数字孪生平台的路径。另一方面，游戏引擎逐步融合行业知识和前沿技术来提升数字孪生的应用能力。

（七）硬件迭代驱动扩展现实（XR）产业拐点已经到来

VR 光学、显示、定位和交互等硬件技术发展方向和思路比较明确，超短焦的光学设计、Micro－LED、更轻便的交互控制器将是未来方向。

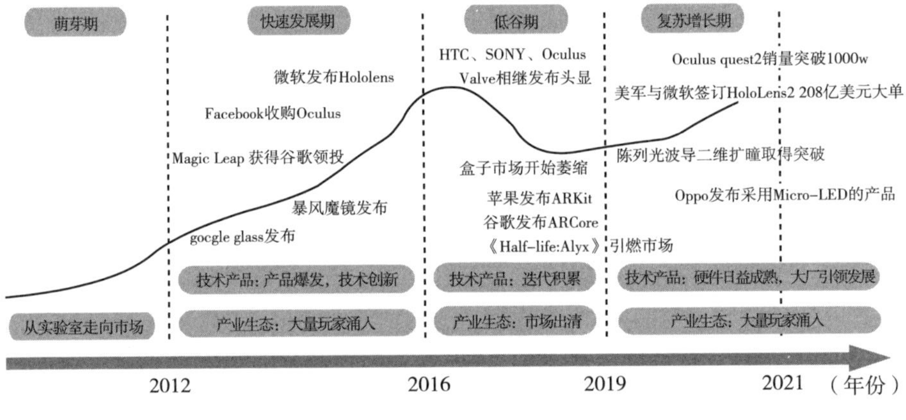

图 5—15　VR 光学、显示、定位和交互等硬件技术发展路径

资料来源：腾讯研究院报告《数字科技前沿应用趋势》。

VR 硬件发展路径基本明朗。VR 头显将进一步轻薄化，光学方案将在保障显示效果的前提下，由目前主流的菲涅尔透镜向更轻薄的超短焦技术路线发展，产品将更加轻薄，重量将进一步降低，佩戴体验将更加友好。

和 VR 相比，AR 硬件仍在成熟过程中，短时间内多种技术路线将会并存。光学和显示是 AR 产品的核心。以手机为显示终端的 VR360 或全景视频发展迅速。目前，VR360 已经在看房、文旅、会展等场景中得到大范围的应用。一些互联网视频网站和生活服务网站也将其作为重要流量入口，并融入现有业务和商业逻辑中。

（八）多模态融合驱动复杂任务的服务机器人开始进入家庭生活

家庭是典型的非标场景，对机器人技术成熟度要求远高于工业和商用，且可为机器人支付的成本相对有限。

感知、理解、控制是智能机器人的三个核心模块。未来 3—5 年，多模态融合感知、非结构化场景 AI 分析与柔性本体技术将取得突破，助推可执行复杂任务的智能服务机器人进入家庭生活。多模态融合感知技术的普遍应用，提升了机器人环境感知能力，加速了服务机器人适配家庭需求的进程。

展望未来，随着物联感知设备价格亲民化、减速机国产化、开发者生态的不断完善等，更稳定、更便宜的消费级机器人成为可能。但机器人成为家庭生活的智能执行体和标配“成员”，仍需经历更长的发展期。

（九）双碳目标倒逼能源互联网加快发展

随着新能源技术与信息技术的发展和成熟，能源互联网成为双碳背景下能源结构转型的重要解决方案。可以预见，未来电网的源、荷、储三端将会发生重大变化：在源端，波动的清洁能源将大规模、高比例地接入电网；在负荷侧，大量用户将迎来参与发电和储能的“新身份”；在储能方面，大量电化学储能技术的发展，尤其是氢储能技术，将大大降低能量的存储与运输成本。这些变化将给能源互联网发展带来重大变革：在能量层，建设多能互补的综合能源系统，以匹配多变的能源供需；在信息层，通过建设电力—交通耦合网络、电力—算力耦合网络等，实现智慧的能源管理和控制；在价值层，能源互联网的建设需要探索能源共享经济，引导全民参与，实现共建共享共赢。

源、荷、储三端的快速变化，带来了对“网”端一体化、数字化的改造、优化需求，互联网技术与原有能源系统耦合的不断加深，正在加速能源互联网技术的成熟和落地。基于构建绿色低碳、安全高效和开放共享的能源生态的目标，三大技术趋势正在加速形成，能量层、绿色、低碳的综合能源网络将日益重要。

能源互联网是一个复杂的系统，在双碳目标下，其主体不应再局限于两大电网和传统新能源公司，而是将有更多互联网公司、数字化公司、金融公司、综合能源服务公司参与其中，通过构建“清洁低碳、安全高效、开放共享”的新型能源生态系统，共同探索双碳目标的快捷安全达成路径。

（十）星地协同智能化开启“大航天”时代

太空在经济、社会、军事等领域发挥着举足轻重的地位，成为新一轮国家竞争的制高点。航天智能化水平快速提升，成为技术创新与突破的新平台。

星地智能化协同，提升卫星海量数据智能化处理能力。一方面，为了应对海量数据和传统卫星较弱的数据处理能力之间的矛盾，卫星需要通过 AI 算法对海量数据进行预处理。另一方面，将地面数据中心“发射到太空”。卫星上预处理完的有效数据传输到地面数据中心，地面数据中心具备的 AI 算法和大数据处理能力可以对接收的数据进行二次计算，实现分析处理快速响应。

人工智能技术助力卫星遥感数据融入千行百业。利用计算机视觉技术将是卫星遥感数据处理的重要趋势，通过深度学习技术可以在确保成果质量的基础上，大幅提升效率，融入不同的应用场景。

航天商业化将开启大众服务窗口。航天的产品设计不再追求宇航级质量和单纯满足要求，更加注重现有技术的不断迭代和工业化量产。太空旅行、空间站商业化、太空电影拍摄逐步向大众市场普及。

三、数字技术加速重构数字产业化

目前，人工智能、云计算、大数据等技术的探索和应用正加速落地。各项技术的融合发展将作为基础设施底层应用到实体经济上，成为数字经济建设的重要支撑，也是整个中国经济发展创新的新高地，技术加速重构也将助力中国产业数字化的发展。

（一）人工智能

根据人工智能技术成熟度曲线，知识图谱的成熟度在一年之内，由创新触发阶段一跃达到膨胀高峰阶段，且非常接近最高点。知识工程正逐渐成为人工智能领域新的发力点，成为数字化应用领域的强大助力。虽然现阶段知识图谱的发展尚未完全成熟，但得益于其高度可视化、强关联分析、可识别隐性关系等优势，该技术在产业数字化转型中拥有愈发重要的地位。

因为一旦机器可以自己理解自己，一场颠覆性变革将会发生。机器学习作为一项通用型技术，实现了数据分析、数据科学和自动化的融合。目前已取得了重大落地成果，并广泛应用于各行业各类型的企业系统应用中，帮助企业增强客户体验、改善运营决策、提供创新的产品和服务，推动数字化转型进程。

未来，机器学习将结合其他技术或领域多维进阶，为数字化转型进程添砖加瓦。一是在发展方向上，数据隐私保护将成为机器学习的主力方向之一。二是机器学习将与其他新兴技术结合，达到 1＋1＞2 的成效。三是机器学习与科学计算有机结合，完善机器学习算法机理。

（二）云计算

随着产业数字化转型的纵深演进与云计算市场的创新发展，公共云与私有云的混合使用被越来越多的企业采纳。混合云作为一种新型的 IT 构架，整合和集成了多种模式云资源的云服务方式，可以实现多云协同、云上云下协同等作业方式，具备为多种数据应用提供场景支撑的能力。未来在基础设施的构建中，混合云计算将占主导地位。

目前，混合云已经成为各行各业实现渐进式数字化转型的首选方式。一方面，混合云构架不仅是 IT 架构上的革新，更可以为企业业务带来创新机遇。假如当企业需要快速有效地建立和测试新概念时，可运用混合云平台进行实验。这不仅避免了安全、合规、成本等方面问题，而且不影响现有业务开展，一旦试验成功，还可以方便地在公有云和私有云之间迁移，有效助力企业实现简单的创新支持业务增长。另一方面，混合云助力企业数字化转型过程中在降低成本的同时保证高敏捷性。公有云适用于非生产性应用、灾难恢复和长期保存数据，借此可以大幅度降低成本，而在业务应用程序可能需要保持隔离或对延迟敏感时，私有云则更有优势。两者的结合可以更好地优化成本，具有互操作性、联合性和开放性，实现快速创新与合规性要求之间的平衡，为产业数字化转型提供更大的支持。

2021 年，中国整体云服务市场规模不断增长。市场增长受益于企业数字化进程的加快，客户用云需求激增。其中，泛互联网行业客户多为主动上云，已开始聚焦“云上”建设。非互联网行业更多为被动用云，仍处在“上云”阶段。

随着产业互联网的不断深化，云效益在非互联网行业的持续沉淀，将有助于非互联网行业日后“化被动为主动”，进而持续带动云市场的增长。在新基建浪潮的推动下，云计算作为“数字新基建”的底层核心技术基础，承担着支撑各行各业创新发展的重要角色。

（三）大数据

数据库作为数据存取、管理和应用的核心工具，决定了数据运行处理的高效性。在数字经济的背景下，各个行业的业务迅猛发展，数据信息爆发增长，数据结构复杂度日益攀升。但传统关系型数据库在处理高并发、实时等数据业务时，明显力不从心。在多重因素驱动下，分布式数据库正在崛起，或将成为企业数字化转型进程中的优选项。

大数据在赋能不同类型企业的生产经营和推进产业数字化转型中所发挥的作用各有侧重。农业企业利用大数据创新农业生产经营方式，降低生产成本，提高农产品质量和企业生产效率；制造业企业利用大数据优化生产流程、降低成本，提高企业生产效率和产品适应市场需求的能力；运输物流类企业利用大数据提升运输资源利用率、降低运输和仓储成本、优化信用体系建设和资源配置，提升企业运营效率。

四、提升数字技术对数字经济的创新引领作用

数字技术在发展数字经济、加速经济社会数字化转型过程中发挥着至关重要的作用。习近平总书记在中央政治局就推动我国数字经济健康发展进行的第三十四次集体学习时强调，要发挥数字技术对经济发展的

放大、叠加、倍增作用。同时指出，要就涉及数字技术和数字经济发展的问题提出对策建议。这为充分利用数字技术促进数字经济健康发展提出了目标，对加紧利用数字技术提升创新引领作用指明了探索方向。

数字技术引领创新发展特征日益显著。世界正经历百年未有之大变局，人类已经迈入数字经济新时代，数字技术发展热潮催生数字科技广泛应用，导致数字经济的兴起。以数字经济为代表的新一轮科技革命和产业变革正在重构全球创新版图，重塑新的经济结构，数字经济是继农业经济、工业经济之后的一种新经济社会发展形态。

党的十九大报告提出，经过长期努力，中国特色社会主义进入了新时代，这是我国发展新的历史方位，也是数字中国建设新的历史起点和历史使命。把握历史契机，以数字化培育新动能，用新动能推动新发展，做强做优做大数字经济，拓展经济发展新空间，是数字经济时代事业发展的新蓝海。

当前，信息技术正处于高速更新和迭代阶段。基于物联网、大数据、人工智能、区块链等技术的融合创新不断涌现，人类正在打开新视野，实现从物理空间到数字空间、二维世界再到三维世界的跨越，以全局视野实现精准映射、感知交互、智能监测、模拟仿真等能力的三维互联网应运而生。它借助数字孪生技术，既展现了物理世界的虚拟映像，又实现了“物理—数字”的虚实融合，使物理世界不可能完成的工作在数字世界丰富展现，创造了互联网立体、新颖、趣味生动而又强大兼容的表达模式。

全球正在经历一场深刻的技术变革，移动互联网、智能终端、新型传感器快速渗透到地球的每个角落，曾经看似遥不可及的新技术已成为常态，技术进步体现在园区、城市和国家发展的各个领域，最新的前沿技术以越来越快的速度渗透到人们的日常生活中。数字技术正在打破和重构传统商业逻辑，以智能技术为代表的新技术体系将创造未来城市生命与未来园区内涵。

从计算机信息系统、物联网、数字平台到人工智能应用等技术推动了产业及社会的数字化转型，推动重塑全球市场格局，而新冠肺炎疫情更加倒逼这一进程的加速。在我国，数字技术驱动各产业领域业态及模式创新，推动数字经济规模不断增长。但从现阶段发展情况看，数字技术在提升生产力水平、劳动生产效率、拉动就业及提高人民生活福祉等方面的潜力尚待进一步挖掘。对此，应充分把握数字经济发展机遇，将数字技术更加高效地运用于数字经济创新发展。在此过程中，充分发挥政策在塑造数字经济创新引领范式方面的作用，不断增强企业和个人利用数字技术实现创新发展的能力，实现更大范围、更高层次、更优效率的数字赋能，推动数字经济可持续、包容性增长，达到不断做强做优做大我国数字经济的发展目的，应该从以下三个方面来重点施策。

一是营造有利于数字技术发展应用的创新生态体系。以促进数字技术广泛应用为出发点，优化数字经济融通创新支撑能力。

在专利应用转化方面，考虑更新现有专利制度，调整专利管理“一刀切”的传统做法，平衡好专利技术权益与创新推广、传播应用之间的收益关系，采取差异化管理方式，调整形成适应数字经济融通创新需求的技术专利体系。

在创新协同方面，支持“产学研金”跨组织管理协作，畅通企业向高校及科研机构获取数字技术支持的途径，充分发挥中介机构、行业协会及金融机构的作用，确保创新供应链的有效性与稳定性，扩大数字技术创新研发溢出效应，塑造数字经济创新合作生态圈。

在税收激励方面，对科技型初创企业及中小企业进行适度倾斜，对相关领域技术研究人员给予工资税收减免以及研发税收免抵扣等，降低创新成本，提升企业及个人开展数字技术创新的积极性。

在研发投入方面，加大涉及数字技术的公共研发预算，充分发挥政府部门在研发投入上的强大支持作用。增加公共研发项目投入，协助突破企业及个人研发技术模式的局限性。通过营造良好的创新生态体系，提升全社会利用数字技术参与创新型经济建设的能力水平。

二是完善有利于数字经济创新竞争的政策治理机制。统筹部门力量，从管制与促进双向发力，确保政策治理的敏捷性，及时调整出台符合数字经济发展特征及需求的反垄断法律法规管理制度，做到在发展中规范、在规范中发展。

在加强管制方面，以维护开放公平的竞争环境为原则，密切关注数字市场中伴随人工智能和机器学习算法等技术进步而产生的新型垄断现象，剖析检视垄断结构增长问题，持续完善数字经济竞争政策。在这其中，数据是数字经济发展的核心生产要素，关乎数字经济发展命脉。应处理好数据使用、访问、便携性、开放、隐私保护和国家安全之间的关系，对数据聚集独占实施监管，由事后控制向基于数字技术的过程治理转变提升。

在优化促进方面，形成部门合力，共同谋划数字市场促进竞争政策，鼓励加强基于数字技术协同、柔性技术服务的多方生产合作。发挥金融的引导支撑作用，加深数字技术与经济发展有效结合，推动数字技术赋能更多产业、惠及更广泛的企业主体和劳动力群体，消除不同人群、地区的数字鸿沟，在不断强化数字技术普惠性的同时，发挥创新引领优势作用。

三是构建有利于数字技能素养提升的教育培训模式。人民群众始终是数字经济创新的主体。应以开展数字技能教育培训为抓手，建立数字技能素养教育培训模式，推动广大人民利用数字技术实现主动创新。数字技术快速迭代、指数式发展的特点决定了数字技术学习的长期性。对此，首先是考虑建立广泛的终身学习制度，设置社会个人终身学习账户，支持个人为不同工作岗位转换所需数字技能的再培训，允许个人在企业和部门转换过程中培训权利的可转移、可携带，确保数字技术培训的有效性和连续性。其次是不断完善调整数字技术教育培训内容，应以保证数字技术培训教育的实用性和有效性为原则。培训内容须涵盖数字技术通识和专项数字技术等，同时关注市场、企业对数字人才及技能方面的需求变化，在培训项目的具体内容、培训方式和支持方向上做到及时调整。最后是增强数字技能教育助学贷款、帮扶政策的灵活性，鼓励社会个人接受数字技能再教育，为更广泛地提升数字技术应用能力，推动以人民为中心的数字经济创新发展创造良好条件。

五、增强数字政府效能，让数字技术应用造福人民

流动的数据、流畅的体验，让百姓少跑腿、数据多跑路，正给人们带来实实在在的获得感。

坐在视频监控系统前，工作人员只需轻点鼠标就能实时查看辖区各个内涝点状况，及时做好应急调度工作；在长三角地区，沪苏浙皖的居民动动手指，就可以实现异地购房提取公积金、异地就医门诊费用直接结算、大中专学生毕业户口迁移等；通过社区“一网通”系统，工作人员接到群众上传的违规存放煤气罐的线索，一举端掉多个“黑煤气”窝

点，及时消除安全隐患……各种数字政府应用场景，折射着这样的趋势：基层治理精准化，便民便企服务智慧化。

近年来，随着大数据、云计算、人工智能等新一代数字技术融入数字政府建设，“掌上办”“指尖办”成为政务服务标配。云平台再造政务流程，“最多跑一次”“不见面审批”等创新实践不断涌现；数据跨地域协同管理，“一网通办”“异地可办”“跨省通办”正在照进现实。根据《2020联合国电子政务调查报告》，我国电子政务发展指数国际排名从2018年的第65位上升到2020年的第45位。流动的数据、流畅的体验，让百姓少跑腿、数据多跑路，正给人们带来实实在在的获得感。在致2021年世界互联网大会乌镇峰会的贺信中，习近平主席强调要“增强数字政府效能”。“十四五”规划和2035年远景目标纲要提出，要“提高数字政府建设水平”，将数字技术广泛应用于政府管理服务，推动政府治理流程再造和模式优化，不断提高决策科学性和服务效率。如果说过去主要解决了政务服务“一网”的问题，那么今后更大的突破在“通办”。前者是基础条件、物理变化，后者则是实现流程再造、效率提升、治理优化的化学反应。只有群众可以在指尖划动中解决急难愁盼问题，市场主体可以通过网络实现“一站式审批”，才能把增强数字政府效能转化为直抵人心的民生温度，转化为经济活力的激发、治理能力的提升。

以数字政府建设为引领，公共服务领域正发生深刻变革。一方面，政务服务正从政府供给导向向群众需求导向转变，从“线下跑”向“网上办”、由“分头办”向“协同办”的趋势更加明显。比如，上海推出“随申码”，当人们出入公共场合时，它是“健康码”；乘坐地铁时，它是“地铁码”；到医院看病时，它可以当医保卡用……部门联动的“一网通办”持续走向纵深，新的应用场景还在应需开发。另一方面，政府治理方式获得极大拓展和创新，数字应用在促进民生服务、企业发展、灾害预测、应急管理等领域更加高效。比如，优化营商环境，省级行政许可事项实现网上受理和“最多跑一次”的比例达到 82.13%，全国一半以上的行政许可事项平均承诺时限压缩超过 40%。实践证明，利用数字技术加快政府职能转变，推动政府治理转型，能够更好地满足公众对政务服务越来越高的需求。

增强数字政府效能，需要抓住数据共享这个“牛鼻子”。放眼现实，新冠肺炎疫情防控中的医疗卫生资源调配，基层治理中“上面千条线”与“下面一根针”的高效精准对接，长三角覆盖 41 个城市、实现 100 多个事项同城化的“一网通办”，哪一项都离不开数据的整合与共享。面向未来，便民服务同城化的不断拓展，申报审批进度的进一步压缩，应急风险的感知、预测和防范，也都需要打通信息壁垒、消除部门阻隔。只有以改革创新打通“数据底座”，以制度完善加固协同共享，才能让政令一键到达、执行一贯到底、服务一网通办、监督一屏掌控。增强数字政府效能，还需要广大党员干部不断提升数字素养和数字治理水平。互联网的快速普及，数据的爆发式增长，对经济发展、社会治理、人民生活都产生了重大影响。习近平总书记强调，善于获取数据、分析数据、运用数据，是领导干部做好工作的基本功。这就要求党员干部在“学”上拓眼界，在“思”上下功夫，在“用”上见实效，增强利用数字技术推进各项工作的本领，不断推动政府决策科学化、社会治理精准化、公共服务高效化。与此同时，多用“数字”之所能，也要多察“数字”之不能。社会上还存在跟不上数字时代步伐的群体，广大党员干部需要正视“数字鸿沟”，让数字政府建设惠及更多群众。唯有如此，才能把数字政府建设的成效转化为治理效能，不断推动经济社会高质量发展。

第五节　数字要素驱动经济社会加快转型升级

一、数字要素驱动业

数字要素驱动业是数字经济及其核心产业统计分类中的第四大类，具体分为互联网平台业、互联网批发零售业、互联网金融业、数字内容与媒体业、信息设施基础建设业、数字资源与产权交易业及其他数字要素驱动业 7 个中类，其中包含 27 个小类。

互联网平台业，具体包括生活服务平台、生产服务平台、科技创新平台、公共服务平台以及其他未列明的互联网平台。榆林光谷数字经济创新基地第二批入驻企业飞狐网络主营业务即为知识产权交易平台，隶属于科技创新平台范畴。

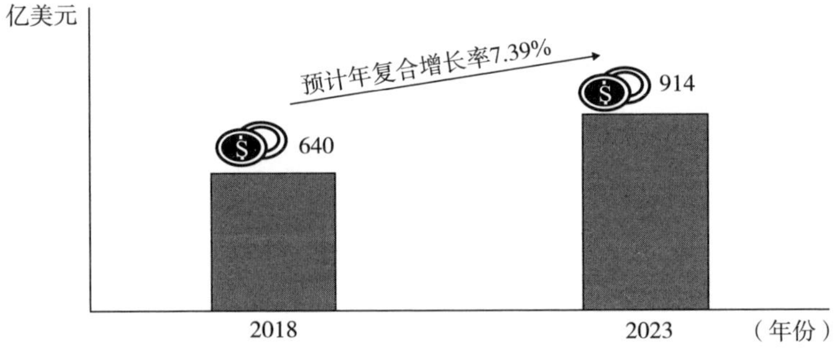

图 5—16　2018—2023 年全球工业互联网市场规模

数据来源：中国信息通信研究院及其他公开资料核算。

互联网批发零售业，包含互联网批发和互联网零售两个小类。互联网批发业指批发商主要通过互联网电子商务平台开展的商品批发活动；互联网零售业指零售商通过电子商务平台开展的零售活动。不仅包括提供网络支付的活动，还包括建立或提供网络交易平台和接入的活动。

互联网金融业，包含3个小类，分别为网络借贷服务、非金融机构支付服务、金融信息服务。

数字内容与媒体业，主要方向是广播、电视、影视节目制作、广播电视集成播控、电影和广播电视节目发行、电影放映、录音制作、数字内容出版、数字广告等。

信息设施基础建设业，指网络基础设施建设、新技术基础设施建设、算力基础设施建设及其他信息基础设施建设。网络基础设施建设指光缆、微波、卫星、移动通信、工业互联网、物联网、5G等网络基础设施的建设活动；新技术基础设施建设指人工智能、云计算、区块链等新技术基础设施的建设活动；算力基础设施建设指以数据服务器、运算中心、数据存储阵列等为核心，实现数据信息的计算、存储、传递、加速、展示等功能的数据中心、智能计算中心等算力基础设施的建设活动。

数字资源与产权交易业，比较特殊，未设置小类。

其他数字要素驱动业，包含供应链管理服务业、安全系统监控服务业、数字技术研究和试验发展业。供应链管理服务业指基于现代信息技术对供应链中的物流、商流、信息流和资金流进行设计、规划、控制和优化，将单一、分散的订单管理、采购执行、报关退税、物流管理、资金融通、数据管理、贸易商务、结算等一体化整合的服务；安全系统监控服务业包括消防报警系统监控服务、治安报警系统监控服务、交通安全系统监控服务和其他安全系统监控服务，不包括公安部门和消防部门的活动。数字技术研究和试验发展指大数据、互联网、物联网、人工智能、VR/AR、边缘计算、异构计算、工业视觉算法等新兴计算关键技术，SDN（软件定义网络）、网络切片等关键技术研究应用，以及量子通信和其他数字技术的研发与试验发展活动。

二、数据要素如何驱动企业创新能力提升

以大数据为代表的信息资源向生产要素的形态演进，将数据作为与土地、劳动力、资本、知识并列的生产要素，足以说明数据要素对驱动创新能力的重要性。数据要素驱动企业创新能力提升的关键是驱动数字化创新战略的生成、创新生态系统的演化、创新组织体系的重构，以及创新范式的演进。

数据要素驱动数字化创新战略的生成。数字化创新战略无论是主动选择还是被动接受，俨然已经成为数字时代企业战略发展的标配，由此也反映了数据要素重构企业生产力的战略意义。沿用学术界从市场和技术两个维度阐释创新战略的惯例，数字化创新战略意味着在市场和技术两个维度的创新战略设计中都要在已有的轨道上再次高度融合和嵌入数据要素。

数字化技术战略指的是不囿于原有的技术创新轨道，将数据的采集、融合、分析、显示集合在原有的技术体系中。一方面，赋予冷冰冰的产品以人类的温度，只要有电力和网络就能实现“人—机”交互。这种基于人类行为数据分析的模拟，尽可能构建并还原人类世界的沟通场域，丰富了网络时代人们对生活的表达方式。也正是这种顺畅的、有温度的交互，能够显著增加用户黏性。另一方面，激发供应商融入价值共创生态体系的热情。他们所在意的，是可以通过统一的数据接口接收到

用户的海量数据，利用这些数据不仅可以实现用户画像，还可以使自己的产品获得更多直接触达用户的机会。需要注意的是，以数据吸引其他企业加入并逐渐形成一个更具竞争力的价值网络体系往往是由行业的头部企业、中心企业才能够完成的，中心企业的数据能力对价值网络的竞争力大小起着决定性作用。例如，海尔研制的固态制冷酒柜不仅采用了不同于传统压缩机制冷技术的固态制冷技术，以实现 0 振动、0 波动、0 噪感，而且在酒柜上增加了联网的数字模块，用户通过“酒知道”App 即可实现扫描鉴酒、酒品管理等智能功能，享受智慧购酒比价、社交分享平台体验。此外，固态制冷酒柜入驻西班牙 Aalto 酒庄、Heredad de Uruena 酒庄以及澳大利亚爵马酒庄，酒的生产与酒柜之间形成了一种互补性的价值供应网络，提供给用户的是一种购酒、品酒、藏酒、学酒文化等的生态价值。

数字化市场战略则是运用数据加强对用户需求的采集、分析并进行弹性定制，以实现数据在信息系统、软硬件、自动化设备与人之间实时、自由有序流动，并通过数据—信息—知识—智慧的跃迁实现数据资源为企业的全面赋能，为企业产品研发、市场销售、经营管理等提供科学决策和精准执行。

数字化创新战略是一种趋势，也是时下企业的“战略正确”，路径上有高度的相似性。例如，作为全球领先的技术企业，西门子公司也开始步入数字化的战略阶段，通过对以往不同行业解决方案的数据进行采集、汇总和分析，西门子的数字化企业解决方案针对具体行业的需求进行了优化，帮助客户缩短产品开发时间，同时提高生产流程的灵活性和效率。其中，Mind Sphere 是西门子基于云的开放式物联网操作系统。通过 Mind Sphere，企业可以实现产品、工厂、系统和设备之间的互联，并对物联网上创建的数据进行分析，以完成具有针对性的优化。此外，各企业还可以开发数字服务和新型业务模式，如预测性维护或计次收费等。

数据要素驱动创新生态系统的演化。美国战略专家穆尔首先提出了商业生态系统概念，将其概念化为“基于组织互动的经济联合体”，是“一种由客户、供应商、主要生产商、投资商、贸易合作伙伴、标准制定机构、工会、政府、社会公共服务机构和其他利益相关者等所构成的动态结构系统”。随后，有学者将商业生态系统与创新管理研究相结合，指出创新生态系统已经成为一种新的范式，并发展成为包含企业微观、产业中观和国家宏观的多层次嵌套系统，其要素包括两个方面。

一是数字平台。数字平台发挥了连接用户需求、吸引外部互补方、促进供需双方对接等作用，以其为基础形成的企业创新生态系统在不断推动各行各业的变革。基于数字平台，其他创新生态系统成员可以开展竞争性或互补性的创新活动，而当数字平台赋能其他成员产生的创新越多时，它通过网络效应为用户创造的价值就越大。二是合作伙伴。企业与合作伙伴通过平台接口实现交互和协同。向合作伙伴开放核心技术平台并分享相关创新成果，有利于壮大企业创新生态系统，实现更广泛的价值共创，从而减少平台拥有者独自颠覆传统行业的压力和阻力。

因此，数据要素在构建创新生态系统过程中发挥了重要作用，它增加了数据接口数量，扩大了数据的共享范围，使平台足够“开放”和“独特”，吸引更多的企业向中心企业聚集，从而形成价值共创的创新生态系统。企业则通过改变生态系统中合作伙伴类型以及合作模式，驱动创新生态系统不断演化。创新生态系统的演化会激发外部开发者的创新能力，提升平台的行业领导力，提升互补方的创新动力，增强平台拥有者与互补方的有效互动，改变既有的利益格局，成功实现对传统产业的颠覆。

利用数据促进创新生态系统形成，可以加速颠覆性创新的产生，有名的硅谷即为典型案例。硅谷是个功能性质的地区代称，自 20 世纪 70 年代以来，硅谷成为信息产业的风向标和动力引擎，成功地驾驭了个人电脑、互联网、人工智能和基因编辑等多次技术浪潮。例如，Airbnb 依靠信任与分享机制，通过大数据整合闲置房产资源，利用社交媒体平台开展营销，通过改进营销策略重建生态系统，颠覆实体酒店行业的运作模式。广告类的谷歌/脸书通过竞价方式提供定向广告内容，让整个广告业都进入了算法驱动的时代，形成新型网络广告形式，颠覆了搜索和社交媒体的运营模式和游戏规则。此外，脸书在 2007 年 5 月推出嵌入应用编程接口的开放平台来协助全球开发者创建应用后，以此平台为基础的企业创新生态系统逐渐形成，竞争格局发生了巨变。短短的 6 个月内，在脸书开放平台上就产生了 7000 个外部开发的应用程序，创新生态系统有效地提升了脸书的市场竞争力。

进入 21 世纪后，数字革命带来了巨大的机遇和严峻的挑战。硅谷企业聚焦发掘、孵化那些对社会大众生活产生革命性改变的发明创新，如音乐、住宿、出行、借贷等。硅谷不断通过数据要素在商业模式上进行创新，着重构建和塑造新颖且更加强大的企业创新生态系统，因此在许多领域依然能抢占创新先机实现产品、服务等颠覆性创新。

数据要素驱动创新组织体系的重构。数据要素的本质是信息。数据要素显然提升了企业的数字化创新能力，但与此同时，也使用户的需求越来越多样化，需求变化越来越快，这对创新资源的分配形成了严峻的挑战。因此，在急剧变革且日益复杂的需求环境下，如何既能维持长期的创新注意力，又能及时回应市场需求，这需要企业自我评估和认真反思。可以看到，从世界一流企业到各个行业的头部企业，都在主张采用分布式研发组织体系取代传统的集中式创新研发体系。而由数据要素催生的领先用户需求洞察、用户需求拆解、技术仿真实验、内部知识共享平台、开放式创新平台等，为分布式研发体系的形成积累了必要基础。

当然，不同的公司有一套不同的称谓和术语，但并不妨碍有相同的路径。在分布式创新组织体系中，集团研发中心关注中长期技术和产品的突破性创新，子公司、产品线关注短期技术和产品的渐进式创新，前者是对未来市场的前瞻性布局，后者是对当前市场的持续性维持。至少从理论上讲，这套分布式创新组织体系的设计既能保证公司获得眼前利益而存活下来，又能保证公司基于技术的新颖度建构长期竞争优势，使公司兼具渐进性创新能力和突破性创新能力。因此，数据要素通过创新组织体系的重构提升了企业双元创新能力。

然而，长短期创新之间的协同仍是个难题。海尔的分布式创新体系包括面向未来技术的超前创新中心、纵横交互的产业线研发和创客小微研发体系。在追求前沿技术根本性突破和产品“颠覆性创新”长期发展的同时，利用已有的成熟技术满足用户的短期需求，将技术资源进行合理的分层并匹配相应需求。其中的创客小微研发体系，小微团队发现用户需求后，由体系内的技术人员开发技术解决方案或者借助 HOPE 平台合作开发，然后根据用户反馈对产品进行渐进性创新，升级迭代并开拓新的目标市场。这样的创新组织模式做到了及时满足顾客需求，满足短期市场痛点，同时也转变了员工的身份，使其从原来的雇佣者和命令的执行者，变成了自我驱动和自我激励的创业者、合伙人，将员工和组织的命运紧密相连，最大程度地开发了员工潜能，是实现全员创新的重要路径。

开放式创新平台是分布式创新组织体系不可或缺的关键构成部分，它能够帮助企业快速发现并匹配、整合全球创新资源，降低研发成本、提高创新效率。而这一平台也是基于数据要素本身的特性运行的。HOPE平台是海尔开放式创新的门户，目前其主要定位为全球资源网络、创新者社区、一站式服务平台。以海尔集团十大研发中心为依托的HOPE平台，建立起了全球范围的资源网络，包括建立覆盖全球主要技术高地的“10＋N”资源网络体系，使海尔能够快速连接到全球高端创新资源。作为交互、检索、对接、成果评价、交易保障的一站式服务平台，HOPE吸引了超过10万的创新资源。

数据要素驱动创新范式的演进。数据要素具有可复制性强、迭代速度快、复用价值高以及无限供给等特点，加快了产业发展和技术发展，也使市场需求发生了巨大变化，导致环境动态性程度加速升高。在此过程中，环境变化的不可预测性为企业创新带来了更多市场机会，使得企业在存储数据、系统分析以及重构自身资源的能力上有更大提升。与此同时，企业也不可避免地会遇到更多风险，面临更大的内部信息冲突和更高的外部资源要求。

在高度不确定性的环境下，创新应转向更加长期与深层次的社会意义与人类发展大趋势上，依靠意义确定创新目标和创新的主动性。创新管理应由“创新驱动”发展到“创新引领”，企业不囿于短期绩效，应秉持长期主义、以用户为中心、聚焦行业痛点。在数字经济时代，要将人类存在和发展的意义纳入创新目标。数据时代的企业发展，更要以创新逻辑超越市场逻辑，促进长期主义发展，提升生态系统能力。

以西门子为例，西门子是离散和过程工业数字化转型的重要推动力，提供数字化工厂解决方案。作为创新引领者，西门子凭借前瞻性思维考虑到更深层次的数字化转型，将尖端技术融入数字化企业解决方案中，推动信息技术和运营技术的融合，实现数据的智能化使用。西门子将自身视为一个开放、动态的系统，并不仅仅依靠所获取的信息制定战略，而是选用对企业长远发展更有意义的方式，通过与各方合作来实现与外界的资源互换，从而扩大企业的创新生态系统，并利用数字化技术打通数据孤岛，使得相关方案的所有数据可在各个部门使用。

三、数字化效率提升业

数字化效率提升业是数字经济产业统计分类中的第五大类，具体分为智慧农业、智能制造业、智能交通业、智慧物流业、数字金融业、数字商贸业、数字社会业、数字政府业及其他数字化效率提升业 9 个中类，其中包含 42 个小类。

智慧农业，智慧农业包括数字化设施种植、数字林业、自动化养殖、新技术育种及其他智慧农业 5 个方向。

智能制造业，包含数字化通用、专用设备制造、数字化运输设备制造、数字化电气机械器材和仪器仪表制造及其他智能制造 4 个小类。具体指利用数字孪生、人工智能、5G、区块链、VR/AR、边缘计算、试验验证、仿真技术等技术和设备，在通用、专用设备领域开展的生产和制造活动，包括个性定制、柔性制造等新模式。

智能交通业，包含 5 个小类，分别为智能铁路运输、智能道路运输、智能水上运输、智能航空运输及其他智能交通。

智慧物流业，包含两个小类，分别为智慧仓储、智慧配送。

数字金融业，指银行金融服务、数字资本市场服务、互联网保险及其他数字金融。

数字商贸业，包含数字化批发、数字化零售、数字化住宿、数字化餐饮、数字化租赁、数字化商务服务 6 个小类。

数字社会业，包含智慧教育、智慧医疗、数字化社会工作 3 个方向。

数字政府业，包含了行政办公自动化、网上税务办理、互联网海关服务、网上社会保障服务及其他数字政府 5 个方向。

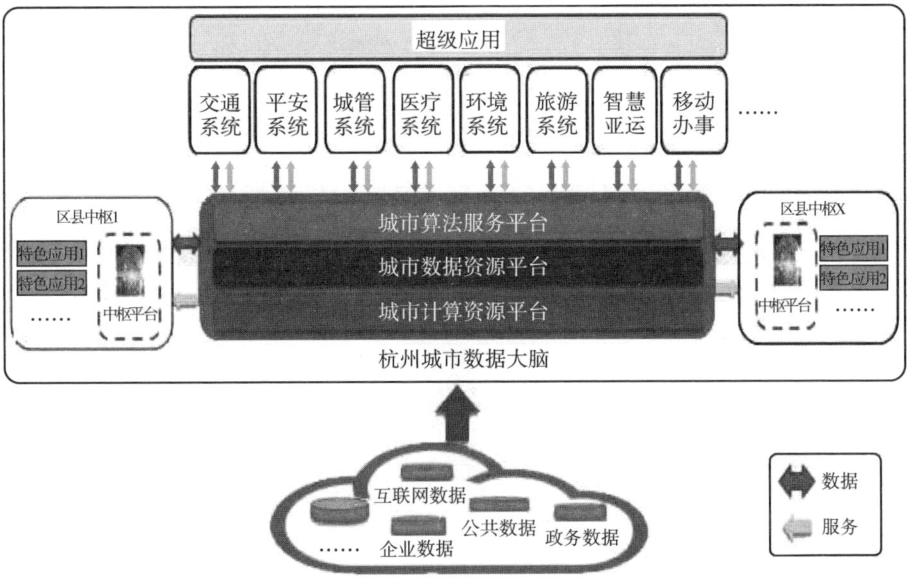

图 5—17　智慧政府业

资料来源：根据杭州“城市数据大脑”绘制。

其他数字化效率提升业，包含数字采矿，智能化电力、热力、燃气及水生产和供应，数字化建筑业，互联网房地产业，专业技术服务业数字化，数字化水利、环境和市政设施管理，互联网居民生活服务，互联网文体娱乐业 8 个方向。

四、数字化转型是提高企业经营效率的高速通道

数字化转型的本质是利用软件技术、互联网、人工智能等数字手段降低成本，提升生产运营效率，为对外开源拓客创造更多价值的过程。

“十四五”时期是数字化转型关键时期。我们注意到，移动端流量红利逐渐在减弱，各个领域竞争白热化，在这样的节点，企业的竞争已经开始从模式的竞争逐渐过渡到经营效率的竞争。在效率上建立绝对优势的企业将会在竞争中获胜，而数字化转型是提高企业经营效率的高速通道。

对于数字化转型，笔者认为可以从两个层面理解，一个层面是企业对内组织运营的升级。对内部，企业可以通过积极运用以数字化为基础的技术/产品对内部的管理体系进行升级，降低管理成本，提高运营效率。如企业自建 OA、CRM 系统，或采购各种第三方云计算、云测试服务等。另外一个层面是企业对外商业化模式的变革。企业将数字技术与自有业务模式进行整合升级，以此来提升市场竞争力，实现增收。

各种应用软件、内部系统等数字化基础设施的质量，对于企业的数字化转型尤为重要。未来，企业的数字化建设权重会不断加大。

五、数字时代一切因连接而改变

（一）数字化赋予的时代特征之一：连接大于拥有

数字化以“连接”带来的时效、成本、价值明显超越“拥有”带来的获得感，亨利·福特（Henry Ford）“让每个人都能买得起汽车”的

理想在今天完全可以演化为“让每个人都能使用汽车”。“连接”汽车的意义远大于“拥有”汽车。

现在我们用微信读书，不仅能连接想读的书，还能连接其他用户，与他们交流对同一本书的想法。音乐、电影、游戏也一样，我们不再购买和储存磁带、CD、光碟等实体介质，在线获取的同时还能通过发评论、弹幕甚至语音等进行实时交流。数字化技术让我们不再需要拥有这些东西，而是通过连接可以获得一切。

（二）数字化赋予的时代特征之二：一切皆可穿戴

伴随着智能可穿戴设备的普及，健康管理的理念越来越被公众重视，近两年“数字化健康”逐渐成为人们口中的高频词汇，这主要得益于数据化采集技术及各大算法引擎技术等的发展和完善。智能可穿戴设备带来了许多智慧化交互场景的体验，其中数字化健康管理又是智能可穿戴设备的核心发展方向。

简单来说，“数字化健康”就是开发并利用数字技术普及健康知识及进行相关健康实践来帮助人体改善健康，涵盖物联网、人工智能、大数据等数字技术在健康管理方面的应用，这些数字技术大多应用在专业医疗健康领域及个人健康管理领域之中，而这些技术最后呈现的方式就是现在所看到的手机健康管理应用程序（App）及智能可穿戴手表所提供的一系列诸如心率、血压、睡眠等健康数据监测的技术。

（三）数字化赋予的时代特征之三：一切皆是数据

如今人类社会已经步入大数据时代，人们的所有活动都会在数据空间留下痕迹，这一切都源于互联网的出现。互联网的价值在于其并非仅仅是连接，而是基于连接基础上的记录和数据。这些不断积累的庞大数据正在塑造一个新形态——数字形态。从模数转换、人脸识别到城市大脑、量子思维，正在形成一个以大数据为核心的社会形态，在互联网社会的大数据时代，数据是一种非常重要的资源。数据不是一切，但一切都会变成数据。

数据不仅仅是一项技术，它意味着数字时代的到来，将人类与大数据融合在一起，为人们展现一个对世界全新的认知思路。将世界看作信息，看作可以理解的数据的海洋，为我们提供了一个从未有过的审视现实的视角。它成为一种可以渗透到所有生活领域的世界观。

在物联网时代，一切都可以数字化，数据就是资源和财富，大数据分析已成为业务中的关键要素。基于数据的分析、监控和信息服务变得越来越普遍，在各行各业中，越来越多的数据驱动企业需要对数据进行实时吸收并分析，以形成正确的判断和决策。大数据正在 IT 行业中占据主导地位，基于应用和服务的物联网将促进大数据的更广泛使用。

由于物联网数据具有非结构化、碎片化、时空域等特性，需要新型的时间存储和处理技术，而大数据技术可支持物联网上海量数据更深入地应用。物联网帮助收集来自感知层、传输层、平台层、应用层的众多数据，然后将这些海量数据传送到云计算平台进行分析加工。

物联网产生的大数据处理过程可以归结为数据采集、数据存储和数据分析三个基本步骤。其中，数据采集和存储是基本功能，而大数据时代真正的价值蕴含在数据分析中。物联网数据分析的挑战还在于将新的物联网数据与已有的数据库整合。

大数据与物联网的结合使得应用空间广阔，充满着无限可能。随着物联网、互联网、移动互联网、智能终端、大屏显示系统、云计算平台等的联合应用，大数据可以帮助人们建立智能监控模型、智能决策模型等应用，深刻改变人们的生活。

物联网的价值在于其数据。未来的世界一定是数字的世界，需要一个有广义云计算能力的全维大平台来支撑。随着物联网技术的逐步发展和应用，大数据给现实世界带来的最大变化是一切都可以数字化，使人们意识到世界的本质是数据。

事实上，我们所处的世界就是由多种多样的数据组合而成的，只不过是人们过去并未深刻地认识到这一点。

当前社会发展已经进入大数据时代，利用大数据技术来分析物联网海量数据，将会使决策更加科学有效，同时它将改变人们的生产生活方式，创造出更多的新产业和新业态。推动人类社会进入更高层次的信息化水平。未来，大数据将会彻底改变世界。

数字化时代，最重要的财富是数据，赋能就是赋挖掘数据的能力、理解数据的能力、让数据增值的能力。

第六章

数字经济监管

监管作为一种政府职能，其核心含义在于规范、约束、限制个人或企业的行为，以实现既定的社会公共利益目标。传统意义上，监管主要是指政府实施的为解决市场失灵和保护公共利益，基于规则对市场主体实施的规范和限制。在数字经济背景下，监管不再是政府作为单一主体，而是要发挥平台的主体责任，鼓励多元主体参与，是一种多元治理的监管治理体系。

在数字经济背景下，政府监管面临更为复杂的环境和监管问题，数字经济监管的重点是反垄断监管、反不正当竞争监管、隐私保护监管、数据安全监管和人工智能监管。

第一节　数字经济反垄断监管

一、反垄断监管的概念

反垄断政策是指政府通过对各种严重限制竞争行为的监管，来维护市场秩序的法律与政策。反垄断是市场经济国家基础性的经济政策，其主要是维护市场秩序，进而促进创新，提升消费者福利和社会总福利。

数字平台是数字经济重要的经济主体。数字平台的发展给消费者和社会带来了诸多益处，但是数字平台日益凸显的市场垄断化趋势以及实施各种限制竞争的垄断行为可能会对市场竞争和社会福利造成严重损害。因此，反垄断正成为数字经济监管的重点。

二、数字经济市场竞争的主要特征

数字经济具有明显不同的经济规律和市场竞争特征，这些独特的经济规律和市场竞争特征给现行的反垄断政策带来诸多挑战。具体来说：

第一，日益凸显的平台垄断势力。由于数字经济供给侧具有更强的规模经济、范围经济和需求侧的强网络效应，供给侧和需求侧具有显著的自强化机制，导致市场体现出明显的强者愈强、弱者愈弱的“冒尖”或“赢家通吃”现象，一家或少数几家平台企业占据大部分市场份额。例如，美国谷歌公司长期占全球搜索引擎市场 90%以上的市场份额，美国的脸书在全球社交媒体市场占据 75%左右的市场份额。在 2018 年中国数字平台市场中，滴滴占网约车市场的份额为 92.5%，百度占搜索引擎市场的份额为 68.0%，美团占外卖市场的份额为 58.6%，天猫占在线零售市场的份额为 53.5%。

第二，数据与算法成为影响市场竞争的重要因素。在数字经济中，数据是数字平台从事各种商业活动的重要投入要素，也是企业获取和维持竞争优势的重要战略资产。大数据具有显著的规模经济与网络效应，往往会导致大数据控制者具有高市场份额和强垄断势力。一个拥有较少数据的企业将很难与掌握较多多维度大数据集的支配企业展开有效竞争。由此，数据构成重要的市场进入壁垒，数据垄断企业可能基于大数据优势来实施各种垄断滥用行为，从而产生数据垄断问题。

第三，生态竞争成为竞争的主要形式。跨界经营已经成为谷歌、百度、阿里巴巴等数字平台企业普遍采用的经营战略，支配平台通过跨界经营构建了以核心平台为中心的产业生态。典型的如美国谷歌公司的业务包括金融、地图、新闻、旅游、机票搜索、购物、图书、视频和云计算等；阿里巴巴的业务除了淘宝的在线零售外，还投资在线支付、物流、数字金融、社交媒体、数字娱乐、云计算等。数字平台的跨界经营，一方面为平台企业的市场进入提供了便利，平台企业可以利用其用户基础、大数据等资产迅速进入新的业务市场，为消费者提供更多样化的服务。另一方面，平台生态也会对新进入企业构成重要的进入壁垒，新的平台企业较难进入市场，同时跨界经营的支配平台会将其在核心业务市场的垄断势力延伸到下游业务市场，对下游业务市场的竞争对手实施封杀行为，以实现对多市场的生态垄断。

三、数字经济反垄断政策的基本导向①

第一，坚守竞争政策的基础性地位。市场竞争是促进数字经济高效发展的根本动力，数字经济反垄断应坚守竞争政策的基础性地位。尽管数字经济具有相对独特的经济规律，但竞争始终是促进经济高效率增长和提升消费者福利的基础机制，维护市场竞争机制和竞争过程始终是竞争政策的根本任务。坚守竞争政策的基础性地位应重点消除严重扭曲市场竞争的产业政策、阻碍创新发展的政府监管政策和不作为的竞争政策。数字经济竞争政策应积极有为，对于那些竞争损害证据明确的支配企业滥用行为和严重损害消费者福利的不正当竞争行为要及时采取有效的竞争政策加以纠正。数字经济竞争政策应确保竞争政策的基础性地位，营造公平竞争的市场环境，促进数字企业的创新发展。

第二，坚持消费者福利标准并注重对非价格因素的审查。数字经济背景下仍应坚持反垄断消费者福利标准。长期以来，反垄断法都将提升

① 参见唐要家：《数字平台反垄断的基本导向与体系创新》，《经济学家》2021年第5期。

消费者福利和防止消费者福利受到伤害作为反垄断法的根本目标。数字经济反垄断政策不仅应关注由价格水平所决定的消费者福利，也应更加关注创新带来的新产品或新服务以及产品质量提升，以及消费者隐私保护等非价格维度。特别是在平台向消费者免费供应的情况下，企业之间的竞争已经超越单一的价格竞争模式。在平台产品免费供应的情况下，消费者的选择更加关注产品质量、产品多样性选择、隐私保护等非价格因素。为此，数字经济反垄断法律保护消费者福利，要求反垄断政策从传统的以价格为中心转向重视非价格因素，特别是产品质量、创新和隐私保护等因素。

第三，将促进创新作为反垄断优先目标。创新是竞争和经济高质量发展最重要的驱动力量。数字经济中创新带来的动态效率对提升消费者福利和社会总福利具有特别重要的意义。在数字经济中，创新既是维护市场竞争的动力，也是市场竞争的结果。因此，维护企业创新激励应该成为反垄断审查的优先目标。创新优先的反垄断执法主要体现在以下几个方面：一是对于有利于创新的企业之间的合作行为不宜适用本身违法原则。数字经济中企业之间的数据共享协议、联合制定技术标准、数字版权合作组织等合作行为往往是促进创新的，应实行宽松的反垄断政策。二是为维护企业创新激励应谨慎干预高许可费、拒绝许可和拒绝数据开放等行为，只有在案件所涉及的技术或数据满足该技术是其他企业参与竞争所不可或缺，并且其他企业无法合理复制的情况下，反垄断执法才应介入，要求企业向竞争对手开放数据或许可专利技术。三是审慎的反垄断监管，强化市场研究和程序正义，防止过度监管和错误执法造成对竞争的损害，特别是防止运动式执法和“一刀切”政策对企业创新发展造成的损害。典型的如欧盟对数据隐私和数字平台严格的反垄断监管造成平台企业过高的合规成本，严重阻碍了企业创新，严重限制了欧盟数字平台的创新发展和国际竞争力的提高。因此，中国数字经济反垄断监管不能以牺牲创新为代价，而应更好地促进数字经济创新发展。

第四，数字经济反垄断要重点关注数据垄断行为。数据垄断成为数字经济反垄断需要特别关注的问题。对支配平台数据驱动策略行为的反垄断审查主要有三个方面：一是非法数据采集利用行为。数字平台往往向消费者提供免费服务，但消费者同时也向平台提供了具有经济价值的数据。如果平台在没有获得消费者授权同意或者迫使消费者接受不合理的个人数据采集适用条款，则构成了一种剥削性滥用，是同传统垄断企业向消费者征收不合理高价格相似的垄断行为。二是数据滥用行为。支配平台企业实施的数据驱动的排他行为会伤害市场竞争、阻碍创新，并影响用户隐私保护。三是数据驱动的企业并购。支配平台企业通过并购来获取和控制不同来源的数据可能会增强在位者的市场势力，弱化市场竞争，造成对竞争对手的封锁。

四、数字经济反垄断政策的重点

2020 年底，中央经济工作会议明确指出要“强化反垄断和防止资本无序扩张”，“要完善平台反垄断监管”。为此，国家出台了一系列的平台经济监管制度。2021 年初印发的《建设高标准市场体系行动方案》，明确加强平台经济等新业态领域的反垄断和反不正当竞争监管。2021 年 2 月国务院反垄断委员会制定发布《关于平台经济领域的反垄断指南》，对平台经济领域反垄断法适用问题给出了较为细化的规定，特别是对各界反映强烈的典型垄断行为作出了具体规定，对促进平台经济的健康发展具有重要意义。

第一，大数据算法合谋。在数字经济中，数字商务企业普遍采用大数据算法决策会带来价格合谋。算法定价明显提高了价格合谋出现的可能性。算法合谋的反垄断政策为：(1) 合理界定反垄断意义上的非法协议。反垄断法应对合谋的“协议”采取更宽泛的界定，而不是仅仅局限在企业之间存在明确的相互沟通证据上，应更多关注“一致行为”的事实和达成限制竞争合谋结果的事实，并加强附加证据因素的获取，从而确保竞争规则的科学适用。(2) 明确当事企业法律主体责任。对于算法合谋，反垄断法律责任主体首先应该是由当事企业承担，在合谋事实成立的情况下，当事企业不能以自己不知情或未主动参与来免责。因此，不管何种形式的算法合谋，反垄断责任主体都应该是定价算法的使用者——当事企业和企业的直接责任人。(3) 实行有效的算法事前规制。事前规制将算法设计放在突出的位置，坚持“基于设计来遵从法律”的原则，要求算法程序设计要遵守和体现竞争原则，从源头来避免算法合谋违法行为的产生。“基于设计来遵从法律”的规则要求算法开发者和算法使用者必须通过算法设计来确保遵守竞争法，即算法设计应该确保其不会带来反竞争的合谋效应。

第二，“二选一”独占交易协议。双边市场支配平台实施的“二选一”独占交易协议应该受到《反垄断法》的重点关注。数字平台独占交易协议具有独特的竞争损害效应：首先，“二选一”独占交易协议会使支配平台实现对商家的锁定，并且由于交叉网络效应进而增加平台对消费者的黏性，从而使竞争对手无法获得有效与其竞争的用户规模，实现对竞争对手的封锁。其次，独占交易协议使商家失去了自由选择权和与平台讨价还价的能力，增强了平台剥削性占有商家剩余的能力。最后，在寡头平台都采用“二选一”独占交易协议的情况下，会产生“市场分割”效应，成为一种缓解价格竞争的合谋机制。

第三，大数据杀熟。大数据杀熟也被称为基于大数据的个人化定价，是指企业基于大数据算法来对消费者实行个人化定价，其会严重侵害消费者利益。大数据杀熟的反垄断监管政策重点是：(1) 大数据杀熟的反垄断监管政策应综合运用多部法律和多种手段。大数据杀熟不仅涉及消费者权益和交易公平性问题，还涉及消费者隐私保护等问题。因此，需要依据《消费者权益保护法》《反不正当竞争法》《电子商务法》《个人信息保护法》等相关法律来执法。大数据算法价格歧视的反垄断规制政策，不仅包括政府的反垄断执法、隐私保护监管等行政行为，也要更多地采用市场化或技术性措施。(2) 大数据杀熟的反垄断监管政策应突出消费者知情—同意规则。大数据杀熟对消费者福利的损害在很大程度上取决于消费者的行为反应，特别是消费者的信息掌握程度或信息获取难度。增强消费者的知情权和信息获取能力能显著化解支配平台算法价格歧视的竞争损害。为此，应要求商家使用消费者个人信息数据实行个人化定价需要明确告知消费者，针对该消费者的个人化价格必须获得消费者的知情同意，并且消费者拥有退出权。

第四，拒绝接入数据。数据是数字经济企业获得竞争优势的重要战略资产，为了维持市场垄断地位，具有市场支配地位的平台有激励实施拒绝接入数据行为。具有市场支配地位企业实施的拒绝接入数据行为分为两种类型：横向拒绝接入数据和纵向拒绝接入数据。首先，横向拒绝接入数据主要是指平台拒绝向其竞争对手开放数据。美国和欧盟竞争执法机构主张，在大多数情况下，《反垄断法》不应强制要求企业与其竞争对手分享数据，只有在支配平台企业的数据为必要设施条件，并且拒绝接入数据会严重伤害市场竞争时，反垄断执法机构才会对拒绝行为加以规制。在数字经济中，由于数据具有明显不同于传统自然垄断行业“必要设施”的经济特征，特别是在很多情况下数据并不满足“不可复制性”要求，因此即使适用必要设施原理，其也应仅限于少数的例外情况。其次，纵向拒绝接入数据是指支配平台拒绝向平台生态的第三方合作商开放数据，此时平台与第三方合作商之间是互补关系，典型的如菜鸟网络封锁顺丰数据接入。纵向拒绝接入数据是一种典型的滥用市场支配地位的数据垄断行为，其应该受到《反垄断法》的重点关注。

第五，数字平台并购。并购是数字经济平台企业快速成长并实现跨界经营的重要方式，但是数字平台的并购往往具有较大的严重伤害竞争的可能。首先，由于数字经济市场内在的高集中化趋势，支配平台企业的并购往往会成为加剧市场集中和增加跨界经营的重要方式，从而严重降低现实的市场竞争。其次，支配平台对初创企业的“杀手并购”会严重损害市场的潜在竞争。再次，数字平台的跨界并购。大型数字平台易通过建立并购进入多个与其核心业务相关的业务领域或新的不相关业务领域，产生生态垄断势力。目前，各国都在重新制定平台经济的并购控制政策，对支配平台的并购实行更为严格的并购控制，其中的一个重要举措是提高并购申报门槛。并购申报是并购反垄断控制的第一道机制。目前，中国并购控制政策明确规定，达到一定营业额标准的企业并购需要向反垄断机关进行申报，对于低于申报门槛要求的小规模企业即使并购交易值比较高，其通常不会受到《反垄断法》的干预。为了防止对潜在竞争者或初创企业的并购，并购申报标准应该在现有企业营业额标准的基础上增加补充性的并购交易值标准。

第二节 数字经济反不正当竞争监管

一、反不正当竞争的概念

不正当竞争是指扰乱市场竞争秩序，损害其他经营者或者消费者合法权益的行为。根据《反不正当竞争法》，不正当竞争行为包括混淆、商业贿赂、虚假宣传、侵犯商业秘密、不当奖售、诋毁商誉、网络不正当竞争七种类型。反不正当竞争监管主要是通过制止以不正当手段攫取他人竞争优势的行为，来避免善意的经营者和消费者受到损害，从而达到维护公平竞争的市场秩序的目的。

在数字经济时代，传统的不正当竞争行为依托数字平台衍生出许多新形式，如流量劫持、广告屏蔽、非法抓取数据等行为，这些新型不正当竞争行为相较于传统的不正当竞争行为，实施方式更加隐蔽，危害更加严重，对反不正当竞争监管提出了新的挑战，正在成为反不正当竞争监管的重点。

二、反不正当竞争监管的需求与挑战

第一，在线交易不正当竞争行为成为影响电子商务发展的重要因素。近年来，国家高度重视电子商务的发展，李克强多次作出重要指示，要求促进在线交易加速发展，培育经济新动力。根据《中国电子商务报告（2020）》的数据，在 2016—2020 年，我国在线交易额从 26.10 万亿元激增到 37.21 万亿元，年均增长率为 9.3%。中国网购用户规模

已达 7.82 亿，连续多年保持全球规模最大、最具活力的网络零售市场。[1] 与在线交易的飞速发展相伴而生的是逐渐显现的数字经济不正当竞争问题。根据全国消费者协会组织受理投诉情况统计，2016—2021 年互联网服务类投诉量从 37791 件跃升至 102674 件，6 年间投诉量增长近两倍，在总投诉量中的比重也从 5.96%攀升至 9.76%，始终居于投诉量前三位，在 2017 年这一比重更是达到了惊人的 22.40%，居于投诉量第一位。[2] 部分经营者实施的各种不正当竞争行为，严重侵害了消费者的利益，导致消费者对在线交易的信任度降低，参与在线交易的意愿降低，从而阻碍电子商务的发展。

第二，数字经济不正当竞争行为具有更加严重的危害性。伴随着在线交易的迅速发展，数字经济不正当竞争行为大量涌现，并带来比传统不正当竞争行为更严重的危害。一是依赖于网络效应，数字经济不正当竞争行为波及的范围更广。典型的如直播带货某明星主播，其微博描述直播间日常观看人数为 2000 万，在 2021 年“双十一”当天更是达到了 2.5 亿人，销售额则为 106.53 亿元，即便是这样的顶流主播仍在 2019 年因虚假宣传而被处罚。二是数字经济不正当竞争行为呈现出职业化、产业化的特点。在数字经济背景下，商业诋毁演变为专业“水军”带节奏，或借助“打假”“维权”的名义恶意投诉举报，呈现出组织化、职业化、规模化特征，衍生出一大批灰色产业。2016 年“3·15”晚会就

---

① 《中国电子商务报告（2020）》，全国电子商务公共服务网，https：//dzswgf. mofcom. gov. cn/news/5/2021/9/1631698018580. html.

② 《2017 年全国消协组织受理投诉情况分析》，中国消费者协会，https：//www. cca. org. cn/tsdh/detail/27876. html；《2018 年全国消协组织受理投诉情况分析》，中国消费者协会，https：//www. cca. org. cn/tsdh/detail/28383. html；《2019 年全国消协组织受理投诉情况分析》，中国消费者协会，https：//www. cca. org. cn/tsdh/detail/29434. html；《2020 年全国消协组织受理投诉情况分析》，中国消费者协会，https：//www. cca. org. cn/tsdh/detail/29923. html；《2021 年全国消协组织受理投诉情况分析》，中国消费者协会，https：//www. cca. org. cn/tsdh/detail/30346. html.

评价过“凡是你能想到有交易评价的线上平台都存在刷单”，“刷单”已经形成一条黑色利益产业链。三是假冒伪劣产品与盗版侵权问题严重降低了企业创新的积极性。这两大顽疾对企业创新激励损害最严重的是培养了消费者“不愿意为正版付费”的消费习惯，甚至形成了“盗版有理”的氛围。如果企业投入巨大人力以及财力研发的新产品无人问津，消费者更加青睐盗版产品，企业研发新产品无利可图，那么，企业将不再研发新产品，创新的过程就会停滞。

第三，数字经济不正当竞争行为对监管执法提出了新挑战。在电子商务发展过程中，不仅传统的不正当竞争行为依然大量存在，并且很多新型不正当竞争行为也不断出现。这些新型不正当竞争行为所具有的新特性对监管执法提出了新挑战。一是新型不正当竞争行为具有极强的隐蔽性。这导致监管部门很难及时发现这些行为，当新型不正当竞争行为被注意到时，往往已经造成了比较严重的损害。二是新型不正当竞争行为的影响具有延伸性。互联网空间的开放性，使新型不正当竞争行为往往涉及多领域、多主体，在执法过程中通常会牵涉多个地区、多个部门以及多部法律，这对各个执法部门、各部法律之间的协调性提出了巨大的挑战。三是新型不正当竞争行为实施的手段具有很强的技术性。这些不正当竞争行为都是通过爬虫、大数据等互联网技术来实现的，因此对技术的认定需要一定的专业性，从而对监管执法人员的素质提出了更高的要求。四是新型不正当竞争行为难以界定。由于法律法规不完善、专业技术缺乏以及实践调查不够深入等原因，新型不正当竞争行为存在性质难以界定问题，这一问题对现有监管执法效能提出了全面完善的要求，同时，法律法规等也需要跟上不正当竞争行为发展的步伐。

三、中国数字经济反不正当竞争监管实践

第一，制定、修订相关法律法规。为了应对数字经济反不正当竞争新形势，2018 年，国家对《反不正当竞争法》进行修订并加入针对数字经济反不正当竞争行为的法条，2019 年，国家颁布了《电子商务法》，第二章对电子商务经营者的行为作出了规定。为进一步制止和预防数字经济不正当竞争行为，维护公平竞争的市场秩序，保护经营者和消费者的合法权益，促进数字经济规范持续健康发展，2021 年 8 月，国家市场监督管理总局起草了《禁止网络不正当竞争行为规定（公开征求意见稿)》，以进一步规制互联网领域的不正当竞争行为（见表 6—1)。

表 6—1 《禁止网络不正当竞争行为规定（公开征求意见稿)》

章节	法条	禁止行为
第二章	第七条	各类混淆行为
	第八条、第九条	虚假宣传
	第十条	商业贿赂
	第十一条、第十二条	商誉诋毁
第三章	第十三条	妨碍、破坏其他经营者提供网络产品或服务正常运行
	第十四条	流量劫持
	第十五条	搜索降权、提供卸载预装的非基本功能应用程序
	第十六条	恶意不兼容
第四章	第十七条	反向刷单
	第十八条	广告屏蔽
	第十九条	“二选一”行为
	第二十条	非法抓取数据
	第二十一条	大数据杀熟

资料来源：笔者根据《禁止网络不正当竞争行为规定（公开征求意见稿)》整理。

第二，行政执法。在行政执法方面，自 2017 年起，国家市场监管总局都会联合多个部门开展网络市场监管专项行动，即“网剑行动”。2021 年“网剑行动”坚持线上线下一体化监管原则，重点打击企业不落实法定责任违法行为，网络交易不正当竞争行为，网络直播、互联网广告违法行为等。在此次行动中，各省均取得了显著成效：四川省市场监管部门责令整改网站 1669 个/次，电信主管部门处置违法违规互联网应用 175 家，其中包括直播售货虚假广告、在线交易公司刷单炒信等数字经济反不正当竞争案件；① 江西省市场监管部门以打击网络侵权假冒、刷单炒信、虚假违法广告等违法行为和落实平台责任、规范格式条款作为网络市场监管专项行动重点工作，共查处网络违法案件 377 件，罚没款 3401.7 万元。② 浙江作为全国数字经济发展最好的省份之一，2018 年“网剑行动”中，浙江省市场监管局重点打击利用网络侵犯知识产权、提供伪劣商品服务、不正当竞争、发布违法有害信息等违法行为。浙江省市场监管部门累计检查网站、网店 225 万余个，现场实地跟踪检查 3.2 万余个/次，督促平台删除违法商品信息近 2.5 万条，责令整改网站 1 万余次，关闭网站 2700 余个，责令平台关停网店 2900 余个。③

第三，法院司法。随着反不正当竞争执法的常态化，司法裁判在维护市场公平竞争中的导向作用正日趋强化。各级法院先后审理了一批行业反响强烈、社会关注度高、涉及百姓生活的反不正当竞争案件。典型的如 2022 年北京知识产权法院公布的竞争垄断十大典型案件中有五个

① 《消费质量报》特别报道组：《护航网络市场健康持续发展——四川省“2021 网剑行动”侧记》，《消费质量报》2021 年第 1311 期。

② 《罚没 3401.7 万元！江西 2021 网剑行动卓有成效》，国家市场监督管理总局网络交易监督管理司，https://www.samr.gov.cn/wljys/sjdt/202112/t20211222_338349.html.

③ 《浙江省启动 2019 网剑行动　重点整治电商违法行为》，浙江省市场监督管理局、浙江在线，http://zjamr.zj.gov.cn/art/2019/7/26/art_1228969894_41115832.html.

案件涉及数字经济不正当竞争；2021 年上海浦东法院特别发布了十个互联网不正当竞争典型案例等（见表 6—2）。

表 6—2 数字经济反不正当竞争案件

法院	年份	案件名	违法行为
北京知识产权法院	2019	“直播浏览器”不正当竞争案	未经许可擅自使用他人赛事直播画面
	2019	分时段出租视频网站 VIP 账号不正当竞争案	不当夺取交易机会
	2019	擅自抓取微博后台数据不正当竞争案	非法抓取数据
	2021	“边录边播”“一键分享”不正当竞争案	提供技术措施诱导用户避开“禁止下载”
	2021	“省钱招”插件不正当竞争案	擅自使用他人有一定影响的企业名称
上海浦东法院	2016	二三四五诉金山毒霸软件不正当竞争案	流量劫持
	2016	大众点评网数据信息不正当竞争案	非法抓取数据
	2016	“斗鱼网”全国首例电竞赛事直播不正当竞争案	未经许可擅自使用他人电竞直播画面
	2017	“帮 5 淘”购物助手不正当竞争案	对“用户黏性”的恶意破坏
	2018	“电视猫”视频聚合软件不正当竞争案	屏蔽广告
	2019	腾讯公司与谌洪涛等不正当竞争案	AR 网游外挂
	2019	陆金所金融服务平台不正当竞争案	网络抢购服务
	2020	支付宝与斑马公司不正当竞争案	唤醒策略
	2020	百度关键词广告不正当竞争案	关键词隐性使用
	2021	腾讯公司诉祈福公司组织刷量不正当竞争案	虚假宣传

续表

法院	年份	案件名	违法行为
杭州互联网法院	2018	淘宝诉周某某网络侵权责任案	恶意下单仅退款不退货
	2019	腾讯公司诉浙江搜道不正当竞争案	非法抓取数据
	2019	杭州刀豆公司诉腾讯公司侵害作品信息网络传播权案	未经许可擅自使用小程序播放他人视频
	2019	王某诉江某不正当竞争案	恶意投诉

资料来源：笔者根据网络资料整理。

四、中国数字经济反不正当竞争监管能力提升的路径

第一，完善相关立法。2018 年新修订的《反不正当竞争法》为新型不正当竞争行为的规制提供了切实可行的标准，同时为实务界指明了方向。然而，“互联网条款”条文数目较少，内容不够全面，保护力度不足。可以考虑根据以下建议制定新的法律法规。首先，细化一般条款。一般条款在规制互联网新型不正当竞争行为过程中起着不可替代的作用，能够弥补“互联网专条”三项列举式规定的不足，使互联网领域中不断出现的新型不正当竞争行为得到有效规制。其次，增加互联网条款列举性规定。在新修订的《反不正当竞争法》互联网条款中，列举性条款存在抽象性、概念模糊性、行为的交叉性等特点，给新型不正当竞争行为的规制带来诸多困难。鉴于互联网领域中的新型不正当竞争行为远比列举条款丰富得多，可以在互联网列举性规定中增设除三项列举的网络新型不正当竞争行为以外的、在司法实务中大量存在的新型不正当竞争行为，如非法爬取数据、流量劫持、反向刷单等，从而更加全面地规制互联网领域中的新型不正当竞争行为。再次，完善“互联网专条”兜底性规定。兜底性规定在“互联网专条”列举条款不

能很好规制新型不正当竞争行为时，起着重要作用，但新修订的《反不正当竞争法》第十二条中的兜底性条款："其他妨碍、破坏其他经营者合法提供的网络产品或者服务正常运行的行为"，措辞极其含糊，严重缺乏指向性和可操作性，给新型不正当竞争行为的规制带来诸多困难，有必要根据我国互联网领域的实际情况以及我国新型不正当竞争行为案件的特点，对"互联网专条"的兜底条款进行完善明确，从而更好地发挥兜底条款的作用。针对上述问题，国家市场监督管理总局起草的《禁止网络不正当竞争行为规定（公开征求意见稿)》对此作出了很好的回应，弥补了现行法律法规上存在的不足，能够更好地规制新型不正当竞争行为。

第二，增强相关法律适用的协调性。目前，我国规制新型不正当竞争行为的法律有《民法典》《反垄断法》《反不正当竞争法》《电子商务法》《网络安全法》《数据安全法》《个人信息保护法》等。但这些法律从不同角度规范市场主体经营行为，在违法行为认定、行政处罚设置等方面存在交叉重叠。如何协调不同法律之间的适用，成为反不正当竞争法实施中的难点。因此，需要建立规制各种新型不正当竞争行为多法适用的协调机制。首先，在法律适用竞合的情况下，由于不同法律的适用门槛存在一定差异，可根据行为的严重程度选择适用相应法律规范。其次，对于同类的竞争行为，需要根据实际侵害的法益及侵害的程度，选择适宜的法律规范，增进处罚的比例性。最后，要通过立法明确不同法律之间的协同机制。互联网新型竞争行为往往涉及多个法益，若选择适用某一法律很难实现对多法益的全面保护。故此，需通过修订立法和制定司法解释的方式明确相关法律的协调机制。

第三，全面提升行政监管能力。为了更好地对反不正当竞争行为进行监管，需要全面提升行政执法效能。首先，构建一体化监管体制。事前监管主要是预防违法行为发生，明确法律规则，加强合规经营宣传，明确企业主体责任。事中监管主要是对不正当竞争行为高发领域、平台实行全覆盖动态监测，及时发现违法行为。事后监管主要是依法及时查处违法行为，增强典型案件执法的警示作用。其次，提升智能监管水平。加快数字转型和数据整合，探索运用互联网、大数据、人工智能等技术手段进行案件查办，提升监管执法水平，实现智能监管。再次，增强监管人员素质。为提升人员监管能力，实现专业监管，应加强人员岗位培训，提高人员专业水平，并招聘新的高素质专业人才。最后，创新跨部门协同监管体制。健全跨部门跨行政区域的反不正当竞争执法信息共享、协作联动机制，提高执法的统一性、权威性、协调性。构建跨行政区域的反不正当竞争案件移送、执法协助、联合执法机制，针对新型、疑难、典型案件畅通会商渠道、互通裁量标准，全面提升监管执法的统一性。

第四，加快建立多元治理体系。规制不正当竞争行为不仅需要有效的政府监管和司法审查，还需要发挥行业协会、互联网平台、经营者、消费者等各类主体的治理作用，形成政府监管、平台自律、行业自治、社会监督的多元治理新模式。首先，行业协会重在发挥行业自治的作用。行业协会要充当好政府与平台之间的桥梁，协调平台之间的经营行为，对平台的竞争手段、经营作风进行严格监督。其次，平台重在强化落实主体责任，发挥自我治理的作用。平台要完善内部管理制度和技术保障，完善平台生态治理体系，确保平台自身和平台商家合规经营。再次，赋能消费者。加强消费者的教育，促进在线交易的透明度，确保消费者的知情权和同意权，创新消费者参与治理的渠道和方式，完善消费者维权和举报投诉处理机制。最后，发挥新闻媒体等社会监督作用。新闻媒体等要积极参与市场监管，及时曝光严重损害消费者利益的不正当竞争行为，发挥好社会监督的作用。

第五，推进线上线下一体化监管体系。新型不正当竞争行为的实施依赖于互联网，频发于线上，为了有效地对新型不正当竞争行为进行监管，不仅需要传统的线下监管，更需要线上监管，形成线上线下一体化监管体系。首先，加强公共数据开放共享。建立健全国家公共数据资源体系，推进数据跨部门、跨层级、跨地区汇聚融合和深度利用。健全数据资源目录和责任清单制度，提升国家数据共享交换平台功能，深化基础信息资源共享利用。扩大基础公共信息数据安全有序开放，探索将公共数据服务纳入公共服务体系，构建统一的国家公共数据开放平台和开发利用端口。其次，推动政务信息化共建共用。加大政务信息化建设统筹力度，健全政务信息化项目清单，持续深化政务信息系统整合，提升跨部门协同治理能力。加强政务信息化建设快速迭代，增强政务信息系统快速部署能力和弹性扩展能力。再次，完善线上监管体系。建设国家网络交易监督平台，提高线上市场风险监测和预警能力，加快推进智慧监管，丰富监管工具，以平台监管平台，切实提高线上市场风险监测和预警能力，提升监管效能。最后，落实线上线下市场监管和行业管理法定职责。健全集中整治与日常监管相结合的工作机制，以各高风险平台为重点，严厉打击新型不正当竞争行为，如非法爬取数据、流量劫持、反向刷单等违法行为，切实规范电子商务交易秩序。

第三节　个人数据隐私保护

一、个人数据隐私的概念界定①

隐私通常被界定为“个人、群体或机构决定自己何时、如何以及在何种程度上与他人沟通信息的权利”。在大数据时代，计算机技术可以大量获取用户个人数据并进行储存，由此衍生出了数据隐私的概念。数据隐私被界定为“数据中直接或间接蕴含的，涉及个人或组织的，不宜公开的，需要在数据收集、数据存储、数据查询和分析、数据发布等过程中加以保护的信息”。中国 2021 年颁布的《个人信息保护法》第四条将个人隐私定义为个人信息，即“个人信息是以电子或者其他方式记录的与已识别或者可识别的自然人有关的各种信息，不包括匿名化处理后的信息”。在数字经济背景下，数据隐私是重要的消费者人格权，是对他人获取和使用个人数据信息的控制能力，需要得到有效保护。《个人信息保护法》第二条明确指出“自然人的个人信息受法律保护，任何组织、个人不得侵害自然人的个人信息权益”。

二、个人隐私数据保护的监管需求

数字经济时代，数据已经成为企业在组织生产、智能决策、精准营销等环节中不可缺少的要素。英国《经济学人》杂志指出，数据已取代石油成为最有价值的资源。数据要素具有典型的非竞争性特征，同一数据可以被多人同时使用并且不会降低已有使用者的数据应用价值，因此

---

① 参见唐要家、汪露娜：《数据隐私保护理论研究综述》，《产业经济评论》2020 年第 5 期。

数据价值的释放内在要求开放共享。为充分发挥数据要素促进经济高质量增长的潜能，目前国家正在逐步构建有利于数据流通、共享的政策环境。例如，2020 年 4 月中共中央国务院发布的《关于构建更加完善的要素市场化配置体制机制的建议》明确提出通过培育数据要素市场，充分挖掘数据要素价值。2020 年 5 月发布的《关于新时代加快完善社会主义市场经济体制的意见》则进一步提出进行数据权属界定，完善数据开放共享、交易流通的标准和措施。2022 年 3 月国家发改委就设计数据开放配套制度发布《数据基础制度征求意见公告》，内容涉及数据产权、数据要素流通交易、数据收益分配及数据安全治理。随着各项政策的规划及颁布，数据开放共享是数字产业发展的必然趋势，通过构建数据市场实现数据要素的充分流通、通过数据确权实现利益的有效分配是目前主要的实践思路。个人隐私数据是国家大数据资源最重要的组成部分，个人隐私数据安全则是影响和制约数据要素价值释放的重要因素，也是数据开放共享面临的重大挑战。

个人数据隐私侵害主要表现为数据商务企业在未获得消费者同意的情况下过度采集和使用消费者用户数据信息，以及因技术限制或安全漏洞而引发的个人数据泄露问题。在此背景下，国内公众对于个人数据隐私安全的担忧正日益增强，《中国公众大安全感知报告（2021)》显示，公众在数字环境中的安全感最弱，有五成公众担心下载的 App 不安全，存在数据泄露风险；有七成公众感到算法能获取自己的喜好、兴趣，进而进行精准“算计”。①

个人隐私数据既是重要的经济资源和企业战略资产，也是消费者人

① 参见《〈报告〉显示：应用程序成为公众感知数字风险首要来源》，光明网，https：//m. gmw. cn/baijia/2021－12/31/35420833. html.

格权的重要组成部分。对于消费者而言，大量的隐私侵害问题不仅损害消费者的基本权益，其所引发的公众对在线交易的担忧将损害市场信心，最终影响数字经济的发展。因此，个人数据隐私保护既是保护消费者基本人格权的需要，也是释放要素促进经济高质量增长潜能的重要条件。个人数据隐私保护监管政策应妥善平衡数据开放共享与个人信息保护的关系，通过对数据隐私涉及的消费者人格权的保护，规范数据控制者的数据采集和使用行为，有效地维护消费者的合法权益，增加消费者信心，促进数字经济的健康有序发展。

三、个人数据隐私保护的国际监管经验①

（一）欧盟的经验

欧盟对于隐私的保护始于对人格权的维护，因此欧盟的隐私保护体制以严格的政府行政监管为核心。在欧盟“单一数字市场战略”的指引下，欧盟于 2016 年制定颁布了《通用数据保护条例》（简称 GDPR）作为个人数据隐私保护的综合性法律，通过统一立法消除成员国间由于立法分歧导致的数据壁垒，并基于严格的人格权保护路径设计了具体的法律条款。欧盟数据隐私保护监管具有如下特点：第一，采取人格权保护模式。法律充分赋予个人的隐私权，包括知情权、访问权、被遗忘权、可携带权等一系列权益，并对企业数据收集、处理、存储、利用的行为进行全周期规范，严格保护消费者的个人因素数据信息。第二，支持企业自治。GDPR 的立法采用“原则指引”策略，法律规则设计多是强调所要达到的效果，企业可以根据立法的规则指引结合自身业务特点来制

① 参见唐要家：《中国个人隐私数据保护的模式选择与监管体制》，《理论学刊》2021 年第 1 期。

定企业数据治理制度。第三，完善的数据保护监管体制。欧盟建立了统一的数据保护委员会，明确数据监管标准、程序，并审查各成员国的违法违规行为，同时要求每个成员国建立负责监督数据保护的独立行政机构以落实规则的有效执行。第四，具有健全的监管实施机制。欧盟形成了由企业内部问责机制、行政投诉机制和司法救济机制组成的数据隐私保护救济体系，以平台主体责任制为基础，为数据主体提供了多种救济途径。同时，GDPR 通过设置最高处以 2000 万欧元的高额罚款以引导企业关注数据隐私保护，提升企业进行私人监管的紧迫感和积极性。

自欧盟《通用数据保护条例》实施以来，欧盟各成员国的数据保护监管机构共对 87 件案件作出了约 3.7 亿欧元的行政处罚[①]，典型案件如 2018 年 6 月英国航空公司因缺乏保障信息安全的技术和组织措施导致 50 万名英航乘客的个人信息被泄露而遭到监管机构英国信息专员办公室（ICO）约 2 亿欧元的处罚。2019 年 1 月，谷歌由于在处理个人用户数据中存在缺乏透明度和个性化广告推送没有遵循自愿原则等问题，遭到法国国家信息与自由委员会（CNIL）处以 5000 万欧元的罚款。2022 年 3 月，脸书的母公司 Meta 因一系列的数据泄露事件被爱尔兰数据保护委员会（DPC）罚款 1700 万欧元。除了以上针对知名企业的高额处罚案件外，GDPR 的执法实践中还包括对中小企业及机构侵犯隐私案件的查处。例如，2019 年 8 月，瑞典一所高中由于使用人脸识别技术，并将学生们的面部生物识别数据进行存储，瑞典监管机构判定该行为违反数据收集的目的限制和最小范围原则，对该学校处以近 2 万欧元的罚款。

① 参见《GDPR 执法案例精选白皮书》，中兴官网，https：//reswww.zte.com.cn/mediares/zte/Files/PDF/white _ book/202004070858.pdf?la=zh-CN.

该案件充分表明，GDPR 对于人脸信息等生物特征数据使用持高度谨慎态度，即使是影响人数不多的违规事件也会受到处罚。

（二）美国的经验

美国的隐私保护监管体制是由政府和行业构成的合作监管模式，具体形式为政府提供基本的原则性指导，行业协会权衡自身利益及业务特点制定具体的行为准则，企业通过自我管理落实政府的隐私保护原则。相较于欧盟由政府主导的强行政监管模式，美国的监管模式充分强调企业、行业协会等微观主体自我监管的基础作用，呈现较为灵活的“自下而上”的监管格局，通过互联网企业的自我管理实现个人隐私保护与行业创新发展的平衡。

就立法而言，美国并没有就隐私保护进行全国性的统一立法，在州立法的层面，最具代表性的法律是加利福尼亚州 2018 年通过的《加州消费者隐私法》(CCPA)，该法律借鉴了 GDPR 的立法模式，但在具体规则上与 GDPR 存在以下不同：第一，提出隐私保护的经济性激励措施。CCPA 鼓励企业采用经济手段来平衡个人隐私保护与数字经济发展，即鼓励企业通过向消费者支付合理的价格来换取或购买消费者隐私信息，并且企业向消费者支付的价格需要给出相应的估值方式以保证公正透明。第二，赋予个人隐私损害赔偿权。CCPA 明确消费者具有私人诉讼权和获得赔偿权，突出对消费者个人经济性损害赔偿在约束数据滥用和保护消费者权益中的主导作用。第三，相对有限的监管对象。CCPA 的约束对象为具有一定规模的数据控制者，只有在年收入、处理个人信息量及数据依赖收入占比上达到一定要求的企业才会被纳入监管范围，小规模企业则一般不会受到监管。

四、中国个人数据隐私保护的监管实践

在全面发展数字经济的背景下，近年来，我国逐步重视消费者数据隐私保护，突出体现为，2021年8月第十三届全国人民代表大会常务委员会第三十次会议通过了《个人信息保护法》。除了《个人信息保护法》以外，针对个人信息保护的相关法规还散见在其他法律、行政法规、部门规章、部门工作文件、国家标准中（见表6—3），这些多层次、多领域、结构复杂的个人信息保护政策法规组成了目前的个人信息保护政府监管法规体系。

表6—3　个人信息保护的相关法规文件

类型	名称	发布部门	监管对象
法律	《个人信息保护法》	全国人民代表大会常务委员会	在中国境内处理自然人个人信息的主体
	《数据安全法》	全国人民代表大会常务委员会	在中国境内开展数据处理活动及其安全监督的主体
	《网络安全法》	全国人民代表大会常务委员会	在中国境内的网络运营者及政府部门
行政法规	《个人信用信息基础数据库管理暂行办法》	中国人民银行	中国人民银行、商业银行及其工作人员
	《征信业管理条例》	国务院	在中国境内从事征信业务及相关活动的征信机构
部门规章	《电信与互联网用户管理暂行规定》	工业和信息化部	电信业务经营者、互联网信息服务者
	《儿童个人信息网络保护规定》	国家互联网信息办公室	网络运营者
	《个人金融信息（数据）保护试行办法》	中国人民银行	金融机构等第三方征信业务活动
	《寄递服务用户个人信息安全管理规定》	国家邮政局	邮政行业寄递服务
	中国铁路总公司网络信息管理试行办法	中国铁路总公司	中国铁路总公司的业务活动
	《电信和互联网用户个人信息保护规定》	工业和信息化部	电信服务和互联网信息服务

续表

类型	名称	发布部门	监管对象
部门工作文件	《App违法违规收集使用个人信息行为认定办法》	国家互联网信息办公室	App运营企业
国家标准	《信息安全技术　个人信息安全规范》	国家市场监督管理总局、中国国家标准化管理委员会	个人信息控制者
	《公共及商用服务信息系统个人信息保护指南》	全国信息安全标准化技术委员会	除政府机关等行使公共管理职责机构以外的各类组织和机构
	《信息安全技术网络安全等级保护基本要求》	国家市场监督管理总局、中国国家标准化管理委员会	非涉密对象
	《常见类型移动互联网应用程序必要个人信息范围规定》	国家互联网信息办公室、工业和信息化部、公安部、市场监管总局	App运营者
	《互联网信息服务算法推荐管理规定》	国家互联网信息办公室、工业和信息化部、公安部、国家市场监督管理总局	实施互联网算法推荐服务的主体

资料来源：笔者根据有关法规整理。

《个人信息保护法》是统一个人信息利用规范、明确相关主体责任及法律救济原则的专门法，同时法规还确立了以中央网络安全和信息化委员会办公室作为统筹部门的监管体制。《个人信息保护法》在立法内容上借鉴了国外立法经验，并且条款设计充分回应了国内大数据杀熟、大型平台企业泄露及滥用隐私数据等公众关注的隐私安全问题。具体而言，《个人信息保护法》的监管规则具有以下几个要点：第一，确立“知情—同意”原则。明确规定个人信息的处理需要取得用户书面同意或者单独同意，并且同意应在个人充分知情的前提下自愿、明确作出。第二，明确数据主体的权利。赋予了数据主体更正权、可携带权、删除权、查看权、撤回同意权等。第三，严格监管基于个人信息的自动化决策。明确规定不能利用个人信息进行价格歧视，并且信息推送、商业营销或与个人重大决策相关的自动化决策推送必须提供便捷的拒绝方式。第四，强化大型平台的主体责任。针对提供重要互联网服务或用户数量巨大的平台企业，提出了包括成立独立监管机构、制定自律规则、定期发布社会责任报告等的义务要求。第五，建立相应的隐私侵害救济机制。针对侵害个人信息的行为，制定了私法诉讼与行政规制两种救济途径。

目前，中国数据隐私保护确立了分级分类保护制度及网络安全等级保护制度，从保障数据安全及网络安全的层面提升数据隐私保护能力。其中，《数据安全法》明确指出国家应建立数据分类分级保护制度，根据数据在经济社会发展中的重要性及一旦被侵害对相关主体的危害程度对数据实行分类分级保护。《网络安全法》提出国家实行网络安全等级保护制度，对网络运营者在保障网络免受干扰、破坏，防止数据泄露或被盗窃等方面的安全保护能力提出了等级保护要求。同时，相关机构颁布了《信息安全技术网络安全等级保护基本要求》（等保 2.0）作为落实网络安全等级保护的配套国家标准，为综合提升我国网络和信息安全的防御能力提供了操作指南。作为面向最新信息技术环境的国家标准，《信息安全技术网络安全等级保护基本要求》具有如下特征：第一，明确分级合规标准。提出网络和信息系统按照重要性等级分级别保护，并规定了从第一级到第五级的分级标准及对应的安全保护要求。第二，创新安全防护思路。除了网络、信息系统等传统保护对象外，标准将云计算、大数据、物联网等新业态纳入了监管，突破了传统安全体系的思路，设立了健全的保护范围。第三，实现全面的安全防御。《信息安全技术网络安全等级保护基本要求》的监管对象为全社会，所有包含信息收集、存储、传输、交换、处理系统的网络运营者都需要进行定级工作并根据级别要求进行安全合规。

近年来，我国逐步加强对个人信息保护的监管执法力度，主要通过约谈、专项治理等手段针对网络空间内的个人信息侵犯事件进行整治。约谈指网信办针对严重违法违规情形，约见其相关负责人，进行警示谈话并责令整改，约谈工作在整治个人信息相关的违规案件中起到了显著的作用。针对大型数字企业违规行为进行约谈，一方面可提高企业领导层对于数据隐私安全的重视，另一方面可通过舆论影响引发公众关注，进而推动提升整个行业的数据隐私保护水平。

针对群众反映强烈的突出问题，网信办协同有关部门开展了专项治理行动，通过查实问题、处置问题、督促整改、社会通报等手段进行乱象整治。在专项治理工作中，围绕移动应用程序展开的监管执法最为集中，网信办通过成立投诉举报受理平台、提升执法技术手段、进行定期整治等系列举措开展 App 违法违规收集个人信息行为的监管治理，成效明显。累计受理个人信息保护投诉举报 3 万余条①，并基于举报反馈，开展了一系列专项治理工作，2019—2021 年共对 52 万款 App 进行了技术检测，责令整改 1922 款违规 App，并下架了 120 款整改不到位的 App。通过提供举报受理通道并进行专项整治，监管部门致力于发现问

① 参见《App 违法违规收集使用个人信息监测分析报告》，国家互联网应急中心官网，https://www.cert.org.cn/publish/main/68/2021/20211209190537762330930/20211209190537762330930_.html.

题并整改不合规现象，显著提升了 App 领域的合规程度，保障了用户的权益。

五、中国数据隐私保护监管政策完善

尽管中国正在积极推进数据隐私保护的各项工作，制定了专门法及各项行政法规并开展了一系列监管执法活动，但目前国内数据隐私侵犯现象还大量存在，隐私安全问题并没有得到彻底解决。总体而言，个人隐私保护还需要进一步完善，具体来说：

第一，完备个人数据隐私保护的政策法规体系。在统一立法前颁布实施的行政法规、部门规章及国家标准等存在条款不统一、重复监管等问题，需要在《个人信息保护法》的统领下进一步优化整合。同时，为确保《个人信息保护法》的真正落地，还需要出台系列配套标准措施以细化法律的各项规则。

第二，健全个人数据隐私保护监管机构体制。目前，我国个人隐私保护采取的网信办统筹下的多部门联合执法，数据隐私保护的法规制定、投诉受理、宣传教育、监督执法等相关工作以多部门协同的方式开展。为进一步提高监管效能，应加强不同部门、机构之间的联动机制，对内明晰职权划分、对外明确投诉受理渠道，优化组织机构职能和协同执法体制。

第三，建立个人数据隐私保护的多元监管治理体制。依赖单一的行政监管机制并不能平衡数据保护与数据流通的关系，未来应该积极探索由政府—企业组成的合作监管机制及数据市场治理制度，构建多元主体参与的数据隐私保护监管治理模式。

第四节　数字经济安全监管体系

一、数字经济安全体系的概念

广义的数据安全包括个人隐私数据安全、商业数据安全、国家数据主权即国家安全。2021年颁布的《数据安全法》第三条指出“数据安全是指通过采取必要措施，确保数据处于有效保护和合法利用的状态，以及具备保障持续安全状态的能力”。

近年来，数据资源日益成为世界各国争先抢占的战略要地，数据安全成为数字经济发展和国家安全的重大问题。在日益严峻的数据争夺战背景下，迫切需要加快构建数据安全网络，维护国家数据主权和国家安全。在国家“十四五”规划和2035年远景目标纲要中，数据安全建设融入各个篇章中，对建设数字化中国和打造网络安全强国作出了重要部署。《数据安全法》第四条明确指出：“维护数据安全，应当坚持总体国家安全观，建立健全数据安全治理体系，提高数据安全保障能力。”

二、数据安全监管的国际经验

（一）欧盟的经验

欧盟具有科学的法律体系和灵活的执行方法，网络安全法律体系存在双重性，每个成员国除了遵守欧盟的共同法律外，还会制定本国的法律体系。虽然必须遵守欧盟安全法的主要要求，但具体的实施安排可以结合实际国情来确定（见表6—4）。在应用方面，其安全覆盖范围相对广泛。此外，欧盟还持续出台适应时代发展潮流的政策，不断结合互联网信息安全形势的变化，作出相应调整。

表 6—4　欧盟网络安全相关政策汇总①

年份	网络安全政策及法律
2001	《欧盟网络刑事犯罪公约》
2004	设立欧盟网络和信息安全局（简称 ENISA）
2006	《确保信息社会安全战略》
2009	修订《电子通信指令》
2011	《保护关键信息基础设施——面向全球网络安全的成就和下一步行动》
2013	《欧盟网络安全战略：开放、安全和可靠的网络空间》
2015	《欧洲安全议程（2015—2020）》
2017	《复原力、威慑力和防御力：为欧盟建立强大的网络安全》
2019	《建立网络安全政策发展框架——对自主代理的安全和隐私考虑》

（二）美国的经验

在制度方面，美国通过系统的立法来规范保护政府信息系统和基础设施安全的措施。通过制度上的全面立法，确保政治信息的安全，美国数字经济安全检查正在不断强化。

在组织方面，建立网络信息安全监督和管理职能部门。美国国家安全局和国土安全部负责管理互联网信息安全。前者主要负责制定和实施与信息安全有关的政策，而后者则负责协调和指导具体工作的运作。利用美国的互联网数据中心位置，通过在全球范围内进行互联网数据监测和分析，为美国的国家利益服务。

在安全系统方面，每个领域的功能被系统地整合。同时，在强大的

① 参见刘金瑞：《欧盟网络安全立法最新进展及其意义》，《汕头大学学报（人文社会科学版）》2017 年第 1 期。

数字科技支撑基础上，加快政府数字化建设，确保数字信息安全。美国政府也非常重视信息安全人员的培训和上岗。规定信息安全人员必须获得相应的证书。

三、构建中国数据安全监管治理体系

第一，坚持国家总体安全观统领的数据安全理念。总体国家安全观为《数据安全法》的立法工作提供了理论指引。总体国家安全观是习近平总书记于 2014 年 4 月 15 日在中央国家安全委员会第一次会议上提出的，它是指导新时代国家安全工作的总体思想指导。数据安全治理的目的应当是“维护国家安全、数据主权和社会公共利益，促进数据经济和数据开放共享机制体制的健康发展”。为此，应突出对数据跨境流动的审查，在国际数据争夺战中有力维护国家数据主权，并将国家数据治理规则延伸到国际，获得数据治理规则的主导权。

第二，健全数据安全监管体制。一是建立数据分类分级保护制度，根据数据在经济社会发展中的重要程度，以及一旦遭到篡改、破坏、泄露或者非法获取、非法利用，对国家安全、公共利益或者个人、组织合法权益造成的危害程度，对数据实行分类分级保护。国家数据安全工作协调机制统筹协调有关部门制定重要数据目录，加强对重要数据的保护。关系国家安全、国民经济命脉、重要民生、重大公共利益等的数据属于国家核心数据，实行更加严格的管理制度。二是国家建立集中统一、高效权威的数据安全风险评估、报告、信息共享、监测预警机制。国家数据安全工作协调机制统筹协调有关部门加强数据安全风险信息的获取、分析、研判、预警工作。三是国家建立数据安全应急处置机制。发生数据安全事件，有关主管部门应当依法启动应急预案，采取相应的应急处置措施，防止危害扩大，消除安全隐患，并及时向社会发布与公众有关的警示信息。四是国家建立数据安全审查制度，对影响或者可能影响国家安全的数据处理活动进行国家安全审查。

第三，加强数据安全的技术保障。数字经济安全体系的建设需要国家和地方政府加强统一规划，充分将加密技术、灾难系统、安全审计、入侵预警和频繁恢复等一系列保障措施运用到数据信息安全保护体系当中。我国政府应进一步加强对数字安全防护技术的创新研究，通过推广和运营中国的专利技术，提高中国互联网系统的安全性。现有新一代信息技术网络是一个先决条件，必须进一步强调对现有网络的升级和改造，扩大区块链、云计算等新技术的应用，进一步强化系统安全防范能力。可以以数字中国政策作为支撑，进一步增加财政投入和加强监管，切实提高数据信息安全技术保障能力。

第四，建设有效的数据安全多元监管治理体系。数据安全的政策供给涉及多个主体，需要通过多元主体间的协同共治形成一套完善的、覆盖多个维度的数据安全治理体系。相关课题将围绕以下方面展开研究：政府立法、行政执法、企业隐私保护责任落实，社会参与。具体而言，通过政府立法明确数据安全治理的顶层设计，依赖行业执法进行有效分业监管，通过企业数据安全治理实践落实数据安全治理具体政策，同时增进公众参与和社会监督。在此过程中，形成政府、行业、企业、用户和社会在内的多元主体治理框架。

第五，推动数字跨境流动中的数据安全全球治理体系构建。出于数据隐私保护、国家主权完整性及国家安全公共政策目标考虑，各国不同程度地对跨境数据流动加以政策或法律法规的限制，实施数据本地化政策。而世界各国如果都实行严格的数据本地化政策则会限制数字贸易的发展，形成“数字壁垒”，不利于国际交流合作及国际数字贸易的发展。同时，由于各国的利益诉求不同，数据治理规则的冲突有可能成为国家间冲突的新热点问题。因此，中国应完善和加强数据跨境流动管理，重点加强对关键数据信息的跨境流动监管，以维护国家数据主权，同时还应积极参与数据跨境流动全球治理体系构建，推进跨境数据流动国际合作机制的建立，保障中国国家利益和数字经济全球化发展。

第五节　人工智能监管治理

一、人工智能的概念

人工智能是相对于人脑等自然智能的一个概念，是指利用数字计算机或者由数字计算机控制的机器来模拟、延伸和扩展人类的智能，感知环境、获取知识并使用知识获得最佳结果的理论、方法、技术和应用系统。[①] 简而言之，人工智能是指具有智能特征、表现的机器或系统，可以不断模拟人类利用知识进行一定行为的机器系统。目前，人工智能技术快速发展并获得广泛应用，典型的如人脸识别、智能翻译、AI 换脸、图像识别、语音合成、导航系统、个性化推送、智能零售、AI 教育、AI 气候预测、AI 主播等。

二、人工智能监管需求

近年来，人工智能技术的迅速发展和日益广泛应用，正在对经济发

① 参见《人工智能标准化白皮书（2018 年版）》，中国电子技术标准化研究院官网，http://www.cesi.cn/201801/3545.html.

展、社会进步、国际政治格局等诸多方面产生重大而深远的作用。目前，人工智能已经普及应用到经济社会的诸多方面，不仅数字技术产业化行业普遍应用人工智能，而且制造业、金融、交通、医疗、教育、公共管理和公安司法等领域也都在积极应用人工智能。总体来说，人工智能正在对生产、消费、交易、社会治理和私人生活产生深刻的影响，从而全面重构整个经济社会体系。

人工智能的广泛应用在带来社会经济增长和居民便利的同时，也不断暴露出各种风险隐患。比如，自动驾驶汽车未能及时识别路上行人而导致车祸；美国一家人工智能公司应用高清 3D 面具和照片实施欺骗行为；生物识别信息的频繁使用使个人隐私数据泄露而导致的电信诈骗时有发生；数据歧视导致决策偏见危害特定人群身心健康；虚假信息和低俗有害信息层出不穷；基于算法而导致的“信息茧房”禁锢人的思想和认知等。

面对人工智能可能带来的诸多风险，若不能限制其可能导致的危害，经济乃至社会道德认知将会受到巨大损害。由于人工智能算法的模糊性和系统使用者对私利目标的追求，仅依靠企业或用户的力量显然不能很好地应对人工智能系统应用所引发的风险，因此政府必须发挥人工智能治理的主体角色，对人工智能系统作出有效的监管治理，防范各种潜在的风险，让技术更好地促进社会进步，有力地维护公共利益。①

人工智能应用潜藏风险的主要体现为：经济性损害风险和社会性损害风险。

人工智能应用的经济性损害风险主要体现为：首先，可能扭曲消费

① 参见唐要家、唐春晖：《基于风险的人工智能监管治理》，《社会科学辑刊》2022 年第 1 期。

者决策。借助人工智能算法，平台企业可以实行更加普遍的个性化营销和定价策略，更广泛地操纵消费者的选择。其次，可能扭曲市场竞争。人工智能算法的应用增加了数字平台施行各种垄断行为的风险，如通过价格合谋、算法歧视或不公平排名等来封锁商家或第三方合作商。再次，可能恶化就业和收入公平。人工智能应用不仅会替代传统的低技能劳动者，而且也会替代高技能劳动者，缩短高技能劳动者的职业生命周期，甚至会恶化收入分配的公平问题。最后，可能导致经济运行风险。人工智能的应用可能会动摇社会信任基础，增加经济发展的系统性风险。

人工智能应用的社会性损害风险主要体现为：第一，侵犯个人隐私。人工智能算法可能会过度采集个人数据、对个人进行识别和行为足迹追踪，并基于个人数据深度分析实现更精准的个人画像，尤其是人脸识别、语音识别等生物识别系统的个人敏感数据收集。第二，损害人的生命健康。人工智能算法可能会扭曲部分群体行为（如色情、暴力等内容的算法推荐），诱导劳动者实施超负荷的劳动，损害劳动者权益。典型的如一些外卖平台利用 AI 算法将配送时间压缩到了极致，导致骑手超负荷劳动。第三，导致社会性歧视。人工智能可能会歧视性地对待特定群体，剥夺特定公民或群体参与重要经济社会活动的机会，影响社会公平正义。第四，威胁公共安全。一旦人工智能系统出现问题，会引发安全风险，威胁社会伦理价值，甚至是国家政治安全。

三、人工智能监管的国外经验

面对广泛扩张的“算法权力”和日益凸显的“人工智能黑箱”，

加强人工智能监管治理已经成为全球共识。美国自 2019 年以来先后发布了《2019 年算法问责法案》和《人工智能应用监管指南备忘录(草案)》，欧盟自 2020 年以来先后颁布了《欧盟数据战略》和《人工智能法》等战略规划和政策法规，加强人工智能治理，构建稳定和有利于创新发展的人工智能生态，促进人工智能创新和国际竞争力提升。

欧盟的《人工智能法》最具代表性，该法案旨在建立关于人工智能技术的统一规则，并进行了基于风险的分级监管，根据风险等级将人工智能系统分为不可接受风险、高风险、有限风险、极小风险四类，并采取不同的监管强度（见图 6—1）。首先，不可接受风险人工智能系统被欧盟认为将对公民的安全、日常生活和基本权利构成明显的威胁，主要包括扭曲、操纵人类行为的人工智能系统和政府进行社会评分的人工智能系统。对于不可接受风险人工智能系统，政府立法加以明令禁止。其次，欧盟将高风险人工智能系统划分为八类：关键基础设施（如交通）、教育或职业培训、产品的安全组件、就业、公共服务、执法、出入境、司法。法案还详细规定了高风险人工智能系统使用者需要履行的七项义务，具体包括：完备的风险评估系统；数据集的风险和歧视降至最低；记录活动以实现结果可追溯；向政府当局提供证明系统符合相关要求的技术信息；向用户提供清晰、充分的信息；采取适当的监管措施；具有高水平的安全性和准确性。再次，有限风险人工智能系统应透明公开，即当用户使用人工智能系统时，应能够意识到其正与人工智能系统进行交互，并具有继续或返回的权利，典型的如聊天机器人。最后，极小风险是指此类风险对公民的权利或安全产生的风险极小，甚至不会产生风险，故政府不对此进行干预。

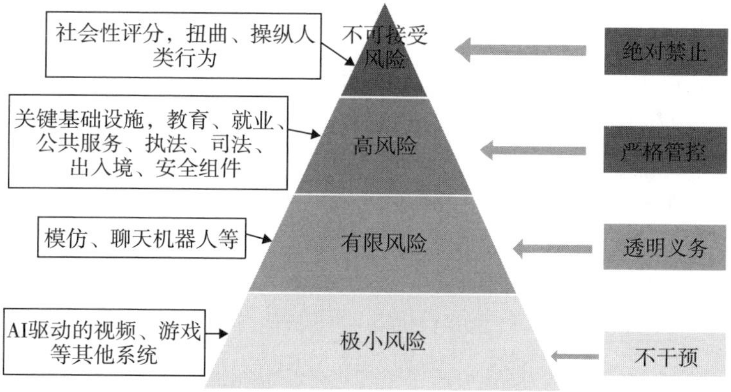

图 6—1　欧盟《人工智能法》的分级分类治理

四、中国人工智能的监管实践

一是注重 AI 伦理规则的构建。2021 年 9 月 25 日，国家新一代人工智能治理专业委员会发布《新一代人工智能伦理规范》（以下简称《规范》），旨在将伦理道德融入人工智能全生命周期，为从事人工智能管理、研发、供应、使用等相关活动的自然人、法人和其他相关机构提供伦理规范。《规范》提出 6 项基本伦理要求，具体而言，人工智能各类活动应遵循：第一，增进人类福祉。坚持以人为本，尊重人权和人类根本利益诉求，坚持公共利益优先，推动经济、社会及生态可持续发展。第二，促进公平公正。坚持普惠性和包容性，充分尊重和帮助弱势群体、特殊群体，推动全社会公平共享人工智能带来的好处。第三，保护隐私安全。充分尊重个人信息知情、同意等权利，依照合法、正当、必要和诚信原则处理个人信息，保障个人隐私和数据安全。第四，确保可控可信。保障人类拥有充分自主决策权，有权决定是否接受人工智能服务，有权随时退出和终止人工智能系统。第五，强化责任担当。坚持人类是最终主体责任，明确利益相关者的责任，在人工智能全生命周期各环节自省自律，建立人工智能问责机制。第六，提升伦理素养。积极学习和普及人工智能伦理知识，主动开展人工智能伦理问题讨论，深入推动人工智能伦理治理实践。①

《规范》还规定人工智能特定活动应遵守管理规范、研发规范、供应规范和使用规范（见表 6—5）。在管理方面，要尊重人工智能发展规律，主动将人工智能伦理道德融入管理全过程，明确人工智能相关管理活动的职责和权利边界，建立有效的风险预警机制，充分重视各利益相关主体的权益和诉求，鼓励跨学科、跨领域的交流与合作。在研发方面，要加强自我约束，主动将人工智能伦理道德融入技术研发各环节，在数据采集和算法开发中，加强伦理审查，提升数据质量和算法安全透明。在供应方面，要营造有利于人工智能发展的市场环境，强化人工智能产品与服务的质量检测和使用评估，在人工智能技术应用中，应保障用户知情、同意等权利，并研究制定应急机制和损失补偿方案，及时防范系统性风险。在使用方面，要加强人工智能产品与服务使用前的论证和评估，充分了解适用范围和负面影响，及时反馈使用中发现的问题。

表 6—5　人工智能伦理规范

管理规范	研发规范	供应规范	使用规范
推动敏捷治理 积极实践示范 正确行权用权 加强风险防范 促进开放包容	强化自律意识 提升数据质量 增强安全透明 避免偏见歧视	尊重市场规则 加强质量管控 保障用户权益 强化应急保障	提倡善意使用 避免误用滥用 禁止违规恶用 及时主动反馈 提高使用能力

资料来源：笔者根据《新一代人工智能伦理规范》整理。

二是不断推进人工智能监管立法。2022 年 3 月 1 日起施行的《互联

① 参见《新一代人工智能伦理规范》，中华人民共和国科学技术部官网，http://www.most.gov.cn/kjbgz/202109/t20210926_177063.html.

网信息服务算法推荐管理规定》（以下简称《算法推荐管理规定》），为解决各种人工智能算法乱象提供了规范与指引。《算法推荐管理规定》对算法推荐技术作出了明确界定，包括人们熟知的应用在广告、短视频、大数据杀熟等场景的个性化推送类；生成合成类（如AI换脸算法、虚拟博主等）；排序精选类（如搜索引擎的广告排序算法、电商平台的购物排序算法）；检索过滤类（如具有关键词过滤、屏蔽信息功能的搜索引擎）；调度决策类（如网约车路线规划算法、外卖平台订单匹配算法、工作时间规划算法、劳动报酬算法等）。[①] 为了积极促进算法推荐服务规范健康发展，《算法推荐管理规定》对算法推荐服务提供者提出了相关禁止事项（见表6—6）。

表6—6　算法服务提供者禁止事项

法条要点	法条具体内容	法条
禁止利用算法从事违法活动和传播违法信息	不得利用算法推荐服务从事危害国家安全和社会公共利益、扰乱经济秩序和社会秩序、侵犯他人合法权益等法律、行政法规禁止的活动，不得利用算法推荐服务传播法律、行政法规禁止的信息	第六条第二款
禁止设置违法或离德的算法模型	不得设置诱导用户沉迷、过度消费等违反法律法规或者违背伦理道德的算法模型	第八条
禁止设置违法和不良信息作为兴趣点或用户标签	不得将违法和不良信息关键词记入用户兴趣点或者作为用户标签并据以推送信息	第十条
禁止传播虚假新闻	不得生成合成虚假新闻信息，不得传播非国家规定范围内的单位发布的新闻信息	第十三条
禁止虚假操作、干预信息呈现影响舆论、规避监管	不得利用算法虚假注册账号、非法交易账号、操纵用户账号或者虚假点赞、评论、转发，不得利用算法屏蔽信息、过度推荐、操纵榜单或者检索结果排序、控制热搜或者精选等干预信息呈现，实施影响网络舆论或者规避监督管理行为	第十四条

① 参见《互联网信息服务算法推荐管理规定》，国家市场监督管理总局官网，https：//www. samr. gov. cn/xw/mtjj/202201/t20220104 _ 338828. html.

续表

法条要点	法条具体内容	法条
禁止利用算法实施垄断和不正当竞争行为	不得利用算法对其他互联网信息服务提供者进行不合理限制，或者妨碍、破坏其合法提供的互联网信息服务正常运行，实施垄断和不正当竞争行为	第十五条
禁止向未成年人推送不良诱导信息	不得向未成年人推送可能引发未成年人模仿不安全行为和违反社会公德行为、诱导未成年人不良嗜好等可能影响未成年人身心健康的信息，不得利用算法推荐服务诱导未成年人沉迷网络	第十八条
禁止“大数据杀熟”	不得根据消费者的偏好、交易习惯等特征，利用算法在交易价格等交易条件上实施不合理的差别待遇等违法行为	第二十一条

资料来源：笔者根据《互联网信息服务算法推荐管理规定》整理。

五、中国人工智能监管治理的政策完善

第一，着手起草制定《人工智能法》。当前，中国系统监管人工智能的《人工智能法》等专门法律还未起草制定，系统监管人工智能的法律还相对缺失。中国迫切需要通过立法来明确人工智能监管的基础性问题，全面提升人工智能治理能力，为人工智能技术创新发展提供治理制度保障。具体建议如下：一是确立以人为本的立法理念。人工智能治理的价值准则是以人为中心，增进人类福祉，促进人的全面发展。二是明确人工智能监管治理的基本原则。人工智能治理应遵循安全性原则、透明度原则、公平性原则和问责性原则。应最小化系统安全风险，打破人工智能黑箱，消除各种不合理的歧视或不公平，明确主体责任。三是建立符合我国国情的基于风险的分级分类监管制度。人工智能系统应用产生的风险或大或小，应依据我国国情和现实情况进行风险划分，实行分级分类监管。四是建立一体化的人工智能系统政府监管体制。五是健全人工智能系统监管机构体系。针对目前多部门执法体制，要通过立法来

明确主管机关和部门协同体制。

第二，加强人工智能伦理建设。人工智能伦理是开展人工智能系统研究、技术开发等活动需要遵循的价值理念和行为规范，是促进人工智能产业健康发展的重要保障。一是明确人工智能伦理原则。人工智能治理的价值准则是以人为中心，人工智能相关活动过程中应遵守增进人类福祉、尊重生命权利、坚持公平公正、合理控制风险和保持公开透明原则。二是健全人工智能伦理治理体制。要努力完善政府人工智能伦理管理体制，压实创新主体伦理管理主体责任，推动设立中国人工智能伦理学会，健全人工智能伦理治理社会组织体系，强化学术研究支撑，引导相关从业人员自觉遵守伦理要求。三是加强伦理治理制度保障。要积极制定和完善人工智能伦理规范和标准，建立人工智能伦理审查和监管制度，并及时推动将重要的人工智能伦理规范上升为国家法律法规，提高伦理治理法治化水平。四是深入开展人工智能伦理教育和宣传。重视人工智能伦理教育，推动人工智能伦理培训，引导科技人员自觉遵守科技伦理要求。

第三，强化人工智能系统使用者风险治理第一责任人角色。首先，人工智能系统使用者是风险管控第一责任人。人工智能系统安全责任应主要配置给人工智能系统使用者，即应用人工智能系统的企业、政府机构或社会组织。其次，高风险人工智能系统使用者应充分履行透明度义务。人工智能系统应确保具有足够的透明度，使用户能够理解并正确使用系统的输出结果。再次，强化人工智能系统使用者履行数据治理义务。人工智能系统使用者在数据训练、验证和测试时应遵守数据治理规则（数据达到质量要求，符合目的性和应用场景要求，满足数据安全要求，履行数据修正义务）。最后，人工智能系统使用者应建立全生命周期风险管理体系。由于人工智能系统的动态性，风险管理体制需要在人工智能系统的整个生命周期内定期系统化更新，以进行风险识别、评估、维护、纠正和应急处理等。人工智能系统使用者组织内部需要设立专门的负责人或行政官，加强员工培训，提高员工技能和治理意识，完善有关的管理制度，建立科学规范的工作方法和工作流程。

第七章

数字贸易

第一节　数字贸易的内涵、分类与测度

一、数字贸易的内涵

数字贸易概念的演变历程大致划分为三个阶段：第一阶段（1998—2012 年），数字贸易的概念尚未被明确提出，数字贸易被表述为电子商务；第二阶段（2013—2014 年），美国国际贸易委员会（USITC）首次提出“数字贸易”的概念，将范围界定为数字产品与服务贸易；第三阶段（2014 年以后），进一步将实体货物纳入数字贸易的范畴，即将实现全球价值链的数据流、实现智能制造的服务以及其他无数相关的平台和应用纳入数字贸易的范围。目前，国际社会尚未形成数字贸易的标准定义，经济合作和发展组织（OECD）、世界贸易组织（WTO）及联合国贸易和发展会议等国际组织主张宽口径；美国国际贸易委员会和欧盟等主张窄口径。根据《中共中央　国务院关于推进贸易高质量发展的指导意见》，数字贸易应指被列在服务贸易下的数字贸易以及贸易数字化。《数字贸易　通用术语》团体标准（T/ZADT 0001—2021）中，数字贸易是针对实物商品、数据、数字产品、数字化服务等贸易对象，采用数字技术进行研发、设计、生产，并通过互联网等信息通信技术手段，为用户交付产品和服务的贸易新形态。

专栏　数字贸易概念内涵

经济合作与发展组织认为，数字贸易是指数字化赋能使得商品和服务贸易能被数字化或物理交付的贸易。

世界贸易组织更多采用“电子商务”的概念。1998 年世界贸易组织启动电子商务计划，该计划对电子商务的定义为“通过电子途径生产、分配、营销、销售、交付商品和服务”。

联合国贸发会议（UNCTAD）将电子商务定义为通过计算机网络进行的销售和购买。电子商务既涵盖可以数字化交付的有形商品，也涵盖无形（数字的）产品和服务。UNCTAD 将电子商务分为四类，即 B2B（企业到企业）、B2C（企业到消费者）、B2G（企业到政府）、C2C（消费者到消费者）。

美国贸易代表办公室（USTR）在 2017 年 3 月发布的《国家贸易预测报告》中“数字贸易关键壁垒”部分提出，数字贸易是一个宽泛的概念，不仅囊括消费品在互联网上的销售和在线服务供给，还包括使全球价值链成为可能的数据流、使智能制造成为可能的服务，以及无数其他平台和应用程序。

美国国际贸易委员会（USITC）在 2013 年 7 月发布的《美国与全球经济中的数字贸易》将“数字贸易”定义为，通过互联网传输产品和服务的国内商务和国际贸易活动，交易标的包括：音乐、游戏、视频、书籍等数字内容；社交媒体、用户评论网站等数字媒介；搜索引擎；其他产品与服务。

数字贸易是随着数字技术的发展而产生的一种新兴贸易形态。随着数字技术的迅猛发展，数字技术已经融入国际贸易的各个领域，数字贸易所触及的边界还在不断发展，因此，当前各国政府机构、学术界和企业对数字贸易的定义尚未取得共识，没有形成统一的概念框架。目前，美国、经济合作与发展组织、世界贸易组织、国际货币基金组织等均对数字贸易进行了概念界定，具有一定的代表性。

总的来说，数字贸易是指由数字技术驱动，以数字平台为重要载体，高度依赖数据跨境流动，以数字订购和数字交付为主要实现方式的数字货物贸易、数字服务贸易和跨境数据要素贸易的总和。从内涵上看，数字贸易包括贸易数字化和数字化贸易两部分内容。贸易数字化是指数字化手段深入融合渗透传统贸易的过程和环节，实现传统贸易方式的数字化升级，如电子商务、线上广告、数字海关、智慧物流等新模式和新业态对传统贸易的赋能，带来贸易效率的提升和成本的降低。数字化贸易指以数字服务为主要形式的可网上传输的数字交付贸易，主要包括三类产品和服务贸易：一是研发、生产和消费等基础数据；二是图书、影音、软件等数字产品；三是通过线上提供的教育、医疗、社交媒体、云计算、人工智能等数字服务。

二、数字贸易的特征

虚拟性。虚拟性主要体现在两个方面：要素虚拟性和交易虚拟性。其中，要素虚拟性是指在生产过程中使用的生产要素都是虚拟的数字化知识或信息。交易虚拟性是指交易的方式采用电子交付，在互联网平台上完成交易，数字产品与服务的流通也是虚拟的。

扩展性。数字技术和数字服务带来贸易领域颠覆性的创新，催生了大量贸易新业态、新模式，不断扩展贸易范围。传统贸易中不可贸易的对象，包括要素、产品和服务，可以通过数字技术和数字平台参与国际交换。此外，数字产品、数字技术和数字服务本身具有可变性与扩展性，更迭速度快，容易创新发展，使得贸易内容更加“丰富”。

集约性。数字贸易能够依托数字技术实现劳动力、资本、技术等生产要素的集约化投入，促进研发、设计、采购、生产、营销等各环节的集约化管理。数字贸易可以利用集约化平台，实现对劳动力、技术与资本等资源的高效整合与配置。

普惠性。互联网是全球的，这也决定了数字贸易是全球的。无论何时何地，无论是生产者、消费者、中间商，借助数字技术，即可搭建高效的全球网络空间，面向全球市场提供或消费产品和服务。数字技术的广泛应用大大降低了贸易门槛，给中小外贸企业和发展中国家（地区）带来历史性发展机遇，中小企业、个体商户和自然人都可以通过互联网平台面向全球消费者，有效促进广大发展中国家的普惠性增长。

生态性。数字贸易时代，数字贸易平台整合了上下游供应链，消费者、中间商、供应商、制造商、平台、金融机构、行业联盟、海关等形成一个庞大的生态圈。他们共同遵守契约和规则，诚实守信，互利共赢，包容互惠，构建一个包含交易服务、供应链金融服务、大数据分析服务、仓储物流服务等内容的多方共赢的数字贸易生态圈。在数字贸易生态圈中，数字贸易平台是整合传统价值链和数字价值链的基本经济组织，可以协调和配置数据资源，实现价值创造和价值汇聚。

三、数字贸易的主要业态分类

（一）数字货物贸易

数字货物贸易是以实物为主要标的，以信息通信技术为手段，推动传统货物贸易方式升级改造，主要交易对象包括数字硬件货物的贸易和跨境电子商务。跨境电子商务是数字贸易发展的阶段性呈现，平台服务从最初的信息展示发展成为企业提供海外推广、网络营销、海关通关、交易支持、交付结算、信用体系建设和纠纷处理等一站式综合服务，并形成与之对应的跨境电子商务零售（B2C）物流模式，涵盖国际贸易的各个环节和领域，实现整个贸易活动的信息化。

（二）数字服务贸易

数字服务贸易是采用数字技术进行研发、设计、生产，并通过互联网和现代信息技术手段，为用户交付的产品和服务，是以数字服务为核心、数字交付为特征的贸易新形态。主要包括软件、社交媒体、搜索引擎、通信、云计算、卫星定位等在内的信息技术服务；数字传媒、数字娱乐、数字学习、数字出版等在内的数字内容服务；其他通过数字交付的离岸服务外包等三大类。

（三）数据贸易

数据贸易是数据信息资产本身的流动交换，如工业互联网、智能制造服务、物联网等全球价值链的数据流平台不断生成数据并将其发送到处理中心，大量数据被广泛应用于研发、生产、运营、服务等价值链环节。交易对象主要包括互联网数据服务贸易、云数据服务贸易和数据跨境流动等。

四、数字贸易的产业分类

数字贸易的产业分类影响着数字贸易规则的应用。目前，世界各国尚未对数字贸易产业分类达成共识。对数字贸易产业分类的争议主要存在于服务贸易模式的认定、电子传输的数字产品的归类以及数字服务贸易的归类中。目前对于数字贸易的产业分类，依据不同角度可以总结为以下几种。

（一）OECD 和 IMF 的产业分类

2017 年 3 月，经济合作与发展组织（OECD）和国际货币基金组织（IMF）共同发布了数字贸易测度手册“Handbook on Measuring Digital Trade，Version 1”，对数字贸易的产业分类建立了一个框架，该框架从贸易的范围、贸易发生的方式、产品的类别以及参与者四个方面对数字贸易进行了分类。

表 7—1　数字贸易的分类框架

范围（where）	特质（how）	产品（what）	参与者（who）
包含于传统的贸易统计中	数字订货中的非实物部分（digitally ordered） 数字交付服务（digitally delivered）	货物 服务	企业 政府 家庭 服务于家庭的非营利机构

资料来源：根据 OECD 官网“Handbook on Measuring Digital Trade，Version 1”整理得到。

OECD 和 IMF 的产业分类框架主要针对数字服务贸易。此外，OECD 提出了一套数字服务贸易的统计方案，依据《国际服务贸易统计手册》（MSITS2010）将数字服务贸易分为九大类，分别为信息通信技术服务（电信服务），信息通信技术服务（计算机服务），销售和营销服务，信息服务，金融和保险服务，管理、行政和后台服务，许可、工程与相关技术服务，研发服务，教育和培训服务。

（二）美国的产业分类

美国商务部经济局认为可以将数字相关产业的服务贸易视为全部数字化，作为数字贸易中数字服务的代理数据。美国国际贸易委员会（USITC）在《美国和全球经济中的数字贸易Ⅱ》报告中将以下产业视为全部数字化：

一是金融与保险服务绝大多数通过互联网交付产品和服务；

二是个人、文化和娱乐服务与数字内容产业交集较多，还包括医疗、教育等高数字密集度产业；

三是专利费与许可费服务中很多涉及互联网技术，包括复制、分发数字产品和服务。数字贸易标的多为知识或技术密集型，与知识产权关系密切；

四是商业、专业与技术服务是最大的数字化服务部门，包含的子分类会大量使用数字资源或是数字密集型。

不同分类体系均包括货物类跨境电子商务、服务类跨境电子商务、数字赋能的传统服务、电信计算机和信息服务、数字内容服务、可数字交付的其他服务和其他跨境数据要素贸易七大类别。

五、数字贸易的测度

数字贸易的测度受到数字贸易概念、产业分类的影响。但反过来，数字贸易测度的结果有助于增进对数字贸易概念的认识，明确数字贸易的产业边界。目前，各国政府和学术界尚未形成清晰、明确、统一的数字贸易概念，对数字贸易概念的认识还比较模糊，这直接影响着数字贸易的测度，也影响了数字贸易的市场拓展和规则制定。如何测度数字贸易的总量规模，确保数据的可获得性，以及数据采集和指标测算的合规性，已成为国际贸易统计领域具有挑战性的议题。

从现有文献来看，数字贸易测度架构大体遵循从"单一交易标的、单一维度"向"两类交易标的、多向维度"的发展过程。联合国贸易和发展会议以及美国商务部均采用前一种架构，而经济与合作发展组织、世界贸易组织、国际货币基金组织、《全球数字贸易促进指数报告》等采用后一种架构。

USITC 的测度框架：USITC 提出数字贸易统计测度两个框架：一是数字产品和相关服务；二是量化宽带跨境数据流量。在统计数字产品和服务上，USITC 在《美国和全球经济中的数字贸易》报告中指出，要从数字内容、社交媒体、搜索引擎以及其他数字产品和服务角度来衡量数字贸易；在衡量跨境数据流量上，将跨境数据流量作为衡量数字贸易趋势的主要指标。

《全球数字贸易促进指数报告》的测度框架：2018 年，《全球数字贸易促进指数报告》从数字贸易发展基础设施、综合环境和发展潜力三个方面构建了数字贸易促进指数，该指数主要对各国在市场准入、基础设施、法律政策环境和商业环境等几个层面进行测度。

六、数字贸易与传统贸易、跨境电子商务的区别

我们可以从国际贸易产生和发展历程以及技术创新的一体化进程中去理解数字贸易的深刻内涵，从而总结出国际贸易发展的阶段性特征，以及促进国际贸易发展的核心驱动力。

传统贸易、跨境电子商务、数字贸易，代表了国际贸易发展的不同阶段。跨境电子商务是利用电子技术将传统贸易网络化、电子化，将传统的销售、物流环节转移到网上，摆脱了时间和空间对传统贸易的束缚。所以说跨境电子商务是传统贸易的升级，是国际贸易的新业态和新模式，数字贸易则是跨境电子商务发展的高级形态。

当然，它们又是有区别的，其区别主要表现在以下几个方面。

一是交易的对象不一样。传统贸易中，交易的对象主要以实物交易为主。跨境电子商务的交易对象不仅仅是实物，无形产品也可以替代实物成为交易的对象。数字贸易的交易对象与传统贸易、跨境电子商务不

一样。传统贸易、跨境电子商务中交易的数字化产品和服务，或者通过数字化手段和数字交易平台撮合的交易，才归入数字贸易范畴。数字贸易是数字货物贸易、数字服务贸易和跨境数据要素贸易的总和。

二是交易的方式不一样。传统贸易中，参与贸易的各方之间要完成交易，往往需要很长时间的线下磋商，其交易成本通常是巨大的，参加展会、交换名片、邀请客户验厂等都是传统贸易常见的交易方式。跨境电子商务可以利用虚拟的电脑空间达成交易，在任何时候、任何地方都可以联系。原本需要复杂的线下互动才能完成的任务，现在只需要几个简单的线上操作就可以实现。数字贸易时代，基于数字技术的通信技术让互联网跨时空传送信息的能力更加强大，节约了交易成本，商家取得订单的难度大幅降低。

三是交易平台的作用不一样。传统贸易中，贸易的开展多是贸易各方之间单独进行的。跨境电子商务时代，互联网平台逐渐成为贸易过程中的关键角色。数字贸易则以数字化贸易平台为载体。由于大数据、云计算、区块链等技术赋能，数字贸易平台由跨境电子商务时代的双边平台迭代到多边平台，形成由消费者、中间商、供应商、制造商、平台、金融机构、行业联盟、海关等共同组成的庞大生态圈。

第二节　数字贸易的兴起和意义

随着全球范围内网络普及率的提升、信息通信技术的快速发展和传统贸易的深度融合，全球数字贸易蓬勃发展，成为继制成品贸易、中间品贸易后的国际贸易的主体。众多国家逐渐将数字贸易发展上升到国家战略发展层面。国际经贸活动从物理世界延伸至数字世界，数字贸易已成为全球经济数字化发展的重要推动力，对国际分工、交易方式及贸易体系产生了广泛而深远的影响。全球数字技术快速发展，为国际贸易发展注入了新动能，开辟了新市场，同时也赋予了国际贸易新的内涵，传统国际贸易向数字国际贸易转型。

数字贸易的兴起源于数字经济，是数字经济发展到一定阶段的产物。其早期的表现形式主要是通过贸易信息展示平台达成在线交易。随着移动互联网和物联网的推广应用，数据资源呈爆发式增长，数据资源及其处理和应用促进了数字经济发展。数字经济具有明显的国际化发展趋势，数据跨境流动驱动着全球经济社会进入数字贸易时代。

随着 5G、大数据、云计算、人工智能、区块链等新兴数字技术的发展，数字贸易带来各领域颠覆性的创新，催生了大量贸易新业态、新模式，不断释放新的贸易机会。新冠肺炎疫情的全球大流行倒逼数字贸易各业态发展，大数据营销推广、远程教育和医疗、社交媒体、线上金融业务等呈现出蓬勃发展的趋势。互联网、大数据与传统外贸产业相结合，节约了交易磋商时间，大数据更是在帮助外贸企业海外营销推广、跨境结算、供应链管理等方面发挥了重要作用。目前，数字贸易呈现以下重要趋势。

一是以跨境数据安全有序流动为驱动。目前，传统商品贸易、服务贸易和资本流动增长已经趋于平缓，而跨境数据流动正在飞速增长，支撑和促进了几乎所有其他类型的跨境流动，对全球经济增长贡献开始超过传统货物贸易，搜索引擎、社交媒体、云计算等基于数据流动的新模式新业态成为国际贸易的一部分。数据与个人隐私、商业秘密和国家秘密等安全问题息息相关，只有建立安全、有序、可信的跨境数据流动国际秩序，才能更好地推动各国减少对跨境数据流动的限制，确保数字贸易健康发展。

二是以平台和平台服务体系为支撑。联合国在发布的《数字经济报告（2019）》中指出，过去10年，全球范围内出现了大量基于数据驱动模式的数字平台，是数字经济发展的重要推动力。平台企业跨境业务与数字贸易联系紧密，首先，跨境平台服务本身属于数字服务贸易，平台企业是出口方，境外平台用户是进口方；其次，交易平台为不同经济主体间开展贸易创造了有利环境，进出口双方可以通过平台更好地开展贸易；最后，创新平台推动了全球数字服务分工，各国软件、技术等服务提供商深度融入平台构建的国际分工环境，相互配合、互补余缺。

三是以跨界融合的全球性数字化生态为发展方向。伴随着IT、金融、咨询、物流等生产性服务业线上服务能力的提升，加之制造业、农业数字化转型所导致的更细化分工和服务外包需求，跨界融合的数字化生态加速形成，并从国内市场向国际市场延伸。“研发＋生产＋供应链”的数字化产业链加速构建，产业链上下游企业数据通道逐步打通，数据供应链引领物资链，促进产业链高效协同，实现全渠道、全链路供需调配和精准对接。“生产服务＋商业模式＋金融服务”的数字化产业生态逐步形成，产业与生产性服务业跨界融合、相互配合。

一、全球数字贸易发展现状

数字贸易推动全球贸易不断向数字化方向深入发展，已成为国际贸易发展的新趋势，是推动全球经济复苏的重要引擎。目前，全球50％以上的服务贸易已经实现数字化，超过12％的跨境货物贸易通过数字化平台实现。预计今后10—15年全球货物贸易、服务贸易分别呈2％、15％左右的增长，而数字贸易则呈25％左右的高速增长，20年后世界贸易将形成 1/3 货物贸易、1/3 服务贸易、1/3 数字贸易的格局。

数字服务贸易成为增长新动能。根据联合国贸易和发展会议报告相关数据显示，2020 年全球数字服务贸易规模达 3.13 万亿美元，比 2019 年提高了 11.6 个百分点。数字服务贸易的占比由 2011 年的 48%增长至 2020 年的 63.6%。预计到 2030 年，数字服务贸易出口占全球贸易比重将超过 1/4。2009—2020 年，全球数字服务出口规模从 17154 亿美元增长到 31900 亿美元，增长幅度超过 85%，年平均增长率约为 6.34%，高于同期服务贸易出口增长率和货物贸易出口增长率。在服务贸易出口中的占比从 2009 年的 47.66%增长到 2020 年的 52%，对服务贸易增长贡献巨大。

信息与通信技术（ICT）服务贸易先导性作用明显。ICT 服务具备数字化水平高的特点，服务的展示、交付、结算均能在线上完成。随着全球信息通信网络日益完善、国际间网络互联互通水平不断提升，以软件服务和信息服务贸易为代表的 ICT 服务贸易增长迅猛。2011—2020 年，ICT 服务贸易平均增速为 7.7%，在细分数字服务贸易中的增速最高。新冠肺炎疫情背景下，ICT 服务贸易继续引领数字服务贸易发展。2020 年，ICT 服务贸易在数字服务贸易中的占比为 22.2%，居第一位。另外，ICT 服务、ICT 服务贸易对其他商品和服务贸易有极强的辐射带动作用。

全球跨境电子商务市场规模持续扩大。据世界贸易组织统计，2020 年全球货物贸易总额下降了 5.3%，但全球 B2C 跨境电子商务贸易额不降反升，从 2018 年的 6500 亿美元左右增长到 2020 年的约 1 万亿美元，年均增长约 30%。2020 年全球 B2C 电子商务市场规模约为 3.7 万亿美元，预计 2028 年将达到 7.6 万亿美元，复合年增长率为 9.4%。电子商务平台、智慧物流等新模式新业态给国际贸易注入了新的活力。

全球数字贸易发展存在严重数字鸿沟。由于数字平台同时具备网络效应和规模效应，相比服务贸易、货物贸易，发达经济体在数字服务贸易领域具备更明显的优势，根据《2022 年中国及全球数字贸易发展趋势研究报告》公布的数据显示，2020 年全球数字服务贸易规模排名前五位的美国、爱尔兰、英国、德国和中国在全球数字服务出口中的占比近五成。其中，美国以 8507.2 亿美元的规模稳居全球数字服务贸易规模第一，超出第二名爱尔兰 62%之多。全球数字服务的出口呈现出集中度上升的态势。2014—2020 年，数字服务出口排名前十位国家的市场占有率由 64.4%增加至 66.1%，数字服务进口排名前十位国家的市场占有率由 49.5%增加至 51.8%。

二、中国数字贸易发展现状

数字贸易规模逐年上升。赛智时代数字贸易研究报告显示，2017—2021 年，中国数字贸易市场规模从 27.2 万亿元增长至 42.89 万亿元。《全球数字贸易与中国发展报告 2021》显示，中国数字贸易出口位列全球第八，进口位列全球第七，数字贸易指数位列全球第九，是唯一进入全球数字贸易发展前十位的发展中经济体。相比 2011 年，我国数字贸易规模基本实现翻番，年平均增长率达 6.7%，高于同期服务贸易（4.4%）和货物贸易（2.7%）。据商务部预测，到 2025 年，中国可数字化的服务贸易进出口总额将超过 4000 亿美元，占服务贸易总额的比重达到 50%左右。

数字服务贸易增速位居前列。按照联合国贸易与发展会议的统计口径测算，2020 年我国可数字化交付的服务贸易额为 2947.6 亿美元，同比增长 8.4%，占服务贸易总额的比重达 44.5%。

跨境电子商务全球领先。商务部《中国电子商务报告》显示，2020 年中国跨境电子商务进出口总额达 1.69 万亿元，同比增长 31.1%，其中出口额为 1.12 万亿元，增长 40.1%，占全球比重达 28%左右。2021 年，中国跨境电子商务进出口总额为 1.98 万亿元，增长 15%，其中出口额为 1.44 万亿元，增长 24.5%。2020 年，中国跨境电子商务 B2B 市场规模约占整体跨境电子商务市场的 72.8%，其中跨境进口占 28.9%，跨境出口约占 71.1%。预计未来五年，中国跨境电子商务 B2B 市场将会以 25%的复合年均增速增长到 13.9 万亿元的市场规模。贸易伙伴方面，马来西亚、美国、新加坡、英国、菲律宾、荷兰、法国、韩国、中国香港、沙特阿拉伯，为中国跨境电子商务零售出口前十位的目的地。区域发展方面，呈现东强西弱和南强北弱的态势，我国东部沿海地区处于领先地位。广东、浙江、河南、福建、湖南为跨境电子商务零售进出口总额排名前五位的省份。

数字贸易发展的机遇与挑战并存。全球数字贸易发展集中度高，中国是为数不多的、居于领先的发展中国家。我国高度重视数字经济带来的发展机遇，在市场开放、规划引导、法规保障、行业监管、创新发展试点建设等方面开展积极探索，持续改善数字贸易发展的制度与市场环境。同时，我国积极推动数字贸易开放发展与互利合作，推进共建“数字丝绸之路”，致力缩小“数字鸿沟”，维护开放、包容、安全、共享的数字贸易发展环境。新兴数字技术快速推广应用和数字贸易规则的逐步完善为数字贸易的发展带来了良好的机遇。我国政策也明确提出要大力发展数字贸易。2020 年 4 月，商务部等多部门共同认定中关村软件园等 12 个园区为国家数字服务出口基地。以此为依托，北京、浙江等地正在全力打造数字贸易示范区。此外，2021 年，“数字贸易”首次被列入《“十四五”服务贸易发展规划》中，明确了未来我国数字贸易发展的重点和路径。2022 年的政府工作报告提出，要扩大高水平对外开放，推动外贸外资平稳发展，创新发展服务贸易、数字贸易，推进实施跨境服务贸易负面清单。数字贸易属于新的贸易业态，随着数字化、数字经济的深入发展，在数据安全、数字贸易规则的制定等方面仍面临严峻挑战。比如，在跨境交易过程中仍存在数据泄露、知识产权安全及支付安全等风险；各国在数字贸易规则方面尚未达成完全共识，全球数字治理体系尚未形成，数字安全问题仍然存在；数字化人才的作用越发凸显，数字化人才缺口也将越来越大。

三、数字贸易的意义

数字贸易已成为全球数字经济发展的重要推动力，对国际分工、交易方式及贸易体系产生了广泛而深远的影响。数字贸易极大地改变了全球商业模式，不仅为一批新兴产业的成长铺平了道路，也为传统制造业转型升级提供了机会。同时，数字贸易的发展降低了国际贸易的准入门槛，为中小企业进入国际市场提供了广阔的空间和机遇。可以说，数字贸易已成为驱动全球经济增长的新动力和新引擎。

（一）重塑全球供应链，带动供应链数字化发展

全球供应链是国际贸易长期发展的结果，也是国际贸易竞争力的主要来源。在传统贸易中，从原材料采购到生产再到销售，供应链链条冗长。再加上信息不对称，供应链上下游难以联动，一个环节出现问题可能导致整个供应链低效甚至瘫痪。新冠肺炎疫情的全球大流行及复杂的国际形势加剧了全球供应链紊乱以及断链风险。

数字贸易快速发展，消费者定制化、个性化需求不断增长，对供应链履约交付能力、快速反应能力、上下游协同效率提出了更高的要求。许多公司开始广泛运用大数据、人工智能、物联网、数字孪生等技术，重新配置供应链，缩短供应链条，增强供应链的韧性和透明度，构建全链条监测体系，提升供应链抗风险能力。总之，数字贸易正在更高维度上重塑全球供应链，加速整合供应链上下游资源，推动全球供应链向数字化转型与升级。

（二）重塑价值链分工，推动世界经济格局进一步调整

随着数字技术的发展与应用，贸易的对象、内容、方式、监管都发生巨大改变，导致世界经济格局进一步调整。一方面，数字化的技术、产品和服务具有典型的资本和技术密集型特征，需要大规模的基础设施建设和研发投入，对于部分国家而言，财政收入无法支撑基础设施建设和研发投入，参与全球价值链的机会大大降低。另一方面，数字技术代际更新速度快，部分国家可以较低成本获得次新代技术。互联网的普及进一步降低了知识和技术的获取门槛和成本，有助于这些国家或地区迈向价值链中高端。政策竞赛背景下，国家间数字政策竞争将进一步导致世界经济失衡。

（三）促进国际贸易规则调整，加强贸易监管

数字贸易的快速发展，对国际贸易规则的制订和调整提出了需求。数字贸易规则成为国家贸易和国际投资新规则的重要组成部分。目前，世界主要国家和地区都高度重视数字贸易，纷纷从国家战略层面强调了数字贸易的定位，并积极推动数字贸易规则的制定。但是，由于主要经济体规则制定目标取向和核心关注点不同，再加上数字贸易规则涉及领域广泛，因此在数字贸易规则内容的制定上存在巨大分歧。随

着数字贸易的不断发展，在隐私与商业秘密保护、网络安全等方面需采取有力措施，对数字贸易开放发展的制度环境与监管协调也提出了更高要求。

值得一提的是，世界各国在共同完善数字贸易规则体系、推动数字贸易有序开展方面达成共识，这将有助于构建良好的数字贸易发展环境，促进各方共享数字贸易发展机遇，推动世界经济复苏和新一轮增长。

第三节　数字贸易的典型场景应用

数字贸易已经成为数字经济的重要组成部分，也给全球贸易发展带来了翻天覆地的变化。数字贸易加快了各产业间知识和技术要素的共享，加速了全球创新链、产业链和价值链的整合与优化，为传统行业注入了新的活力。数字贸易也带来各行业颠覆性的创新，催生了大量贸易新业态、新模式，成为推动全球经济复苏和国际贸易高质量发展的重要引擎。

随着 5G、人工智能、云计算等技术的成熟，数字技术不断渗透到数字贸易的各个环节，数字贸易展现出了强大的韧性与活力，数字贸易的典型应用场景不断涌现。从数字贸易应用场景来看，借助大数据、人工智能等先进技术，整合包含报关、结算、开票、文件管理等在内的整个通关业务流程，能大幅度提高通关效率。随着数字技术渗透到物流的各个环节，物流系统更高效、更可靠。跨境支付中借助数字技术可以实现数据分析、收付款、融资等多种功能，对提升金融服务效率大有裨益。

一、数字通关

通关是履行货物进出境手续的必要环节之一，通关的速度和效率直接关系外贸企业的成本和竞争力。通关的速度和效率，并不是简单地取决于海关的作业速度，而是取决于包括海关、港口、商检、货主在内的多个部门的协调程度和整个系统的效率。跨境电子商务、数字贸易的发展对人、机、物、系统等的连接速度提出了更高要求，通关的重心也从“专业基本技能操作”转型为“高效合规的精准化一体化服务”。

（一）数字通关的定义

数字通关，是指通过数字化通关公共服务平台，智能采集订单信息、支付结算、物流配送等数据，自动生成报关所需的各种数据和报表，自动计税，实现国际邮件、快件、跨境电子商务的进出口装卸、集中查验、转关监管、检验处理等海关通关服务“一站式”办理。

数字通关借助大数据、人工智能等先进技术，整合包含报关、结算、开票、文件管理等在内的整个通关业务流程，实现口岸监管通关一体化、业务信息一体化、体制机制一体化，打造数字化通关新模式，实现“邮快跨”业务一站式通关，从根本上解决传统报关操作复杂、效率低、录入差错率高等难题，大幅提升通关效率。

（二）数字通关的作用

通关时间是衡量通关效率、反映贸易便利化水平的重要指标。近年来，海关业务流程不断改革，我国的整体通关时间逐渐缩短。根据海关总署公布的数据，2020 年 12 月，全国进口、出口整体通关时间分别为

34.91 小时、1.78 小时，同比分别减少 1.82 小时和 0.95 小时，较 2017 年分别压缩了 64.2%和 85.5%。

1. 及时传递信息，节省通关成本

传统通关模式下，货物通关过程中若出现异常，经常因为信息传递不及时，企业处理问题往往比较滞后，即使异常能够解决，也易导致船期延误，客户项目交付延期，同时产生空舱费等额外成本，给企业造成不必要的损失。数字通关实现数据实时回传，企业可以在平台上实时查询到进出口货物的通关状态，若出现异常，企业也可以在第一时间处理，及时与海关、货代沟通，并将相关信息第一时间告知客户，避免船期延误或者产生空舱费等额外费用，减少中间环节的沟通成本，通关成本也得到合理节省。

2. 量化文件管理，降低出错率

报关需要准备的单据和文件涉及合同、发票、提单、装箱单、产地证、报关单等，另外根据不同的货物，还会有许可证、进口配额、动植物检验检疫证书，等等。文件种类繁多，工作人员如果操作不慎或缺乏操作经验就很容易出现差错，从而影响通关效率。数字通关利用大数据管理系统，平台上即可生成报关单和季度、年度分析报表，获得分时间段精准的、多维度的业务信息。对通关文件进行智能分类，可实现实时查询文件，系统化、标准化、量化管理各种单据文件，智能审核校对各类单据，精简清关过程中的各类文书管理工作，让整个清关流程变得更为简单，从而提升业务操作的数字化水平，打破通关文件管理复杂、易出错的难题。

3. 精准化海关申报，提高守法自律

海关申报、定价与核价一直是进出口企业比较头疼的环节，申报不准确很容易受到调查和处罚。数字通关对以往通关数据进行更新维护，构建进出口货品价格数据库，进出口企业可以查询相同或类似货物的产品价格和税号来指导申报，精准计算应税缴纳，从而减少错报、低报的风险。此外，“主动披露”制度的实施，不仅降低了海关监管成本，同时能够加强企业自我管理能力，提高守法自律性。

4. 多口岸、多模式协同操作，打破地域局限

通关包括关、检、税、汇等环节，环环相扣，任何一个环节出现问题，就会影响其他环节的时效，从而影响整个通关的时效。此外，每个口岸的政策又有所差异，货品从哪里来、运往哪个口岸，需要处理的事项也不尽相同，这无疑增加了操作的复杂性。数字通关以数字化为手段，可以对接海关或者物流、税汇系统，链接国内主流口岸，强化口岸信息交流和通关协作，从根本上解决了清关不畅的问题。数字通关可根据不同货品的特点，对货品进行归类，从而匹配最优的清关口岸和清关模式，打通多个口岸、多种运输方式，让货品清关的过程变得更加灵活，这大大提高了通关时效，为企业贸易往来提供了更多便利，企业因此享受到更多快速通关实惠。

随着区块链、AI、云端存储等数字技术的日益成熟，形成集报关、仓储、税汇、供应链大数据在内的一站式数字通关新生态，贸易便利化水平将上升到一个新的台阶，数字通关高效赋能外贸及相关企业。

（三）数字通关应用场景建设

1. 跨境电子商务监管系统

近年来我国跨境电子商务飞速发展，为人们生活带来了许多便利，已成为国际贸易新的增长点。但是，跨境电子商务商品来源复杂，不同国家、不同产地、不同渠道可以生产和销售同一商品，商品、物流、通

关、税收等领域的跨境监管面临复杂性。

为了进一步深化跨境贸易便利化改革，优化口岸营商环境，海关总署向全国推广跨境电子商务监管系统。在跨境电子商务监管系统中，跨境电子商务企业、跨境电子商务平台企业、支付企业、物流企业与海关实现联网，可以向海关传输交易、支付、物流等电子信息。海关对电子订单、电子支付凭证、电子运单与申报清单进行数据比对，核验通过后，物流仓库发货，信息回传到跨境 ERP，物流信息反馈到跨境电子商务企业，消费者了解物流进度。通过跨境电子商务监管系统，人们足不出户即能“买全球、卖全球”。

在浙江省首批数字经济系统多种应用场景中，跨境电子商务溯源码成为第一个应用场景。无论是生产商还是消费者，只要打开手机端扫一扫商品上的跨境电子商务溯源二维码，就可以实现全流程追溯，全面了解一件商品从生产者手中经过各个环节，进入到消费者手中的全部流通过程。跨境电子商务溯源码采用量子云码防伪溯源技术，针对跨境电子商务运输全程无监控、感知等环节，尤其在货物退换货环节中，发挥大数据信息化优势，进行数字化追溯，实现了跨境电子商务“来源可溯、

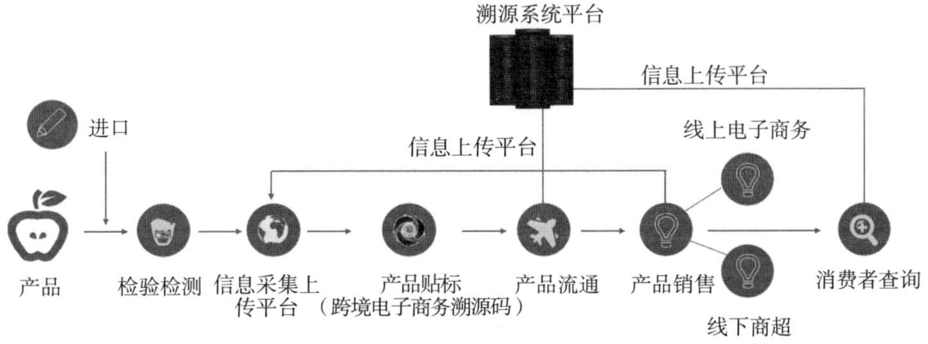

图 7—1　跨境电子商务溯源码运营流程

图片来源：量子云码公司网站。

去向可查、风险可控、责任可究”，提升了政府数字化监管能力，降低了企业海外物流成本。

2. 国际贸易“单一窗口”建设

国际贸易“单一窗口”（Single Window）是联合国贸易便利化与电子业务中心倡导的一项国际贸易便利措施。“单一窗口”已经成为国际贸易流程简化和标准化的核心手段。

目前国际上比较流行的单一窗口主要分为三种模式：一种是瑞典的“单一机构”模式，由一个机构来处理进出口业务，系统在收到企业进出口贸易申报数据后，直接进行各项业务处理；二是美国的“单一系统”模式，由一个信息系统收集所有国际贸易电子数据并分发给各政府部门系统；三是新加坡的“公共平台”模式，平台收集和反馈企业申报数据，相关企业通过平台提交相关的信息和数据，政府部门审核以后，结果会自动反馈到企业的业务系统中。

我国“单一窗口”模式采用“公共平台”模式。考虑到不同区域之间的差异性，我国“单一窗口”模式分为中央平台和地方平台，中央和地方两级平台相互关联、相互补充、互为一体。“单一窗口”平台覆盖了货物进出口的全部流程和全部业务，包括前期申报、通关、出口退税等主要环节。“单一窗口”平台为企业提供了“一站到底”的线上服务。外贸、物流及相关企业通过公共平台递交符合相关监管规定的标准资料和单证，即可完成申领、申报等相关业务操作。

目前，我国的“单一窗口”模式已升级到 3.0 版本，支撑的业务从传统的口岸监管、贸易监管向国际贸易全链条管理延伸。在数字技术的推动下，“单一窗口”与相关政务、行业、企业的系统实现顺畅联通，数据使用效率和综合服务能力大大提升，为降低企业经营成本、提高贸易便利化水平、优化口岸营商环境作出重要贡献。

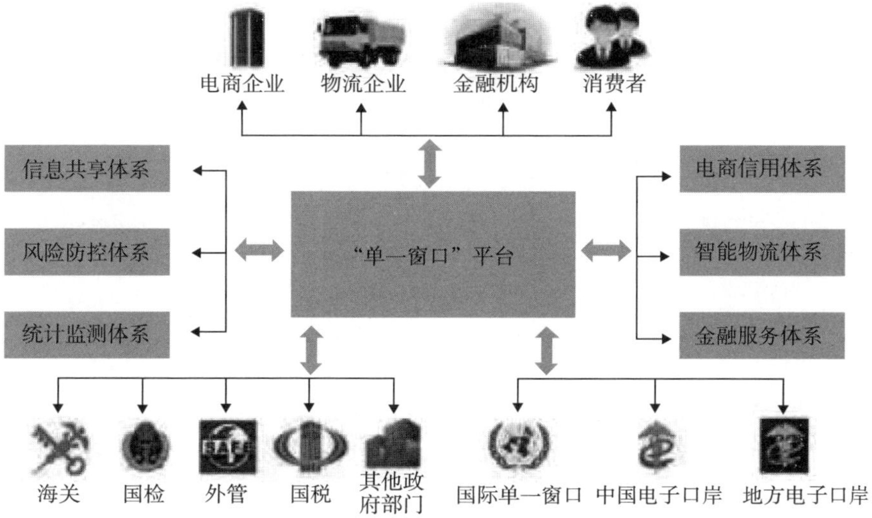

图 7—2　国际贸易"单一窗口"示意图

图片来源：上海自贸区网站。

3. 自贸试验区海关智能监管通关系统

自贸试验区是党中央在新时代推进改革开放的一项战略举措，是我国对外贸易发展的一大特色和未来方向。自贸试验区联动内外，成为推动双循环发展的重要支撑。

自贸试验区是海关监管的特殊区域，是海关监管制度创新的高地。海关监管制度如何创新、如何突破、如何先行先试对其他区域的监管都具有借鉴意义。

自贸试验区海关智能监管通关系统是依托区块链、大数据等技术，以数字化平台为载体，以货物贸易、服务贸易，以及数字技术、数字内容等贸易新业态为主要服务对象，集政府监管、公共服务、展示交易、数据管理等为一体的数字贸易综合服务平台。

系统采取电子围栏和环区监控巡查相结合的方式，实施“点线面结合、水陆空兼顾”的全方位综合立体监管，用信息化手段实现对全区的实时监管；运用智能卡口系统，对进出车辆实行“进出分隔、人货分离”的分类管理模式，普通小车、客车和非申报货车仅需3秒就可实现车牌信息自动采集并抬杆通过；对小额商品交易，采取“电子账册＋卡口核销＋电子监控”相结合的监管方式，在实现海关全方位管理的同时，便利了顾客购物。

4. 边民互市贸易管理系统

边民互市贸易是边境贸易的一种，指边民之间的商品交易活动。发展边民互市贸易有利于推动与邻国的经济贸易往来，促进资源的开发和利用，改善边境人民的生活条件。边民互市贸易具有交易规模小、频率高、产品种类繁杂等特点，且边境地区大多属于欠发达地区，边民互市贸易管理存在一些难题。

边民互市贸易管理系统基于便利化现场通关需要，运用了生物识别、云计算、移动互联等技术手段，按照“外网受理，内网处理”的构架开发建设。边民按照系统提示刷身份证、人脸识别、指纹核实，即可完成通关手续。从申报到离场仅耗时10分钟，通关时间节省1/3以上。

边民互市贸易管理系统具有通关监管、加贸管理、风险防控、贸易安全、“一带一路”共建等功能，还与全国海关联网运行，对全国通关一体化报关、审核、查验、放行、征税等实时运行进行监测，实现报关、审核、查验、放行、征税等海关业务的实时监测和全方位、全流程精准管理，提高了海关监管效率和速度。

二、数字物流

新冠肺炎疫情发生以来，全球交通运输中断，集装箱不能迅速流动，缺舱缺箱现象严重。受集装箱运力的影响，集装箱运价持续上涨，给国际物流和外贸行业带来了极大的负面影响。

这些现象反映了传统物流行业存在的痛点问题，物流供需信息不对称，物流信息无法实现互联互通，产业链、供应链条中的数据存在壁垒，再加上仓库管理、“最后一公里”物流等常年存在的痼疾。这些国际物流领域面临的痛点问题，必须直面并解决。数字物流，推动物流行业的数字化发展，促进物流系统的资源整合和全面优化，能有效解决当前国际物流行业的困境。

（一）数字物流的定义

数字物流（Digital Logistics）也称为“第五方物流”，是指在区块链、大数据、云计算、人工智能、仿真和虚拟现实等数字技术的支持下，将运输、仓储、库存、装卸搬运以及包装等物流活动进行技术化、系统化、信息化的管理和控制，形成全链条的物流体系。

数字物流实际上是对整个物流过程进行数字化描述，打通物流信息孤岛，从而使物流系统更高效。数字物流体现了信息化、网络化、智能化、集成化和可视化等特征。

（二）数字物流的作用

目前，国际物流正在形成数字物流新格局和新生态，并进一步打造“通道＋枢纽＋网络”的运输组织方式，实现全球供应链的数字化、协同化、网络化布局。

数字物流功能强大，不仅提升了物流工作整体上的工作效率，还提高了物流业便利化、标准化、智慧化、数字化水平，促进了物流行业的进一步发展，给物流企业带来了新的活力。

1. 信息互联互通，有效降低物流成本

由于信息沟通的不畅，传统物流公司的经营成本居高不下，给物流

公司带来不小的运营压力。数字物流利用数字技术和手段，能够及时获取运输、仓储、包装、装卸搬运、流通加工、配送、信息服务等各个环节的大量数据，及时收集数据，实现信息互联互通。其高效率的信息流通方式极大地提升了物流公司的工作效率，有效地降低了物流公司的人力、物力等成本，物流耗费自然大大减少。

2. 创新物流科技，激发物流行业新活力

在数字经济大发展的背景下，人工智能、区块链、机器视觉、实时计算、柔性自动化等技术呈爆发趋势。机器人与自动化、无人驾驶卡车、无人机、智能快递柜等技术的成熟使物流各环节的作业效率得以提升。不断突破的物联网、大数据、云计算、区块链等数据底盘技术也帮助物流行业打通链条，加速了行业的智能化演进与模式革新。数字物流促成了供应链一体化的构建，改变了传统物流生态，深化了物流领域的创新性变革，整个物流行业也由此焕发了新的生机，迈入崭新的发展道路。可以说，数字物流正是中国物流行业未来的主要发展方向。

3. 优化内部管理，提升企业管理水平

消费市场发生的商流变化正在倒逼物流企业重塑供应链，不断提高其质量、效率与网络能力以应对行业新需求。消费端带来的配送模式变革将层层传导到整个供应链，物流的角色、网络、协同模式将衍生出各种新变化。

一些新技术的采用会给传统的管理理念带来新的思路。企业管理进入一个新的阶段，必须要提升管理工作的准确性和高效性，要从传统的作业管理上升到决策分析管理。数字物流技术能够帮助物流企业进行业务流程重组，使得物流公司的管理更为规范化、高效化和科学化。各种自动的数据采集方式，使企业获得大量的内部管理数据，企业经营决策有了可靠的依据，必然使管理水平得到提升。这样一来，物流公司的工作效率和利润都得到了提高。

4. 深度协同，推动物流业网络化发展

物流业各个环节不是各自独立、毫不相关的，每个环节都是相互联系、环环相扣的。物流经营需要网络化、协同化发展，这是业界不争的事实。数字物流基于物流业全局优化的智能算法，调度整个物流系统中的各参与方高效分工协作，实现跨集团、跨企业、跨组织之间的深度协同，真正形成一个网络化经营的模式。

（三）数字物流的应用场景建设

在数字中国的浪潮下，物流数字化将步入黄金时代。虽然，数字物流早已见诸报端，并在应用中取得了一定的发展，特别是仓储的数字化已经取得了一定的成绩，但总的来说，只是部分流程和个别场景的应用。

未来 10 年，数字将融入物流的各个方面，重新定义物流，并将引领物流以高质量发展的方式完成跨越式发展。数字物流最重要的发展方向，是如何通过数字化工具去优化管理，如何通过数字科技使得行业应对挑战更加从容。

在跨境物流行业内，目前数字化探索主要呈现出三种方式：第一种是企业为优化自身流程而自建厂区数字物流等；第二种是物流数字孪生体系；第三种是数字化物流运营平台。

1. 厂区数字物流

在企业内部出现的厂区数字物流，根源在于海运的长链条。仅卖家将货运到船上，就需要经历揽、仓、关、干、关、转、配七大环节。而货代本身又是一个层层分销的体系，特别是对于规模较大的货代企业来说，每一环节所需要对接的信息则更为庞杂。因此，单靠有限的人工难以维持运转时，就需要借助数字化的力量为企业提升效率。

厂区数字物流的场景主要包括线边物流和数字仓储。

线边物流是指为生产车间、生产线的物流配送服务。线边物流是厂区物流中最核心也是最复杂的部分。灵活、高效、智能的线边物流是柔性生产线的重要条件，是制造企业转型升级的重要方向。随着物流技术设施设备的不断发展，线边物流数字化水平同步提升。线边物流数字化场景目前主要体现在 RFID 技术、标准化技术、无人化运输设备、自动化立体库、数字化信息平台等方面，以及串联条码、移动设备、电子看板、ERP 等在物料上线的运输工具、线边货架和包装器具等的应用。

数字仓储是指以物联智能感知和货物信息数字化为核心，构建园区管理、仓储调度、货物安全的监控监管状态。数字仓储实现了全数字化业务运营、全方位物联感知自动化、全过程安全管理、可视化决策系统等功能，有效降低仓储运营成本，提升仓储运营效率，提升仓储管理能力。数字仓储通过内置 5G 模组或部署 5G 网关等设备，应用自动导引车辆（AGV）、自动移动机器人（AMR）、叉车、机械臂和无人仓视觉系统等技术和设备，采集环境、人员动作、设备运行等监测数据，实现商品入库存储、搬运、分拣等作业全流程数字化、自动化、智能化。

此外，厂区数字物流实现人、车、器具、场地和设施的实时动态管理，能有效减少用工数，提高生产线的柔性化和自动化生产能力，越来越多的制造业企业开始“拥抱”厂区数字物流。建设厂区数字物流已经成为工厂智能化转型的一个重要方向。伴随着数字技术的推广，厂区数字物流模式创新越来越多，厂区数字物流的升级优化也会有更多的选择和创新。

2. 物流数字孪生系统

数字孪生技术将实体世界和虚拟数字世界紧密联系起来，带我们跨越时间与空间的屏障。

得益于物联网、云计算、人工智能、虚拟现实等新一代关键技术的发展，从2020年开始，数字孪生在物流业的应用逐渐成为可能，物流数字孪生系统引起了各方关注。通过对现实世界进行数字化建模，物流数字孪生系统实现物流作业全流程的数字化，帮助企业收集准确可靠的数据，进行流程改进，提升物流效率和创新水平，提高客户服务质量，实现快速可靠的商业决策。

物流数字孪生系统的本质就是在仿真和虚拟现实等支撑技术的支持下，应用数字技术对物流所涉及的对象和活动进行表达、处理和控制，对人、车、物信息进行真实还原，具有信息化、网络化、智能化、集成化和可视化等特征的技术系统。

物流领域最具科技含量的数字化应用场景，一直以来都集中在“三无”领域——无人车、无人机、无人仓。近年来，物流数字孪生系统集中涌现出诸多“三无”领域的颠覆性创新技术和产品。智能货架、搬运机器人、无人装卸车系统、智能拣选系统、无人卡车、无人机，等等，这些技术和产品与数字孪生进行物联，打通人机共智，最终降低物流网络与供应链的资源适配成本。

受政策和市场双轮驱动，数字孪生已成为工业互联网发展的重要技术支撑，未来的发展潜力非常巨大。利用数字孪生技术重构物流业，其创新方向就是推动物流作业全过程与物流要素全面互联，建立一个信息世界与物理世界相融合的物流系统，推动物流业的变革。

每一次技术创新都伴随着自己独特的挑战，数字孪生也不例外。数字孪生给物流业带来新的挑战，催促企业提升标准化水平和精益化管理水平，提升智慧性和柔性。对于物流企业来说，从物流装备到管理体系，如何提升物流智慧化与智能化水平成为未来发展的趋势。

3. 数字化物流运营平台

国际物流行业，运输环节多、链条长，信息流、商流、物流存在严重的信息错位错配问题。数字化物流运营平台应用区块链、大数据、云计算、物联网、人工智能等方式，有效打通并链接供应链上下游数字化生产要素，成为未来国际物流行业发展的趋势，被广泛应用到产业端的各个环节以及物流和供应链领域中。

数字化物流运营平台利用数字技术，将货、运输工具（车、船、铁路、飞机）、场等物流要素数字化，把订单数据、物流过程数据化，实现数据可视化、数据分析、数据预测等功能，提高工作效率，节省人力和时间成本，提高企业核心竞争力，共享数字贸易新红利。

数字化物流运营平台功能包括：

（1）数据交换：对接主流跨境电子商务及 ERP 平台，链接海关、银行等网站，实现网上报关、报检、许可证申请、结算、缴（退）税等信息交换。对接国际国内物流公司应用程序 API（Application Program Interface）接口，提升出入库操作效率，大大提升运输效率和精确度。

（2）库存管理：利用数字化物流运营平台整合整个供应链，在满足客户需求的同时，将安全库存量降到最低。收到货品后库存自动更新，收到订单或者完成退换货时，库存也及时更新，库存管理全自动化，有效降低数据的错误率。利用数字化物流运营平台数据，企业还可以快速建立 SKU 档案清单，从而实现商品全生命周期追溯管理。

（3）财务管理：利用优化求解和机器学习等引擎上的计费、报表、规划等功能模块，实现线上报价、费用估算、自动计费、支付及充值管理、多维度报表，规避企业风险以及通过多维度报表，帮助企业实现在物流不同角色场景上的匹配和灵活组合，为企业运营管理提供依据。

（4）决策分析：建立数学模型对物流业务、物流场景等进行模拟预测。对模拟过程中的数据进行分析、预测，进一步挖掘数据，鉴别、评估和比较物流战略和策略，发现风险以及优化点，实现决策分析。决策分析内容包括运输路线安排、设施选址、顾客服务分析等。

（5）数字增值服务：包括海外仓业务、代购商城一体化运作、数据服务、供应链金融、弹性仓储等增值服务。

国际物流行业的规模扩张时代已远去，未来竞争将更加注重效率优化、产品结构调整、服务升级等方面。当前，大数据、物联网、云计算等数字技术正逐渐进入物流行业应用的黄金时期，数字物流可以帮助企业应对不断增长的全球贸易需求和不断上升的客户期望，成为国际物流行业的主风向标，引领物流企业的转型和升级。

认知决定行为，行动带来成果。数字物流时代已开启，要么颠覆，要么被颠覆。

三、数字支付

支付是国际贸易的核心环节之一。我国跨境电子商务规模持续扩大，跨境支付行业随之进入了繁荣发展期。随着区块链、人工智能等技术的演进升级，以及行业监管的日趋严格，跨境支付行业也将迎来前所未有的变革。

传统支付行业业务流程缓慢，跨境支付费率高，资金安全得不到足够的保障，在很大程度上阻碍了中国跨境贸易的发展。数字支付正在逐渐改变这一现实。数字支付改变了传统的支付组织、支付介质、支付渠道、支付账户形式以及支付模式等，是传统支付体系的有益补充，逐渐成为现代支付体系的主导力量之一。

（一）数字支付的定义

数字支付，主要是指借助互联网、智能设备等硬件设施和通信技术、人工智能和信息安全等数字科技手段实现的数字化支付方式。

（二）数字支付的工具

1. 电子货币

电子货币，即通过电子化方式支付的货币，通过相互交换商务和金融活动的电子信息，完成在线电子支付。

国际清算银行（BIS）提出电子货币包括电子钱包和数字现金，是消费者储存资金或货币价值的储值或预付型产品。

2. 数字货币

数字货币不像纸币或硬币，具有物理形式，它是无形的，以电子方式存在的货币。

目前关于数字货币的概念尚未形成统一的认识。国际清算银行（BIS）将数字货币定义为以数字形式表示的资产，具有一定的货币特征，可以用法定货币计价，是由发行人发行并负责赎回的数字形式的资产。

欧洲中央银行（ECB）认为数字货币是指在特定情况下可作为货币替代物的一种价值的数字体现，不是由央行、信用机构或电子货币机构发行的。

当然，也有一些国家将比特币、以太坊等这些网络虚拟经济中的货币列入数字货币范畴。

总体而言，目前市场上的数字货币可以分成两种，一种是各国中央银行发行的法定加密货币，如我国的央行数字货币（DC/EP），这种数字货币就是法币，它们能真正地行使货币的功能。另一种是指以比特币为代表的去中心化加密代币。

（三）数字支付的场景应用

在推进支付数字化过程中，移动支付设备、闪付技术、大数据技术、生物识别技术及人工智能技术不断发展，尤其是5G商用步伐不断加快，推动各种新型支付技术及模式更新迭代，数字支付的应用场景越来越广泛。目前，数字支付不仅在民生消费、智慧出行、政务服务等国内领域广泛应用，还拓展到国际贸易、国际投资等领域。

1. 移动支付

随着金融科技与物联网、移动通信的深度融合，移动支付正逐渐成为国际贸易体系中不可或缺的组成部分。新冠肺炎疫情对线下实体行业带来重创，与此相反，线上交易发展迅猛，移动支付也随之崛起。

全球移动通信系统协会（GSMA）的报告显示，2021年全球移动支付交易额达1万亿美元，同比增长31%。易观分析发布的数据显示，2021年第四季度我国第三方移动支付市场交易规模为83.41万亿元，环比增长7.69%。交易规模较2018年继续稳定增长。数据表明，2019年移动支付交易规模达到205万亿元。移动支付的不断扩大是一种必然的趋势。

目前移动支付中用到的数字化技术和设备有双界面JAVA card、

SIM Pass、RFID—SIM、NFC 和智能 SD 卡等。随着这些技术和设备的更新，技术移动支付场景已从传统远程支付、二维码支付、声波支付、NFC 近场支付、蓝牙支付拓展到外接刷卡器等，基本形成了多元化发展态势。

移动支付具有极强的场景属性，场景即支付，支付即服务。场景掌控力越强，意味着更大的支付流量和用户黏性，商业价值就更大。

未来移动支付强有力的应用场景在消费服务领域，市场竞争将逐渐转向支付场景与服务的争夺。

2. 数字人民币跨境支付

国际结算是国际贸易中最重要的环节。国际结算离不开货币，数字贸易离不开数字支付。中国已经成为全球第一大货物贸易国、第二大服务贸易国、第二大消费市场。2021 年，中国对外贸易额为 39.1 万亿元，占全球贸易总额的 13.5%。环球银行金融电信协会（SWIFT）发布的报告显示，2021 年 12 月人民币国际支付份额为 2.70%，远远低于美元的 40.51%和欧元的 36.65%。人民币在世界经济中的地位还无法与中国经济体量、国际量相匹配。

数字人民币是由中国人民银行发行的法定数字货币，具备传统货币支付即结算的特性，主要定位于现金类支付凭证即 M0。数字人民币大幅度降低了传统法定货币的发行和兑换成本，大大提升了人民币的便捷性，降低了交易成本，提高了金融运行效率。

数字人民币跨境支付，是一种新型的贸易结算手法。使用数字人民币进行跨境贸易结算，转账速度更快，手续费更低，安全性更高，可以有效解决跨境结算中交易周期长的难题，降低企业外汇结算成本。此外，数字人民币跨境支付，是推动人民币国际化的重要手段，有利于增强中国经济实力和国际竞争力。

完善的支付清算系统是支付体系平稳有序运行的基础，对于维护金融市场稳定、畅通货币传导机制具有重要作用。在当前国际政治经济形势发生深刻变化的时代背景下，SWIFT 系统时常被美欧国家当作实施金融制裁的战略工具。鉴于此，2012 年，人民币跨境支付系统（Cross－border Interbank Payment System，CIPS）进入研发阶段，2015 年 10 月系统正式上线。这个系统是我国自主研发和制定标准的跨境支付体系，在一定程度上减少了人民币跨境支付对于 SWIFT 系统的依赖。系统利用现代数字技术重构和再造跨境支付和国际清算基础设施，采用更具有流动性的混合结算方式，不再需要代理行、清算行的介入，也不再受工作时间的限制，大大提升国际间信息流转和资金流转的效率，为数字人民币在跨境支付中的广泛使用奠定坚实基础。人民币跨境支付系统可以保障我国企业在跨境合作和国际交流过程中不受掣肘，防范和化解金融风险，维护金融安全，维护国家安全。

3. 基于区块链的跨境支付

全球化时代，需要跨境支付的场景越来越多，如出国留学、旅游、求学、贸易、投资等。传统的跨境支付模式，不仅流程多、时效性差，而且费用高、不安全。

基于区块链的跨境支付，应用了去中心化、加密算法、智能合约等技术，发挥区块链的点对点传输、分布式存储的特性，实现基于共享账本的跨境支付模式，不仅可以提高跨境支付的便利性，还给第三方支付在贸易领域提供了更多技术实现手段和可能性。

目前，瑞波（Ripple）、世可（Circle）、摩根大通、招商银行、中国

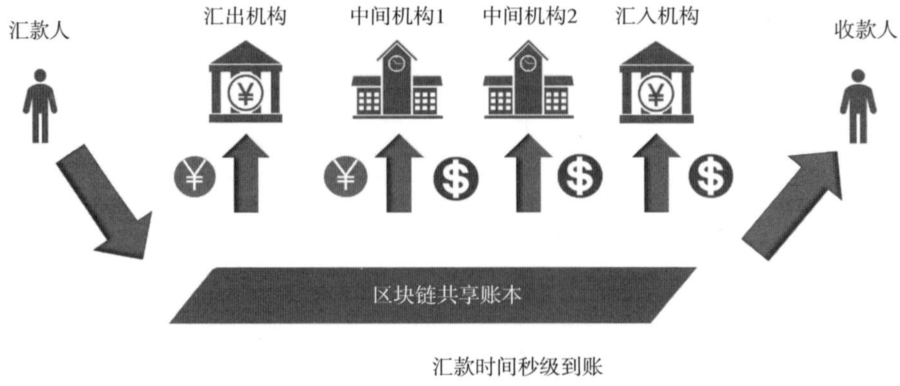

图 7—3　区块链跨境支付流程

图片来源：《智谷微报告》。

银行、蚂蚁金服等银行金融机构纷纷入场区块链跨境支付领域，应用场景包括跨境支付、贸易融资、数字票据等。

2017 年，招商银行通过区块链直联跨境支付应用技术实现跨境支付。2018 年 6 月，蚂蚁金服利用区块链电子钱包进行跨境支付，耗时仅 3 秒。2019 年 6 月，维萨（VISA）推出基于区块链的跨境支付网络 Visa B2B Connect。美国瑞波公司运用区块链技术构建了一个没有中央节点的分布式网络，为客户跨境汇款提供便利。2020 年，中国银行推出“中银全球智汇”，这是区块链技术在国际支付系统建设的新突破。

从整体来看，基于区块链的跨境支付具有诸多其他支付方式不可比拟的优点，但也面临着政策风险，例如，用户电子钱包、交易平台等容易受到黑客攻击，匿名机制使得用户的货币被盗后难以获得法律保障。区块链技术的匿名机制为洗钱提供了便利，政府一般会对跨境资金转移进行监管以防此类行为的发生，区块链的跨境支付也面临着一定的政策风险。

第四节　数字贸易规则

一、数字贸易规则概况

（一）全球主要数字贸易规则

数字技术与国际贸易融合不断深化，数字贸易逐渐成为全球贸易新的增长点。然而，数字贸易的创新与发展对数字贸易规则的变革提出了更高的要求，构建具有全球共识的数字贸易规则体系，维护国际贸易的安全与稳定成为全球贸易当下最重要的任务之一。

以世界贸易组织为核心的多边贸易体制是以市场经济为基础的自由贸易体制，强制性与任意性规则的组合形成了刚柔并济的多边法律框架，是国际贸易中的坚实基础；区域自由贸易协定则是以某一地区为基础建立，如欧美国家主导的“跨太平洋伙伴关系协定”（TPP）和东盟国家推动的《区域全面经济伙伴关系协定》（RCEP），为区域经济发展注入活力，在国际贸易中发挥着越来越重要的作用。两者共同促进经济全球化和国际贸易便利化，缺一不可。随着数字经济的发展，数字贸易规则成为多边和区域贸易谈判的焦点。

WTO 中的数字贸易规则。数字贸易概念提出前，WTO 各成员统一使用“电子商务”的术语，两者不作区分。1998 年，WTO 会议开始涉及电子商务议题，首次出现“暂停电子传输产品关税”的条款。但由于 WTO 框架下的多哈回合谈判进展缓慢，至今尚未产生综合性协定。2017 年，《关于电子商务的联合声明》的发布再次启动 WTO 框架下的电子商务贸易谈判工作。2019 年，在瑞士达沃斯举行的部长级会议上，

76 个成员共同签署联合声明，鼓励所有成员参与谈判，以便通过电子商务为全球经济带来更大利益。目前，不少成员已提交涉及数字贸易规则的具体议案，以期在后续会议中取得实质性成果。

TPP 中的数字贸易规则。WTO 框架下数字贸易规则的困局，促使 WTO 成员在区域贸易协定中寻求突破口。TPP 由新西兰、新加坡、智利和文莱四个亚太经济合作组织成员于 2002 年发起，12 个成员于 2016 年正式签署了协议。尽管美国于 2017 年宣布退出，但 TPP 突破传统的自由贸易协定模式，达成综合性自由贸易协议，关于数字贸易规则的制定有了较大的提升。《全面与进步跨太平洋伙伴关系协定》（CPTPP）的数字贸易规则与 TPP 并无差异。TPP 鼓励各缔约方促进企业和政府间的无纸化贸易、商业交易的电子认证和电子签名，就个人信息保护、网上消费者保护、网络安全和网络安全能力等开展政策合作。同时，数字知识产权保护领域的标准大幅提高，在著作权、商标权以及相应的执法措施方面都作出了明确的规定，对国际知识产权保护制度产生了重大影响。

DEPA 中的数字贸易规则。《数字经济伙伴关系协定》（DEPA）是 2020 年 6 月新加坡与新西兰、智利签订的一项数字经济协定，旨在针对海量的数字贸易，在协定国之间建立一个体现数字经济发展趋势的规则框架。2021 年 11 月，中国向《数字经济伙伴关系协定》（DEPA）保存方新西兰正式提出申请加入 DEPA。

RCEP 中的数字贸易规则。RCEP 由东盟 10 国于 2012 年发起，并于 2020 年由中国、日本、韩国、澳大利亚、新西兰与东盟 10 国共 15 个国家正式签署，是目前参与人口最多、成员结构最多元、发展潜力最大的区域贸易协定。RCEP 的签署打破了长期以来欧美国家主导数字贸易规则的局面，有利于提升发展中国家在数字贸易领域的话语权。与 TPP 相比，RCEP 增加了数字关税、数字确权认证、跨境数据流动、电子方式传输信息的监管要求，以及包含数字产品待遇、源代码、金融服务中跨境数据流动和计算设施位置的电子商务对话机制等重要事项，对于推动区域经济一体化、实现数字贸易的全产业链发展具有重要作用。同时，RCEP 有利于促进各成员方的经济活力，推动“一带一路”建设。

（二）数字贸易规则的国别主张

目前，由于各国数字经济发展水平与贸易理念存在差异，且涉及数据安全、个人隐私等敏感话题，因此多边贸易谈判无法达成统一。各国基于自身的立场与利益主张，开展数字贸易规则的博弈，力求在多边、区域谈判中掌握话语权与主导权，在新一轮数字贸易中占据先机。

美国作为经济大国和科技强国，在数字贸易规则中奉行外严内松的原则。宽松的监管政策主要体现在自由便利化的规则制定上，如 2018 年 3 月，美国颁布《澄清境外数据的合法使用法》（又称《云法案》），允许执法部门获取境外电子数据，推动跨境数据自由流动，主张在多边、双边、区域贸易中消除贸易壁垒，鼓励其他国家对其开放市场。严格的本地准入政策，一方面体现在区域贸易协定的制定中，如美墨加协定、美国数字贸易协定等条款内容全面且具有强制性；另一方面体现在美国国内对数字企业的政策限制中，如本地数字企业的出口管制、外来数字产品的价格歧视等。

欧盟在数字贸易规则的制定上奉行相对保守的原则，同时具有缺乏成熟、完整且独立的体系的特点。对外，欧盟注重隐私保护，认为个人数据是人权的重要体现。因此，尽管数据跨境流动有利于贸易发展，但在《国际服务贸易协定》（TISA）和《经济伙伴关系协定》（EPA）中因担心个人数据泄露未作出明确规定。对内，欧盟致力于消除成员方之间的数据保护主义。从《欧洲数字议程》《欧洲数字化单一市场战略》到《通用数据保护条例》《非个人数据在欧盟境内自由流动框架条例》的实施，均表现出成员方打破数字市场壁垒，构建数字化单一市场的诉求。但由于欧盟成员方诉求无法完全一致，因此对规则的制定无法统一，尚未实现数字贸易规则体系的系统性。

日本的数字贸易规则制定与美国较为相似。为促进跨境数据自由流通，日本的管制水平较低，对数字产品不征收关税，不要求数字企业公示算法和源代码，坚持不妨碍企业活动的自由。其政策重点在于数字知识产权的保护，在多边、双边、区域贸易中多次强调并作出了各种限制，如禁止强制公开源代码和算法、禁止政府对包括加密技术在内的特定技术的使用施加任何强制性要求、禁止政府通过不正当程序获取数字知识产权等。在产品和服务贸易政策方面，日本与美国有所差异，其实施了自由化程度较高的政策。日本的数字产品零关税覆盖率较高，且对电信或信息通信技术投资无明确限制。

中国侧重电子商务便利化的推行。2021 年，商务部发布《“十四五”电子商务发展规划》，表明要积极参与以电子商务为核心的数字领域国际规则制定，推动形成以货物贸易数字化为核心、以服务贸易数字化为延伸、以数字基础设施互通和安全为保障的国际规则体系。同时，我国积极加入《全面与进步跨太平洋伙伴关系协定》（CPTPP）、《区域全面经济伙伴关系协定》（RCEP），对电子商务条款进行大量扩充，力图创造更安全的电子商务市场环境。在数字贸易规则深入性议题方面，我国则较为保守。

对于数据安全等敏感话题，各国主张分歧较大，需要进行更多的探讨，以便对数字贸易规则相关问题有充分认识。

（三）数字贸易规则关键议题

国务院发展研究中心关于数字贸易规则的调查研究报告指出，当前国际贸易领域的新兴议题是建立完善的数字贸易制度框架，其中跨境数据流动、数字税收、数据（设施）本地化、数字贸易市场准入、数字知识产权保护以及跨境电子商务便利化是关键议题。在 WTO 框架下开展数字贸易新议题、新规则谈判，需要积极解决跨境数据流动问题、建立创新公平的数字税收规则、在网络安全的前提下建立数据本地化规则、尊重各国市场准入原则、保护数字知识产权。跨境电子商务便利化体现在数字贸易各场景，在此不再赘述。

议题一 跨境数据流动

目前，国际上对跨境数据流动并未作出统一的界定。其概念最早出现于 1980 年经济发展与合作组织发布的《保护隐私和个人数据跨境流动指南》中，指出跨境数据流动是指数据跨国境内进行传输。澳大利亚《隐私法》对其进行了更加细致的说明：如果个人数据存储于澳大利亚，但却在澳大利亚境外被访问，即可视为跨境转移；如果仅因路由缘故短暂存储于澳大利亚境外，即可被视为跨境转移。因此，现在对于跨境数据流动的理解主要有两个层面：一是数据在别国被访问，二是数据跨越国界传输和处理。

当前对跨境数据流动的管理主要有三类：一是倡导数据跨境自由流动。以国内立法，签订多边、双边、区域贸易协议等，解除对国际数据流动的限制，以维护本国发展。《区域隐私框架与跨境数据流动指南》研究报告表明，过去 10 年，国际数据流动促使全球 GDP 增长了 10.1%，对全球 GDP 的每年贡献价值已超过 2.8 万亿美元，不仅激发了商业创新，而且能推动新技术、平台、服务和基础设施的发展。二是倡导有一定限制的数据跨境流动。一方面，跨境数据的自由流动有利于发展经济；另一方面，数据隐私与安全受到极大威胁。因此大部分国家规定，在取得个人同意的前提下，对普通个人数据的跨境流动不予禁止。三是严格禁止跨境数据自由流动，以保护个人隐私的安全。《全球及中国数据跨境流动规则和机制建设白皮书》指出，数字技术的快速发展给国家安全带来隐患，网络数据出境的隐蔽性越来越高，以窃取敏感数据为目的的境外攻击越来越多，企业违规向境外提供数据越来越频繁。未来，我国应探索数据跨境流动管理机制方案，建立健全数据跨境流动规则体系，提高数据跨境流动的安全性。

专栏　微软与美国政府打官司

微软国家云计算项目总经理道格·豪格尔（Doug Hauger）称，美国政府要求公司提供保存在都柏林服务器上的数据，“他们的手伸得太长了。”豪格尔在接受《电脑周刊》（*Computer Weekly*）采访时解释了微软对此事的态度。他说：“我们相信，他们高估了自己获取储存在美国之外的数据的能力。”

微软与美国政府之间的官司缘起于美国政府要求微软提供储存在爱尔兰都柏林的微软服务器上的数据，微软拒绝了美国政府的要求并将此事诉诸法庭。豪格尔说：“客户们想让我们保持透明度，说清楚如何保证他们数据的安全。我们非常清楚，如果我们接到执法机关要求我们提供你们的数据的命令，我们将把这样的命令转给你们；只要条件允许，我们就会告诉你们执法机关一直在要求我们提供你们的数据。”

在2015年底的时候，欧盟的一纸判决改变了“数据归属”原则的含义。像微软和脸书这样的美国公司都在欧洲有用户，以前欧盟允许它们将欧洲用户的数据保存在美国的服务器上，但是现在这些数据必须被保存在欧洲的服务器上。微软已经宣布它将在欧洲设立两个新的数据中心，一个位于英国，另一个位于德国。与此同时，微软一直公开反对美国政府要求它提供欧洲用户的数据。亚马逊和微软一直在争夺欧洲的云存储和服务市场。据市场研究机构估计，欧洲云存储和服务市场当前的规模大约为110亿美元。

微软宣称自己的优势是安全和信任。豪格尔表示：“我们想确保客户数据的安全性，为此我们采取了多种措施，其中一项举措就是对各种云服务之间传递的数据进行加密，这意味着即便是有权访问云基础设施的人也不能获得用户的数据。”

资料来源：《微软与美国政府打官司：它要海外数据我们不给》，腾讯科技网，https：//tech. qq. com/a/20160128/006086. htm.

议题二 数字税收

数字税收是一个新兴概念，经济合作与发展组织（OECD）于2013年开展的《税基侵蚀和利润转移（BEPS）行动计划》提及应对数字经济和电子商务带来的税务挑战。法国数字税法案的颁布代表数字税的正式落地，随后二十国集团（G20）在大阪通过的《大阪宣言》明确了数字税收规则工作计划，对于数字税收的研究逐步增多。目前，对数字税的概念界定尚未统一，主要理解为对境内跨国互联网企业的征税规则。

当前对数字税收的看法主要有三类：一是持积极支持的态度，已经积极开展数字税收规则的研究；二是持观望状态，密切关注当前国际动态，但暂时未采取相关措施；三是持反对意见，认为征收数字税违反了国际税收惯例，损害国际贸易关系。但是，无论是从组织收入、保护税收主权，还是从维护税收公平、调节经济发展等角度看，对数字税的征收逐渐成为国际趋势。目前，各国的数字税税制有所差异，主要体现在应税服务的范围、税率和征税门槛的确定上。未来，对于税制的设计、全球税收的统一协调都存在不小的挑战。

专栏 谷歌认罚近10亿欧元！涉嫌逃税，互联网巨头引发欧洲不满

法国巴黎高等法院当地时间12日宣布，谷歌公司与法国司法部门达成和解，缴纳罚款和税款合计将近10亿欧元（约合78亿元人民币），以了结因涉嫌逃税而招致的诉讼。谷歌分别缴纳5亿欧元（39亿元人民币）罚款和4.65亿欧元（36亿元人民币）“额外税款”。

法国司法部部长妮科尔·贝卢贝与行动和公共账目部部长热拉尔德·达尔马宁共同在一份声明中表示，这是“历史性”和解，“反映了法国国内要求财务公平的呼声”。

据了解，谷歌及其他一些美国互联网巨头普遍把欧洲总部设在爱尔兰，原因是爱尔兰当地为吸引外企进驻，企业税税率相对较低。另外，互联网巨头网络搜索、社交媒体和在线软件商店等数字化业务主要在全球范围内的网络空间开展，除了设立总部外，在绝大多数国家和地区不需要设立实体业务部门，因而这些国家和地区税务部门也就无法对此类收入进行监管和税收征缴。

路透社评论称，谷歌等大企业利用税务法律漏洞，在爱尔兰申报几乎全部运营收入，在欧洲其他国家缴税非常少。谷歌等美国互联网巨头此举引发了欧洲国家的不满。法国指控谷歌设在爱尔兰的欧洲总部没有如实披露运营收入数据，从而少缴税款。法国调查人员自 2015 年 6 月起便开始调查谷歌涉嫌在法国逃税和洗钱的行为。

另外，谷歌 2016 年与英国政府、2017 年与意大利政府达成类似和解协议，分别缴纳 1.3 亿英镑（11 亿人民币）和 3.06 亿欧元（24 亿元人民币）的罚款和税款。除了谷歌，其他互联网巨头也难逃“数字税”的追责。法国行动和公共账目部部长达尔马宁表示，法方正在与其他多家企业作此类交涉，但他并未披露相关企业名称。

此外，面对全球的监管压力，美国互联网巨头普遍开始招募前司法部反托拉斯官员，准备通过扩大内部反垄断专业知识来渡过难关。

近一年来，美国司法部反垄断部门两名官员巴赫曼与泰本分别被亚马逊和 AT&T 挖角，美国司法部旧金山反垄断官员帕钦也宣布跳槽至脸书担任法务主管。

分析人士指出，数字税的讨论愈演愈烈，未来美国互联网巨头将面临更为严峻的挑战。

资料来源：《谷歌认罚近 10 亿欧元！涉嫌逃税，互联网巨头引发欧洲不满，“数字税”牛了》，新华社客户端，https：//baijiahao. baidu. com/s? id = 1644717484369176008 & wfr = spider & for = pc.

议题三 数据（设施）本地化

数据本地化是指将数据存储在数据来源国的数据中心，设施本地化则是要求使用东道国领土内的计算设施，或要求将设施置于其领土内。数据本地化与跨境数据流动既有联系又有区别，数据本地化并不一定限制数据的跨境传输，禁止跨境数据流动则在数据本地化的基础上不允许数据的跨境传输。数据本地化主要为了保障国家安全和个人隐私，方便本国执法人员调取和检查数据，促进本国产业发展。①

一方面，不同国家间的数据本地化范围和强度不尽相同。就数据本地化范围而言，要求较低的仅限定于特定部门或信息，要求较高的涵盖国家境内收集到的所有信息；就数据本地化强度而言，要求较低的数据备份后即可跨境传输，要求较高的限定数据不能跨境流动。另一方面，区域贸易协定对于数据本地化的规定也差别较大，如RCEP规定缔约方可强制要求数据存储本地化，USMCA则完全禁止数据存储本地化。尽管数据本地化对一国经济影响较大，如国际治理创新中心（CIGI）和皇家国际事务研究所分析了数据本地化带来的效应，发现对中国等8个国家和地区的10个下游行业造成了负面影响。但在数据跨境流动与个人隐私保护之间仍需做好衡量，科学制定完善数据本地化与数据出境法律制度。

专栏　美国前总统宣称已批准甲骨文与TikTok的合作

备受关注的TikTok美国业务出售谈判一波三折，但随着特朗普宣称已批准甲骨文与TikTok的合作协议，此事终于告一段落。

此前甲骨文就对外公告证实，其已经与TikTok母公司字节跳动达成协议，成为其“可信技术提供商”，这意味着甲骨文将为TikTok美国业务提供

① 参见李海英：《数据本地化立法与数字贸易的国际规则》，《信息安全研究》2016年第2期。

数据托管服务。TikTok 通过与甲骨文在数据安全方面的合作，可以消解美国政府宣称的“数据安全隐患”，确保 TikTok 在美业务仍可继续运行。

颇具戏剧性的是，字节跳动推动该协议达成所采用的战术方法，与美国公司微软在德国面临类似境遇时所采取的做法十分相似。

2013 年 5 月，美国中央情报局（CIA）前雇员斯诺登将美国“棱镜”计划的秘密文件曝光给媒体。世人才知道，美国情报机构对包括默克尔在内的德国政府要员实施了高强度、大范围的网络监控和监听行动。斯诺登事件让德国相信，美国政府及相关情报部门为窃取别国重要情报可以不择手段。因此，美国公司成为德国用户的“不被信任对象”，微软在德业务面临严重的信任危机。为了消解这种“不信任”，微软与德国电信合作进行“数据托管”，将微软用户数据相关业务交给德国企业负责，平衡了企业跨国业务与国家安全事务之间的矛盾，找到了各方的最大公约数。尽管有微软的先例，甲骨文与字节跳动的协议仍遭到部分鹰派政客反对，特朗普本人也表示对此解决方案“不高兴”。共和党参议员卢比奥更是致信特朗普，强烈建议美国政府拒绝这项交易。卢比奥在信中直截了当地说：“此协议不是全盘出售的方案，因此存在严重问题。”特朗普的亲密盟友、共和党参议员乔西·霍利也发文称应该拒绝甲骨文和 TikTok 的合作，理由是“字节跳动无意放弃控制权，这使美国人民的数据面临风险”。这些表态将华盛顿极尽打压中国企业的恶性竞争心理暴露无遗。

资料来源：《美国总统宣称已批准甲骨文与 TikTok 的合作！这场谈判最终谁占了便宜？特朗普这次将如何“表演”?》，中国网，https：//baijiahao.baidu.com/s? id＝1678355440245393726.

议题四 数字贸易市场准入

市场准入是指在国际贸易方面两国政府间为了相互开放市场而对各种进出口贸易的限制措施，其中包括关税和非关税壁垒准许放宽程度的承诺。数字贸易市场准入即是对各种进出口数字贸易的限制措施。现行市场准入规则主要涉及电信业务市场开放承诺表、电子商务业务准入规则，尤其是新兴的云计算业务。当前，云计算已成为承载各类在线应用的新兴关键基础设施，具有广泛的应用空间和巨大的增长潜力。云计算既利用了电信资源（CT），又利用了计算资源（IT），具有融合型业务的突出特征。因此，如何界定云计算的业务属性并制定配套准入规则，成为数字贸易规则博弈的重点领域。

云计算业务分为计算机相关服务与增值电信服务两类，随着线下计算机服务向线上转移，云计算业务呈现交叉状态，导致各国对云服务管理差异较大。一类是将云计算业务作为计算机服务进行管理，放松准入；另一类是将云计算业务进行更为细致的划分，作为增值电信服务的部分实行严格管理。我国应联同各方梳理出发展成熟、形态固定、各方认同的业务类型，针对不同分类形成科学的准入体系，体现相互尊重的数字贸易准入原则。

专栏 亚马逊云科技来势汹汹　本土云不会束手就擒

说到中国的云计算市场，绕不开的就是政策和产业环境，这是决定一个厂商能否生存下去的根基。目前来看，中国政府对准入规则和标准的严格规定是外资云难以逾越的障碍。中国政府对电信行业的政策限制，令外资云巨头始终无法独立获得IDC牌照，必须寻找第三方合作伙伴。

事实上，亚马逊AWS早在2011年就开始尝试进入中国。面对强有力的竞争者和严格的产业政策，亚马逊思谋已久，如今做好了充足准备。2021年3月初，亚马逊AWS就将中国官网、社交账号等品牌Logo由此前的英文缩写“AWS”统一更换为中文“亚马逊云科技”。不到一个月的时间，亚马逊全球副总裁、亚马逊云科技大中华区执行董事张文翊提出了“三驾马车，齐头并进”的中国业务战略。所谓“三驾马车”，就是指瞄准的三类企业客户，包括“中国客户深耕本地”“海外客户根植中国”“中国客户成功出海”。

目前来看，亚马逊云科技在国内市场呈现进击扩张的态势，这背后自然是看到了国内云计算的发展速度以及增长空间，欲抢食中国云计算市场发展的“大蛋糕”。不过，国内云计算市场竞争日趋激烈，亚马逊能否打好“本土化”这张牌还有待验证。

资料来源：《亚马逊搅动云计算“一池春水”，阿里云、华为云还睡得安稳吗?》，科技云报道，https：//baijiahao. baidu. com/s? id = 1695920545726817819&wfr = spider&for = pc.

议题五 数字知识产权保护

数字知识产权的国际保护始于《世界知识产权组织版权条约》（WCT）和《世界知识产权组织表演和录音制品条约》（WPPT），主要是指在网络环境中通过技术保护措施和权利管理信息加强对著作权人的保护。技术保护措施包含保护版权专有权利的技术措施和防止未经许可接触作品的技术措施。权利管理信息强调两个方面：受权利管理信息保护的信息类型和禁止的行为类型，前者包括作品信息、作者信息、许可信息以及表明前述信息的代码或数字，后者包括删除、改变以及删除、改变后的流通行为。

目前，数字产品和服务中的源代码、专用算法和商业秘密是企业的核心资产，是数字知识产权保护的重点，源代码问题是数字知识产权保护中争议较大的议题。大多数发达国家和地区认为，原则上应禁止强制要求披露源代码；发展中国家在这个方面尚未提出明确主张。数字知识产权保护规则较为复杂，未来我国应建立健全科学的数字知识产权体系，提高数字知识产权保护的执法力度，共同维护国际知识产权保护环境。

专栏　盘点微软在华反盗版战果：8起官司获赔超5000万

2012年11月29日，上海瑞创网络科技发表声明，就盗版侵权行为向微软做出正式道歉，并赔偿微软人民币3600万元。这些年来，微软加大了在中国的反盗版力度，累计获赔超过5000万元。

微软中国知识产权总经理于维东表示，并不仅仅是Windows系统和Office软件遭受盗版，几乎所有的微软产品都面临着盗版的挑战。微软起诉盗版厂商，并不是为了罚款，而是为了保护知识产权，同时警示那些使用盗版的企业，让他们回到正版的软件环境中来。

披露的案件只是冰山一角。还有很多诉讼案件迟迟没有宣判。比如2012年7月，微软中国向中国9家电脑经销商提起诉讼，这些经销商涉嫌预装微软盗版的Windows系统软件。

资料来源：《盘点微软在华反盗版战果：8起官司获赔超5000万》，搜狐网，https：//it. sohu. com/20121130/n359059366. shtml.

二、挑战与建议

（一）面临的挑战

多边框架推进数字贸易规则乏力。多边贸易体制下的各成员方核心利益与诉求不尽相同，分歧多、共识少。多哈回合谈判未取得实质进展，举步维艰，成员方达成数字贸易规则的任务任重道远。尽管 2019 年不少成员方签署了《关于电子商务的联合声明》，开展了 WTO 电子商务谈判。但由于各成员方经济发展水平参差不齐，提案内容差异较大，谈判不容乐观。G20 论坛、OECD、APEC 等虽然在数字贸易规则制定中取得了一定进展，但约束力不强，执行不到位。

关键数字贸易规则国际分歧严重。各国在数字贸易规则中都希望取得自身利益最大化，虽然非核心的数字贸易规则可适当退让达成共识，但涉及关键规则的制定则毫不让步。在跨境数据流动和数据安全的议题中，以美国为首的跨境数据自由流动支持方和以欧盟为代表的保护数据安全支持方意见差别较大，数据分类、授权主体、数据定价等涉及跨境数据流动的基础议题仍有待解决。

我国在数字贸易规则博弈中处于弱势地位。在跨境数据自由流动等关键议题上，我国与发达国家的意见不尽相同，或是持保守态度，暂未表态。全球数字贸易“联盟化”趋势加速，由于国家意识形态的差异，我国在国际数字贸易规则构建中被边缘化的风险加剧。我国是数字经济大国，但数字贸易发展却明显不足，若不能适应国际规则的新发展趋势，很可能导致国内市场的竞争力不足，拓展海外市场的动力下降。

（二）未来发展建议

坚持在世界贸易组织的基本原则下参与双边、区域贸易规则的制定。坚定维护世界贸易组织的核心地位，发挥多边贸易体制在数字贸易规则制定中的主导作用，运用世界贸易组织规则的灵活性和多样化，推动国家政策与全球数字贸易规则的和谐统一。在世界贸易组织的框架下积极参与双边、区域贸易规则的制定，以更高的开放水平促进经济高质量发展，实现世界各国的互利共赢。

建立健全科学完善的法律法规体系，探索数字贸易规则的中国方案。积极做好世界各国在跨境数据流动、数字税收、数据（设施）本地化、数字贸易市场准入、数字知识产权保护及跨境电子商务便利化等议题中的政策研究与形势判断，以我国现实条件为基础，构建科学合理的数字贸易法律法规体系。在贸易合作中开展方案试点，探索并推动实践有效的数字贸易规则的中国方案。

推动建立数字技术支持与合作的国际机构，参与国际标准的建立。国际贸易的往来主要取决于一个国家的绝对优势和比较优势，数字产品和服务的竞争更多的是技术和综合国力的竞争。因此，我国应补齐数字贸易短板，加强技术研发投入，解决“卡脖子”问题。在国际层面上积极寻求数字技术的国际合作，加强数字产业的标准和体系建设，在国际上掌握话语权与主导权。

第五节　数字自贸区建设

一、数字自贸区概述

（一）自贸区定义

1973 年海关合作理事会签订的《关于简化和协调海关业务制度的国

际公约》(即《京都公约》),将自由贸易区定义为一国的部分领土,在这部分领土内运入的任何货物就进口关税及其他各种税而言,被认为在关境以外,并免于实施惯常的海关监管制度。自由贸易区通常指两个或两个以上的国家根据世界贸易组织相关规则,为实现贸易自由化所进行的地区性贸易安排的缔约方所形成的区域。这种区域性安排不仅包括货物贸易自由化,而且涉及服务贸易、投资、政府采购、知识产权保护、标准化等领域的相互承诺,是一个国家实施多双边合作战略的手段。自由贸易试验区(Free Trade Zone,FTZ),是指在贸易和投资等方面比世界贸易组织有关规定更加优惠的贸易安排,在主权国家或地区的关境以外,划出特定的区域,准许外国商品豁免关税自由进出。实质上是采取自由港政策的关税隔离区。狭义上仅指提供区内加工出口所需原料等货物的进口豁免关税的地区,类似出口加工区。广义上还包括自由港和转口贸易区。

(二)数字赋能自贸区建设

在自由贸易试验区建设 5 周年之际,习近平总书记对自由贸易试验区建设作出重要指示,指出:把自由贸易试验区建设成为新时代改革开放的新高地,为实现“两个一百年”奋斗目标、实现中华民族伟大复兴的中国梦贡献更大力量。数字自贸区作为打造改革开放更高水平的标志性工程,顺应了数字经济发展的潮流,承担着自贸区全面创新的使命。

首先,数字经济为自贸区高质量发展赋能。以物联网、云计算和大数据为技术手段的工业互联网的快速发展,不仅能显著提升资源的利用效率,更能促进制造业产业链各个环节的高度融合,形成新的数据变现模式,从而推动实现产业结构的转型升级。高起点建设数字自贸区，将带动数字基础设施完善和人才集聚，为传统优势产业带来新的增长动力，进而提升数字自贸区的全球资源配置能力，完成提档升级与高质量发展。其次，数字经济为传统产业改造提升提供新动能。数字基础条件好的数字自贸试验区理应改革创新、先试先行，在数字化建设中充分发挥自身优势，形成线上线下融合、数据驱动、平台支撑、高效协同的自贸区数字经济生态系统；同时紧抓国家新一轮高水平开放机遇窗口，撬动国际、国内两个市场。探索数据开放共享常态化、产业和贸易数字化、监管智慧化。最后，数字自贸区是探索贸易新规则的重要试验田。2019 年全球数字服务贸易在服务贸易中的占比达到 52%，国际贸易数字化已经成为全球化趋势。利用数字技术赋能自贸区产业转型和监管升级，可以快速推进数字自贸区建设，并逐步探索整体数字化转型路径，有力贯彻国家数字经济战略，形成数字自贸区建设经验。加强数字贸易隐私保护、安全威胁等规则的国际交流与合作，争取参与制定新型国际数字贸易规则。①

（三）数字自贸区建设经验

目前，我国已批准设立 21 个自贸区，共计 67 个片区。截至 2022 年 4 月，6 个自贸区已经出台数字自贸区总体建设方案，如图 7—4 所示。其他自贸区虽未形成总体建设方案，但是也进行了相应的数字化探索。自贸区在建设过程中，始终坚持以制度创新为核心，《国务院关于做好自由贸易试验区第六批改革试点经验复制推广工作的通知》推出 37 项可推广复制的经验。结合前五批试点经验，本节对全国范围内可复制推

① 参见王茜：《对话｜呼之欲出的“浙江数字自贸区”是怎样的?》，《现代物流报》2020 年 6 月 18 日。

广的经验进行介绍。

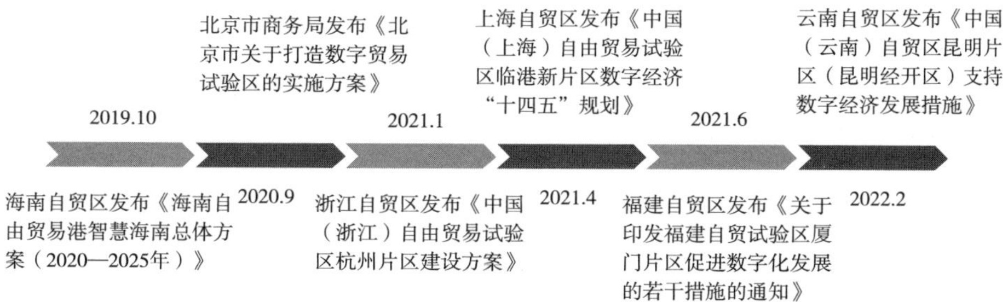

图 7—4　数字自贸区建设相关政策

经验一　投资管理领域

投资管理领域可将制度数字化改革划分为 1.0 时期、2.0 时期与 3.0 时期。1.0 时期，最早的数字化改革为“办税一网通”等创新服务措施，该时期的数字化改革更多的是办事流程的网络化，如涉税事项网上审批备案、税务登记号码网上自动赋码、网上自主办税、纳税信用管理的网上信用评级、税控发票领用网上申请、一般纳税人登记网上办理等。2.0 时期，数字化改革更多的是打通各部门的信息壁垒，实现数据共享，如公证“最多跑一次”、自然人“一人式”税收档案、网上办理跨区域涉税事项，给办事双方带来了极大便利。3.0 时期，更加注重数字贸易规则的探索和实践，如出版物发行业务许可与网络发行备案联办制度，把制度优势转化为治理效能，推进治理体系和治理能力现代化。

经验二　贸易便利化领域

贸易便利化领域的制度数字化改革更多的是网络化和智能化的体现。比如，进出口商品智慧申报导航服务制度，使用大数据、人工智能领域新技术手段，建立智能申报导航数据库集群，为企业纳税申报提供全面即时准确的个性化智能导航服务。该项服务不仅能帮助企业减少申报差错，提高通关效率，控制贸易成本，降低违规风险，为企业诚信纳税提供智能化合规申报引导，而且在服务过程中不涉及企业具体申报信息，确保数据使用安全，为自贸区的创新发展注入新活力和强动力。

经验三 金融领域

金融领域制度数字化改革试点较少，目前第六批改革试点名单中仅存在两项。一是保理公司接入央行企业征信系统，对成立时间超过一年、经地方金融监督管理局推荐、通过中国人民银行派出机构审查的商业保理法人企业，以专线直接接入和互联网平台方式接入中国人民银行企业征信系统。二是分布式共享模式实现“银政互通”，通过规范数据接口实现银行与相关政府部门专线联通，拓展基于银政信息实时共享的服务项目，实现抵押登记、抵押注销等业务的高效办理。可以发现，金融领域较为敏感，数字化改革较为基础。

经验四 事中事后监管措施

在政府监管的方式方法上，自贸区以“互联网+”和大数据技术为支撑，实施精准监管，明确了市场主体自律、社会监督、政府监管和业界自治“四位一体”的综合监管格局。企业送达信息共享机制体现出市场主体自律，通过接入市场主体信用信息平台送达文书，倒逼企业及时共享信息，否则将会被纳入经营异常名录。社会信用体系体现出社会监督，通过建设公共信用信息服务平台，完善与信用信息、信用产品使用有关的系列制度等。审批告知承诺制、市场主体自我信用承诺及第三方信用评价三项信用信息公示制度依托全国信用信息共享平台和国家企业信用信息公示系统，实现与审批平台和综合监管平台的信息共享和互联互通，涵盖了市场主体自律、社会监督、政府监督和业界自治。数字化的监管方式有效缓解了市场体系尚不完善、政府干预过多和监管不到位等矛盾。

专栏　浙江数字自贸区建设

建设目标：

杭州将以自由贸易试验区建设为契机，着力打造全国领先的新一代人工智能创新发展试验区、国家金融科技创新发展试验区和全球一流的跨境电子商务示范中心，建设数字经济高质量发展示范区，把杭州片区建设成为连接国内大循环和联通国内国际双循环、服务构建新发展格局的重要平台。

建设措施与成效：

贸易更加自由便利。杭州片区将着力探索“数据多跑路、人为少干预、货物快通关、退换更便捷”的新型监管模式，放宽现代服务业从业限制，争取允许具有境外职业资格的金融、建筑、规划、设计等领域符合条件的专业人才经备案后在区内提供服务，探索以高端服务为先导的“数字＋服务”新业态新模式，推进服务贸易自由。

投资更加自由便利。杭州片区将加快数字政府建设、推进营商环境集成改革、落实外资准入和市场准入两张“负面清单”，实现企业经营和市场竞争自由，建立国际投资“单一窗口”，进一步减少或取消外商投资准入限制，扩大数字经济、互联网、人工智能、生命健康领域开放。

跨境资金流动更加自由便利。杭州片区将支持外国客商在境内便利使用移动支付，支持海外客商在线进行国内供应商款项跨境支付的便利化试点，探索开展本外币合一账户和合格境外有限合伙人试点，打造数字经济时代服务小额化、交易高频次的跨境支付中心。

国际运输往来更加自由便利。杭州片区将探索简化航空公司开辟至“一带一路”航权开放国家国际航线的经营许可审批手续，支持开通第五航权航线，支持建设公务机服务中心，支持杭州保税物流中心（B型）与萧山机场东区国际货站整合升级为杭州空港综合保税区，探索开展飞机“保税+融资租赁”、飞机保税维修、保税再制造等创新业务。

人员进出更加自由便利。杭州片区将用足用好境外人员、出入境、永久居留等便利政策，探索实施更加开放的人才停居留政策，给予境外专业人才就业创业自由便利，让各类人才在自贸区留下来、扎下根，竞相展现创新创造的才华与活力。

数据安全有序流动。杭州片区将率先承接《区域全面经济伙伴关系协定》（RCEP）带来的经贸规则红利，探索建设数字特区，争取数据分类监管等政策，开展商务数据跨境流动试点，为数字经济、人工智能、智能制造等提供跨境数据有序流动便利。

资料来源：《自贸区杭州片区：激扬澎湃动力　开启数字自贸区新征程》，浙江政务服务网，http：//www.hangzhou.gov.cn/art/2020/12/25/art_812262_59023203.html.

二、挑战与建议

（一）面临的挑战

数字基础设施建设不足。由于数字基础建设部署缓慢，5G、数据中心等技术融合发展程度不高，存在建设运维成本较高，海量数量处理能力难以协调等弊端。再加上工业数字化基础较为薄弱，工业数据共享利用难度大，工业互联网发展乏力，其工业网络化、自动化的标准还有待提高。我国数字基建滞后，虽然我国各个自贸区大多已出台或正在制定数字自贸区的建设方案，但是都尚在探索中，引领自贸区发展的标志性数字产业项目尚少。

数据资源利用率低。一是数据流动不安全，在数据流通、存储方面，尤其是在跨境流通方面还存在一些问题，无法保证数据安全有序地流动。二是数据流动不完全，数据流通壁垒较大，大量数据未发挥效用。三是数据利用不深入，各类信息平台集聚了一批数据，但缺乏对大数据的深入系统分析和市场化应用，与传统产业缺乏融合应用。

专业人才培育有待强化。在数字经济时代，互联网、人工智能、大数据等技术被广泛应用，但相关技术人才缺口仍然巨大，数字经济发展的复合型管理人才也存在结构性短缺的问题。在数字自贸区高速发展的过程中，相关专业人才的短缺将制约城市发展能级、科研力量、产业平台的发展。

（二）未来发展建议

加强数字基建，为数字自贸区建设打好基础。一是要加强关键技术的融合运用，推进大平台建设工作，将传统产业向基于平台的数字化转型，促进不同领域的互联网平台建设和数字工业经济的发展，集中力量支持和培养跨领域的互联网运营平台。二是要充分发挥市场主体作用，政府主导，运营商、大型互联网企业等积极参与，支持人才、资本、技术、信息等要素的自由流动，以市场需求为推动力，利用各自在数据资源、数据处理分析、大数据应用开发、网络及数据中心基础设施等领域的优势，以大数据应用带动数字经济产业发展。

创新监管模式，推动数据安全有序流动。一是完善数据流动相关法律规则，做好数据分类管理，利用区块链等技术进行跨境数据流动；加强数据市场机制建设，确定市场的监管主体，维护健康有序的市场竞争秩序，保障数据流动的安全性和透明性。二是积极推动公共数据资源的开放。借鉴国外先进经验，制定统一的公共数据开放规则。三是开发数据分析与预测工具，对各类数据进行精准分析和态势预判，并将其运用于贸易发展与日常管理中。

培养数字型人才，为数字自贸区提供人才保障。一是在人工智能、大数据、物联网等数字领域和贸易等学科领域进行人才的交叉培养，制定相应的扶持政策。不断提升高端人才与重点产业发展的衔接度，营造技术人员懂贸易，专业人员懂技术的氛围。二是对接人才库、专家库等平台，实现人才与项目信息的共享与互通。三是加强研讨交流，定期举行专家战略研讨会，积极邀请海内外相关专家参与，共同探索数字自贸区的发展策略、方式及问题，在实践中提升人才水平。

第六节　数字丝绸之路

一、数字丝绸之路概述

（一）数字丝绸之路的发展脉络

2013 年，习近平主席在哈萨克斯坦纳扎尔巴耶夫大学发表题为《弘扬人民友谊　共创美好未来》的重要演讲中，首次提出共建“丝绸之路经济带”，并与“21 世纪海上丝绸之路”合称为“一带一路”。2017 年，习近平主席在“一带一路”国际合作高峰论坛开幕式发表了《携手推进“一带一路”建设》的主旨演讲，首次提出建设21世纪的数字丝绸之路。30个国家首脑签署的联合公报提出“电子商务、数字经济、智慧城市、科技园区等领域的创新行动计划”，阐述了共建“网络空间命运共同体”的理念。建设数字丝绸之路要坚持创新驱动发展，加强在数字经济、人工智能、纳米技术、量子计算机等前沿领域合作，推动大数据、云计算、智慧城市建设。2019年，习近平主席在第二届“一带一路”国际合作高峰论坛开幕式上发表主旨演讲，提出需顺应第四次工业革命发展趋势，探寻新的增长动能和发展路径，建设数字丝绸之路、创新丝绸之路。《数字一带一路（2018蓝皮书）》指出，“一带一路”新兴市场具备了移动互联网消费年轻人市场大、电子支付与普惠金融需求高、创业与就业需求迫切、中小企业供应链合作生态需求高以及性价比高的智慧城市解决方案需求迫切五个需求侧特点，十分契合中国数字化企业的产品能力与服务经验，数字丝绸之路的倡议正在成为推动人类共同发展的全球化新方案。

2016年，习近平主席在亚太经合组织工商领导人峰会上提出丝绸之路的建设要用“三大原则”推进“五通”。各方要秉持和遵循共商共建共享的原则，推动政策沟通、道路联通、贸易畅通、货币流通、民心相通。政策沟通位于五通之首，是重要基础与保障。数字丝绸之路沿线各国法律体系与贸易政策各有不同，在数字治理、网络安全、数据共享等方面达成共识，对制定相应的法律政策具有重要意义。道路联通除了道路、铁路、机场、港口等基础设施，还包括管道设施与通信设施。近年来，4G/5G和宽带、海底光缆、云/数据中心、卫星导航和通信系统等设施的建设发展迅速，我国已与“一带一路”沿线国家和地区开展了广泛的合作。贸易畅通需要以贸易协定为基础，依托数字枢纽提升跨境电子商务的贸易便利化。推动“一带一路”沿线国家和地区实现数字贸易的共享，从而建立起紧密的数字经济发展共同体。货币流通是“一带一路”沿线国家和地区合作共赢的重要引擎，发展普惠金融，完善支付手段，逐步减少贸易壁垒，提升投资便利化水平，最终实现全球经济的协同增长。民心相通以语言沟通与文化认同为基础，是实现“一带一路”沿线国家和地区互联互通、共同发展的关键要素，以互联网为代表的新媒体能打破不同国家和地区的信息鸿沟，成为民心相通的重要媒介。

（二）数字丝绸之路的发展现状

国际合作不断拓展，受益经济体越来越多。自中国发起“一带一路”倡议后，各国积极响应。2016 年，在二十国集团（G20）会议上，中国首次提出将“数字经济”列为 G20 创新增长蓝图中的一项重要议题，与韩国、俄罗斯、印度尼西亚等 8 个“一带一路”沿线国家签署了《二十国集团数字经济发展与合作倡议》，为世界经济创新发展注入了新动力。2017 年，在第四届世界互联网大会上，中国、老挝、沙特阿拉伯、塞尔维亚、泰国、土耳其、阿联酋等国家相关部门共同发起《“一带一路”数字经济国际合作倡议》，拓展了数字经济领域的合作。亚太经济合作组织（APEC）21 个正式成员中已有 13 个成员与中国签订“一带一路”合作文件，并发起数字经济合作项目开展合作。截至 2022 年 3 月 23 日，中国已经同 149 个国家和 32 个国际组织签署 200 余份共建“一带一路”合作文件。

支撑体系不断完善，交流合作越来越顺畅。产业合作联盟等社会团体作为国际组织保障，解决了数字丝绸之路谁来干的问题。比如，数字（网上）丝绸之路国际产业联盟由国家发展和改革委员会“一带一路”

建设促进中心（筹）发起设立，涵盖中电科集团、阿里巴巴、京东、360安全、美团、百度、网易考拉等为代表的40多家数字经济企业，与数十个国家和地区建立了国际合作关系；公共服务平台等基础设施作为重要载体，解决了数字丝绸之路信息支撑环境的问题。比如，数字丝绸之路地球大数据平台现已研发出“一带一路”资源、环境、气候、灾害、遗产等专题数据集94套、自主知识产权数据产品57类、共享数据超过120万亿字节，可为“一带一路”沿线国家和地区的农情动态、遗产地监测、生态环境变化、海岸带演变、自然灾害监测、城市扩张、重大工程建设等提供全面支持；产业对接和园区合作等实践平台作为重要手段，解决了数字丝绸之路怎么建的问题，为中小企业集约化发展提供有效的产业载体。除了以上硬投资在不断加强，软实力也在不断改善，法律服务、文化交流、普惠金融、人才培养体制机制的构建逐渐提升，对于数字安全问题的探讨、民族文化的传播、金融服务网络的建设与数字技术人才的培养正在统筹推进中。

（三）数字丝绸之路主要实施领域

数字丝绸之路不仅有助于促进跨境电子商务、智慧城市、远程医疗、互联网金融等数字经济服务领域的发展，而且有助于促进云计算、大数据、物联网、人工智能、区块链、量子计算等技术领域的发展[①]。对于跨境电子商务，此处不再赘述。

领域一 数字基建

数字丝绸之路的建设需要以数字技术为基础。云计算引发软件开发部署模式的创新，为大数据、物联网、人工智能等新兴领域的发展提供

① 参见黄勇：《数字丝绸之路建设成为新亮点》，《人民日报》2019年4月22日。

基础支撑。数据中心作为云计算的基础设施，可以为智慧城市和智慧企业提供云服务和解决方案，是数字丝绸之路建设的重要环节。当前，我国已设立多个云基础设施，成立数据中心，积极与中东与非洲开展合作，提供数据中心和托管服务方案，以及云计算技术和产业数字化解决方案。4G/5G 和宽带等移动通信技术基于云计算和边缘计算，通过万物互联，可实现云时代的移动智能物联。当前，我国在 5G 领域处于世界领先水平，中国电信设备供应商已与欧洲、东南亚、中东、非洲的数十个国家签署 5G 商业合同。海底光缆承载了 98%以上的国际电话、数据和互联网流量，对于维持地区互联互通不可或缺，是信息和通信技术以及数字经济的命脉。当前，我国积极和东南亚、中亚、南亚、非洲开展海底光缆合作，促进海底光缆建设，满足数据传输需求。北斗卫星导航系统与新一代通信、区块链、互联网、人工智能等新技术深度融合，全面服务交通运输、公共安全、救灾减灾、农林牧渔、城市治理等行业。截至 2020 年底，北斗相关产品已经输出到 120 余个国家和地区，向亿级用户提供服务。

专栏　航天科技集团风云气象卫星服务“一带一路”侧记

橙色的是晴天，灰色的是多云，蓝色的是雨天。在中国“一带一路”网的一张地图上，这些不同的色块串联起来，勾勒出一张覆盖 137 个“一带一路”沿线国家的晴雨表。

风云卫星已走向国际多年，近年来，开始向“一带一路”沿线提供国家级气象服务产品。与之前向“一带一路”国家开放风云卫星数据不同的是，这次我国向“一带一路”国家直接提供了成熟的气象服务产品。两者的不同之处在于，前者需要分析处理烦琐的数据才能得到天气信息，后者则是直观显示天气信息的成品，而分析处理数据需要一定的技术门槛。这正是老挝、缅甸等气象技术比较落后的国家迫切需要的。这既降低了对方使用门槛，也能扩大风云气象卫星的国际影响力，更好地造福“一带一路”沿线国家。

2018 年，我国与亚太空间合作组织共同签署了《风云气象卫星应用合作意向书》，并启动了风云气象卫星国际用户防灾减灾应急保障机制。2018 年 11 月，《风云气象卫星服务“一带一路”行动计划(2019—2023)》印发，风云气象卫星成为“一带一路”空间信息走廊的重要组成部分。根据中国气象局最新消息，《风云气象卫星国际服务计划》已经于近日印发。《计划》提出风云气象卫星国际服务提升、风云气象卫星数据共享服务和风云气象卫星产品推广服务等 3 个计划，共计 22 项建设任务，我国将加强与国际组织及“一带一路”沿线国家和地区的沟通协商，进一步释放风云气象卫星服务资源。

当前风云气象卫星已向全球 100 多个国家和地区的 2600 多个用户提供风云气象资料，我国正在探索利用风云气象卫星向公众提供全球任意地点、任意时间、智能化的、针对性的智慧气象服务。

资料来源：《航天科技集团风云气象卫星服务“一带一路”侧记》，《中国航天报》2020 年 1 月 23 日。

领域二 智慧城市

智慧城市是以云计算、互联网、物联网、大数据等数字技术为支撑，以“数字化、智能化、网络化、互动化、协同化、融合化”为特征，感知、监测、分析、整合城市资源，支持城市可持续发展，提供便捷高效服务的城市形态。智慧城市的建设能提升沿线国家城市的综合承载能力，促使沿线国家的城市迈向更加现代化，进而推动沿线国家的现代化进程。将智慧城市视作新的经济增长点，加快信息化进程促进传统产业升级，正成为越来越多的“一带一路”沿线城市的选择。“一带一路”智慧城市的建设涉及政府、企业和民众等多个主体，涵盖政务、园区管理、能源、医疗、教育、交通、金融、安防和农业等多个行业领域。我国积极参与智慧城市建设，在高峰论坛、博览会、研讨会等国际会议中为智慧城市的建设建言献策，我国参与的智慧城市项目连续多年在世界博览会中获奖。当前，我国超过 700 个城市正在规划和建设智慧城市，超过 290 个城镇成为智慧城市试点，数量和规模均位列世界第一。

专栏　马云与迪拜联手，打造“云上迪拜”

迪拜 Meraas 控股集团总裁阿卜杜拉·哈拜代表 Meraas 控股集团和阿里云正式签署合作协议，双方合资成立了一家全新的技术型企业，向中东及北非地区提供强大的云计算支持，通过技术革新，“改变中东做事的方式、做生意的方式”。

阿里云将在迪拜建设地球上的第 7 个数据中心。再加上日本、新加坡、德国等数个规划中的数据中心，预计到 2015 年末，阿里云在全球将拥有 12 个以上的数据中心，其中半数在境外。

过去，提到中国对外输出的商品，大家更多地会想到低技术含量的小商品。但现在，阿里巴巴和阿里云计算正逐渐成为中国一张响当当的技术名片，被越来越多的海外企业所熟悉。

迪拜酋长、阿联酋副总统兼总理穆罕默德·本·拉希德·阿勒马克图姆在此前倡导发起了智慧城市（云上迪拜）建设。这次成立的新公司就将为迪拜的交通、通信、城市基础设施、电力、经济服务和城市规划六大支柱领域提供动力。

对普通老百姓来说，更加值得期待的是，Meraas 在迪拜筹建的一个以技术为导向的，包括数据中心、酒店、住宅、商业区域、零售的综合社区。也许，在不久的将来，迪拜除了有“世界第一高度”“世界上最大的购物中心”“世界上最豪华的地铁”之外，还将有一个世界上最令人期待的云计算综合体验体。

资料来源：《马云与迪拜联手，打造“云上迪拜”让全世界知晓》，今日头条，https：//www. toutiao. com/article/4339784793/.

领域三 远程医疗

远程医疗是指通过计算机技术、遥感、遥测、遥控技术为依托，充分发挥大医院或专科医疗中心的医疗技术和医疗设备优势，进行远距离诊断、治疗和咨询。“一带一路”沿线国家和地区医疗水平参差不齐，医疗资源分布不均。我国积极探索发展“健康丝绸之路”，积极整合国内外医疗资源，搭建医疗服务平台、医疗服务中心，与沿线国家和地区开展各类远程医疗合作。

远程医疗诊断和交流平台：我国发起了多项新冠肺炎疫情防控医护培训计划，在线上为发展中国家医生和专家分享疫情防控和检测、医院管理、急救和医务人员培训等领域的经验和知识；开发协同医疗服务平台，为医院间的数据交换提供服务。

医疗监测：2020 年中国的远程医疗等服务在推动国际抗疫、促进国际合作中发挥了重要作用。中国企业将健康监测数字工具出口，为其他国家提供疫情监控措施，以期逐步安全地重振当地经济。当前，我国云南、新疆、内蒙古等地在为周边国家患者提供医疗诊断，在推进国际医疗合作和增进国际交流等方面的水平不断提高。

专栏 跨境远程医疗助力“丝绸之路经济带”医疗服务中心建设

中国新疆医科大学第二附属医院与吉尔吉斯斯坦奥什州国立医院的医疗专家们“跨越”数千里路程，通过乌鲁木齐地区跨境远程医疗服务平台，“面对面”进行医疗会诊，为吉尔吉斯斯坦民众共同诊治疑难杂症。该院已与吉尔吉斯斯坦奥什州国立医院、吉尔吉斯斯坦国家妇幼保健医院、卡拉苏地区医院、奥什州儿童医院等签署跨境远程医疗服务合作协议。自 2016 年 8 月开通以来至今，新疆首个跨境远程医疗服务平台——乌鲁木齐地区跨境远程医疗服务平台，目前已“集结”中国和吉尔吉斯斯坦、哈萨克斯坦、格鲁吉亚等国家的 35 家大型医院。

通过签署跨境远程医疗服务合作协议，吉尔吉斯斯坦的疾病患者可通过跨境远程医疗平台，接受中国医疗专家的救治。吉尔吉斯斯坦的医务人员也可通过跨境远程医疗平台提高自己的技术水平。新疆的医疗专家也到奥什州国立医院进行会诊，为吉尔吉斯斯坦患者带来更多的福音。希望有更多的吉尔吉斯斯坦医务人员到新疆接受培训，提高医疗技术水平，为吉尔吉斯斯坦民众治疗疾病。基于乌鲁木齐地区跨境远程医疗服务平台首先建立跨境云医院集群并完成近半，力争 2017 年建成跨境 9 个国家 140 多家医院的云医院集群，以此建成全球规模最大的跨境云医院集群。通过跨境远程医疗平台会诊，带动新疆周边国家患者到新疆就医，为实现每日接诊 100 名外籍患者（含跨境远程医疗会诊）的近期目标提供有力支撑。

资料来源：《跨境远程医疗助力丝绸之路经济带医疗服务中心建设》，公益中国网，http：//gongyi. china. com. cn/2017－01/20/content _ 9301757. htm.

领域四 互联网金融

互联网金融是指传统金融机构与互联网企业利用互联网技术和信息通信技术实现资金融通、支付、投资和信息中介服务的新型金融业务模式。互联网金融不是互联网和金融业的简单结合，而是在实现安全、移动等网络技术水平上，被用户熟悉接受后（尤其是对电子商务的接受），自然而然地为适应新的需求而产生的新模式及新业务。百度集团副总裁袁佛玉在 2021 金融街论坛年会“一带一路”金融减贫议题上发表主旨演讲时指出，数字经济在三个方面助力金融机构发展普惠金融，加速拓展普惠金融的深度和广度。一是能助力金融机构实现经营特色化，开展个性化的金融服务。二是能助力金融机构实现经营内外敏捷化，对风险进行敏锐识别并快速决策。三是能助力金融机构实现全域智能化，为经营效率的提升、客户响应速度的加快、安全合规性的保障等提供支撑。中国互联网金融协会协调产学研各方搭建了基于区块链的第三方数字函证平台，能通过充分发挥区块链分布式、防篡改、可追溯的技术优势，在可信安全环境下保障函证数据的准确性、可靠性和安全性，有效规避相关风险，为互联网金融的安全发展保驾护航。

专栏 巴基斯坦版“支付宝”上线 “一带一路”数字红利普惠巴基斯坦社会各界

被称为巴基斯坦版“支付宝”的 Easypaisa 最新版本日前在首都伊斯兰堡正式发布，这是巴基斯坦乃至南亚地区首个区块链跨境汇款项目。Easypaisa 是巴基斯坦最大的互联网金融应用产品，目前拥有约 2000 万用户。早在 2018 年 3 月，巴基斯坦 Easypaisa 便牵手支付宝，通过借鉴中国公司的技术和经验，力图将 Easypaisa 升级打造为巴基斯坦版“支付宝”。此次发布的 Easypaisa 最新版本在技术上实现了从线上到线下扫码以及小额贷款的突破，将为更多的巴基斯坦普通家庭和小微企业提供普惠金融服务。

巴基斯坦媒体认为，新版 Easypaisa 将不仅有利于提高海外民众往巴基斯坦汇款的效率，改善民众的消费环境，更有助于打击非法融资和金融犯罪。区块链技术能确保汇款的安全性和透明性，在充分保证用户隐私的前提下，所有汇款信息都将被储存在区块链汇款平台上。这将有效地挤压、排斥非法汇款融资以及国际金融犯罪的渠道和空间。

巴基斯坦民众还在 2018 年首次尝试源自中国的“双十一”购物节。数据显示，在 2018 年“双十一”活动期间，巴基斯坦人用 Easypaisa 完成的日均交易笔数是平时的 3 倍左右。尤其是“双十一”活动当天的交易量，更是达到以往日均交易量的约 5.6 倍。

与上述积极趋势相伴生的，是日益觉醒的巨大市场需求。海外侨汇是巴基斯坦重要的收入来源之一，目前流向巴基斯坦的国际汇款平均每年高达 200 亿美元，约占巴基斯坦 GDP 的 7%。国际汇款不仅是巴基斯坦财政不可或缺的一项，很多巴基斯坦家庭也依靠海外家人的汇款来维持各项生活开支。但巴基斯坦长期存在着等待时间长、汇款到账慢等难题。世界银行的数据显示，目前巴基斯坦仍有 1 亿人无法获得基础的金融服务。在巴基斯坦，诸如此类的市场缺口还有很多。巨大的潜力和需求之间，往往就是巨大的机遇。这也为中巴两国政府和企业未来务实合作创造了新的空间。

通过“当地合作伙伴＋技术赋能”的方式，把当地经验和中国技术叠加起来，可以大大缩短当地企业的研发时间和成本。通过上述模式，支付宝已经在印度、巴基斯坦、孟加拉国、泰国、菲律宾、马来西亚、印度尼西亚、韩国等“一带一路”沿线国家和地区落地了当地的“支付宝”。这些当地的“支付宝”，虽然名字各不相同，但同样都接受了来自支付宝的技术赋能，当地人用起来也能享受到数字普惠时代技术带来的红利。

资料来源：《巴基斯坦版“支付宝”上线　“一带一路”数字红利普惠巴基斯坦社会各界》，《光明日报》2019 年 1 月 14 日。

二、挑战与建议

（一）面临的挑战

数字贸易规则尚未达成一致，数字工程建设成本较高。一是中国在数字贸易规则博弈中尚处于弱势地位，欧美凭借技术优势占据主导权，并基于自身的利益诉求制定数字贸易交易规则和数据保护条例，“一带一路”沿线国家和地区必须遵守和应用相应的规则条例、标准协议和技术规范，导致较高的市场进入成本和治理成本。二是“一带一路”沿线国家和地区之间的数字贸易规则存在差异，缺乏明确统一的治理规则和监管政策，合作过程中需要共同确定数字市场的监管规则与标准，导致沟通成本高。

各地发展差异导致数字鸿沟不断加大，数字工程建设难度较大。“一带一路”沿线国家和地区的数字基础设施建设水平参差不齐，发展速度较慢的国家和地区数字基础设施数量少、质量差，网络等硬件基础设施建设滞后，软硬件尚未联通，形成数字隔离，变成数字化浪潮中的数字孤岛。发展速度较快的国家和地区则进一步加剧了地区间发展的不平衡，导致数字技术接入和应用的双重鸿沟，不利于共享数字经济发展成果。

数字贸易引发数据隐私探讨，数字工程建设风险较高。数字丝绸之路的建设伴随着海量的数据流和信息流，然而我国目前尚未与“一带一路”沿线国家和地区达成明确的数据安全协议，对跨境数据流动、数据本地化、市场准入、源代码与数字知识产权保护等新议题覆盖不够或未有涉及，数据主权有待确定，数据泄露风险较高。网络空间治理、隐私安全保护等数据风险不断升级，严重威胁国家数字安全，导致信任危机，影响数字经济合作。

国际化企业数字化水平不足，数字工程建设人才缺乏。数字丝绸之路的建设需要依托国际化企业的数字化建设，目前我国有越来越多的企业参与到“一带一路”的建设中，其中不乏阿里巴巴、百度等大企业，但更多的还是中小企业。中小企业数字化能力弱，在推进数字化的过程中成效不足，面临业务能力较弱、运营能力不足等问题，难以融入全球产业链、供应链。同时，数字化发展的人才配套不足，难以形成竞争优势，阻碍数字丝绸之路的建设进度。

（二）未来发展建议

积极参与数字贸易的国际标准制定，掌握话语主导权。一方面，加强数字技术的研发创新，拓宽 5G 等国内领先技术的国际合作范畴，提高我国数字技术的影响力；加快数字知识产权认证和国际技术标准的建设，推进构建规范有序、公平开放和安全高效的数字环境。另一方面，加快完善国内制度安排，破除阻碍数字贸易发展的体制机制障碍，在做好风险评估和监管的基础上，推动与“一带一路”沿线国家和地区的数据双向流动，明确与维护国家数字主权。

深化数字基础设施建设的国际布局，缩小数字鸿沟。做好“一带一路”沿线国家和地区的数字基础设施调研，把握相关需求，加快融合对接，利用我国的数字技术优势，强化云计算、通信、互联网、卫星导航等各领域的合作，完善落后国家和地区的数字基础设施建设，促进互联互通。同时，积极与技术先进的国家和地区加强沟通与合作，共享数字基础设施建设经验，提高我国的数字基础设施建设能力。

强化数据安全管理意识和能力，降低数据泄露风险。严格遵守不同国家的数据安全法律法规，提高对数据安全的保密意识，加强国际化企业的合法性，从而建立良好的国际合作伙伴信任关系。以“一带一路”建设为契机，共商共建共享数字治理相关规则体系。以合作包容的原则加快对接数字贸易规则谈判，共同制定数字治理规则，打造数字贸易协同发展机制和治理机制，深化数字经济国际合作，从而加快数字丝绸之路的建设进度。

推进企业数字化国际运营能力，做好数字人才储备。中小企业像大企业学习与看齐，提高业务合作水平，加快国际化运营能力的提升。重视数字市场的调研与分析，把握不同国家和地区的特点与需求，深耕数字市场。搭建数字人才梯队，进行产学研合作，增加数字人才数量并提高质量。在东道国建设数字技术产教研融合基地，构建数字人才培养标准和认证体系，促进高校进行数字人才师资输送等，为当地数字化发展提供人才保障。

第八章

数字经济发展展望

YULINGDAOGANBUTANSHUZIJINGJI

第一节　全球数字经济十大发展趋势

在全球经济曲折复苏的大环境下，数字经济以数据带动高水平融合，以创新驱动数字化转型，以智能引领高质量发展，成为后疫情时代撬动经济增长的新杠杆，成为各国抢占未来发展主动权的关键选择。主要国家纷纷将发展数字经济作为推动实体经济提质增效、重塑核心竞争力的重要战略，加强对数字技术和产业的优先布局，推进数字化应用，强化数据安全流通治理，抢抓数字经济发展机遇。未来五年，全球数字经济将迈向加速发展、高度竞争的新阶段，结合国内外顶尖学者的最新观点，以及权威智库和知名战略咨询公司的公开成果，本章对全球数字经济发展作出如下十大趋势研判。①

一、数字技术持续引领新一轮技术和产业变革

数字科技作为第四次产业革命的重要组成部分，仍处于进阶迭代阶段，继云计算、大数据、物联网、移动互联网、人工智能之后，下一代通信、云原生、区块链、未来网络、量子计算、脑机接口、扩展现实等技术加速演进。未来 1—5 年内，在网络通信、智能算法、元宇宙等领域，将有大量数字技术进入成熟应用期，与经济社会各行业领域深度融合，将推动新模式、新产业爆发式增长。新技术交融，融合创新愈发活跃。数字技术与生命科学、材料科学、能源、交通等前沿领域交叉融合创新，带来前沿技术多源爆发、交汇

① 参见中国电子学会：《全球数字经济十大发展趋势》，搜狐网，https：//www. sohu. com/a/250732683 _ 468720.

叠加的“浪涌”现象，加速新理论、新方法、新工艺、新机制突破，生物芯片、智能材料、自动驾驶、空天科技、能源互联网等领域迸发出强劲的跨界创新势能。各国着力强化战略性科技研发布局，在新一轮国际竞争中抢占未来发展制高点。从研发投入来看，随着全球数字产业战略态势调整，各国研发投入在总额不断加大的同时，也将相对注重在基础应用、试验领域寻求配比平衡，以寻求获得最大的竞争优势。

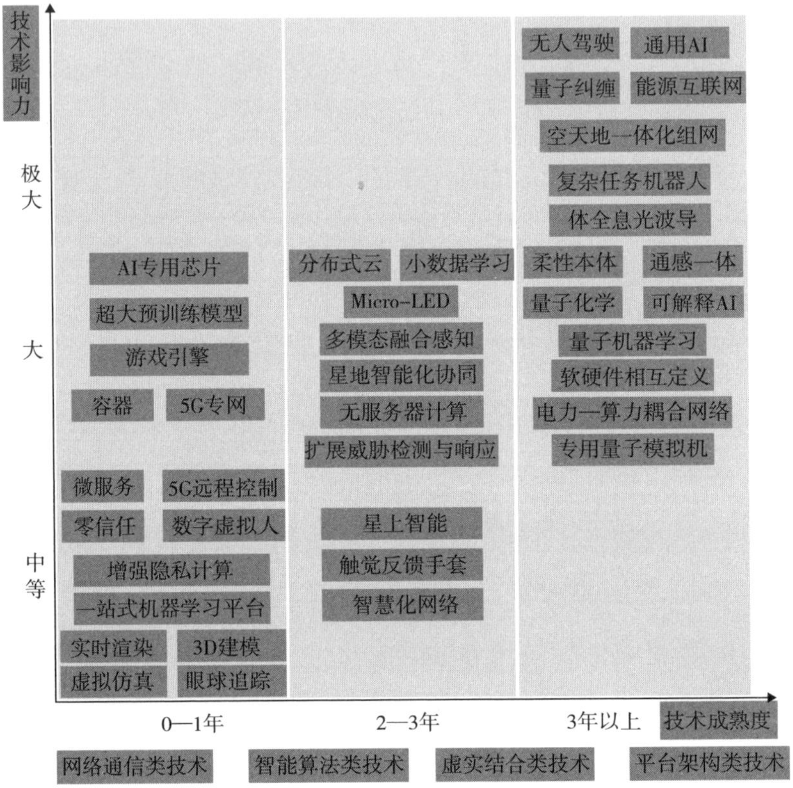

图 8—1　数字技术成熟度影响力综合分析

图片来源：腾讯研究院《2022 年十大数字科技应用趋势》。

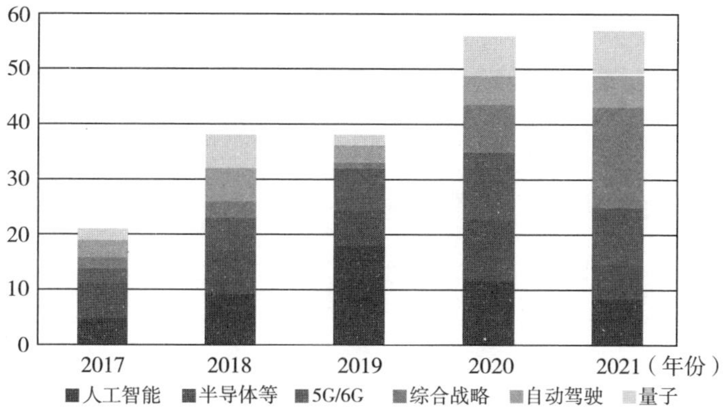

图 8—2　2017—2021 年全球前沿科技领域战略部署情况

图片来源：中国信息通信研究院。

二、数字化的知识和信息成为新的关键生产要素

人类生产、生活及治理的数据基础和信息环境正在得到大幅加强和显著改善，移动互联网和物联网持续普及部署，智能终端和传感器加速应用渗透，人、机、物逐步交互融合，与经济增长和社会发展相关的各

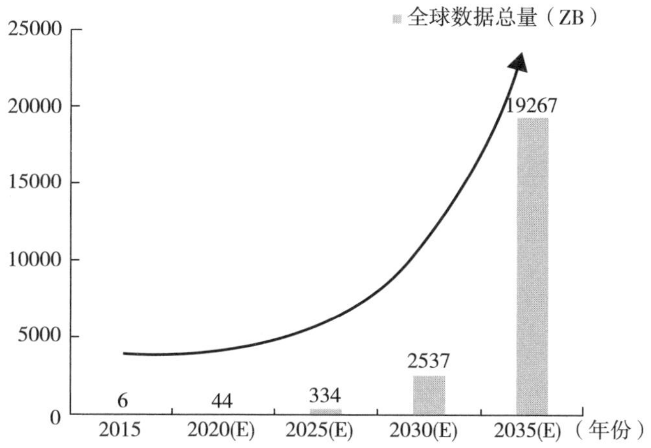

图 8—3　新摩尔定律主导下的全球数据总量增长态势①

① ZB（Zettabyte）是指十万亿亿字节，是计算机术语。

项活动已启动全面数字化进程，呈现出从被动到主动、从碎片到连续、从单一分离到综合协同的三大转变，源源不断地产生着呈现爆炸式增长态势的海量数据，蕴含着巨大的价值和潜力。数据已成为与资本和土地相并列的关键生产要素，被不断地分析、挖掘、加工和运用，价值持续得到提升、叠加和倍增，有效促进全要素生产率优化提升，为国民经济社会发展提供充足新动能。

三、平台化、共享化引领经济发展新特征和新趋势

企业之间的竞争重心正从技术竞争、产品竞争、供应链竞争逐步演进为平台化的生态体系竞争，一批用户基数庞大、技术积累丰富、资金实力雄厚的行业领军企业已率先启动，通过提供开源系统、营造开放环

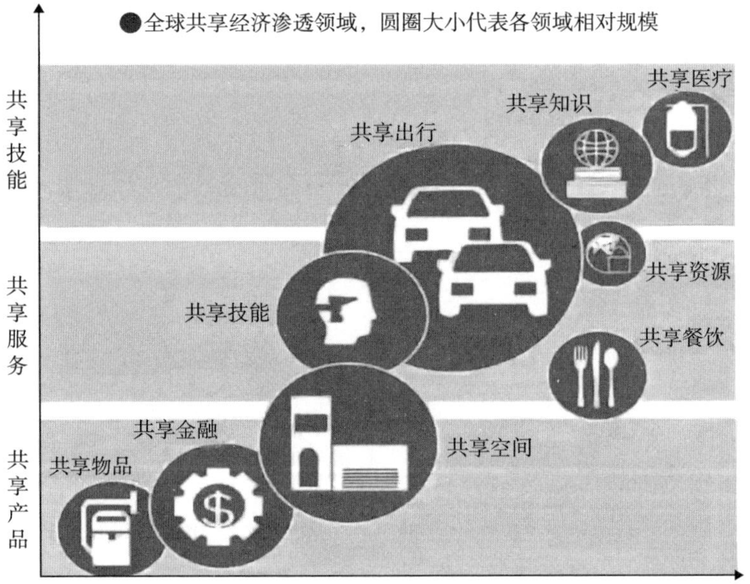

图 8—4　共享经济的行业渗透趋势

图片来源：罗兰贝格，中国电子学会整理。

境、促进跨界融合、变革组织架构、重塑商业模式、孵化创新团队等多种方式，持续构建完善资源集聚、合作共赢的生态格局。同时，飞速发展的新一代信息科技，高频泛在的在线社交，以及渐趋完善的信用评价体系，为大量未能得到完全有效配置的资源提供了成本趋近于零的共享平台和渠道，吸引了共享者数量的指数级集聚，弱化了生产生活资料的“所有权”而强调“使用权”，逐步创造出新的供给和需求，促使共享经济快速兴起。

四、全球创新体系以开放协同为导向加快重塑

创新仍是推动经济数字化发展的原动力，受技术开源化和组织方式去中心化的双重影响，知识传播壁垒开始显著消除，创新研发成本持续大幅降低，创造发明速度明显加快，群体性、链条化、跨领域创新成果屡见不鲜，颠覆性、革命性创新与迭代式、渐进式创新相并行。创新主体、机制、流程和模式发生重大变革，不再受到既定的组织边界束缚，资源运作方式和成果转化方式更多地依托互联网展开，跨地域、多元化、高效率的众筹、众包、众创、众智平台不断涌现，凸显出全球开放、高度协同的创新特质，支撑构造以数据增值为核心竞争力的数字经济生态系统。

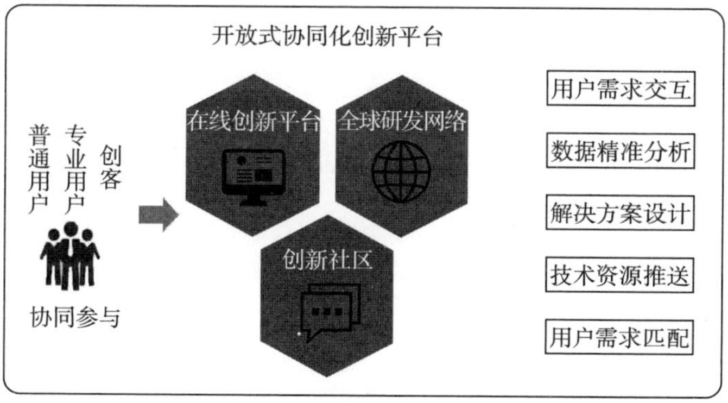

图 8—5　具有典型意义的开放式协同化创新平台

五、数字贸易国际合作呈现服务化、微型化特点

国际经济贸易活动加速从物理世界向数字世界延伸，数字贸易成为国际经济贸易增长的“新引擎”。数字服务贸易在全球服务贸易中的主导地位正在逐步显现，跨境数据流动以及搜索引擎、社交媒体、云计算等基于数据流动的新模式新业态成为国际贸易的重要部分。微型跨国公司成为数字贸易发展的新动力，数字技术和数字贸易为中小企业突破市场物理距离和搜寻成本等传统贸易障碍，实现快速成长提供了新契机，助推企业以知识密集型产品和服务打破全球价值链中由大型跨国公司主导的既往规律，向价值链高端攀升。亚洲中小跨境电子商务在 RCEP 政策红利和数字技术助力下有机遇成为“微型跨国企业”。

六、国家和地区的核心竞争力延伸至信息空间

全球各个国家和地区的核心竞争力构成要素呈现数字化发展趋势，传统产业纷纷面向数字化、网络化、智能化转型升级，互联网、大数据、人工智能与实体经济的融合日益广泛而深入。人类社会、物理世界的二元结构正在转变为人类社会、物理世界、信息空间的三元结构，国家和地区之间竞争和博弈的重心逐步从土地、人力、机器的数量、质量转移至数字化发展水平，从物理空间延展到信息空间，并将很快呈现出以信息空间的竞争和博弈为主导与引领的强者愈强、弱者愈弱的格局。掌握信息空间核心竞争优势的国家和地区，将在围绕新一轮国际分工态势展开的博弈中抢先占据价值链制高点。

七、数字技能和素养推动消费者能力升级

新兴的数字化产品、应用和服务大量涌现，已形成规模巨大的消费

市场，不啻于是对消费者提出了新的能力要求，需具备一定的数字化技能和素养，才能更好地发掘数据价值、使用数字化产品和享受数字化服务。消费者所具有的对数字化资源的获取、理解、处理和利用能力，将成为影响数字消费增长速率和水平的重要因素，直接关系数字经济的整体发展质量与效益。全球各主要发达国家将会愈益重视对公民数字素养的挖潜和培养，并将持续提升公民数字素养上升到构建国家新兴战略竞争力的高度，作为推动数字消费、扩大内需市场、强化内生动能的重要举措。

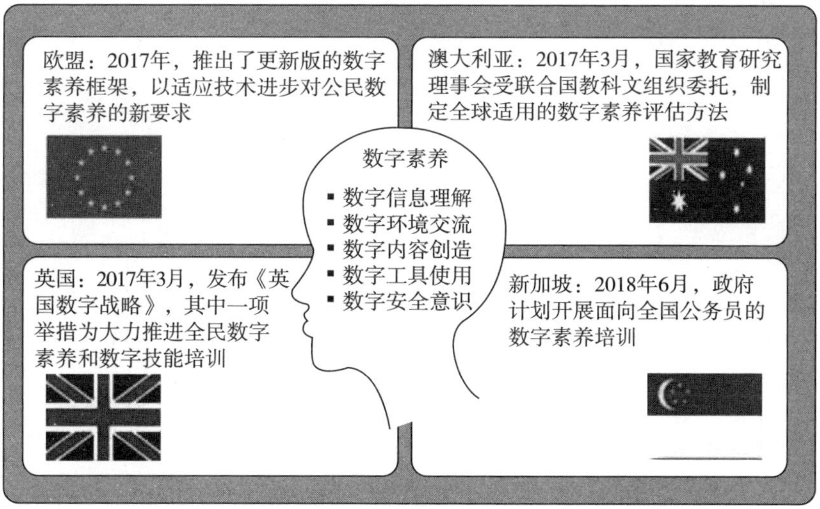

图 8—6 数字经济时代对公民素养提出的新要求

八、社会福利水平依托数字化手段得到有效改善

满足人类对美好生活的向往和追求，是数字经济孕育、诞生、发展的重要动力及目标。大幅提升公共资源供给效率，显著增强公共服务效用，进一步推动教育、医疗、慈善等公共事业的便捷化、普惠化、均等化，是数字经济在创新变革生产方式、促进实体经济提质增效之外的关

键着力点和突破口。多种类型、多个领域的网络化、智能化的教育资源公共服务平台将被搭建，面向公众持续扩大优质教育资源覆盖面。互联网远程诊疗将成为高频次、低门槛、易得可选的常规医疗方式，并引入人工智能助手有效提升诊疗精准度，缓解全球性的医疗资源紧张难题。区块链技术将在慈善资金募集和捐赠过程中得到大规模应用，强化互信关系，减少交易成本，溯源资金去向，保障慈善事业的公正、透明、有效。

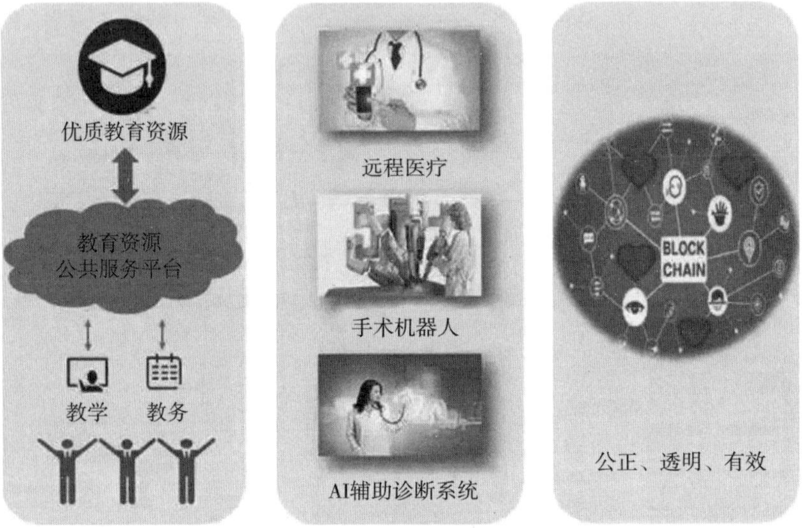

图 8—7　数字化手段提升社会福利水平

九、数字城市与现实城市同步启动规划、建设和管理

随着信息基础设施的规模扩张、功能升级和网络构建，以及新一代信息技术在城市运行管理过程中广泛深入的推广应用，大量完整、连续、系统，具备一致性、关联性、价值性的城市数据将被持续获得，为构建与现实物理城市精准映射、智能交互、虚实融合的数字孪生城市提

供了可行基础。在全球形成一批技术、人才集聚发展，产业规模与创新能力较为突出，具备主动比特化条件的现代化城市将率先尝试数字城市与现实城市的同步规划，并逐渐上升为两者的同步建设和同步管理。为匹配真正海量数据的获取、传输、存储和计算，专门用于数字城市运行管理决策的系统级平台将得到持续的开发与完善，并逐渐形成可推广复制的标准体系。

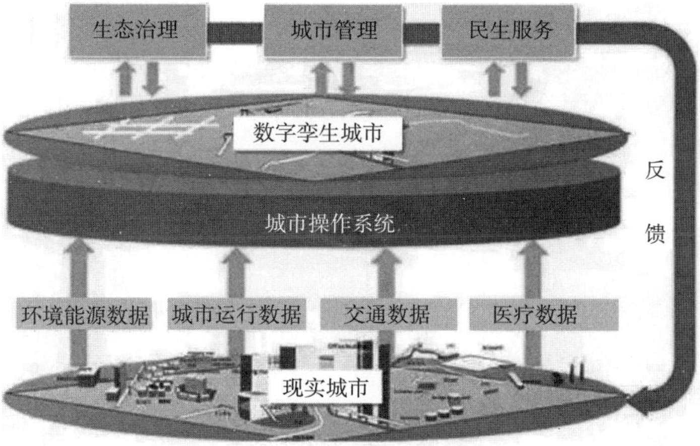

图 8—8　数字孪生城市功能日益完善的大趋势

十、数字治理规则在国际合作中更趋广泛化

随着数字产业及技术向纵深发展，数字治理规则将作为“科技向善”评估标准的一部分，成为国际合作的重要内容和前提，全球主要国家在人工智能、量子技术、半导体等领域的具体合作中，如数字技术、标准、伦理等规则设计及治理原则等都可能被纳入国际合作和相关战略制定议程中。主要国家和具有影响力的国家组织争相提出数字治理规则蓝本，试图提升在全球数字经济监管治理和规则制定中的影响力。美国围绕通信技术、人工智能等领域成立全球新技术和产业联盟推动更高标

准规则制定，强力影响全球数字规则走向；欧盟通过立法持续强化数字主权和欧盟的道德价值标准。双边和区域自贸协定成为引领全球数字贸易规则制定的新平台，主要经济体围绕数字贸易形成特色鲜明的规则主张。跨境数据流动、数字平台民事责任、数字货币等重要领域数字规则在各类国际贸易协定的推动下加速整合落地。未来，多/诸边机制将扮演更加积极活跃的角色，全球数字规则演进方向更加复杂；印太地区作为全球经济增长的重要引擎，其数字贸易规则构建成为各方关注焦点；在数字技术蓬勃发展背景下，新的数字治理议题将不断涌现。

第二节　中国数字经济发展的十大新趋势

“十四五”时期，我国数字经济转向深化应用、规范发展、普惠共享的新阶段。在世界百年未有之大变局和新冠肺炎疫情叠加交织，国际力量对比深刻调整的大背景下，我国数字经济将持续发展壮大，成为推动国家发展、提升国家竞争力的重要力量。数字经济发展从初创期逐渐步入成熟期，发展重点由早期以流量竞争为核心的消费互联网转向与实体经济紧密结合的产业数字化和服务数字化，新模式新业态层出不穷，以大数据、云计算和人工智能为代表的新技术发展迅猛，数字经济发展的新方向初步显现。总的来看，我国数字经济的发展呈现以下十大新趋势。

一、数字科技创新向基础前沿深化

基础科学研究是数字技术和数字经济的重要基石。当前，新一代信息技术、人工智能、大数据、区块链等数字技术正在加速演进，数字经济领域的科技竞争加快向基础研究前移。发力基础研究，使数字经济所依赖的基础软件、基础材料、关键零部件等实现自主可控，是我国数字科技创新的当务之急。国家数字经济“十四五”规划提出要瞄准传感器、量子信息、网络通信、集成电路、关键软件、大数据、人工智能、区块链、新材料等战略性前瞻性领域，提高数字技术基础研发能力；着力提升基础软硬件、核心电子元器件、关键基础材料和生产装备的供给水平，强化关键产品自给保障能力。未来，随着政策和市场端的应用需求驱动，5G、人工智能、新型显示、区块链、元宇宙等产业领域的关键技术加快突破，尤其是人工智能与研发、医疗、农业、社会治安、交通、服务业、金融业等不同领域深度结合，其实践经验持续推动人工智能的跨界融合创新；随着产业链强链补链行动的实施，集成电路、软件、智能计算、工业互联网等重点产业链短板环节的国产化替代加速推进、供应链体系的竞争力有望提升；量子计算、空天信息、脑机接口等前沿领域探索取得突破。

二、数据要素市场化配置全面提速

我国数据要素市场进入加速发展阶段，根据国家工业信息安全发展研究中心测算数据，预计到 2025 年，我国数据要素市场规模将突破 1749 亿元。未来，围绕政策、市场、技术、应用等核心问题，我国数据要素市场化配置探索将取得进展。一是数据要素市场化配置从理念设计走向落地实践。随着顶层设计的不断完善以及地方实践的深入开展，将在制度规范、运营模式、交易机制等方面形成一批地方特色模式、特色路径。数据产权界定、价值评价等基础理论研究可能在技术支持、动态衡量、场景驱动等条件下取得阶段性进展，数据要素价值评价将在金融、能源、政务等基础较好的领域实现率先突破。二是产品服务体系加快完善。数字技术主导权竞争日益激烈，拥有关键技术能力的大数据企业将更加注重产业链关键环节的自主研发，部分关键技术短板将有所突破。受政策红利拉动，围绕数据标注、治理、流通、交易等新兴服务业态快速兴起。三是融合应用市场加速繁荣。从应用场景覆盖环节看，大数据与实体经济的融合将从管理、服务等边缘环节加快向生产、制造等核心环节深入拓展，通过行业知识、业务、流程的数据化、算法化、模型化，赋能“产业大脑”系统，形成服务于产业发展的动态感知、敏捷分析、全局优化、智能决策等强大能力。从应用场景覆盖层次看，大数据应用将从描述性、预测性等浅层应用向决策指导性等更深层次分析应用延伸。

三、产业互联网驱动数字经济新蓝海

党的十九届五中全会提出：“推动数字经济和实体经济深度融合。”推进从生产要素到创新体系、从业态结构到组织形态、从发展理念到商业模式的全方位变革突破，形成数字与实体深度交融、物质与信息耦合驱动的新型发展模式，大幅提升全要素生产率，有效推动全球经济增长的质量变革、效率变革、动力变革，是经济体系优化升级的重要战略任务。随着人口红利消失，以及人工智能、大数据、云计算等新技术日趋成熟并进入商用阶段，信息进入消费互联网与产业互联网的相对成本收益情况逐渐发生了质的变化，推动产业互联网开启数字经济的“下半场”。2022 年《政府工作报告》中提出加快发展工业互联网，提升关键软硬件技术创新和供给能力。我国工业互联网发展正步入快速成长期，中国信息通信研究院数据显示，我国工业互联网产业规模已超过万亿元大关。工业互联网网络、平台、安全三大体系实现规模化发展，在研发设计、生产制造、运营管理等各个环节实现广泛应用，“5G＋工业互联网”正在向生产控制环节加速延伸。未来，在政策、市场应用驱动下，重点聚焦三大产业链实现提档升级：一是基础支撑的技术产业链。5G网络、标识解析、数字孪生、安全防护等关键技术将与工业互联网在更大规模、更深程度、更广范围内实现融合应用。二是聚焦转型成效的特色产业链。围绕原材料、装备制造、消费品、绿色双碳、安全生产等领域，基于工业互联网平台的节能降耗、设备运维、提质增效等应用将更加成熟，为制造业企业用户创造更多商业价值。三是聚焦规模推广的集群产业链。工业互联网将加速向资源集聚、创新活跃、信息化基础好的基地、园区和产业集群下沉，“平台＋园区”等载体将成为培育区域经济发展新动能的重要引擎。

四、虚拟集群推动产业跨时空协同

技术创新的系统化、创新组织的网络化和产业组织的虚拟化，共同加速推动传统基于地理空间集聚的产业向虚拟集聚方向演化，推动新的产业价值网络构建与拓展。虚拟产业集群（园区）是数字经济时代产业集群推动数字化转型的必然选择，促进产业范式从传统的基于地理空间集中向新型的基于虚拟平台集聚转变，演进路径从“数量集中—质量提升—研发和品牌创新主导”向“平台驱动—社区化运作—无边界发展”转变，产业边界从融入本地分工体系向融入全球一体化分工体系深度扩展，从而实现规模、能力和效益的整体提升。产业集群依托数字化平台集聚产业链上下游和供应链生态体系，突破固有的地域和产业限制，形成跨时空分工协调、内在互联的高效网络体系，呈现“聚而不集”“虚实融合”等特征。产业集群的虚拟化也将改变区域产业竞争格局，促进生产要素跨区域流动，带动产业在城市群、都市圈的更大范围内开展产业分工与协作，形成更强合力应对全国统一大市场。新的分工模式既对原有产业集群内企业带来新的竞争冲击，也为部分区域、产业平台参与更大范围的区域分工带来新机会。

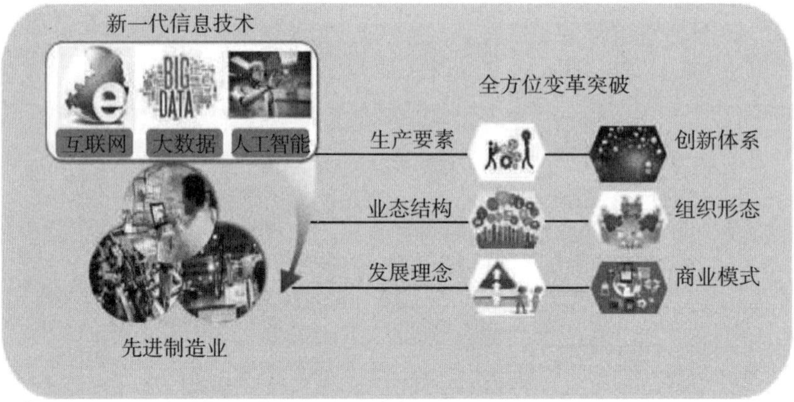

图 8—9　数字经济与实体经济的深度融合发展

五、5G 激发移动互联网应用新活力

目前，我国 5G 基站数达到 115.9 万个，5G 网络基本实现全覆盖，5G 的全面普及和建设重点将转向应用场景探索及落地，把我国移动互联网带入新时代。网络速度大幅度提升推动大视频的迅猛发展，4K、8K、VR/AR/MR、全息等各种技术应用加快普及；在 5G 赋能下，超高清视频（4K 与 8K）在新媒体、安防监控、医疗健康、智能交通、工业制造等重点领域的应用案例逐步增多，驱动以视频为核心的远程医疗、远程教育、慢直播等行业应用示范，形成了万亿级新兴产业集群；虚拟现实（VR）与增强现实（AR）产业价值逐渐释放，推动媒体行业

转型升级，在文化宣传、社交娱乐、教育科普等大众和行业领域培育一批5G应用，将成为数字经济的重点产业之一，国际数据公司IDC公布的《2021年第一季度增强现实与虚拟现实市场追踪报告》显示，中国VR硬件头显市场从2021年开始出现大幅增长，未来五年市场复合增长率达到71.1%。5G低时延、高可靠通信的特性把移动互联网从消费端带入产业端，工业互联网、智能制造、自动驾驶、智慧城市、智慧能源等领域成为移动互联网发展的新战场。目前，我国自动驾驶可实现率先落地的典型应用场景已经扩展到以卡车为主的物流场景、港口码头、固定路线区域接驳、清扫车、出租车、矿区车等。同时，全球首个自动驾驶商业化规则正在制定中。以可穿戴智能设备为代表的新型智能终端崛起成为移动互联网下个阶段的主要载体，带来人和科技之间全新的交互方式，提供专属的、个性化的服务。当前，可穿戴智能设备已经开始在医疗和健康监测领域普及，随身医疗监测设备为需要长期医疗护理的病人带来福音，健康监测手环也成为健身爱好者的标配。

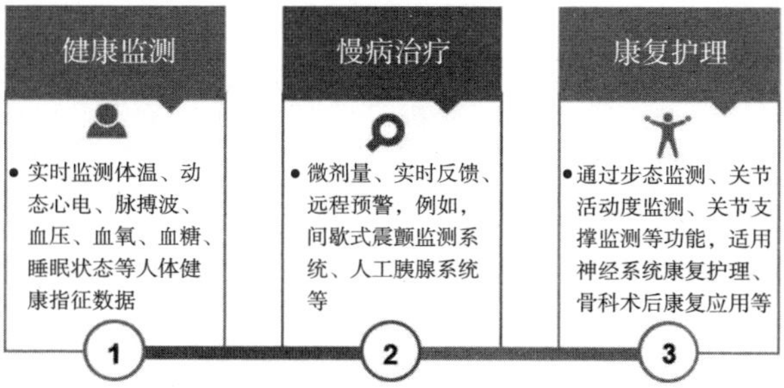

图8—10　可穿戴智能设备应用场景

六、区块链助推数字货币走向实用化

区块链具有“不可伪造、全程留痕、可以追溯、公开透明、集体维护”等特征，从技术上解决了“信用”问题，天然具有金融属性，正对金融业产生颠覆式变革。数字货币是区块链技术的主要应用方向。全球范围各类加密货币和电子货币出现，在区块链上发行与交易，具备独立交易价格。我国早在 2014 年就开始了中国人民银行数字货币的研制，2021 年以来，数字人民币发展明显提速，相关政策密集发布、试点范围不断扩大，中国人民银行 2022 年工作会议提出“稳妥有序推进数字人民币研发试点”。随着数字人民币试点的深化，其应用场景不断拓展丰富，通过与互联网平台与各行业的深度融合发展，尤其在政务服务等公共事业领域的应用探索持续加快，数字人民币将走向全面落地。区块链、物联网、人工智能、大数据等技术发展助推数字人民币加速迭代优化，进一步推动金融基础设施变革，加速商业银行等传统金融交易中介的数字化转型进程，促进支付行业全产业链技术的进步，有望打破移动支付市场垄断的局面。中国人民银行数字货币成为人民币国际化的新支点，在国内外形势的影响下，数字人民币的推广将加快人民币国际化进程，拓宽人民币国际化发展空间。

专栏　中国人民银行数字货币简介①

中国人民银行数字货币的定义

中国人民银行数字货币，是中国人民银行发行的一种法定数字货币，全称是“数字货币电子支付”，对应的英文缩写是 DC/EP（Digital Currency/Electronic Payment）。DC/EP 实际上是一种电子现金，是纸币的数字化形态，其功能属性与纸币完全一样，具有价值特征。

① 参见中国人民银行：《中国数字人民币的研发进展白皮书》，2021 年 7 月。

中国人民银行数字货币的特点

（1）DC/EP属于流通中现金，而非银行存款。现有货币体系主要可分为M0、M1、M2，M0是指流通中现金，M1包括M0和单位活期存款，M2包括M1、居民储蓄存款和单位定期存款。DC/EP的定位和纸币一样，对应M0，即流通中现金。

（2）商业银行无须为DC/EP支付利息。由于DC/EP属于M0，并非银行储蓄，故不计利息，DC/EP持有人也无法获得利息。

（3）DC/EP具有无限法偿性，任何机构和个人不得拒收。DC/EP由中国人民银行发行，国家信用背书使其具有官方赋予的价值特征，因而具有稳定性和无限法偿性。

（4）DC/EP不需要银行账户和网络即可实现支付。DC/EP支付不需要绑定银行账户。现有的银行卡支付业务必须通过传统银行账户才能完成，采取的是账户紧耦合的方式。而DC/EP支付采取的是账户松耦合的方式，即脱离银行账户，在双方数字钱包间实现资金转移。DC/EP依靠一个公共账本记录持有关系，这种关系表现为公钥地址与数字货币DC/EP的对应，数字钱包通过其存储的私钥操作公共账本内的转账。DC/EP可以脱离网络实现从终端到终端的支付。只要手机有电就可以支付，也可以在有第三方服务商的场景下依托网络完成从终端到远端的支付。值得注意的是，两个数字钱包间直接实现DC/EP互转，本质只是记录操作指令，最终仍需在触网后上传到账本上执行才算完结。

（5）DC/EP具有可控匿名性。银行和商家需要经过客户允许才有权限查看用户的交易记录及信息，这种可控匿名性一方面保护了数据安全和用户隐私，另一方面也使得中国人民银行可以清晰、高效地捕捉每一笔货币交易的流转信息，打击洗钱、匿名操纵等违法犯罪行为。

为什么要发行数字货币

（1）减少纸钞发行成本。由于数字货币只是一串数字代码，无论是生产还是流通，都不会再产生任何费用，并且具备较强的防伪功能。

（2）移动支付普及，现金使用频率大幅降低。目前国内绝大多数交易场景均已实现了移动支付，挤占了传统现金的使用空间。DC/EP与其他移动支付方式相比并无本质不同，有限匿名性是其主要差异化特点。

（3）有利于反洗钱、反恐怖融资监管。传统的现金交易的匿名化给反洗钱和反恐怖融资监管带来诸多麻烦，而数字货币的唯一标识性，方便监管部门回溯整个资金融通链，以便进行更有效的监控。

（4）维护货币主权和法币地位。国内外一些金融中介机构积极利用区块链技术发行私人数字货币，严重影响了我国主权货币的使用，正在渗透和分流我国现有的金融体系。发行DC/EP能够在中央银行层面形成统一的基于国家信用的数字货币，既实现了纸币时代国家信用的延续，也顺应了货币数字化的潮流。

（5）优化现行货币支付体系，提升货币政策的有效性。通过发行数字货币，可减少对第三方支付机构所提供支付功能的依赖；同时，使中国人民银行可以全程监控货币的流转信息和投放领域，提高货币流通市场监测—统计—评估—政策制定的效率，减少货币政策传导滞后性。

中国人民银行数字货币与传统支付方式的区别

与传统纸质现金相比，DC/EP具有无须找零、易保存、易统计计算、不易丢失等优势；从本质上看，微信、支付宝等支付工具仅仅是对目前人民币结算方式的电子化改进，而中国人民银行数字货币是对人民币现钞的替代。

表 8—1 数字货币与第三方支付对比

	信用保证	银行账户	离线支付	结算主体	消费记录
央行数字货币	国家	可无银行账户	是	央行货币结算	可控匿名
支付宝、微信支付等	备付金	需要银行账户	否	商业银行存款货币结算	容易追踪

七、“东数西算”工程开启数字基建新机遇

算力是数字经济时代的核心生产力，是社会经济数字转型的基石。作为全球数据量最庞大的国家之一，2020 年中国算力规模达 135EFlops，预计 2030 年智能算力需求将超过 2 万 EFlops。在“十三五”时期数据中心建设规模快速扩张的背景下，“十四五”时期需要着重解决的问题是如何进一步优化新型数字基础设施和应用的空间布局，推动算力资源有序向西转移，解决东中西部新型数字基础设施布局不平衡不充分的问题，形成以数据为纽带的区域协调发展新格局，为构建数据自由流通、按需配置、有效共享的全国性要素市场奠定稳固基础。“东数西算”工程明确规划建设 8 大国家算力枢纽节点、10 个国家数据中心集群，将进一步打通网络传输通道，提升跨区域算力调度水平，构建全国一体化算力网络体系。在需求与政策的双重驱动下，智算中心、超算中心等算力基础设施建设及应用将提速。同时，在双碳目标下，我国数据中心建设进入集约化、规模化、绿色化发展的新阶段。助推一批能够提供低成本汇聚和分级分类、长期、低碳存储数据要素服务的相关企业快速成长，推动算力产业从基础设施—技术创新—产品/服务提供—产业发展—产业生态构建等不同层次实现跃升。预计“东数西算”工

程将拉动超过千亿元产业，并带动相关产业的快速发展。

八、低碳转型成为数字融合新钥匙

碳达峰碳中和成为国家战略，我国要实现碳达峰碳中和目标，需要能源结构、产业结构的全面调整。数字经济是新经济形态，在引领带动经济结构优化升级、促进绿色发展上能发挥重要作用。根据全球电子可持续发展推进协会（GeSI）的研究，数字技术在未来 10 年内通过赋能其他行业可以减少全球碳排放的 20%，我国碳达峰碳中和“1＋N”政策体系明确提出要推动大数据、人工智能、5G 等新兴技术与绿色低碳产业深度融合；推进工业领域数字化智能化绿色化融合发展。数字经济具有的广泛连接、智能优化等能力，能在超大范围内优化资源配置，提升互济能力，强化能源管控，是能源改革乃至全行业节能减排的催化剂和驱动力。未来，数字技术与能源电力，工业、交通、建筑等重点碳排放领域深度融合将有效提升能源与资源的使用效率，实现生产效率与“碳效”的双提升；数字技术通过提升传统能源供能效率，降低环境破坏程度，解决清洁能源消纳与稳定问题，助推我国加快构建清洁低碳安全高效能源体系；数字技术助力碳移除、碳管理，提高生态固碳效率，探索碳核算监测、碳交易、碳金融、碳汇等新路径。

九、数字化赋能政府治理能力持续提升

2022 年 4 月 22 日，习近平总书记在全面深化改革委员会第二十五次会议上指出，要以数字化改革助力政府职能转变，统筹推进各行业各领域政务应用系统集约建设、互联互通、协同联动，发挥数字化在政府

履行经济调节、市场监管、社会管理、公共服务、生态环境保护等方面职能的重要支撑作用，构建协同高效的政府数字化履职能力体系。数字经济时代，政府构建完善社会治理体系的一大特征，就是以更好服务和管理公众为导向，以效率提升、功能完善为主旨，大量采用以互联网、大数据、人工智能为代表的新一代信息技术，感知社会态势、畅通信息渠道、辅助科学决策，提升治理能力的现代化水平。未来，通过构建统一、共享的开放数据平台，将实现跨层级、跨区域、跨行业的协同管理和服务，为精准化、高效化的社会治理提供决策支持，政务服务的便捷性和政府的综合服务能力提升；各类网络化、智能化信息平台加速构建，鼓励和引导社会公众积极参与治理过程，逐步形成共商共治的良好治理生态。

十、数字普惠成为数字经济发展重要价值导向

数字经济发展“马太效应”明显，由于基础设施、产业形态、技术差距、居民素养等方面的差距，我国数字经济发展面临不同行业、不同区域、不同群体间数字鸿沟未有效弥合，甚至有进一步扩大趋势的挑战。我国是社会主义国家，社会服务资源的普惠共享是根本要求。在扎实推动共同富裕的历史新阶段，破解数字鸿沟、释放数字红利对于推动区域协调发展、缩小城乡发展差距、促进人的全面发展具有重要意义。我国《“十四五”数字经济发展规划》中明确提出“数字化发展方式有效打破时空阻隔，提高有限资源的普惠化水平，数字经济发展正在让广大群众享受看得见、摸得着的实惠”。未来，通过开展典型普遍服务试点，农村及偏远地区网络覆盖和数字化接入水平实现提升；通过数字技能培训，全民数字素养加快提升；通过信息无障碍建设，中老年等特殊

群体的数字可达性、便利性进一步增强；通过社会服务数字化提升工程，教育、医疗、文体等公共服务的普惠均等水平将有显著提升；通过新型智慧城市和数字乡村统筹建设，以城带乡、共建共享的数字城乡融合发展格局加快形成。

参考文献

[1] 闫德利：《数字经济再认识：它是什么不是什么?》，《中国战略新兴产业》2021年第7期。

[2] 本刊首席时政观察员：《迎接数字文明新时代》，《领导决策信息》2017年第12期。

[3] 石勇：《数字经济的发展与未来》，《中国科学院院刊》2022年1月28日。

[4] 谢康、肖静华：《面向国家需求的数字经济新问题、新特征与新规律》，《改革》2022年第1期。

[5] 韩文龙：《数字经济赋能经济高质量发展的政治经济学分析》，《中国社会科学院研究生院学报》2021年第2期。

[6] 张旺、白永秀：《数字经济与乡村振兴耦合的理论构建、实证分析及优化路径》，《中国软科学》2022年第1期。

[7] 黄实、王艺儒：《国内工业互联网产业现状与发展趋势简析》，《互联网天地》2021年第4期。

[8] 鲁春丛：《加快工业互联网创新发展　开启数字技术与实体经济深度融合新征程》，《中国电子报》2021年12月14日。

[9] 陈肇雄：《深入实施工业互联网创新发展战略》，《行政管理改

革》2018 年第 6 期。

[10] 方芳、陆海婧：《我国工业互联网技术发展路线研究》，《信息技术与网络安全》2022 年第 1 期。

[11]《中国工业互联网发展的政策、路径及推进——专访工业和信息化部信息技术发展司副司长王建伟》，《卫星与网络》2021 年第 10 期。

[12]《中国工业互联网产业经济发展白皮书（2021）》，中国工业互联网研究院，2021 年 10 月。

[13]《国务院关于深化“互联网+先进制造业”发展工业互联网的指导意见》，中华人民共和国国务院公报，2017 年 12 月。

[14]《工业互联网产业经济发展报告（2020）》，中国信息通信研究院，2020 年 3 月。

[15]《中国工业互联网产业发展前景预测与投资战略规划分析报告》，前瞻产业研究院，2021 年。

[16]《新时代培育新动能：2021 年“专精特新”发展蓝皮书》，前瞻产业研究院，2021 年。

[17]《掘金“专精特新”小巨人——“专精特新”总量及行业联合报告》，光大证券，2021 年 10 月。

[18] 刘红松：《中国式隐形冠军：聚焦专精特新之路》，企业管理出版社 2022 年版。

[19]〔德〕西蒙、杨一安著，张帆、吴君、刘惠宇译：《隐形冠军：未来全球化的先锋：aufbruch nach globalia》，机械工业出版社 2019 年版。

[20] 张冰馨、易建荣：《凭什么打造隐形冠军？——专访“隐形冠军之父”赫尔曼·西蒙》，《企业家》2022 年第 2 期。

［21］刘红松：《聚焦专精特新之路》，《企业管理》2022年第1期。

［22］《数字经济及其核心产业统计分类（2021）》，国家统计局，2021年6月。

［23］刘海兵、王莉华：《数据要素如何驱动企业创新能力提升》，《清华管理评论》2022年第1期。

［24］《2021年中国宏观经济数据》，国家统计局，2022年1月。

［25］于健、陈腾曦：《数字经济与产业互联网系列报告》，浙商证券，2022年1月。

［26］《中国零售数字化转型研究报告》，艾瑞咨询，2021年5月。

［27］《中国生活服务业数字化发展报告》，中国信息通信研究院/美团研究院，2020年5月。

［28］程大为：《全球贸易治理中多边主义、诸边主义和大区域主义的比较与选择》，《经济纵横》2014年第4期。

［29］丁邡、焦迪：《数字贸易国际规则变化趋势及应对》，《中国经贸导刊（中）》2020年第2期。

［30］高凌云、樊玉：《全球数字贸易规则新进展与中国的政策选择》，《国际经济评论》2020年第2期。

［31］熊鸿儒、马源等：《数字贸易规则：关键议题、现实挑战与构建策略》，《改革》2021年第1期。

［32］刘亚军、邵思蒙：《FTA中数字知识产权规则研究》，《北方法学》2020年第2期。

［33］彭德雷、张子琳：《RCEP核心数字贸易规则及其影响》，《中国流通经济》2021年第8期。

［34］沈玉良等：《全球数字贸易规则研究》，复旦大学出版社2018

年版。

[35] 史佳颖：《中国与“一带一路”沿线国家的数字经济合作：进展和展望》，《北京城市学院学报》2021 年第 6 期。

[36] 石静霞：《数字经济背景下的 WTO 电子商务诸边谈判：最新发展及焦点问题》，《东方法学》2020 年第 2 期。

[37] 孙益武：《数字贸易中的知识产权议题》，《南京大学法律评论》2019 年第 2 期。

[38] 王文、刘玉书：《数字中国：区块链、智能革命与国家治理的未来》，中信出版集团 2020 年版。

[39] 温树英：《数据本地化要求的困境与对策：以金融服务贸易为例》，《国际经济法学刊》2021 年第 2 期。

[40] 肖金凤、梁喜：《我国数字自贸区建设的现状分析与对策建议》，《山西农经》2021 年第 21 期。

[41] 余振：《全球数字贸易政策：国别特征、立场分野与发展趋势》，《国外社会科学》2020 年第 4 期。

[42] 岳树梅、许俊：《OECD 下数字税收法律治理的框架与路径：美国范式及中国借鉴》，《法学评论》2021 年第 6 期。

[43] 中国电子信息产业发展研究院编著：《数字丝绸之路：“一带一路”数字经济的机遇与挑战》，人民邮电出版社 2017 年版。

[44] 周念利、李玉昊：《数字知识产权保护问题上中美的矛盾分歧、升级趋向及应对策略》，《理论学刊》2019 年第 4 期。

[45] 周念利、李玉昊：《数字知识产权规则“美式模板”的典型特征及对中国的挑战》，《国际贸易》2020 年第 5 期。

[46] 周念利、吴希贤：《日本参与国际数字贸易治理的核心诉求与

趋向分析》,《日本研究》2020 年第 3 期。

[47] 朱福林:《数字贸易规则国际博弈、“求同”困境与中国之策》,《经济纵横》2021 年第 8 期。

后　　记

本书由盘石集团牵头，联合多位数字经济专家共同完成。本书的顺利出版首先要感谢这个波澜壮阔的伟大时代，数字经济势不可挡，日益成为全球经济发展和社会进步的重要引擎。

遵循习近平总书记不断做强做优做大我国数字经济的重要指示，盘石集团围绕“赋能全球数字经济”的使命，布局“七朵云”业务板块：数智 SaaS 云赋能实体企业数字化转型升级，推动数实融合；数字经济产业园云通过搭建园区和设立基金助力数字城市建设；数字人才教育云培养数字职业人才和提升干部数字素养；社交数娱云通过元宇宙等科技手段助力中国文化走出去。盘石人在数字经济领域 20 多年的探索和实践，为本书提供了丰富的养料。

衷心感谢潘云鹤、陈纯两位院士对本书内容的肯定，并在百忙之中欣然作序。

浙江是数字经济先行省，把数字经济列为“一号工程”，也云集了众多数字经济领域的专家。特别感谢以下专家学者，他们为本书的出版作出了重大贡献：

程惠芳　浙江工业大学教授、博士生导师，中国数字经济与

全球经贸规则研究院院长

张雷宝　浙江大学城市学院商学院院长、教授、博士生导师

严毛新　浙江工商大学教授、博士生导师

唐要家　浙江财经大学教授、博士生导师

郑加成　浙江大学经济学院副教授、工业自动化博士、数字化转型专家

曹　磊　网经社电子商务研究中心主任

卓勇良　浙江清华长三角研究院新经济发展研究中心主任

胡胜蓉　浙江省工业和信息化研究院数字经济研究所所长

此外，还要感谢杨志梁老师的大力支持，感谢中共中央党校出版社的各位领导和编辑为本书出版付出的辛勤努力。

最后，感谢社会各界朋友对本书的关注和支持。“明者因时而变，知者随事而制。”数字经济正在深刻地改变人们的生产生活方式，愿本书可以让更多的人深入了解数字经济，不负这个时代赋予我们的无限机遇。